FAMILIENRECHT

Hemmer/Wüst/Gold/Grieger

Juristisches Repetitorium hemmer

Augsburg - Bayreuth - Berlin - Bielefeld - Bochum - Bonn - Bremen - Dortmund
Düsseldorf - Erlangen - Essen - Frankfurt/M. - Freiburg - Gießen - Göttingen - Greifswald
Halle - Hamburg - Hannover - Heidelberg - Jena - Kiel - Koblenz - Köln - Konstanz
Leipzig - Mainz - Marburg - München - Münster - Nürnberg - Osnabrück - Passau
Potsdam - Regensburg - Rostock - Saarbrücken - Stuttgart - Trier - Tübingen - Würzburg

UNSERE HAUPTKURSE ZIVILRECHT - ÖFFENTLICHES RECHT - STRAFRECHT

Ab dem 5. - 6. Semester werden Sie sich erfahrungsgemäß für unsere Examensvorbereitungskurse interessieren. Hören Sie kostenlos Probe und besuchen Sie unsere Infoveranstaltungen.

IM REPETITORIUM GILT DANN: LERNEN AM EXAMENS-TYPISCHEN FALL!
WIR ORIENTIEREN UNS AM NIVEAU DES EXAMENSFALLS!

Gemäß unserem Berufsverständnis als Repetitoren vermitteln wir Ihnen nur das, worauf es ankommt: Wie gehe ich bestmöglich mit dem großen Fall, dem Examensfall, um. Aus diesem Grund konzentrieren wir uns nicht auf Probleme in einzelnen juristischen Teilbereichen. Bei uns lernen Sie, mit der Vielzahl von Rechtsproblemen fertig zu werden, die im Examensfall erkannt und zu einem einheitlichen Ganzen zusammengesetzt werden müssen ("Struktur der Klausur"). Verständnis für das Ineinandergreifen der Rechtsinstitute und die Entwicklung eines Problembewusstseins sind aber zur Lösung typischer Examensfälle notwendig.

Ausgangspunkt unseres erfolgreichen Konzepts ist die generelle Problematik der Klausur oder Hausarbeit: Der Bearbeiter steht bei der Falllösung zunächst vor einer Dekodierungs- (Entschlüsselungs-) und dann vor einer (Ein-) Ordnungsaufgabe: Der Examensfall kann nur mit juristischem Verständnis und dem entsprechenden Begriffsapparat gelöst werden. Damit muss Wissen von vorneherein unter Anwendungsgesichtspunkten erworben werden. Abstraktes, anwendungsunspezifisches Lernen genügt nicht.

Man hofft auf die leichten Rezepte, die Schemata und den einfachen Rechtsprechungsfall. Die unnatürlich klare Zielsetzung der Schemata lässt aber keine Frage offen und suggeriert eine Einfachheit, die im Examen nicht besteht. Auch bleibt die der Falllösung zugrunde liegende juristische Argumentation auf der Strecke. Mit einer solchen Einstellung wird aber die korrekte, sachgerechte Lösung von Klausur und Hausarbeit verfehlt.

ERSTELLER ALS „IMAGINÄRER GEGNER"

Der Ersteller des Examensfalls hat auf verschiedene Problemkreise und ihre Verbindung geachtet. Diesen Ersteller muss der Student als imaginären Gegner bei seiner Falllösung berücksichtigen. Er muss also versuchen, sich in die Gedankengänge, Annahmen und Ideen des Erstellers hineinzudenken und dessen Lösungsvorstellung wie im Dialog möglichst

nahe zu kommen. Dazu gehört auch der Erwerb von Überzeugungssystemen, Denkmustern und ethischen Standards, die typischerweise und immer wieder von Klausurenerstellern den Examensfällen zugrunde gelegt werden.

Wir fragen daher konsequent bei der Falllösung:

Was will der Ersteller des Falls („Sound")?

Welcher „rote Faden" liegt der Klausur zugrunde („main-street")?

Welche Fallen gilt es zu erkennen?

Wie wird bestmöglicher Konsens mit dem Korrektor erreicht?

Wer sich überwiegend mit Grundfällen und dem Auswendiglernen von Meinungen beschäftigt, dem fehlt zum Schluss die Zeit, Examenstypik einzutrainieren. Es droht das Schreckgespenst des „Subsumtionsautomaten". Examensfälle zu lösen ist eine praktische und keine theoretische Aufgabe.

SPEZIELLE AUSRICHTUNG AUF EXAMENSTYPIK

Die Thematik der Examensfälle ist bei uns auffällig häufig vorher im Kurs behandelt worden. Auch in Zukunft ist damit zu rechnen, dass wir mit Ihnen innerhalb unseres Kurses die examenstypischen Kontexte besprechen, die in den nächsten Prüfungsterminen zu erwarten sind.

Schon beim alten Seneca galt: „Wer den Hafen nicht kennt, für den ist kein Wind günstig". Vertrauen Sie auf unsere Expertenkniffe. Seit 1976 analysieren wir Examensfälle und die damit einhergehenden wiederkehrenden Problemfelder. Problem erkannt, Gefahr gebannt. Die „hemmer-Methode" setzt richtungsweisende Maßstäbe und ist Gebrauchsanweisung für Ihr Examen.

Das Repetitorium hemmer ist bekannt für seine Spitzenergebnisse. Sehen Sie dieses Niveau als Anreiz für Ihr Examen. Orientieren Sie sich nach oben, nicht nach unten.

Unsere Hauptaufgabe sehen wir aber nicht darin, nur Spitzennoten zu produzieren: Wir streben auch für Sie ein solides Prädikatsexamen an. Regelmäßiges Training an examenstypischem Material zahlt sich also aus.

GEHEN SIE MIT DEM SICHEREN GEFÜHL INS EXAMEN, SICH RICHTIG VORBEREITET ZU HABEN. GEWINNEN SIE MIT DER „HEMMER-METHODE".

www.hemmer.de

Juristisches Repetitorium hemmer

Mergentheimer Str. 44 / 97082 Würzburg
Tel.: 0931-7 97 82 30 / Fax: 0931-7 97 82 34

Juristisches Repetitorium hemmer

KURSORTE IM ÜBERBLICK

AUGSBURG
Wüst
Mergentheimer Str. 44
97082 Würzburg
Tel.: (0931) 79 78 230
Fax: (0931) 79 78 234
Mail: augsburg@hemmer.de

BAYREUTH
Daxhammer/d´Alquen
Parkweg 7
97944 Boxberg
Tel.: (07930) 99 23 38
Fax: (07930) 99 22 51
Mail: bayreuth@hemmer.de

BERLIN-DAHLEM
Gast
Schumannstraße 18
10117 Berlin
Tel.: (030) 240 45 738
Fax: (030) 240 47 671
Mail: mitte@hemmer-berlin.de

BERLIN-MITTE
Gast
Schumannstraße 18
10117 Berlin
Tel.: (030) 240 45 738
Fax: (030) 240 47 671
Mail: mitte@hemmer-berlin.de

BIELEFELD
Lück
Salzstr. 14/15
48143 Münster
Tel.: (0251) 67 49 89 70
Fax.: (0251) 67 49 89 71
Mail: bielefeld@hemmer.de

BOCHUM
Schlömer/Sperl
Salzstr. 14/15
48143 Münster
Tel.: (0251) 67 49 89 70
Fax: (0251) 67 49 89 71
Mail: bochum@hemmer.de

BONN
Ronneberg/Clobes/Geron
Simrockstr. 5
53113 Bonn
Tel.: (0228) 91 14 125
Fax: (0228) 91 14 141
Mail: bonn@hemmer.de

BREMEN
Kulke/Hermann
Mergentheimer Str. 44
97082 Würzburg
Tel.: (0931) 79 78 257
Fax: (0931) 79 78 240
Mail: bremen@hemmer.de

DRESDEN
Stock
Zweinaundorfer Str. 2
04318 Leipzig
Tel.: (0341) 6 88 44 90
Fax: (0341) 6 88 44 96
Mail: dresden@hemmer.de

DÜSSELDORF
Ronneberg/Clobes/Geron
Simrockstr. 5
53113 Bonn
Tel.: (0228) 91 14 125
Fax: (0228) 91 14 141
Mail: duesseldorf@hemmer.de

ERLANGEN
Grieger/Tyroller
Mergentheimer Str. 44
97082 Würzburg
Tel.: (0931) 79 78 230
Fax: (0931) 79 78 234
Mail: erlangen@hemmer.de

FRANKFURT/M.
Geron
Dreifaltigkeitsweg 49
53489 Sinzig
Tel.: (02642) 61 44
Fax: (02642) 61 44
Mail: frankfurt.main@hemmer.de

FRANKFURT/O.
Gast
Schumannstraße 18
10117 Berlin
Tel.: (030) 240 45 738
Fax: (030) 240 47 671
Mail: mitte@hemmer-berlin.de

FREIBURG
Behler/Rausch
Rohrbacher Str. 3
69115 Heidelberg
Tel.: (06221) 65 33 66
Fax: (06221) 65 33 30
Mail: freiburg@hemmer.de

GIEßEN
Sperl
Parkweg 7
97944 Boxberg
Tel.: (07930) 99 23 38
Fax: (07930) 99 22 51
Mail: giessen@hemmer.de

GÖTTINGEN
Schlömer/Sperl
Kirchhofgärten 22
74635 Kupferzell
Tel.: (07944) 94 11 05
Fax: (07944) 94 11 08
Mail: goettingen@hemmer.de

GREIFSWALD
Burke/Lück
Buchbinderstr. 17
18055 Rostock
Tel.: (0381) 3 77 74 00
Fax: (0381) 3 77 74 01
Mail: greifswald@hemmer.de

HALLE
Ra. J. Luke
Rödelstr. 13
04229 Leipzig
Tel.: (0341) 49 25 54 70
Fax: (0341) 49 25 54 71
Mail: halle@hemmer.de

HAMBURG
Schlömer/Sperl
Steinhöft 5-7
20459 Hamburg
Tel.: (040) 317 669 17
Fax: (040) 317 669 20
Mail: hamburg@hemmer.de

HANNOVER
Daxhammer/Sperl
Matzenhecke 23
97204 Höchberg
Tel.: (0931) 400 337
Fax: (0931) 404 3109
Mail: hannover@hemmer.de

HEIDELBERG
Behler/Rausch
Rohrbacher Str. 3
69115 Heidelberg
Tel.: (06221) 65 33 66
Fax: (06221) 65 33 30
Mail: heidelberg@hemmer.de

JENA
Hemmer/Wüst
Mergentheimer Str. 44
97082 Würzburg
Tel.: (0931) 79 78 257
Fax: (0931) 79 78 240
Mail: jena@hemmer.de

KIEL
Schlömer/Sperl
Kirchhofgärten 22
74635 Kupferzell
Tel.: (07944) 94 11 05
Fax: (07944) 94 11 08
Mail: kiel@hemmer.de

KÖLN
Ronneberg/Clobes/Geron
Simrockstr. 5
53113 Bonn
Tel.: (0228) 91 14 125
Fax: (0228) 91 14 141
Mail: koeln@hemmer.de

KONSTANZ
Guldin/Kaiser
Hindenburgstr. 15
78467 Konstanz
Tel.: (07531) 69 63 63
Fax: (07531) 69 63 64
Mail: konstanz@hemmer.de

LEIPZIG
Ra. J. Luke
Rödelstr. 13
04229 Leipzig
Tel.: (0341) 49 25 54 70
Fax: (0341) 49 25 54 71
Mail: leipzig@hemmer.de

MAINZ
Geron
Dreifaltigkeitsweg 49
53489 Sinzig
Tel.: (02642) 61 44
Fax: (02642) 61 44
Mail: mainz@hemmer.de

MANNHEIM
Behler/Rausch
Rohrbacher Str. 3
69115 Heidelberg
Tel.: (06221) 65 33 66
Fax: (06221) 65 33 30
Mail: mannheim@hemmer.de

MARBURG
Sperl
Parkweg 7
97944 Boxberg
Tel.: (07930) 99 23 38
Fax: (07930) 99 22 51
Mail: marburg@hemmer.de

MÜNCHEN
Wüst
Mergentheimer Str. 44
97082 Würzburg
Tel.: (0931) 79 78 230
Fax: (0931) 79 78 234
Mail: muenchen@hemmer.de

MÜNSTER
Schlömer/Sperl
Salzstr. 14/15
48143 Münster
Tel.: (0251) 67 49 89 70
Fax.: (0251) 67 49 89 71
Mail: muenster@hemmer.de

OSNABRÜCK
Fethke
Liebknechtstr. 35
99086 Erfurt
Tel.: (0541) 18 55 21 79
Fax.:   ---
Mail: osnabrueck@hemmer.de

PASSAU
Köhn/Rath
Mergentheimer Str. 44
97082 Würzburg
Tel.: (0931) 79 78 230
Fax: (0931) 79 78 234
Mail: passau@hemmer

POTSDAM
Gast
Schumannstraße 18
10117 Berlin
Tel.: (030) 240 45 738
Fax: (030) 240 47 671
Mail: mitte@hemmer-berlin.de

REGENSBURG
Daxhammer/d´Alquen
Parkweg 7
97944 Boxberg
Tel.: (07930) 99 23 38
Fax: (07930) 99 22 51
Mail: regensburg@hemmer.de

ROSTOCK
Burke/Lück
Buchbinderstr. 17
18055 Rostock
Tel.: (0381) 3777 400
Fax: (0381) 3777 401
Mail: rostock@hemmer.de

SAARBRÜCKEN
Bold
Preslesstraße 2
66987 Thaleischweiler-Fröschen
Tel.: (06334) 98 42 83
Fax: (06334) 98 42 83
Mail: saarbruecken@hemmer.de

TRIER
Geron
Dreifaltigkeitsweg 49
53489 Sinzig
Tel.: (02642) 61 44
Fax: (02642) 61 44
Mail: trier@hemmer.de

TÜBINGEN
Guldin/Kaiser
Hindenburgstr. 15
78465 Konstanz
Tel.: (07531) 69 63 63
Fax: (07531) 69 63 64
Mail: tuebingen@hemmer.de

WÜRZBURG
- ZENTRALE -
Mergentheimer Str. 44
97082 Würzburg
Tel.: (0931) 79 78 230
Fax: (0931) 79 78 234
Mail: wuerzburg@hemmer.de

VORBEREITUNG AUF DAS ZWEITE STAATSEXAMEN

ASSESSORKURSORTE IM ÜBERBLICK

BAYERN
WÜRZBURG/MÜNCHEN/NÜRNBERG/ REGENSBURG/POSTVERSAND

RA I. Gold
Mergentheimer Str. 44
97082 Würzburg
Tel.: (0931) 79 78 2-50
Fax: (0931) 79 78 2-51
Mail: assessor@hemmer.de

BADEN-WÜRTTEMBERG
KONSTANZ/TÜBINGEN/ STUTTGART/POSTVERSAND

Rae F. Guldin/B. Kaiser
Hindenburgstr. 15
78467 Konstanz
Tel.: (07531) 69 63 63
Fax: (07531) 69 63 64
Mail: konstanz@hemmer.de

HEIDELBERG/FREIBURG

RAe Behler/Rausch
Rohrbacherstr. 3
69115 Heidelberg
Tel.: (06221) 65 33 66
Fax: (06221) 65 33 30
Mail: heidelberg@hemmer.de

BERLIN/POTSDAM/BRANDENBURG
BERLIN

RA L. Gast
Schumannstr. 18
10117 Berlin
Tel.: (030) 24 04 57 38
Fax: (030) 24 04 76 71
Mail: mitte@hemmer-berlin.de

BREMEN/HAMBURG
HAMBURG/POSTVERSAND

Rae M. Sperl/Clobes/Dr.Schlömer
Kirchhofgärten 22
74635 Kupferzell
Tel.: (07944) 94 11 05
Fax: (07944) 94 11 08
Mail: assessor-nord@hemmer.de

HESSEN
FRANKFURT

RA A. Geron
Dreifaltigkeitsweg 49
53489 Sinzig
Tel.: (02642) 61 44
Fax: (02642) 61 44
Mail: frankfurt.main@hemmer.de

MECKLENBURG-VORPOMMERN
POSTVERSAND

Ludger Burke/Johannes Lück
Buchbinderstr. 17
18055 Rostock
Tel.: (0381) 37 77 40 0
Fax: (0381) 37 77 40 1
Mail: rostock@hemmer.de

RHEINLAND-PFALZ
POSTVERSAND

RA A. Geron
Dreifaltigkeitsweg 49
53489 Sinzig
Tel.: (02642) 61 44
Fax: (02642) 61 44
Mail: trier@hemmer.de

NIEDERSACHSEN
HANNOVER

RAe M. Sperl/Dr. Schlömer
Steinhöft 5 - 7
20459 Hamburg
Tel.: (040) 317 669 17
Fax: (040) 317 669 20
Mail: assessor-nord@hemmer.de

HANNOVER POSTVERSAND

RAe M. Sperl/Clobes/Dr. Schlömer
Kirchhofgärten 22
74635 Kupferzell
Tel.: (07944) 94 11 05
Fax: (07944) 94 11 08
Mail: assessor-nord@hemmer.de

NORDRHEIN-WESTFALEN
KÖLN/BONN/DORTMUND/DÜSSELDORF/ POSTVERSAND

Dr. A. Ronneberg
Simrockstr. 5
53113 Bonn
Tel.: (0228) 91 14 125
Fax: (0228) 91 14 141
Mail: koeln@hemmer.de

SCHLESWIG-HOLSTEIN
POSTVERSAND

RAe M. Sperl/Clobes/Dr. Schlömer
Kirchhofgärten 22
74635 Kupferzell
Tel.: (07944) 94 11 05
Fax: (07944) 94 11 08
Mail: assessor-nord@hemmer.de

THÜRINGEN
POSTVERSAND

RA Stock, RA Hunger & Kollegen
Zweinaundorfer Str. 2
04318 Leipzig
Tel.: (0341) 6 88 44 90 oder -93
Fax: (0341) 6 88 44 96
Mail: dresden@hemmer.de

SACHSEN
DRESDEN/LEIPZIG/POSTVERSAND

RA Stock, RA Hunger & Kollegen
Zweinaundorfer Str. 2
04318 Leipzig
Tel.: (0341) 6 88 44 90 oder -93
Fax: (0341) 6 88 44 96
Mail: dresden@hemmer.de

SACHSEN-ANHALT
POSTVERSAND

RA Stock, RA Hunger & Kollegen
Zweinaundorfer Str. 2
04318 Leipzig
Tel.: (0341) 6 88 44 90 oder -93
Fax: (0341) 6 88 44 96
Mail: dresden@hemmer.de

Familienrecht mit der hemmer-Methode

Wer in vier Jahren sein Studium abschließen will, kann sich einen Irrtum in Bezug auf Stoffauswahl und -aneignung nicht leisten. Hoffen Sie nicht auf leichte Rezepte und den einfachen Rechtsprechungsfall. Hüten Sie sich vor Übervereinfachung beim Lernen. Stellen Sie deswegen frühzeitig die Weichen richtig.

Dieser Grundsatz gilt speziell für das **Familienrecht**, denn dieses wird häufig in Verbindung mit anderen Rechtsgebieten geprüft. So sind z.B. §§ 1357, 1365, 1369 BGB Schnittstelle zum BGB-AT und nur in diesem Kontext verständlich. Die sog. Ehestörungsklage hat ihre Bedeutung bei den §§ 823 und 1004 BGB. Bei der nichtehelichen Lebensgemeinschaft ist schließlich neben dem Familienrecht auch das Gesellschaftsrecht von Bedeutung.

Darüber hinaus gibt es im Hinblick auf das Zweite Staatsexamen Grundzüge des materiellen und prozessualen Familienrechts zu beherrschen: Zugewinnausgleich, Scheidung, Sorgerecht und Unterhalt dürfen keine Fremdwörter mehr sein. Wichtig ist hier, nicht isoliert zu lernen, sondern in Zusammenhängen zu denken.

Die **hemmer-Methode** vermittelt Ihnen die **erste richtige Einordnung** und das **Problembewusstsein**, welches Sie brauchen, um an einer Klausur bzw. dem Ersteller nicht vorbeizuschreiben. Häufig ist dem Studenten nicht klar, warum er schlechte Klausuren schreibt. Wir geben Ihnen **gezielte Tipps**! Vertrauen Sie auf unsere **Expertenkniffe**.

Durch die ständige Diskussion mit unseren Kursteilnehmern ist uns als erfahrenen Repetitoren klar geworden, welche **Probleme** der Student hat, sein **Wissen anzuwenden**. Wir haben aber auch von unseren Kursteilnehmern profitiert und von ihnen erfahren, welche **Argumentationsketten** in der Prüfung zum Erfolg geführt haben.

Die **hemmer-Methode** gibt **jahrelange Erfahrung** weiter, erspart Ihnen viele schmerzliche Irrtümer, setzt richtungsweisende Maßstäbe und begleitet Sie als **Gebrauchsanweisung** in Ihrer Ausbildung:

1. Grundwissen:

Die **Grundwissenskripten** sind für den Studenten in den ersten Semestern gedacht. In den Theoriebänden Grundwissen werden leicht verständlich und kurz die wichtigsten Rechtsinstitute vorgestellt und das notwendige Grundwissen vermittelt. Die Skripten werden durch den jeweiligen Band unserer **Reihe „Die wichtigsten Fälle"** ergänzt.

2. Basics:

Das Grundwerk für Studium und Examen. Es schafft schnell **Einordnungswissen** und mittels der hemmer-Methode richtiges Problembewusstsein für Klausur und Hausarbeit. Wichtig ist, **wann und wie** Wissen in der Klausur angewendet wird.

3. Skriptenreihe:

Vertiefendes Prüfungswissen: Über 1.000 Klausuren wurden auf ihre „essentials" abgeklopft.

Anwendungsorientiert werden die für die Prüfung nötigen Zusammenhänge umfassend aufgezeigt und wiederkehrende Argumentationsketten eingeübt.

Gleichzeitig wird durch die **hemmer-Methode** auf **anspruchsvollem Niveau** vermittelt, nach welchen Kriterien Prüfungsfälle beurteilt werden. Mit dem Verstehen wächst die Zustimmung zu Ihrem Studium. Spaß und Motivation beim Lernen entstehen erst durch Verständnis.

Lernen Sie, durch Verstehen am juristischen Sprachspiel teilzunehmen. Wir schaffen den „background", mit dem Sie die innere Struktur von Klausur und Hausarbeit erkennen: **„Problem erkannt, Gefahr gebannt"**. Profitieren Sie von unserem **strategischen Wissen**. Wir werden Sie mit unserem know-how auf das Anforderungsprofil einstimmen, das Sie in Klausur und Hausarbeit erwartet. Die Theoriebände Grundwissen, die Basics, die Skriptenreihe und der Hauptkurs sind als **modernes, offenes und flexibles Lernsystem** aufeinander abgestimmt und ergänzen sich ideal. Die **studentenfreundliche Preisgestaltung** ermöglicht den **Erwerb als Gesamtwerk**.

4. Hauptkurs:

Schulung am examenstypischen Fall mit der Assoziationsmethode. Trainieren Sie unter professioneller Anleitung, was Sie im Examen erwartet und wie Sie bestmöglich mit dem Examensfall umgehen.

Nur wer die Dramaturgie eines Falles verstanden hat, ist in Klausur und Hausarbeit auf der sicheren Seite! Häufig hören wir von unseren Kursteilnehmern: **„Erst jetzt hat Jura richtig Spaß gemacht"**.

Die Ergebnisse unserer Kursteilnehmer geben uns Recht. Maßstab ist der Erfolg. Die Examensergebnisse zeigen, dass unsere Kursteilnehmer überdurchschnittlich abschneiden.

Die Examensergebnisse unserer Kursteilnehmer können auch Ansporn für Sie sein, intelligent zu lernen: Wer nur auf vier Punkte lernt, landet leicht bei drei.
Lassen Sie sich aber nicht von diesen Supernoten verschrecken, sehen Sie dieses Niveau als Ansporn für Ihre Ausbildung.

Wir hoffen, als Repetitoren mit unserem Gesamtangebot bei der Konkretisierung des Rechts mitzuwirken und wünschen Ihnen **viel Spaß beim Durcharbeiten** unserer Skripten.

Wir würden uns freuen, mit Ihnen als Hauptkursteilnehmer mit der **hemmer-Methode** gemeinsam Verständnis an der Juristerei zu trainieren. Nur wer erlernt, was ihn im Examen erwartet, lernt richtig!

So leicht ist es, uns kennenzulernen: Probehören ist jederzeit in den jeweiligen Kursorten möglich.

Karl-Edmund Hemmer & Achim Wüst

FAMILIENRECHT

Hemmer/Wüst/Gold/Grieger

Hemmer/Wüst Verlagsgesellschaft

Hemmer/Wüst/Gold/Grieger, Familienrecht

ISBN 978-3-86193-483-7
13. Auflage 2016

gedruckt auf chlorfrei gebleichtem Papier
von Schleunungdruck GmbH, Marktheidenfeld

Kommentare

Erman	Bürgerliches Gesetzbuch
Münchner-Kommentar	Kommentar zum Bürgerlichen Gesetzbuch
Palandt	Kommentar zum Bürgerlichen Gesetzbuch
RGKR	Kommentar zum Bürgerlichen Gesetzbuch mit Einführungs- und Nebengesetzen
Soergel	Bürgerliches Gesetzbuch mit Einführungs- und Nebengesetzen
Staudinger	Kommentar zum Bürgerlichen Gesetzbuch
Thomas/Putzo	Zivilprozessordnung

Lehrbücher

Beitzke	Familienrecht
Gernhuber/Coester-Waltjen	Lehrbuch des Familienrechts
Henrich	Familienrecht
Medicus	Bürgerliches Recht
Schlüter	Familienrecht
Schwab	Familienrecht

Weitere Nachweise (insbesondere auf Aufsätze) in den Fußnoten.

§ 1 EINFÜHRUNG

A) Grundbegriffe

I. Familie

Groß-/Kleinfamilie

Der Begriff der Familie ist gesetzlich nicht definiert. Man versteht darunter aber gem. dem natürlichen Sprachgebrauch die Gesamtheit aller durch Ehe, Verwandtschaft oder Schwägerschaft verbundenen Personen.[1] Der Familienbegriff wird darüber hinaus nicht einheitlich verwendet. Zu unterscheiden sind insbes. die mehrere Generationen umfassende Großfamilie (z.B. §§ 563, 1093 II, 2047 II, 2373 S. 2 BGB) und die höchstens zwei Generationen umfassende Kleinfamilie (z.B. §§ 1355, 1360, 1360a, 1360b, 1617, 1618, 1666a BGB).

Regelungsbereich des FamR

Das Familienrecht regelt im Wesentlichen nur die Beziehungen zwischen den Mitgliedern der Kleinfamilie (Ausnahme: §§ 1601 ff. BGB): Eherecht und Kindschaftsrecht. Dabei zählen zur Kleinfamilie auch die kinderlose Ehe und die Gemeinschaft der nichtehelichen Kinder mit ihrer Mutter bzw. mit ihrem Vater.

Familie als solche kein Rechtssubjekt

Personenrechtliche und vermögensrechtliche Beziehungen bestehen dabei nur zwischen den einzelnen Mitgliedern der Familie, die Familiengemeinschaft als solche hat weder Rechtspersönlichkeit noch eigenes Vermögen.

II. Verwandtschaft

Verwandtschaftsbegriff des BGB

Die Verwandtschaft i.S.d. BGB geht über die durch Blutsbande vermittelte hinaus. Sie umfasst gem. § 1589 BGB die auf Abstammung beruhende Blutsverwandtschaft, gem. § 1590 BGB die Schwägerschaft infolge Eheschließung und die Annahme als Kind gem. §§ 1741 ff. BGB.

Verwandtschaft in gerader Linie/Seitenlinie

Blutsverwandt ist man mit denjenigen, von denen man abstammt (Aszendenten), mit denjenigen, die von einem abstammen (Deszendenten), § 1589 S. 1 BGB (Verwandtschaft in gerader Linie, z.B. Großmutter-Vater-Tochter) und mit denjenigen, mit welchen man gemeinsam von einer dritten Person abstammt, § 1589 S 2 BGB (Seitenverwandtschaft, z.B. Geschwister, Vettern, Onkel und Neffe). Die Seitenverwandtschaft ist eine vollbürtige oder halbbürtige je nachdem, ob das Verbindende ein Paar oder nur Mann bzw. Frau ist.

> **hemmer-Methode:** Die Grundbegriffe des Familienrechts sind beliebter Prüfungsstoff im mündlichen Examen. Die verschiedenen Verwandtschaftsgrade sollten deshalb ebenso geläufig sein wie die Unterscheidung zwischen Groß- und Kleinfamilie. Vgl. dazu auch Hemmer/Wüst, Erbrecht, Rn. 16.

Bemessung in Graden ohne Geburt des Vermittelnden

Die Nähe der Verwandtschaft bestimmt sich nach Graden, d.h. nach der Anzahl der Zeugungen bzw. Geburten, die zwischen den beiden betreffenden Personen liegen, § 1589 S. 3 BGB. Hierbei wird die Geburt der Person, welche die Verwandtschaft herstellt, nicht mitgezählt.[2]

---

1 Vgl. Palandt, Einl. vor § 1297 BGB, Rn. 2.

2 Vgl. Palandt, § 1589 BGB, Rn. 1 (quot personae tot gradus stipite dempto).

hilfreich:
Erstellen eines Stammbaums

Hilfreich ist das Erstellen eines Stammbaumes, mittels dessen man die Abstammungslinien, die eine Person mit der anderen verbinden, verfolgt und zählt.

> **Bsp.:** *Wenn A zwei Söhne (B und C) hat, und B ebenfalls zwei Söhne (D 1 und D 2) und C einen Sohn (E), so ergibt sich folgendes Bild:*   *3*

Übersicht aus Sicht des D 1

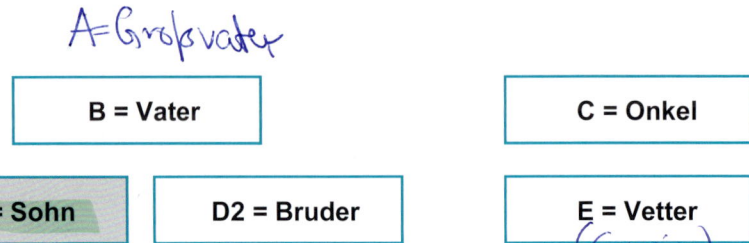

A = Großvater

B = Vater		C = Onkel
D1 = Sohn	**D2 = Bruder**	**E = Vetter** (Cousin)

D 1 ist dann mit den anderen Personen folgendermaßen verwandt:

mit B (= Vater)	im ersten Grad	gerade Linie
mit A (= Großvater)	im zweiten Grad	gerade Linie
mit C (= Onkel)	im dritten Grad	Seitenlinie
mit E (= Vetter)	im vierten Grad	Seitenlinie
mit D 2 (= Bruder)	im zweiten Grad	Seitenlinie

Merke:

⇨ Ehegatten sind als solche weder miteinander verwandt noch verschwägert (=„beliebter" Fehler).

⇨ Der Begriff „Stiefverwandtschaft" hat keine eigenständige Bedeutung. Man versteht darunter sowohl halbbürtige Verwandte (z.B. Stiefschwester), als auch Personen, die überhaupt nicht miteinander verwandt, sondern verschwägert sind (z.B. Stiefmutter und Stiefkind).

III. Schwägerschaft

Schwägerschaft nur bzgl. Ehegatten selbst

Schwägerschaft setzt sich aus Verwandtschaft und Ehe zusammen. Verschwägert ist man mit den Verwandten seines Ehegatten und mit den Ehegatten seiner Verwandten, § 1590 I S. 1 BGB.   *4*

> **Bsp.:** *Die Ehefrau ist mit den Eltern, Geschwistern usw. ihres Mannes verschwägert. Verschwägert sind auch Stiefvater und Stieftochter.*

Keine Schwägerschaft besteht zwischen den Verwandten der Ehefrau und denen des Ehemannes.[3]

> **Bsp.:** *Die Schwester der Ehefrau ist nicht mit dem Bruder des Ehemannes verschwägert. Das nichteheliche Kind des Ehemanns ist mit dem nichtehelichen Kind der Ehefrau weder verwandt noch verschwägert.*

---

3   Palandt, § 1590 BGB, Rn. 1.

> **hemmer-Methode:** Beachten Sie bitte, dass der hierfür z.T. verwendete Begriff der „Schwippschwägerschaft" keine rechtliche Bedeutung hat.

Linie und Grad der Schwägerschaft bestimmen sich nach der sie vermittelnden Verwandtschaft (i.S.v. § 1589 BGB), § 1590 I S. 2 BGB.

auch nach Eheauflösung

Die Schwägerschaft dauert auch nach der Eheauflösung fort, § 1590 II BGB.

> **hemmer-Methode:** Die Schwägerschaft spielt nicht nur in der Zivilrechtsklausur eine wichtige Rolle. So kann sie Bedeutung in Klausuren des öffentlichen Kommunalrechts gewinnen. So können z.B. bei Art. 49 BayGO Gemeinderatsmitglieder wegen persönlicher Beteiligung ausgeschlossen werden, wenn der Beschluss zu einem unmittelbaren Vor- oder Nachteil für einen bis zum dritten Grad Verschwägerten führen kann.[4]
> Dies führt zur seltsamen Konsequenz, dass wegen § 1590 II BGB nach rechtskräftiger Scheidung eine Interessenskollision zwar noch im Hinblick auf die Schwägerschaft, nicht aber im Hinblick auf den geschiedenen Ehepartner bestehen bleibt.

B) Rechtsquellen des Familienrechts

Das materielle Familienrecht ist im Wesentlichen im vierten Buch des BGB (§§ 1297 bis 1921) enthalten.

5

Materielles Familienrecht

Eherecht, §§ 1297 – 1588 BGB	Verwandtschaftsrecht, §§ 1589 – 1722 BGB	Vormundschaftsrecht, §§ 1773 – 1921 BGB

Außerdem sind relevant:

⇨ Personenstandsgesetz

⇨ Unterhaltsvorschussgesetz (UVG)

⇨ Versorgungsausgleichsgesetz (VersAusglG)

⇨ Gesetz über die religiöse Kindererziehung

⇨ Kinder- und Jugendhilfegesetz (KJHG)

⇨ Lebenspartnerschaftsgesetz (LPartG)

---

4   Masson/Samper, Bayerische Kommunalgesetze, Kommentar, Art. 49 BayGO, Rn. 6.

Das Verfahrensrecht in familienrechtlichen Streitigkeiten ist im Wesentlichen im FamFG, geregelt, das allerdings in § 113 FamFG weitgehend wiederum auf die ZPO verweist (Näheres hierzu ab Rn. 397 ff.).

Wichtig ist auch Art. 6 GG als wertentscheidende Grundsatznorm für das gesamte Familienrecht.

6

zwingendes Recht

An der Funktions- und Leistungsfähigkeit der Familie besteht damit ein besonderes Interesse und infolgedessen ist das Familienrecht auch weitgehend als zwingendes Recht ausgestaltet.

§ 2 DAS VERLÖBNIS

A) Begriff

Doppelnatur des Verlöbnisses

Unter Verlöbnis versteht man sowohl das gegenseitige Heiratsversprechen von Mann und Frau, als auch das durch dieses Versprechen begründete personenrechtliche Dauerrechtsverhältnis des Brautstandes.[5]

7

Form (-)

Das Eheversprechen bedarf keiner besonderen Form.

hemmer-Methode: Anders als bei der nichtehelichen Lebensgemeinschaft (NeLG, dazu später Rn. 319 ff.) entsteht mit dem Verlöbnis ein Rechtsverhältnis. Die Frage, ob überhaupt ein Verlöbnis als Rechtsverhältnis oder nur eine NeLG vorliegt, kann deshalb für die Lösung einer Klausur (z.B. wegen der Möglichkeit eines Schadensersatzanspruchs § 280 BGB und der Anwendbarkeit der §§ 1298 ff. BGB, vgl. unten Rn. 8 ff.) große Bedeutung gewinnen. Beachten Sie dabei insbesondere, dass die Begründung eines Verlöbnisses an keine Form gebunden ist, also z.B. keine Ringe ausgetauscht werden müssen und auch keine Verlobungsanzeige aufgegeben werden muss. Ein Verlöbnis kann vielmehr auch konkludent begründet werden.[6] Maßgeblich ist deshalb stets die Frage, ob ein (ggf. konkludentes) gegenseitiges Versprechen erfolgt ist, einander zu heiraten. Nur dann können die Vorschriften über das Verlöbnis Anwendung finden.

B) Rechtsfolgen

nach Verlöbnis Pflicht zur Ehe

I. Das Verlöbnis begründet eine Rechtspflicht zur Eingehung der Ehe. Diese ist jedoch nicht klagbar, § 1297 I BGB. Ein trotzdem ergangener Beschluss ist nicht vollstreckbar, § 120 III FamFG.

8

hemmer-Methode: Zum Verständnis: § 120 III FamFG wird in diesem Zusammenhang kaum jemals praktisch bedeutsam werden, da ein inländisches Vollstreckungsurteil wegen § 1297 I BGB nicht ergehen darf, Gleiches gilt bei ausländischen Urteilen wegen Verstoßes gegen den deutschen ordre public, §§ 328 I Nr. 4, 722 I, 723 II ZPO.

Die zivilrechtliche Bedeutung reduziert sich daher im Wesentlichen auf die Schadensersatzansprüche der §§ 1298 ff. BGB und den Bereicherungsanspruch des § 1301 BGB.

9

↳ Verweis auf §§ 812 ff.

II. Verlobte können Ehe-, Erb- sowie Erbverzichtsverträge schließen (§§ 1408, 2275 III, 2347 I BGB). Sie können jedoch kein gemeinsames Testament errichten, § 2265 BGB.

10

III. Werden bereits während des Brautstandes von den Verlobten Leistungen im Hinblick auf die spätere Eheschließung erbracht und scheitert dann die im gesetzlichen Güterstand geführte Ehe, so kommt bezüglich von Werten, die nicht dem Zugewinnausgleich unterfallen, weil sie bereits in das Anfangsvermögen eines Ehegatten (§ 1376 I BGB) eingegangen sind, ein Ausgleichsanspruch nach den Grundsätzen über die Störung der Geschäftsgrundlage in Betracht.

11

---

5   Palandt, Einf. vor § 1297 BGB, Rn. 1.

6   Palandt, Einf. vor § 1297 BGB, Rn. 2.

Die Höhe dieses Anspruchs bemisst sich grundsätzlich nach dem Betrag, um den sich der Zugewinnanspruch erhöht hätte, wären die vorehelichen Leistungen erst nach der Eheschließung erbracht worden[7] (vgl. dazu ausführlicher das Fallbeispiel 3 zu Rn. 235).

(Verlöbnisses)

IV. Während des Brautstandes bestehen gegenseitige Schutz- und Obhutspflichten, die eine Garantenstellung i.S.d. § 13 StGB begründen können.   *12*

V. Verlobte sind Angehörige i.S.d. § 11 Nr. 1a StGB und haben die Rechte nach § 383 Nr. 1 ZPO, § 29 II FamFG, § 52 StPO (Zeugnisverweigerungsrechte), § 55 StPO (Auskunftsverweigerungsrecht) § 61 StPO (Absehen von Vereidigung) und § 63 StPO (Leidesverweigerungsrecht).   *13*

hemmer-Methode: Wen wundert es da, wenn der Angeklagte im Strafprozess plötzlich mit der wichtigsten Zeugin „verlobt" ist. Bekannt in diesem Zusammenhang sind die berühmten „Zuhälterverlöbnisse", auch diese sind in der Regel wirksam. Für das Zeugnisverweigerungsrecht genügt, dass das Verlöbnis zur Zeit der Vernehmung besteht.
Zwar gilt bzgl. der Ernsthaftigkeit des Verlöbnisses nicht der Grundsatz in dubio pro reo,[8] aber gleichwohl nimmt der Richter das Verlöbnis als richtig hin, wenn niemand widerspricht.
Mögliche Falle in der Klausur: Einer der Verlobten ist bereits anderweitig verlobt, wenn nicht gar verheiratet. Damit ist die Verlobung nach § 138 BGB nichtig und folglich besteht kein Zeugnisverweigerungsrecht.[9] Wie Sie sehen, ist materielles Familienrecht auf der gesamten Bandbreite des Examens von Bedeutung.

C) Zustandekommen des Verlöbnisses

Rechtsnatur str.

Die Rechtsnatur des Verlöbnisses ist umstritten. Der Theorienstreit wirkt sich bei Verlöbnissen beschränkt geschäftsfähiger Personen aus. Jedenfalls ist der gesetzliche Vertreter wegen der höchstpersönlichen Natur des Verlöbnisses nicht ermächtigt, im Namen des Minderjährigen ein Verlöbnis einzugehen. Fraglich ist aber, ob der Minderjährige zum Abschluss eines Verlöbnisses der Zustimmung des gesetzlichen Vertreters bedarf und inwieweit ansonsten die allgemeine Rechtsgeschäftslehre Anwendung findet.   *14*

I. Vertragstheorie

h.M.: Vertrag i.S.d. allg. Rechtsgeschäftslehre

Nach der Vertragstheorie handelt es sich bei dem Verlöbnis um einen formlos gültigen Vertrag, auf den die §§ 106 ff. BGB. Anwendung finden, wobei die h.M. für die Wirksamkeit des Verlöbnisses die Einsichtsfähigkeit des Minderjährigen genügen lässt und nur für die vermögensrechtlichen Folgen die Einwilligung des gesetzlichen Vertreters fordert.[10]   *15*

II. Theorie vom familienrechtlichen Vertrag

a.A.: Vertrag sui generis

Danach handelt es sich beim Verlöbnis um einen Vertrag sui generis, auf den die Vorschriften des BGB-AT nur eingeschränkt entsprechende Anwendung finden.   *16*

---

7   BGHZ 115, 261; gegen eine solche höhenmäßige Begrenzung des Anspruchs: Tiedtke, JZ 1992, 1125 ff. = **juris**byhemmer (Wenn dieses Logo hinter einer Fundstelle abgedruckt wird, finden Sie die Entscheidung online unter „juris by hemmer": www.hemmer.de).

8   Dieser Grundsatz gilt nur bzgl. Fragen der Schuld nach abgeschlossener Beweiswürdigung, das Verlöbnis ist aber eine Tatsachenfrage vor der Beweiswürdigung; vgl. Fischer, § 1 StGB, Rn. 14; Meyer-Goßner, § 261 StPO, Rn. 26.

9   Vgl. Meyer-Goßner, § 52 StPO, Rn. 4.

10   H.M.; Palandt, Einf. vor § 1297 BGB, Rn. 1.

Insbesondere ist wegen der familienrechtlichen Eigenart die auf vermögensrechtlichem Güteraustausch zugeschnittene allgemeine Geschäftsfähigkeit durch eine besondere Verlöbnisfähigkeit zu ersetzen.

Diese bestimmt sich nach der individuellen geistigen Reife.[11] Anders als bei einer Anwendung der §§ 107, 108 BGB ist das Verlöbnis eines Minderjährigen ohne Zustimmung des gesetzlichen Vertreters nicht schwebend unwirksam, sondern analog dem früheren § 30 EheG schwebend wirksam.

hemmer-Methode: Diese Theorie ist allenfalls von dogmengeschichtlichem Interesse, wird aber so heute nicht mehr vertreten.

III. Theorie vom gesetzlichen Rechtsverhältnis (Vertrauenstheorie)

3. Ansicht: gesetzliches Rechtsverhältnis

Danach ist das Verlöbnis kein Vertrag, sondern ein gesetzliches Rechtsverhältnis, das durch die erkennbare Bereitschaft zur Eheschließung entsteht und auf diesem Vertrauenstatbestand beruht.[12] Hierbei gelten die allgemeinen Vorschriften über Rechtsgeschäfte nicht.

17

IV. Stellungnahme

gegen 3. Ansicht: Einigung notw. ⇨ Vertrag (+)

Die Theorie des gesetzlichen Rechtsverhältnisses verkennt den rechtsgeschäftsähnlichen Charakter des gegenseitigen Eheversprechens: ⟶ Vertrag

18

Wenn auch die Fassung des § 1298 BGB („in Erwartung der Ehe") die Vertrauenstheorie zu stützen scheint, so können doch Abschluss und Beginn des Verlöbnisses allein durch das wechselseitige Eheversprechen zeitlich fixiert werden. Diese Einigung hat aber eindeutig Vertragscharakter. Dagegen sprechen weder die fehlende Klagbarkeit der Hauptpflicht, noch die Möglichkeit jederzeitigen Rücktritts.

gegen 2. Ansicht: Rechtsunsicherheit durch Sonderrecht

Die Theorie vom familienrechtlichen Vertrag führt zur Rechtsunsicherheit, indem sie ein „Sonderrecht" für Verlobte konstruiert, das im Gesetz keinerlei Grundlage findet.

gegen 1. Ansicht: Abweichung d. §§ 1298 ff. BGB v. RücktrittsR

Gegen die Vertragstheorie wird vorgebracht, dass die §§ 1298 ff. BGB von den schuldrechtlichen Rechtsfolgen beim Rücktritt (nämlich Umwandlung in ein Rückgewährschuldverhältnis) abweichen, was gegen den Vertragscharakter spreche.[13]

Jedoch kann ein Rückgewährschuldverhältnis Folge des Rücktritts sein, muss es aber nicht und ist es oft mangels zuvor erbrachter Leistungen auch nicht.

auch Einschränkung v. einsichtsfähigen Minderjährigen

Weiter wird der Vertragstheorie vorgeworfen, dass sie einem einsichtsfähigen Minderjährigen (wegen §§ 107 ff. BGB) verwehre, unabhängig von seinen gesetzlichen Vertretern ein Verlöbnis einzugehen, und ihm damit bei Rücktritt der „Verlobten" die Ansprüche aus §§ 1298 ff. BGB verweigere.

Hiergegen wird allerdings eingewandt, dass sich bereits aus § 109 II BGB ergebe, dass ein Volljähriger, der die Minderjährigkeit des Partners kannte, an das schwebend unwirksame Verlöbnis gebunden ist.

---

11   Böhmer, JZ 1961, 267.

12   Canaris, AcP 1965, 1.

13   Canaris, AcP 1965, 1; S. 3 ff.

Zwar ist ein schwebend unwirksames Geschäft bis zum Zeitpunkt der Genehmigung (noch) wirkungslos.[14] Trotzdem meint ein Teil der Literatur, dass bereits dieser – vom Partner wegen § 109 II BGB nicht zu beseitigende – Schwebezustand das Bestehen der Ansprüche aus §§ 1298 ff. BGB rechtfertige.[15]

Im Übrigen kann der gesetzliche Vertreter des Minderjährigen das Verlöbnis auch noch nach Rücktritt genehmigen, weil der Rücktritt nur für die Zukunft wirkt, die Genehmigung aber Rückwirkung hat (§§ 184 I, 108 I BGB), und das Verlöbnis für den Zeitraum bis zum Rücktritt wirksam macht.

19

Auf diese Weise wird dem Minderjährigenschutz voll Rechnung getragen, da der Minderjährige nämlich seinerseits wegen der Unwirksamkeit des Verlöbnisses keine Verpflichtungen (z.B. aus §§ 1298 ff. BGB) hat.

Die Gegenmeinung erkauft die „Verlöbnisfreiheit" des einsichtsfähigen Minderjährigen mit einer Belastung des Minderjährigen durch die Verpflichtungen aus §§ 1298 ff. BGB, was mit dem Minderjährigenschutz nicht vereinbar ist.

für 1. Ansicht:
Mj.-Schutz und Systemgerechtigkeit

Vielmehr bietet die Vertragstheorie eine sowohl systemgerechte als auch interessensgerechte Lösung.

Freilich gelten die Vertragsregeln nicht uneingeschränkt, sondern es ist der personenrechtliche Charakter des Verlöbnisses zu beachten:

⇨ nach h.M. §§ 164 ff. BGB (-)

So sind die Vorschriften über die Stellvertretung (§§ 164 ff. BGB) nicht anwendbar, da die Verlobung als Vorstufe zur Eheschließung ein höchstpersönliches Rechtsgeschäft ist, vgl. § 1311 BGB.

§§ 116 ff. BGB (+), aber bzgl.
§§ 119, 123 BGB gelten
§§ 1298 ff. BGB als speziellere Regelungen

Bei Willensmängeln gelten die §§ 116, 117, 118 BGB. Die §§ 119, 123 BGB werden jedoch, nach umstrittener, aber wohl überwiegender Meinung, durch die Rücktrittsmöglichkeit des § 1298 BGB nicht ausgeschlossen.[16]

Nichtigkeit kann sich auch aus § 134 BGB (z.B. bei Verstoß gegen Eheverbot) und § 138 BGB (z.B. bei Doppelverlöbnis) ergeben. Ein Verlöbnis unter einer Bedingung ist jedoch (i.R.d. § 138 BGB) zulässig.[17] Ebenfalls möglich ist ein Anfangstermin (aufschiebende Befristung, §§ 163, 158 I BGB), nicht jedoch ein Endtermin (auflösende Befristung, §§ 163, 158 II BGB).[18]

hemmer-Methode: Die Theorien zur Rechtsnatur des Verlöbnisses müssen in der Klausur regelmäßig nicht in dieser Breite ausgeführt werden, es sei denn, der Sachverhalt gibt eindeutige Hinweise, dass eine Auseinandersetzung erfolgen soll (sog. „Echoprinzip").
Außerhalb des Zivilrechts (z.B. bei §§ 35 I, 157 I, 258 VI StGB, § 383 ZPO, § 29 II FamFG, §§ 52, 55, 61 StPO) kommt es ebenfalls nicht auf die materiell-rechtliche Wirksamkeit des Verlöbnisses an, es genügt hier vielmehr das ernsthafte und nicht sittenwidrige Heiratsversprechen zweier einsichtiger Menschen.

---

14   Vgl. Palandt, Überbl. vor § 104 BGB, Rn. 31.

15   Beitzke, § 5 I 2.

16   M.w.N. Palandt, Einf. vor § 1297 BGB, Rn. 1.

17   Palandt, Einf. vor § 1297 BGB, Rn. 1.

18   MüKo, § 1297 BGB, Rn. 13.

D) Beendigung des Verlöbnisses

Ende des Verlöbnisses insbes. bei Eheschließung

Beendet wird das Verlöbnis durch Eheschließung, Tod, Entlobung (Aufhebungsvertrag, § 311 BGB), nachträgliche Unmöglichkeit, Eintritt einer auflösenden Bedingung und Rücktritt (§§ 1298 ff. BGB).

20

Rücktritt jederzeit mögl.

Der Rücktritt ist dabei jederzeit durch formlose, einseitig empfangsbedürftige Willenserklärung möglich. Selbst schlüssiges Verhalten reicht aus, so z.B. die Rückgabe des Verlobungsringes.

Dabei ist zu beachten, dass der Minderjährige trotz möglicher nachteiliger Folgen nicht gem. § 111 BGB der Einwilligung des gesetzlichen Vertreters bedarf. Aus der Wertung des § 1297 BGB folgt vielmehr, dass niemand gegen seinen Willen an ein Verlöbnis gebunden sein soll.[19]

E) Rücktritt und Schadensersatz

Doppelnatur des Rücktritts

Wie das Verlöbnis selbst, so hat auch der Rücktritt vom Verlöbnis eine Doppelnatur: Er beseitigt die Pflicht zur Heirat und beendet das Dauerrechtsverhältnis des Brautstandes.

21

Der Rücktritt ist bedingungsfeindlich (allenfalls Potestativ- oder Rechtsbedingung möglich[20]) und höchstpersönlich. Er erfolgt durch einseitige, empfangsbedürftige Willenserklärung.

berechtigter Rücktritt aus wichtigem Grund

Der Rücktritt ist berechtigt, wenn ein wichtiger Grund vorliegt (§ 1298 III BGB). Das ist der Fall, wenn das Aufrechterhalten des Verlöbnisses unter Würdigung aller Umstände unzumutbar wäre, so z.B. bei Untreue, Lieblosigkeit oder unheilbarer Krankheit.[21] Dabei liegt dieser wichtige Grund in der Regel beim anderen Verlobten, dies ist aber nicht zwingend; er kann auch in der Person des Zurücktretenden liegen.

unberechtigter Rücktritt

Ohne wichtigen Grund ist der Rücktritt zwar unberechtigt, aber dennoch wirksam. Folge ist dann die Schadensersatzpflicht (wegen Nichterfüllung des Eheversprechens) gem. § 1298 I, II BGB, die jedoch auf den Ersatz des negativen Interesses beschränkt ist.

Dasselbe gilt, wenn der Rücktrittsgrund für den Gegner schuldhaft herbeigeführt wurde, § 1299 BGB.

Zu beachten ist, dass nicht nur dem Verlobten, sondern auch dessen Eltern oder anderen Personen, die an deren Stelle handelten, Schadensersatz zu leisten ist, das Verlöbnis also ausnahmsweise Schutzwirkung für Dritte entfaltet, z.B. Aussteuer durch Großeltern.

Ausnahmsweise ist auch schadensersatzpflichtig, wer aus wichtigem Grund zurücktritt, nämlich dann, wenn er den wichtigen Grund selbst herbeigeführt hat,[22] oder zur „Unzeit" (z.B. erst am Hochzeitstag) zurücktritt (§§ 627 II, 671 II, 723 II BGB analog).

Eine Ausnahme von dem Grundsatz, dass immaterielle Schäden nicht in Geld ersetzt werden (§ 253 BGB), statuierte früher § 1300 BGB:[23]

22

---

19   Palandt, § 1298 BGB, Rn. 1.
20   Vgl. Palandt, Einf. vor § 158 BGB, Rn. 13.
21   Palandt, § 1298 BGB, Rn. 8, 9.
22   Palandt, § 1298 BGB, Rn. 8.
23   § 1300 BGB wurde mit Wirkung zum 01.07.1998 aufgehoben.

Danach konnte eine unbescholtene Braut, die ihrem Verlobten die Beiwohnung gestattet hatte, wegen ihres immateriellen Schadens eine billige Entschädigung in Geld verlangen (sog. „Kranzgeld"). Die Streichung des § 1300 BGB ermöglicht den Rückgriff auf die allgemeinen Schadenersatzvorschriften der §§ 823 ff., 253 II BGB, wobei ein hinreichender Rechtsschutz durch die von der Rechtsprechung herausgebildeten Grundsätze zum Schadensersatz wegen Verletzung des allgemeinen Persönlichkeitsrechts gewährleistet ist.[24] Soweit im Einzelfall Bedürfnis für den Ersatz des immateriellen Schadens, insb. Ersatz für verminderte Heiratsaussichten, besteht, können diese u.U. nach § 825 BGB geltend gemacht werden.

daneben Anspruch aus
§§ 823 ff. BGB

Die Schadensersatzpflicht der §§ 1298, 1299 BGB beruht auf der Nichterfüllung des Eheversprechens, nicht etwa auf dem Rücktritt als unerlaubter Handlung. Daraus folgt, dass neben den §§ 1298 ff. BGB Ansprüche aus §§ 823 ff. BGB geltend gemacht werden können, wenn über den Bruch der Verlöbnistreue hinaus eine unerlaubte Handlung vorliegt.

24

hemmer-Methode: Wichtige Unterschiede beim Zusammentreffen mit unerlaubter Handlung liegen vor allem in Fragen der Verjährung: Nach § 1302 BGB beginnt die Verjährungsfrist der in §§ 1298 - 1301 BGB geregelten Ansprüche bereits mit der Auflösung des Verlöbnisses und nicht wie bei deliktischen Ansprüchen erst zum Schluss des jeweiligen Jahres, § 199 I BGB. Eine Verdrängung der deliktischen Verjährung findet jedoch nicht statt.

F) Rückgabe von Geschenken

Rückforderungsanspruch,
§ 1301 BGB i.V.m. BerR

Bei der Beendigung des Verlöbnisses durch Trennung können die gegenseitigen Geschenke entsprechend den Vorschriften des Bereicherungsrechts zurückgefordert werden, § 1301 S. 1 BGB. Der Schenkungsbegriff ist dabei weit auszulegen und erfasst grundsätzlich alle Zuwendungen, die mit der Auflösung der ~~Zuwendung~~ *des Verlöbnisses* ihre Grundlage verlieren.[25]

25

§§ 812 ff. BGB

(Widerruf der Schenkung)

§ 1301 BGB ist lex specialis zu § 530 BGB. Problematisch ist, ob es sich bei dieser Vorschrift um eine Rechtsfolgen- oder Rechtsgrundverweisung handelt:

Problem: § 815 BGB?

Strittig ist dies vor allem im Hinblick auf die Frage, ob § 815 Alt. 2 BGB anwendbar ist, d.h. ob der Rückforderungsanspruch zu Lasten desjenigen ausgeschlossen ist, der die Eheschließung wider Treu und Glauben verhindert hat.

26

Eine Ansicht hält § 1301 BGB für eine Spielart der Störung der Geschäftsgrundlage[26] und nicht für einen eigenen Kondiktionsanspruch, womit auch § 815 BGB nicht anwendbar sein soll.

Richtig ist jedoch, dass § 1301 BGB einen selbstständigen Bereicherungstatbestand darstellt, der die Zweckverfehlungskondiktion, § 812 I S. 2 Alt. 2 BGB erweitert und deshalb wie diese auch durch § 815 BGB begrenzt werden muss.[27] Außerdem ist § 815 Alt. 2 BGB lediglich Ausdruck des allgemeinen Grundsatzes, dass niemand aus selbst begangenem Unrecht für sich Rechte herleiten darf (vgl. §§ 162, 242 BGB).[28]

24 Vgl. RegE S.14/15; BT-Drs. 13/4898.
25 BGH, NJW-RR 2005, 1089 = **juris**byhemmer.
26 Henrich, § 4 I 4.
27 H.M.; BGHZ 45, 263 = **juris**byhemmer; Palandt, § 1301 BGB, Rn. 1, 3.
28 MüKo, § 1301 BGB, Rn. 6.

nach h.M. (+) bei besonders treuwidrigem Verhalten

Dabei liegt eine Verhinderung wider Treu und Glauben aber nicht schon bei Rücktritt ohne wichtigen Grund vor. Eine solche Auslegung würde § 1301 BGB weitgehend leer laufen lassen. Es müssen vielmehr erschwerende Umstände hinzutreten, die ein besonders treuwidriges Verhalten darstellen.[29]

Auf Anstandsgeschenke findet dagegen § 814 Alt. 2 BGB (zumindest analog) Anwendung, sodass diese nicht zurückgefordert werden können.[30]

hemmer-Methode: Wie man sieht, kann auch hier die Frage von Bedeutung sein, ob und ggf. wann überhaupt ein Verlöbnis oder nur eine NeLG vorliegt. Je nachdem richtet sich eine eventuelle Rückabwicklung nämlich nach verschiedenen Grundsätzen (dazu ausführlich anschließend Rn. 27 sowie Hemmer/Wüst, Bereicherungsrecht, Rn. 286). Die Frage nach dem Verlöbnis sollte in der Klausur deshalb u.U. auch dann aufgeworfen werden, wenn im Ergebnis keines vorliegt. In der Klausur gilt anders als im täglichen Leben: Probleme schaffen, nicht wegschaffen! Denken Sie an das Stilmittel der Retardation (Verzögerung des Gedankenablaufs). Erwähnen Sie kurz den § 1301 BGB, auch wenn kein Verlöbnis vorliegt. Punkten Sie, indem Sie den intellektuellen Rahmen der Klausur ausschöpfen.
Generell gilt: Denken Sie bei der Rückabwicklung von vermögenswerten Leistungen immer an die Möglichkeit von der Störung der Geschäftsgrundlage bzw. §§ 812 ff. BGB, insbesondere § 812 I S. 2 Alt. 2 BGB.

G) Übungsfall

Übungsfall

Der 21-jährige Student Albert (A) lernt in einer Diskothek die 17-jährige Schülerin Britta (B) kennen und freundet sich mit ihr an. A und B versprechen sich gegenseitig, nach dem Examen des A zu heiraten. Wenig später ertappt B den A, wie er in der Diskothek heftig mit seiner Kommilitonin Petra (P) flirtet. Bei dem darauf folgenden Streit stellt sich heraus, dass A bereits ein Jahr mit P verlobt ist und mit B nie „ernste Absichten" hatte. B kündigt daraufhin wutentbrannt die Verlobung auf.

Sie verlangt nun von A 100,- € für Verlobungsanzeigen, die sie ohne dessen Wissen hatte drucken lassen. Weiterhin verlangt sie Schmerzensgeld mit der Begründung, sie habe sich nur aufgrund des Heiratsversprechens dem A, der ihr erster Freund war, hingegeben und fühle sich nun entehrt.

A weigert sich, auch nur einen Cent zu zahlen. Darüber hinaus verlangt er eine der B geschenkte Goldkette und seine Briefe zurück.

Wie ist die Rechtslage?

B ⇨ A

A) Ansprüche der B gegen A

I. Anspruch auf Ersatz der Verlobungsanzeigenkosten i.H.v. 100,- €

1. Anspruch aus §§ 1299, 1298 BGB

Schadensersatz gem. §§ 1299, 1298 BGB wegen Verlobungsanzeigen?

B könnte wegen der Verlobungsanzeigen einen Schadensersatzanspruch gegen A in Höhe von 100,- € haben. Dann müsste ein wirksames Verlöbnis vorliegen.

Die Willenserklärung des A ist nicht schon deshalb nichtig, weil er nie „ernste Absichten" hatte, also das Eheversprechen insgeheim gar nicht wollte. Dies ergibt sich aus § 116 S. 1 BGB.

Der Wirksamkeit des Verlöbnisses könnte allerdings die Minderjährigkeit der B entgegenstehen.

27

---

29   Vgl. BGHZ 45, 263. = **juris**byhemmer.
30   Vgl. Palandt, § 1301 BGB, Rn. 3 a.E.

nach h.M. § 107 BGB(+)

a) Nach der herrschenden Vertragstheorie ist das Verlöbnis ein gewöhnlicher Vertrag mit der Folge, dass die allgemeinen Vertragsregeln und damit auch die §§ 107 ff. BGB gelten.

⇨ schwebend unwirksam; Genehmigung d. Eltern?

Damit wäre die Verlobung gem. § 107 BGB schwebend unwirksam. Jedoch ist A gem. § 109 II S. 2 BGB an das schwebend unwirksame Verlöbnis gebunden, wenn er die Minderjährigkeit der B kannte. Ist das nicht der Fall, dann ist Voraussetzung für § 1298 BGB die Genehmigung der Eltern der B.

vorheriger Rücktritt d. B?

b) Fraglich ist jedoch, ob die Genehmigung nicht durch den Rücktritt der B ausgeschlossen ist. Hierbei ist zunächst festzustellen, dass B für den Rücktritt nicht der Zustimmung der Eltern bedürfte, da die Wertung des § 1297 BGB eine Bindung des Minderjährigen an das Verlöbnis gegen seinen Willen verbietet.

Der Rücktritt der B ist also wirksam.

zwar (+), aber nur mit Wirkung für Zukunft

Dennoch steht er einer Genehmigung nicht entgegen, da der Rücktritt das schwebend unwirksame Verlöbnis allein für die Zukunft beendet, nicht aber rückwirkend ganz entfallen lässt.

c) Die Genehmigung wäre aber dann wirkungslos, wenn das Verlöbnis bereits gem. § 138 I BGB nichtig wäre.

nichtig nach § 138 BGB wegen Doppelverlöbnis?

Dies wird in den Fällen des Doppelverlöbnisses teilweise auch dann bejaht, wenn der eine Teil nichts von dem anderen Verlöbnis wusste.[31]

Damit würde aber die B trotz eigener Integrität den Schutz der §§ 1298 ff. BGB verlieren. Dies kann aber nicht der Sinn des § 138 BGB sein, der nur den Missbrauch der Vertragsfreiheit verhindern soll, nicht aber zu Lasten des gutgläubigen Vertragspartners den sittenwidrig Handelnden bevorteilen darf. In einem solchen Fall finden die §§ 1298 ff. BGB daher nach h.M. trotz der Sittenwidrigkeit des Verlöbnisses analoge Anwendung, jedoch nicht zugunsten desjenigen, in dessen Person der Nichtigkeitsgrund vorliegt.[32]

nur bei beiderseitiger Kenntnis

Nach a.A. ist eine Anwendung des § 138 BGB hier mit der Schutzbedürftigkeit der B schlechthin nicht zu vereinbaren. Vielmehr ist § 138 BGB nur bei beiderseitiger Kenntnis des Doppelverlöbnisses anzuwenden,[33] sodass das Verlöbnis nach dieser Ansicht wirksam ist, und die §§ 1298 ff. BGB direkt anwendbar sind.

Exkurs

Ähnlich verhielt es sich in dem Fall BGH, FamRZ 89, 474. Dort hatte die Frau wahrheitswidrig behauptet, sie sei geschieden. Der BGH hielt zwar an der Nichtigkeit des Verlöbnisses fest, wendete aber auf Grund des Schutzbedürfnisses des anderen Verlobten dennoch Verlöbnisvorschriften an. Diesen Umweg über die systemwidrige Anwendung des § 138 BGB kann man sich jedoch ersparen.

§ 138 BGB greift darüber hinaus unstreitig nicht ein, wenn beide Verlobten nichts von einer noch bestehenden Ehe wissen, so z.B. wenn sich die Frau eines für tot geglaubten Verschollenen verlobt.[34]

Das Verlöbnis ist in diesem Fall zwar nach den objektiven Umständen sittenwidrig, jedoch fehlt ein persönliches Verhalten, das den Beteiligten zum (subjektiven) Vorwurf gemacht werden kann.[35]

Exkurs Ende

---

31   RGZ 105, 245.

32   Vgl. Palandt, vor § 1297 BGB, Rn. 1.

33   Vgl. m.w.N. Palandt, vor § 1297 BGB, Rn. 1.

34   Palandt, Einf. vor § 1297 BGB, Rn. 1.

35   Palandt, § 138 BGB, Rn. 8.

⇨ insgesamt Genehmigung d. Eltern mögl.

Da § 138 BGB im vorliegenden Fall nicht anwendbar ist, steht einer Genehmigung der Eltern nichts entgegen.

d) Der zurücktretende Verlobte kann jedoch die Ansprüche aus § 1298 BGB nur dann geltend machen, wenn der Rücktritt vom anderen Teil verschuldet war, wobei das Verhalten des anderen Teils einen wichtigen Grund für den Rücktritt bilden muss, § 1299 BGB.

auch Verschulden (+)

A hat B vorsätzlich (§ 276 BGB) über die Ernstlichkeit seines Eheversprechens getäuscht und war ihr während der Verlobungszeit ständig untreu. Ein solches Verhalten stellt einen wichtigen Rücktrittsgrund dar und hat auch die B tatsächlich zum Rücktritt veranlasst. B kann deshalb nach Genehmigung der Verlobung durch ihre Eltern gegen A gem. § 1299 BGB vorgehen. Dabei bekommt sie die vollen Kosten für die Anzeigen ersetzt, da es sich um angemessene Aufwendungen handelte (vgl. § 1298 II BGB).

2. Anspruch aus § 825 BGB

§ 825 BGB?

§ 825 BGB setzt voraus, dass über den bloßen Verlobungsbruch hinaus noch eine unerlaubte Handlung derart vorliegt, dass A die B bspw. durch Hinterlist zu sexuellen Handlungen bestimmt hat.

Hinterlist ist ein vorbedachtes, die wahre Absicht verdeckendes Handeln,[36] also auch das Vorspiegeln einer in Wahrheit nicht vorhandenen Heiratsabsicht, um die Hingabe der Getäuschten zu erreichen.[37]

Kausalität d. Anzeigen für Beiwohnung (-)

Die Gestattung der Beiwohnung müsste ursächlich für den Vermögensschaden geworden sein. Das ist jedoch hier nicht anzunehmen, da für das Drucken der Anzeigen das Heiratsversprechen, nicht aber die Beiwohnung ursächlich war.

Ein Anspruch aus § 825 BGB scheidet somit aus.

3. Anspruch aus § 826 BGB

§ 826 BGB?

Dann hätte A im Hinblick auf den Schaden zumindest dolus eventualis haben müssen.[38] A hat aber nicht einmal geahnt, dass die B Verlobungsanzeigen würde drucken lassen.

Ein Anspruch aus § 826 BGB entfällt somit.

4. Anspruch aus §§ 683, 677, 670 BGB ⊃ GoA

§§ 683, 677, 670 BGB?

B müsste (zumindest auch) ein Geschäft des A geführt haben. Das Druckenlassen von Verlobungsanzeigen ist i.d.R. ein Geschäft beider Verlobten. Hier kann ein Fremdgeschäftsführungswille der B, d.h. der Wille, wenigstens „auch" für A tätig zu werden, aber nicht einfach unterstellt werden. Das folgt schon daraus, dass sie laut Sachverhalt dem A nichts von den Anzeigen erzählte (a.A. vertretbar).

Ein Anspruch aus GoA scheidet somit aus.

II. Anspruch auf Schmerzensgeld

Anspruch aus §§ 825, 253 II BGB

§ 253 II BGB (+)

Wie schon oben erwähnt, sind die Vorschriften über die unerlaubte Handlung neben dem Verlobungsrecht anwendbar.

---

36   Palandt, § 825 BGB, Rn. 4.
37   Palandt, § 825 BGB, Rn. 4.
38   Palandt, § 826 BGB, Rn. 10.

B kann ihren Schmerzensgeldanspruch auch auf §§ 825, 253 II BGB stützen, da A sie durch sein Verlöbnis zum Geschlechtsverkehr bewegen konnte, obwohl er tatsächlich gar keine Heiratsabsichten hatte, er also hinterlistig handelte.[39]

§ 253 II BGB greift auch ein, da A die B hinterlistig zur Gestattung der außerehelichen Beiwohnung bestimmt und damit deren sexuelles Selbstbestimmungsrecht verletzt hat.

B) Ansprüche des A gegen B

I. Anspruch auf Herausgebe der Kette gem. § 1301 BGB

§ 1301 BGB i.V.m. BerR bzgl. Kette?

Gem. § 1301 BGB kann jeder Verlobte nach den Regeln über die ungerechtfertigte Bereicherung seine Geschenke herausverlangen. Danach müsste die B die Kette herausgeben.[40]

Die Rückforderung könnte aber durch § 815 Alt. 2 BGB ausgeschlossen sein.

Nach richtiger Ansicht ist § 815 BGB auf § 1301 BGB anwendbar, da dieser ein echter Bereicherungsanspruch ist. Daher ist für denjenigen die Rückforderung von Geschenken ausgeschlossen, der die Eheschließung wider Treu und Glauben verhindert hat.

Dies trifft auf den A zu. Er kann die Kette nicht gem. § 1301 BGB herausverlangen.

II. Anspruch auf Rückgabe der Briefe gem. § 1301 BGB

Briefe sind keine Geschenke

Briefe sind keine Geschenke i.S.d. § 1301 BGB. Deshalb wird teilweise angenommen, dass sie nicht zurückgefordert werden können.[41]

dennoch h.M.: § 1301 BGB analog wegen Persönlichkeitsrecht

Die Gegenmeinung befürwortet jedoch eine analoge Anwendung des § 1301 BGB auf die Briefe im Hinblick auf die große Schutzwürdigkeit des Persönlichkeitsrechts und auf die von § 1301 BGB bezweckte „Bereinigung" der Beziehungen.[42]

auch hier § 815 BGB?

Dieser Meinung ist zuzustimmen. Fraglich ist, ob auch hier § 815 BGB der Rückforderung entgegensteht. Das ist im Hinblick auf den Schutz des Persönlichkeitsrechts wohl eher zu verneinen.

↳ bzw. APR(-)

C) Ergebnis

Ergebnis

B kann von A 100,- € für die Verlobungsanzeigen gem. §§ 1299, 1298 BGB und ein Schmerzensgeld gem. § 253 II BGB verlangen.

A kann von B die Briefe zurückverlangen.

> **hemmer-Methode: Betrachten Sie noch einmal zusammengefasst die wichtigsten Frage- und Problemstellungen beim Verlöbnis:**
> Strittig ist die Rechtsnatur, dieser Streit ist besonders relevant im Hinblick auf die Anwendung allgemeiner Vorschriften; das Verlöbnis hat eine Doppelnatur (Heiratsverpflichtung u. Dauerschuldverhältnis), keine Erzwingbarkeit möglich, § 1297 BGB; Konkurrenzen zum Bereicherungsrecht (hier besonders § 815 BGB problematisch) und zum Deliktsrecht (dann vor allem Verjährung wichtig, §§ 195, 199, 1302 BGB).

---

39   Hier könnte man allenfalls den Vorsatz des A in Frage stellen.

40   Vgl. oben Rn. 21.

41   Palandt, § 1301 BGB, Rn. 3

42   Staudinger, § 1301 BGB, Rn. 9.

§ 3 DIE EHE

A) Begriff

Ehe: dauernde vertragl. Lebensgemeinschaft

Bürgerliche Ehe ist die rechtlich anerkannte Verbindung von Mann und Frau zu dauernder Lebensgemeinschaft. Sie kommt durch vertragliche Einigung zustande und ist ein Dauerschuldverhältnis personenrechtlicher Natur.[43]

28

hemmer-Methode: Beachten Sie: Der Begriff der Ehe selbst ist gesetzlich nicht geregelt, weder im BGB noch im Grundgesetz. Sie wird nach h.M. als die mit Eheschließungswillen eingegangene staatlich anerkannte, umfassende und grds. unauflösbare Lebensgemeinschaft zwischen Mann und Frau bezeichnet.[44]

B) Eheschließung

Eine fehlerfreie Eheschließung setzt voraus:

29

⇨ Geschlechtsverschiedenheit

⇨ Ehefähigkeit, §§ 1303 f. BGB

⇨ Fehlen von Eheverboten und Willensmängeln, §§ 1306 ff. BGB und § 1314 BGB

⇨ Einhaltung von Formvorschriften, §§ 1309 - 1312 BGB.

I. Ehefähigkeit

Ehefähigkeit ist die Fähigkeit, eine wirksame Ehe einzugehen, ohne gegen das Gesetz zu verstoßen.

30

Ehemündigkeit

Sie setzt zunächst Ehemündigkeit voraus. Diese ist keine der Geschäftsfähigkeit vergleichbare Eigenschaft. Sie besagt vielmehr lediglich, dass das gesetzliche Mindestalter für die Eheschließung (Heiratsalter) erreicht ist. → Volljährigkeit

Ein Minderjähriger soll keine Ehe eingehen, § 1303 I BGB. ~~Das Vormundschaftsgericht kann auf Antrag vom Erfordernis der Volljährigkeit befreien, sofern das sechzehnte Lebensjahr vollendet und der künftige Partner volljährig ist, § 1303 II BGB.~~

Geschäftsfähigkeit

Neben dem Heiratsalter erfordert die Ehefähigkeit auch allgemeine Geschäftsfähigkeit. § 1304 BGB

Der beschränkt Geschäftsfähige bedarf deshalb grundsätzlich der Einwilligung seines gesetzlichen Vertreters. ~~Eine Ausnahme hiervon regeln § 1303 III, IV BGB. Ein minderjähriger Verlobter bedarf nicht der Einwilligung des Personensorgeberechtigten in die Eheschließung, wenn das Gericht die Befreiung vom Erfordernis der Ehemündigkeit nach § 1303 II BGB erteilt hat. Eine Befreiung durch das Gericht beim Widerspruch des Personensorgeberechtigten ist jedoch nur zu erteilen, wenn der Widerspruch nicht auf triftigen Gründen beruht.~~

43   BVerfGE 53, 224 = **juris**byhemmer.

44   Palandt, Einf. vor § 1353 BGB, Rn. 2.

> **hemmer-Methode: Die Einwilligung der Eltern wird allerdings auch nach der Heirat nicht obsolet, §§ 107 ff., 1626 ff. BGB. Die Rechtsgeschäfte des Minderjährigen bleiben schwebend unwirksam. Andernfalls würde der Minderjährige durch die Heirat den Schutz der §§ 107 ff., 179 III BGB verlieren. Handelt dann der minderjährige Ehepartner rechtsgeschäftlich, entsteht die Frage, ob und inwieweit § 1357 BGB ohne Einwilligung der gesetzlichen Vertreter im Hinblick auf den anderen volljährigen Ehepartner anwendbar ist. Dies wird von der herrschenden Meinung unter Hinweis auf den Rechtsgedanken des § 165 BGB bejaht.**

II. Willensmängel

Sonderregelungen für Willensmängel

Bezüglich der Beachtlichkeit von Willensmängeln enthält § 1314 II BGB eine abschließende Regelung. Die Vorschriften des AT gelten nicht, vgl. § 1313 S. 3 BGB.

31

Beachtliche Willensmängel sind:

⇨ Bewusstlosigkeit/vorübergehende Störung der Geistestätigkeit, § 1314 II Nr. 1 BGB

⇨ irrige Abgabe der Eheschließungserklärung, § 1314 II Nr. 2 BGB

⇨ arglistige Täuschung, § 1314 II Nr. 3 BGB

⇨ widerrechtliche Drohung, § 1314 II Nr. 4 BGB

⇨ Scheinehe, § 1314 Nr. 5 BGB

III. Eheverbote

Eheverbote

Die Eheverbote sind in den §§ 1306 ff. BGB abschließend aufgeführt.

32

1. Doppelehe, § 1306 BGB

Doppelehe sogar strafbar

Geschützt ist die vorrangige Erstehe. Ein Verstoß führt auch zur Strafbarkeit gem. § 172 StGB.

33

Seit dem 01.01.2005 verhindert auch eine bereits bestehende Lebenspartnerschaft eine wirksame Eheschließung.

2. Verwandtschaft, §§ 1307 ff. BGB

Blutsbeziehungen sind entscheidend

§ 1307 S. 1 BGB verbietet die Ehe zwischen Verwandten in gerader Linie sowie zwischen vollbürtigen und halbbürtigen Geschwistern. Entscheidend für die Verwandtschaft sind die Blutsbeziehungen, d.h. auch bei Erlöschen des Verwandtschaftsverhältnisses nach § 1755 BGB bleibt das Eheverbot bestehen, § 1307 S. 2 BGB.

34

§ 1308 I BGB stellt die durch Adoption begründete Verwandtschaft und Schwägerschaft der blutsmäßigen gleich. Wegen der fehlenden Blutsbeziehungen besteht erweiterte Dispensmöglichkeit, § 1308 II BGB.

3. Ehefähigkeitszeugnis für Ausländer, § 1309 BGB

Nach § 1309 I BGB braucht ein Ausländer für eine Eheschließung in Deutschland ggf. eine Ehefähigkeitszeugnis. Eine Befreiung ist möglich nach § 1309 II BGB.

IV. Verfahren

1. Zuständigkeit

vor Standesamt am Wohnsitz der Verlobten

Die Ehe muss vor dem Standesbeamten geschlossen werden (§ 1310 BGB). Die Regeln über die Zuständigkeit des Standesbeamten finden sich im Personenstandsgesetz.   *36*

Die kirchliche Trauung hat keine zivilrechtlichen Wirkungen. Allerdings ist mit der Änderung des Personenstandsgesetzes zum 01.01.2009 die Pflicht entfallen, vor einer kirchlichen Ehe zivilrechtlich die Ehe zu schließen. Beide Eheformen stehen nunmehr unabhängig voneinander nebeneinander.

2. Verfahren

Vertrag d. Brautleute

Die Eheschließung erfolgt durch gemeinsame Erklärung der Eheschließenden vor dem Standesbeamten, die Ehe miteinander eingehen zu wollen (§§ 1310 ff. BGB). Sie kann in Gegenwart zweier Zeugen stattfinden und soll in das Familienbuch eingetragen werden (§ 1312 II BGB). Die Ehe ist also ein vor dem Standesbeamten geschlossener Vertrag der Brautleute.   *37*

persönl. u. gleichzeitig unbedingte Erklärung

Die Erklärungen müssen persönlich und gleichzeitig abgegeben werden, eine Bedingung oder Befristung ist unzulässig (§ 1311 BGB).

V. Fehlerhafte Ehe

fehlerhafte Ehe

Eine Ehe ist fehlerhaft, wenn eine der oben in Rn. 29 ff. dargestellten Voraussetzungen einer fehlerfreien Eheschließung nicht vorliegt.   *38*

1. Sogenannte Nichtehe

bei schwerem Verstoß ⇨ Nichtehe

Besonders schwerwiegende Verstöße lassen eine Ehe überhaupt nicht zustande kommen. Man spricht in einem solchen Fall von einer sog. Nichtehe, die keinerlei Rechtswirkungen hat.   *39*

Ein Beispiel ist die Ehe, die nicht vor einem Standesbeamten geschlossen wurde (§ 1310 BGB, Ausnahme: § 1310 II BGB). Ein weiterer Fall der Nichtehe, ist die Ehe zwischen gleichgeschlechtlichen Partnern.

> **Bsp.:** *M heiratet F und stellt erst in der Hochzeitsnacht fest, dass F Zwitter mit überwiegend männlichen Merkmalen ist. Kann er Aufhebung wegen Irrtums verlangen?*

Eines Aufhebungsgrundes bedarf es nicht, da es sich vorliegend um eine sog. Nichtehe handelt, die keinerlei Rechtswirkungen hat. Grund ist die Wesentlichkeit der Geschlechtsverschiedenheit als Voraussetzung für das Eingehen einer Ehe.

> **hemmer-Methode:** An der „Nichtehe" zwischen gleichgeschlechtlichen Partnern dürfte auch angesichts der Einführung der Lebenspartnerschaft zumindest dann festgehalten werden, wenn die Gleichgeschlechtlichkeit einem der Ehepartner nicht bekannt war. Lebenspartnerschaft und Ehe können schon hinsichtlich der Rechtsfolgen nicht gleichgestellt werden, vor allem fehlt aber einem Eheschließenden in aller Regel der Wille, auch eine Lebenspartnerschaft eingehen zu wollen.

2. Aufhebbarkeit der Ehe

Eine Ehe kann unter den in den §§ 1313 ff. BGB geregelten Voraussetzungen aufgehoben werden. Das gerichtliche Verfahren ist in den §§ 121 ff. FamFG geregelt.

40

Eine Ehe kann nur durch gerichtlichen Beschluss (Gestaltungsbeschluss) auf Antrag aufgehoben werden (§ 1313 S. 1 BGB). Die Ehe ist mit Rechtskraft des Beschlusses – also nur für die Zukunft – aufgelöst (§ 1313 S. 2 BGB). ~~lex nunc~~

41

Eine Ehe kann aufgehoben werden, wenn sie entgegen den Vorschriften der §§ 1303, 1304, 1306, 1307, 1311 BGB geschlossen worden ist (§ 1314 I BGB). Ferner kann sie in den Fällen des § 1314 II BGB (lesen!) aufgehoben werden. In den Fällen des § 1315 BGB ist eine Aufhebung der Ehe ausgeschlossen („Bestätigung").

42[45]

Wer antragsberechtigt ist, regelt § 1316 BGB. Zu beachten ist in den Fällen des § 1314 II Nr. 2 bis 4 BGB die Jahresfrist des § 1317 BGB.

§ 1318 BGB trifft Regelungen hinsichtlich der Rechtsfolgen der Aufhebung der Ehe, wobei § 1318 II BGB den Unterhalt, § 1318 III BGB Zugewinnausgleich und Versorgungsausgleich im Fall der Aufhebung der Ehe regeln.

> **hemmer-Methode: Die Aufhebung der Ehe spielt in der Praxis kaum noch eine Rolle, seit Voraussetzung für eine Scheidung der Ehe allein deren Scheitern ist.[46] Warum sollte ein Antrag auf Aufhebung der Ehe gestellt werden, der nur unter engen Voraussetzungen erfolgreich ist, wenn ohne weiteres nach einem Jahr Trennung die Scheidung beantragt werden kann? Für die Klausur hat die Aufhebung der Ehe eine noch geringere Bedeutung als für die Praxis!**

---

45   Rn. 43 - 45 wurden durch die Umarbeitung gestrichen.

46   Vgl. Rn. 278 ff.

C) Allgemeine Ehewirkungen

Unabhängig vom jeweiligen Güterstand entfaltet die Ehe in vielerlei Hinsicht Wirkungen.

46

Zu den Wirkungen im Einzelnen nachfolgend:

I. Name

Wirkungen der Ehe

Für den gemeinsamen Familien- und Ehenamen gilt § 1355 BGB. Nach § 1355 I S. 1 BGB bestimmen die Ehegatten einen gemeinsamen Ehenamen, andernfalls führen sie ihre bisherigen Namen fort. Zum Ehenamen kann nach § 1355 II BGB auch ein Name erklärt werden, den einer der Ehegatten durch eine frühere Heirat erworben hatte.

47

Der Ehegatte, dessen Name nicht Ehename wird, kann seinen Namen dem Ehenamen anfügen, vgl. § 1355 IV S. 1 BGB. Dies gilt allerdings nicht, wenn bereits der Ehenamen aus mehreren Namen besteht, § 1355 IV S. 2 BGB.

hemmer-Methode: § 1355 IV S. 2 BGB will „Namensungetüme", die sich aus drei oder mehr Namen zusammensetzen verhindern. Die entsprechende Regelung greift zwar in das allgemeine Persönlichkeitsrecht der Eheleute ein, ist nach Ansicht des BVerfG aber gerechtfertigt, da legitimer Zweck der Erhalt der identitätsstiftenden Funktion eines Namens ist.[47]

Namenseinheit nicht mehr zwingend

Die Namenseinheit der Ehegatten ist danach nur noch sanktionslose Sollvorschrift, vgl. § 1355 I S. 3 BGB. Das Problem der Namenswahl hat sich auf den Namen der ehelichen Kinder verlagert, vgl. §§ 1616 ff. BGB.

---

47 BVerfG, NJW 2009, 1657; besonders trickreich, aber keineswegs automatisch unzulässig ist der Versuch, das Verbot des Mehrfachnamens dadurch zu umgehen, dass der Name eines Elternteils, der nicht Ehename wurde, zum Vornamen eines gemeinsamen Kindes gemacht wird, vgl. BGH, NJW 2008, 2500 = **Life&Law 2008, 662. Unser Service-Angebot an Sie: kostenlos hemmer-club-Mitglied werden (www.hemmer-club.de) und Entscheidungen der Life&Law lesen und downloaden. Alle Entscheidungen = juris**byhemmer.

II. Eheliche Lebensgemeinschaft

bzgl. Lebensgemeinschaft:
Eheliche Pflichten unvollständig geregelt

Generalklausel, § 1353 I S. 2 BGB

Abgesehen von der Regelung der ehelichen Unterhaltspflicht, §§ 1360 - 1361 BGB, und von Pflichten aus den Güterständen sind die ehelichen Pflichten im Gesetz nicht konkret umschrieben. **48**

Vielmehr enthält § 1353 I S. 2 BGB, mit der Pflicht zur ehelichen Lebensgemeinschaft, eine Generalklausel. Die Ergänzung in Halbsatz 2 („sie tragen füreinander Verantwortung") hat lediglich klarstellenden Charakter. Die Pflicht aus § 1353 I S. 2 BGB hat für das gesamte Eherecht eine Bedeutung, die derjenigen des § 242 BGB für das Schuldrecht ähnelt, indem sie ein Bündel von Verhaltenspflichten erzeugt.[48] Diese sind sowohl pflichtenbegründender als auch rechtsbegrenzender Natur.[49] Die Generalklausel lässt sich im Wesentlichen zu folgenden Fallgruppen konkretisieren:[50]

Übersicht zur ehelichen Lebensgemeinschaft:

1. Pflicht zur häuslichen Gemeinschaft (Rn. 49)

2. Pflicht zur Wahrung der ehelichen Treue (Rn. 49)

3. Pflicht zur Beistandsleistung, Hilfe- und Gefahrenabwehr (Rn. 50)

4. Pflicht zur einvernehmlichen Regelung gemeinsamer Angelegenheiten (Rn. 50)

5. Pflicht zur Rücksichtnahme auf den Partner (Rn. 51)

6. Pflicht zur Gewährung der Mitbenutzung von Hausratsgegenständen (Rn. 53)

7. Ausschluss der Pflicht zur Lebensgemeinschaft (Rn. 55)

8. Haushaltsführung u. Erwerbstätigkeit (Rn. 56)

9. Pflicht zur Mitarbeit in Beruf und Geschäft (Rn. 61)

10. Rechtlicher Schutz der ehelichen Lebensgemeinschaft (Rn. 72)

---

1. Pflicht zur häuslichen Gemeinschaft

Bsp.: M lebt mit seiner verwitweten Mutter A in einem Bauernhaus. Das Haus steht in seinem Alleineigentum. 2002 heiratet M die F, die mit ins Haus zieht. Bereits kurz nach der Hochzeit kommt es zwischen den beiden Frauen zu erheblichen Streitigkeiten über die Haushaltsführung, so dass F schließlich zu ihrer Mutter zieht. Zuvor hat F vergeblich versucht, mit M zu reden und einen gemeinsamen Ausweg aus der für sie unerträglichen Situation zu suchen. M meint, F müsse zu ihm zurückkehren. **49**

Er fragt, welche Möglichkeiten er habe, um F zur Rückkehr zu verpflichten.

Zur ehelichen Lebensgemeinschaft gehört grundsätzlich die Wohngemeinschaft. Demnach sind die Eheleute gem. § 1353 I S. 2 BGB grundsätzlich verpflichtet, gemeinsam zu wohnen.

Sie müssen über alle wichtigen gemeinschaftlichen Angelegenheiten einvernehmlich entscheiden, so auch über den Wohnsitz. Dabei ist entscheidend, ob beide Ehegatten berufsbedingt von einem Wohnort unabhängig sind (z.B. eine Hausfrauenehe vorliegt) oder ob bestimmte Umstände (z.B. Versetzung) den Wohnsitzwechsel erforderlich machen.

---

48   Palandt, Einf. vor § 1353 BGB, Rn. 4.

49   MüKo, § 1353 BGB, Rn. 18.

50   Ausführlich, MüKo, § 1353 BGB, Rn. 25 ff.

Grundsätzlich gilt aber, dass keinem Ehegatten diesbezüglich ein Allein-entscheidungsrecht zusteht. Können sich - wie vorliegend - die Eheleute aber nicht einigen, so gibt es keine die Entscheidung ersetzende Instanz:

- Das Familiengericht ist nur zuständig bei Meinungsverschiedenheiten der Eltern bezüglich der elterlichen Sorge (§ 1628 BGB).

M kann daher F nicht zur Rückkehr verpflichten.

2. Pflicht zur Wahrung der ehelichen Treue

Aus § 1353 BGB resultiert grundsätzlich auch die Pflicht zur eheli-chen Treue.[51] Eine Vollstreckung scheitert allerdings an § 120 III FamFG.

hemmer-Methode: Die Pflicht zur ehelichen Treue und das Vollstre-ckungsverbot nach § 120 III FamFG werden relevant, wenn es um An-sprüche des „gehörnten" Ehegatten gegen den Dritten geht, sog. Ehe-störungsklage.[52] Spiegelbild zur Pflicht zur ehelichen Treue ist der ehe-liche Anspruch auf Sex gegen den anderen Ehegatten. Aufgrund § 120 III FamFG ist aber auch dieser Anspruch eher theoretisch.[53]

3. Pflicht zur Beistandsleistung, Hilfe- und Gefahrenabwehr

aus Beistandspflicht kann sich Ga-rantenstellung ergeben

Daraus kann sich auch eine Pflicht zur Mitarbeit im Betrieb des Ehe-gatten ergeben (dazu unten Rn. 61). Im strafrechtlichen Bereich kann hieraus eine Garantenpflicht im Sinne des § 13 StGB hergelei-tet werden. **50**

4. Pflicht zur einvernehmlichen Regelung gemeinsamer Ange-legenheiten (z.B. Haushaltsführung, Kinderbetreuung)

Die gemeinsamen Angelegenheiten müssen die Ehegatten aufgrund § 1353 BGB im gegenseitigen Einvernehmen regeln. Keiner der Ehegatten hat hier ein „Alleinbestimmungsrecht".[54] Für die Haus-haltsführung betont dies § 1356 BGB nochmals ausdrücklich.[55]

Bsp.: Die Eheleute F und M wohnen in München, F ist berufstätig, wäh-rend M den Haushalt führt. F bekommt einen wesentlich besser bezahl-ten Job in Hamburg angeboten. Bevor sie dieses Angebot annimmt, muss sie sich nach § 1353 BGB mit ihrem Mann abstimmen.

hemmer-Methode: Diese Pflichten sind allerdings eher theoretischer Natur. Wenn F ohne Rücksprache mit ihrem Mann das Angebot an-nimmt, stehen dem M keine Schadensersatzansprüche zu.[56] Er kann sich nach einem Trennungsjahr allenfalls scheiden lassen – was ohne die Pflichtverletzung der F allerdings auch möglich gewesen wäre!

5. Pflicht zur Rücksichtnahme auf den Partner

Pflicht zur Rücksichtnahme

Diese Pflicht zur Rücksichtnahme kann sich insbesondere auf die Geltendmachung vermögensrechtlicher Ansprüche gegen den Ehe-gatten auswirken. § 1353 BGB entfaltet dann Schrankenfunktion. Ei-ne Rechtsausübung, die im Verhältnis zu Dritten ohne weiteres zu-lässig wäre, kann zwischen Ehegatten beschränkt sein: **51**

---

51 Palandt, § 1353 BGB, Rn. 7

52 Vgl. hierzu Rn. 75.

53 Lehrreich hierzu BGH, NJW 1067, 1078 ff.

54 Palandt, § 1353 BGB, Rn. 6.

55 Vgl. unten Rn. 56.

56 Palandt, § 1353 BGB, Rn. 14.

Bsp.:[57] Ehemann M und F bewohnen ein gemeinsam erworbenes und je zur Hälfte als Miteigentum im Grundbuch auf beide eingetragenes Hausgrundstück.

Da das Ehepaar zerstritten ist, beantragt M beim Amtsgericht die Anordnung der Zwangsversteigerung des Grundstücks zum Zwecke der Aufhebung der Miteigentumsgemeinschaft. Hiergegen geht die Frau gerichtlich mit der Begründung vor, dass die Aufhebung der Gemeinschaft für die Dauer der Ehe ausgeschlossen und das Zwangsversteigerungsverfahren somit unzulässig ist.

Hat der Antrag Erfolg?[58]

Das Grundstück gehört den Eheleuten zu gleichen Miteigentumsbruchteilen (§§ 1008 ff., 741 ff. BGB). Gem. § 749 I BGB ist dann grundsätzlich jeder Ehegatte berechtigt, die Aufhebung der Bruchteilsgemeinschaft nach § 753 BGB zu verlangen.

Hier ist aber zu beachten, dass dieses Verlangen zur Aufgabe von Wohnung und Haushalt führen würde und damit die F aus dem äußeren, gegenständlichen Lebensbereich ihrer Ehe verdrängt werden würde.

Das Vorhaben des M ist deshalb gem. § 1353 I S. 2 BGB unzulässig.

Bsp.: Unter Berufung auf § 1353 BGB hat der BGH[59] einem Ehemann auch die Durchsetzung des vertraglich vereinbarten Anspruchs auf jederzeitigen Rückkauf eines der Ehefrau überlassenen Kommanditanteils verwehrt, weil damit die ungestörte Mitarbeit der Geliebten im Geschäft erreicht werden sollte.

52

6. Pflicht, dem anderen Ehegatten die Mitbenutzung von Hausratsgegenständen zu gewähren

bzgl. Hausrat grds. Mitbesitz

An den Hausratsgegenständen entsteht unabhängig von den Eigentumsverhältnissen Mitbesitz, sofern sie nicht dem persönlichen Gebrauch eines Ehegatten dienen oder ein Ehegatte sie unter Sonderverschluss hat.[60]

53

hemmer-Methode: Dieser Mitbesitz kann sich im Rahmen des § 935 I BGB entscheidend auswirken, wenn der Ehegatte, der nicht Alleineigentümer ist, die Sache veräußert. Ein gutgläubiger Erwerb ist dann ausgeschlossen, ein Rückgriff auf eine analoge Anwendung des § 1369 BGB ist dann nicht erforderlich.[61]

BMV i.S.d. § 868 BGB

Der mitbesitzende Nichteigentümer mittelt dem Eigentümer den Besitz aufgrund des gesetzlichen Besitzmittlungsverhältnisses der Ehe, § 868 BGB.

54

Bedeutung kann dies bei Übereignungen zwischen Ehegatten erlangen:

Bsp.:[62] M erklärt F, dass der bisher ihm gehörende wertvolle Wohnzimmerteppich nun ihr allein gehören soll. F bedankt sich.

Eine dingliche Einigung liegt ersichtlich vor, eine Übereignung nach § 929 S. 1 BGB und nach § 929 S. 2 BGB scheitert aber jedenfalls daran, dass es an einer vollständigen Besitzaufgabe auf Seiten des Veräußerers M fehlt; er hat ja weiterhin Mitbesitz aufgrund der ehelichen Lebensgemeinschaft.

---

57   Nach BGHZ 37, 38 = NJW 1962, 1244 = **juris**byhemmer.

58   BGHZ 37, 38 = NJW 1962, 1244 = FamRZ 1962, 295 vereinfacht = **juris**byhemmer.

59   BGHZ 34, 80 = **juris**byhemmer.

60   Palandt, § 866 BGB, Rn. 3.

61   Vgl. unten Rn. 168.

62   Nach BGHZ 73, 253, 257 f. = **juris**byhemmer.

Die Übergabe könnte jedoch gem. § 930 BGB ersetzt sein. Die Vorschrift findet trotz des Wortlauts („vereinbart") auch dann Anwendung, wenn innerhalb eines bestehenden gesetzlichen Besitzmittlungsverhältnisses übereignet werden soll.

Dadurch, dass M und F zum Ausdruck brachten, dass nunmehr F Eigentümerin und Oberbesitzerin sein solle, haben sie sich des gesetzlichen Besitzmittlungsverhältnisses zum Zwecke der Übereignung bedient, indem sie es gleichsam umgekehrt haben. F wurde daher Eigentümerin gem. §§ 929 S. 1, 930 BGB.[63]

hemmer-Methode: Als typischer Klausureinstieg käme in einem solchen Fall eine Drittwiderspruchsklage der F gegen einen Gläubiger des M, der den Teppich pfänden ließ, in Betracht. Indem F ihren Eigentumserwerb nach §§ 929, 930 BGB beweist, kann sie die Vermutung des § 1362 I BGB widerlegen (s.u. Rn. 126 ff.)

7. Ausschluss der Pflicht zur Lebensgemeinschaft

Ausschluss § 1353 II BGB

Ausgeschlossen ist die Pflicht zur ehelichen Lebensgemeinschaft unter den Voraussetzungen des § 1353 II BGB. 55

Voraussetzungen des § 1353 II BGB:

⇨ Rechtsmissbrauch,[64]

⇨ gescheiterte Ehe, d.h. Vorliegen der Voraussetzungen der Scheidung, §§ 1565 ff. BGB oder

⇨ aufhebbare Ehe[65]

---

hemmer-Methode: Die Missbrauchsgründe des § 1353 II BGB sind im Einzelnen heute uninteressant. Zwar hat der Fortfall der Verpflichtung zur ehelichen Lebensgemeinschaft das Recht zum Getrenntleben mit zum Inhalt. Die Feststellung dieses Rechts kann im Rahmen des Eheverfahrens (§§ 121 ff. FamFG) auch bei Gericht beantragt werden. Tatsächlich spielt dies aber keine Rolle. Wenn ein Ehegatte sich trennen möchte, dann kann er dies jederzeit tun. Der andere Ehegatte kann ihn daran nicht hindern. Selbst wenn die Trennung eine Verletzung der Pflicht des § 1353 I BGB darstellen würde, kann das Zusammenleben schon wegen § 120 III FamFG nicht erzwungen werden![66]

8. Haushaltsführung und Erwerbstätigkeit

Haushaltsführung: § 1356 BGB konkretisiert § 1353 BGB

§ 1356 BGB konkretisiert § 1353 BGB für einen Teilbereich. Einvernehmlich zu regeln ist die Frage, welcher Ehegatte die Haushaltsführung übernehmen bzw. in welcher Weise sie zwischen den Ehegatten gegenständlich oder zeitlich aufgeteilt werden soll. 56

str. ist Rechtsnatur

Die Rechtsnatur dieses Einvernehmens ist umstritten. Eine rechtsgeschäftliche Deutung scheidet aus: Da das eheliche Zusammenleben nicht von dem Prinzip der Vertragstreue, sondern von dem Gebot der Rücksichtnahme bestimmt wird, fehlt es an einem Rechtsbindungswillen.[67] Geschäftsfähigkeit ist daher nicht erforderlich, eine Anfechtung ist nicht möglich.

---

63 BGHZ 73, 253, 257 f. = **juris**by**hemmer**; ausführlich zur Übereignung unter Ehegatten: Eichenhofer, JZ 1988, 326, 328 f.; Walter, JZ 81, 601. Die hier dargestellten Grundsätze gelten auch, wenn Eltern an ihre minderjährigen Kinder übereignen: Die elterliche Vermögenssorge, § 1626 I BGB, ist gesetzliches Besitzmittlungsverhältnis, vgl. unten Rn. 363.

64 Zur Kasuistik vgl. MüKo, § 1353 BGB, Rn. 44 ff.

65 MüKo, § 1353 BGB, Rn. 48.

66 Vgl. unten Rn. 73

67 Zum Rechtsbindungswillen vgl. **Hemmer/Wüst, BGB AT I, Rn. 25**.

Trotzdem hat das Einvernehmen insofern rechtliche Wirkung, als es die Pflichten aus der ehelichen Lebensgemeinschaft konkretisiert.[68] Bedeutung kann das vor allem im Rahmen von Härteklauseln im Scheidungsfolgenrecht erlangen, soweit dort eheliches Fehlverhalten erheblich ist (vgl. § 1579 Nr. 7 u. 8 BGB).

Wird die Haushaltsführung einem Ehegatten überlassen, gilt § 1356 I S. 2 BGB. Eine Mithilfepflicht ergibt sich aus § 1353 I S. 2 BGB.

Haushaltsführung als Beitrag zum Unterhalt

Der im Haushalt tätige Ehegatte kommt dadurch seiner Unterhaltspflicht nach, § 1360 S. 2 BGB, und verrichtet nicht etwa – wie früher angenommen wurde – Dienstleistungen gegenüber dem anderen Ehegatten.

57

⇨ *§ 845 BGB (-), aber § 844 BGB möglich*

Daraus folgt, dass bei Verletzung oder Tötung des im Haushalt tätigen Ehegatten durch Dritte der andere Ehegatte keine Ansprüche aus § 845 BGB hat, wohl aber aus § 844 II BGB:

> *Bsp. 1: Die Ehefrau wird verletzt, sodass eine Haushaltshilfe eingestellt werden muss.*

Früher ging man davon aus, dass der Ehemann die Kosten für die Haushaltshilfe gem. § 845 BGB vom Schädiger verlangen konnte. Von dieser Ansicht ist man jedoch im Hinblick auf die Gleichberechtigung abgekommen. Nunmehr gilt, dass die Ehefrau ihre Arbeitskraft nicht unentgeltlich im Haushalt einsetzen muss, sondern vielmehr durch ihre Arbeit im Haushalt ihre Unterhaltspflicht gem. § 1360 S. 2 BGB erfüllt.

eigener Schaden = tats. erbrachte Arbeitsleistung

Die Beeinträchtigung der Arbeitskraft ist somit ein eigener Schaden der Hausfrau, den sie gem. §§ 823 I, 842, 843 I BGB ersetzt verlangen kann. Ob eine Ersatzkraft eingestellt wird, ist unbeachtlich (Dispositionsfreiheit).[69] Für die Bemessung des Schadens soll die vorher tatsächlich erbrachte Arbeitsleistung der Ehefrau maßgebend sein, nicht die gesetzlich geschuldete Leistung oder die Kosten für die Hilfskraft.[70]

> *Bsp. 2: Die Ehefrau wird verletzt, der Ehemann zahlt die Krankenhauskosten.*

58

Vorteilsausgleichung (-), da § 843 IV BGB analog

Hier ist die Frage, ob die Zahlung des Mannes im Wege der Vorteilsausgleichung auf den Schadensersatzanspruch der Frau (aus § 823 I BGB) angerechnet werden muss. Das ist aber gem. § 843 IV BGB analog nicht der Fall, denn zur Unterhaltspflicht des Mannes gehört auch die ärztliche Versorgung der Ehefrau.

> **hemmer-Methode:** Beachten Sie: § 843 IV BGB stellt eine der wichtigsten Bestimmungen im Rahmen schadensersatzrechtlicher Klausuren dar. § 843 IV BGB beinhaltet die Möglichkeit, jeden Schadensersatzanspruch um ein weiteres Problem zu verlängern. Wie immer gilt: Denken Sie an den Ersteller der Klausur als imaginären Gegner.
> Es findet dann keine Vorteilsanrechnung statt, wenn der Schaden lediglich auf den Unterhaltspflichtigen verlagert würde. Der Schadensersatzanspruch des Geschädigten bleibt damit in vollem Umfang bestehen. Dasselbe gilt auch, wenn das Kind verletzt wird und die Eltern Unterhaltsleistungen z.B. in Form von Krankenhauskosten erbringen (da Anspruch und Schaden beim Geschädigten vorliegen, kann die Rechtsfigur der Drittschadensliquidation keine Anwendung finden).
> Beachten Sie in diesem Zusammenhang auch, dass sowohl § 845 BGB als auch § 844 BGB eigene Anspruchsgrundlagen sind. Beide Vorschriften regeln die Ansprüche Dritter, die infolge der Verletzung eines anderen einen Schaden erlitten haben. Sie stellen die einzigen Ausnahmen von dem Grundsatz dar, dass nur der in seinem Rechtsgut selbst Verletzte ersatzberechtigt ist.

---

68   MüKo, § 1356 BGB, Rn. 7 f.

69   BGHZ 38, 55 = **juris**byhemmer.

70   BGHZ 50, 304; BGH, NJW 1974, 1651; zur konkreten Schadensermittlung vgl. BGH, FamRZ 2009, 596. Alle Entscheidungen = **juris**byhemmer

§ 842 BGB ist hingegen eine Klarstellung gegenüber § 252 BGB. § 843 BGB regelt dann diesbezüglich noch das „Wie" des Schadensersatzes.[71] §§ 842, 843 BGB müssen also zusammen mit den §§ 823 ff. BGB zitiert bzw. am Ende dieser Vorschriften geprüft werden (vgl. auch Wortlaut von § 842 BGB: „Umfang der Ersatzpflicht").

Fraglich ist nun, ob der Ehemann Ersatz seiner Kosten vom Schädiger verlangen kann. Es kommen folgende Anspruchsgrundlagen in Betracht:

In Betracht kommt ein Aufwendungsersatzanspruch aus GoA gem. §§ 683, 677, 670 BGB. Dieser entfällt, da weder ein objektiv fremdes Geschäft noch ein sog. auch fremdes Geschäft (wegen der Unterhaltspflicht des Ehemannes) vorlag. Der Anspruch der Frau gegen den Schädiger bleibt wegen § 843 IV BGB bestehen,[72] sodass der Schädiger von der Zahlung keinerlei Vorteile hat und sie folglich nicht als sein Geschäft angesehen werden kann.

§ 812 I S. 1 Alt. 2 BGB. in Form der Rückgriffskondiktion entfällt. Der Schädiger hat nichts erlangt (insb. nicht die Befreiung von einer Verbindlichkeit).

§ 426 I, II BGB scheidet ebenfalls aus, da kein Gesamtschuldverhältnis vorliegt. Der Ehegatte ist nach § 1360 BGB und § 1353 I S. 2 BGB zur Unterhalts- und Beistandsleistung verpflichtet, der Schädiger haftet nach § 823 I BGB. Es fehlt aber für die Gesamtschuld am Erfordernis der gegenseitigen Tilgungswirkung. Wenn der Ehegatte zahlt, wird der Schädiger nicht befreit (s.o.). Außerdem liegt auch keine Gleichstufigkeit zwischen Unterhaltsverpflichtetem und deliktischem Schädiger vor.[73]

h.M.:
§ 255 BGB analog

Nach h.M. muss aber die Frau ihren Anspruch gegen den Schädiger in analoger Anwendung des § 255 BGB an den Ehemann abtreten. Grund für die Analogie: Der Unterhaltsverpflichtete darf nicht schlechter stehen als ein Schädiger im Sinne des § 255 BGB.

Bsp. 3: Der Hausmann wird getötet.

59

bei Tod § 844 II BGB (+), aber Vorteilsanrechnung bzgl. weggefallenem Unterhalt

Da der Mann hier durch die Haushaltsführung seinen Beitrag zum Familienunterhalt leistet, § 1360 S. 2 BGB, bedeutet seine Tötung den Ausfall eines Unterhaltspflichtigen.

Damit ist die Ehefrau gem. § 844 II BGB ersatzberechtigt,[74] muss sich aber nach den Regeln der Vorteilsanrechnung die Erträgnisse des geerbten Vermögens bis zum Zeitpunkt des voraussichtlichen sonstigen Anfalls der Erbschaft sowie den Wegfall ihrer eigenen Unterhaltspflicht entgegenhalten lassen.[75]

hemmer-Methode: Vergleichen Sie zur Vorteilsanrechnung in diesem Fall auch Hemmer/Wüst, Schadensersatzrecht III, Rn. 207.

Bsp. 4: Die alleinverdienende Ehefrau wird getötet.

Dadurch wird die Bestandskraft des Einvernehmens i.S.d. § 1356 I S. 1 BGB nicht aufgehoben. Der gem. § 844 II BGB ersatzpflichtige Schädiger kann den überlebenden haushaltsführenden Mann nicht auf eine Erwerbstätigkeit verweisen, sodass er in vollem Umfang ersatzpflichtig ist, d.h. dem Mann als Schadensersatz den Unterhalt zahlen muss, den dieser von seiner Frau als Familienunterhalt nach § 1360 BGB erhalten hätte.[76]

---

71 Vgl. **Hemmer/Wüst, Deliktsrecht I, Rn. 283**.

72 Palandt, § 843 BGB, Rn. 20.

73 Zu den Voraussetzungen eines Gesamtschuldverhältnisses vgl. Palandt, § 421 BGB, Rn. 1 ff.

74 BGHZ 51, 109 = **juris**byhemmer.

75 BGH, NJW 1971, 2066 = **juris**byhemmer.

76 Palandt, § 844 BGB, Rn. 8 ff.

*bzgl. Erwerbstätigkeit Familienver-
träglichkeit maßgebl., § 1356 II BGB*

Für die Erwerbstätigkeit der Ehegatten, die insoweit das Gegenstück zur Haushaltsführung bezeichnet, gilt § 1356 II BGB. Das Recht auf Erwerbstätigkeit steht danach unter den Schranken der Familienverträglichkeit, § 1356 II S. 2 BGB.   **60**

Diese Schranken entfalten jedoch keine Rechtswirkung auf Dienstverhältnisse mit Dritten. Diese sind vielmehr auch bei einem Verstoß gegen § 1356 II S. 2 BGB wirksam.[77]

9. Pflicht zur Mitarbeit in Beruf und Geschäft

enge Grenzen für Mitarbeitspflicht

a) Da jeder Ehegatte grundsätzlich seine Arbeitskraft entsprechend seinen persönlichen Wünschen einsetzen kann, § 1356 I S. 1 BGB, besteht anders als früher (§ 1356 I BGB a.F.) eine Mitarbeitspflicht nur in engen Grenzen: **61**

aa) Infolge der Unterhaltsverpflichtung, § 1360 BGB, wenn der Betrieb des Ehepartners die wesentliche Quelle des Familienunterhalts darstellt und ohne die Mitarbeit diese Funktion nicht erfüllen kann.

bb) Unter dem Gesichtspunkt der familienverträglichen Wahl der Erwerbstätigkeit, § 1356 II S. 2 BGB.

cc) Aus der ehelichen Beistandspflicht, § 1353 I S. 2 BGB, allerdings nur in extremen Gefährdungssituationen (argumentum e contrario § 1356 BGB a.F.).[78]

ggf. Recht auf Mitarbeit

b) Unter Umständen kann der Ehepartner auch ein Recht auf Mitarbeit haben, wenn die eheliche Lebensgemeinschaft es erfordert. Mit einer solchen Annahme sollte man jedoch zurückhaltend sein.[79]   **62**

bei Unterhaltsarbeit kein Vergütungsanspruch

c) Soweit die Ehegattenmitarbeit unterhaltsrechtlich geschuldet ist („Unterhaltsarbeit"[80]), besteht nach allgemeiner Ansicht kein Vergütungsanspruch.[81] Für darüber hinausgehende Mitarbeit kann Entgelt verlangt werden.   **63**

aa) Dieser Vergütungsanspruch ist vor allem in zwei Konstellationen praktisch relevant:

wichtig f. Forderungspfändung

(1) Er ist in den Grenzen der §§ 850 ff. ZPO Gegenstand der Forderungspfändung, §§ 829, 835 ZPO, d.h. Gläubiger des mitarbeitenden Ehegatten können in ihn vollstrecken. Gem. § 850h II ZPO gilt eine angemessene Vergütung als vereinbart.   **64**

wichtig f. Zugewinnausgleich

(2) Nach Beendigung der Ehe ist zu beachten, dass im gesetzlichen Güterstand der Zugewinngemeinschaft Vermögenszuwächse des einen Ehegatten durch den Zugewinnausgleich berücksichtigt werden.[82] Ein selbstständiger Vergütungsanspruch für geleistete Dienste kommt daher nur dann in Betracht, wenn das Güterrecht keine befriedigende Lösung bietet, d.h. vor allem bei Gütertrennung.[83]

---

77   MüKo, § 1356 BGB, Rn. 16.

78   Palandt, § 1356 BGB, Rn. 7.

79   Palandt, § 1356 BGB, Rn. 7.

80   S.o. Rn. 61 unter aa) (1).

81   BGHZ 38, 55, 59 = **juris**byhemmer; MüKo, § 1356 BGB, Rn. 24.

82   Vgl. unten ausführlich Rn. 174 ff.

83   Dazu unten Rn. 257.

hemmer-Methode: Die Frage, welche Ansprüche für die Mitarbeit im Unternehmen des anderen Ehegatten entstehen, entspricht der Frage nach Ansprüchen neben dem Zugewinnausgleich, bspw. um Vermögensübertragungen zwischen den Eheleuten auszugleichen.[84] Dabei ist zu beachten, dass etwaige Ansprüche nicht unabhängig neben dem Zugewinnausgleich stehen. Vielmehr sind die Ansprüche bei dem Gläubigerehegatten als Aktiva, bei dem Schuldnerehegatten als Passiva im Endvermögen zu berücksichtigen![85]

Problem:
Anspruchsgrundlage

bb) Wenn – wie es regelmäßig der Fall sein wird – keine ausdrückliche vertragliche Grundlage für den Ausgleichsanspruch besteht, ist die Frage nach dem Grund des Vergütungsanspruchs dogmatisch noch weitgehend ungeklärt.

65

§ 530 BGB (-), da keine Schenkung, wenn Unentgeltlichkeit nicht vereinbart

(1) § 530 BGB scheitert bereits daran, dass keine Schenkung vorliegt. Die fehlende Einigung über die Entgeltlichkeit genügt nicht, es muss vielmehr zumindest konkludent Unentgeltlichkeit vereinbart sein.[86] Hier ist aber nicht Freigiebigkeit, sondern eheliche Fürsorge gewollt. Zudem können Arbeitsleistungen mangels Vermögenseinbuße auf Seiten des Leistenden nicht Gegenstand einer Schenkung sein, § 516 BGB.

auch Arbeitsvertrag regelmäßig (-)

(2) Arbeitsverhältnisse zwischen Ehegatten sind zwar nicht schon wegen des Wesens der Ehe (Gleichberechtigung contra Weisungsbefugnis) ausgeschlossen,[87] jedoch spricht dieses regelmäßig gegen stillschweigend begründete Arbeitsverhältnisse. Gegen einen solchen konkludent geschlossenen Arbeitsvertrag spricht auch die damit entstehende Sozialversicherungspflicht.

auch § 812 I S. 1 Alt. 1 BGB (-), da Ehe diesbezüglicher Rechtsgrund

(3) Ein Bereicherungsanspruch gem. § 812 I S. 1 Alt. 1 BGB kommt auch nach der Scheidung nicht in Betracht, da die Ehe als Rechtsgrund nicht für die Vergangenheit wegfällt.[88]

66

Zweckkondiktion (-) bei einseitigen Erwartungen

(4) Eine Zweckverfehlungskondiktion, § 812 I S. 2 Alt. 2 BGB (Mitarbeit im Hinblick auf den Fortbestand der Ehe, Zweckfortfall mit Scheidung) entfällt, da es in der Regel an einer Zweckvereinbarung bezüglich des Fortbestandes der Ehe fehlt.

67

Nach Ansicht des BGH setzt eine Zweckabrede eine tatsächliche Vereinbarung voraus, allerdings genügt für eine stillschweigende Zweckvereinbarung, wenn der eine Teil mit seiner Leistung einen bestimmten Erfolg bezweckt und der andere dies erkennt und die Leistung annimmt, ohne zu widersprechen.[89]

Meist ist jedoch der Fortbestand der Ehe dagegen bloßes Motiv. Motive und einseitige Erwartungen genügen aber gerade nicht für eine Zweckvereinbarung.

BGB-Gesellschaft fraglich

(5) Besser begründen lässt sich vor dem Hintergrund der Gleichberechtigung die Annahme einer stillschweigend gegründeten Ehegatten-Innengesellschaft,[90] die mit Beendigung der Ehe aufgelöst wird, §§ 723, 726 BGB. Insbesondere wird dadurch auch die Lohnsteuer- und Sozialversicherungsproblematik vermieden.

68

---

84   Unten Rn. 217 ff.

85   Palandt, § 1375 BGB, Rn. 17.

86   Palandt, § 516 BGB, Rn. 11; dazu auch Rn. 70 sowie ausführlich unten Rn. 228.

87   BVerfG, NJW 1965, 195 = **juris**byhemmer.

88   MüKo, § 1356 BGB, Rn. 24.

89   BGH, NJW 1992, 427 = **juris**byhemmer.

90   Zur Innengesellschaft vgl. Palandt, § 705 BGB, Rn. 33, 39.

Für die eingelegten Arbeitsleistungen (§ 706 II BGB) gilt dann § 733 II BGB, wobei für eingebrachte Dienste wegen § 733 II S. 3 BGB eine Wertersatzpflicht nur bei entsprechender Vereinbarung bzw. dann besteht, wenn sich die Dienste als bleibender Wert im Gesellschaftsvermögen niedergeschlagen haben.[91]

jedenfalls Ehe selbst als Zweck nicht ausreichend

Da das eheliche Zusammenleben als solches keinen „gemeinsamen Zweck" im Sinne des § 705 BGB abgibt (ansonsten wäre jede Ehe auch gleich eine Gesellschaft), kann eine solche Ehegatten-Innengesellschaft aber nur unter engen Voraussetzungen angenommen werden, nämlich dann, wenn sich die Partner in den Dienst einer gemeinsamen Aufgabe gestellt haben, die über die Verwirklichung der ehelichen Lebensgemeinschaft hinausragt, und sie nicht nur eine Lebens-, sondern auch eine Berufsgemeinschaft bilden, d.h. in einer gleichwertigen Stellung tätig sind.[92]

hemmer-Methode: Eine GbR zwischen Ehegatten erfordert also eine planvolle und zielstrebige Zusammenarbeit während der Ehe zur Schaffung eines erheblichen gemeinschaftlichen Vermögenswertes.

Störung d. GG bei konkludenten Kooperationsvertrag?

(6) Fehlt es an Indizien dafür, dass der mitarbeitende Ehegatte seine Arbeitsleistung aus einem anderen Grunde erbracht hat, als dem der Verwirklichung der ehelichen Lebensgemeinschaft, so kann doch ein konkludent geschlossener, besonderer familienrechtlicher Vertrag (Kooperationsvertrag) vorliegen, dessen Geschäftsgrundlage mit der Scheidung wegfällt.

69

Es kommt dann ein billiger Ausgleichsanspruch nach den Regeln über die Störung der Geschäftsgrundlage, § 313 BGB, in Betracht, soweit ein Ausgleich nicht über die Regeln des Zugewinns erfolgt.[93] Ein solcher Ausgleichsanspruch besteht bei der Zugewinngemeinschaft allerdings nur unter sehr engen Voraussetzungen, um unerträgliche Härten zu vermeiden, da die §§ 1372 ff. BGB insoweit abschließend sind. Haben die Ehegatten Gütertrennung vereinbart, kann ein solcher Ausgleichsanspruch eher in Betracht kommen.[94]

**hemmer-Methode: Beachten Sie: Rn. 68 und Rn. 69 schließen einander nicht aus, sondern stehen zueinander in einer Art Stufenverhältnis. Scheitert § 733 II BGB, weil es an einem konkludenten Gesellschaftsvertrag fehlt, dann kommt immer noch ein Anspruch wegen Störung der Geschäftsgrundlage des familienrechtlichen Vertrages sui generis in Betracht. Dabei ist jedoch im gesetzlichen Güterstand der Ausschließlichkeitsgrundsatz hinsichtlich des Zugewinnausgleichs zu beachten, vgl. unten Rn. 217.
Machen Sie sich klar: Bei den konkludent geschlossenen familienrechtlichen Verträgen sui generis handelt es sich um eine scheinpositivistische Rechtfertigung eines erwünschten Ergebnisses mittels fingierter Willenserklärungen. Im Ergebnis kommt es zu einer an § 242 BGB orientierten Billigkeitsbetrachtung, das Liquidationsverhältnis gleicht einem gesetzlichen Schuldverhältnis.**

nach h.M. sonst keine Ansprüche; a.A. § 1353 BGB direkt

(7) Fehlt es an Umständen, die konkludente Verträge (oben Rn. 68, 69) nahe legen, so besteht nach h.M. kein Entgeltanspruch des mitarbeitenden Ehegatten.[95] Nach a.A. soll ein Anspruch unmittelbar aus § 1353 I S. 2 BGB folgen.[96]

70

---

91   Vgl. Palandt, § 733 BGB, Rn. 10.

92   Palandt, § 705 BGB, Rn. 39.; vgl. im Skript unten Rn. 220; BGH, **Life&Law 2000, 19**; BGH, NJW 2003, 2982 = FamRZ 2003, 1454 = **juris**byhemmer.

93   BGH, NJW 1984, 361; die Arbeitsleistung wird, auch wenn mangels Vermögensverlust des Leistenden begrifflich keine Zuwendung vorliegt, dennoch als unbenannte Zuwendung behandelt, vgl. BGH, NJW 1994, 2545 (= FamRZ 1994, 1167) = **juris**byhemmer und dazu JuS 1995, 76; allgemein zu den unbenannten Zuwendungen unten Rn. 229 ff.

94   Vgl. hierzu Palandt, § 313 BGB, Rn. 50 ff.

95   MüKo, § 1356 BGB, Rn. 24.

96   Schwab, Rn. 109.

Abschließendes Bsp.: K heiratet nach abgeschlossener Gärtnerlehre den Baumschulenbetreiber B. Zwischen den Parteien besteht aufgrund eines wirksamen Ehevertrags[97] Gütertrennung. Nach 34 Jahren wird die Ehe geschieden; K ist so gut wie vermögenslos, B hat ein beträchtliches Vermögen, das insbesondere aus dem Betrieb besteht. Aus diesem wird B stets ein gutes Einkommen erzielen können, während K immer auf Unterhaltsleistungen des B angewiesen sein wird. Selbst im Rentenalter wird sie aufgrund des durchgeführten Versorgungsausgleichs lediglich 400,- € aus der gesetzlichen Rentenversicherung erhalten.

K hat einen Fünf-Personen-Haushalt allein geführt und die drei gemeinsamen Kinder großgezogen. Außerdem arbeitete sie als fast volle „normale" Arbeitskraft unentgeltlich im Betrieb des B mit. K ist der Ansicht, hierdurch entscheidend zum Aufbau der Baumschule in ihrer während der Ehe zuletzt erreichten Größe und der damit verbundenen Wertsteigerung beigetragen zu haben. Als Ausgleich dafür, dass sich der Wertzuwachs im alleinigen Vermögen des B befindet, verlangt sie 250.000,- €.

Zu Recht?

I. Vertragliche Ansprüche aus § 611 BGB oder § 631 BGB

Die von K erbrachten Leistungen bewegten sich zwar im dienst- oder werkvertraglichen Bereich.

Es fehlt aber am Rechtsbindungswillen für einen derartigen Vertragsschluss: Denn der Sachverhalt enthält keinerlei Anhaltspunkte dafür, dass die Parteien angenommen haben, dass die Tätigkeit der K nur gegen Vergütung zu erwarten sei. In diesem Fall wäre eine solche stillschweigend vereinbart, und zwar in der taxmäßigen oder üblichen Höhe (vgl. § 612 BGB oder § 632 BGB).

Stattdessen wollte K dazu beitragen, dass die Baumschule floriert, da sie die wirtschaftliche Grundlage der Familie bildete. Es lässt sich aber hieraus nicht im Wege ergänzender Auslegung herleiten, dass im Falle des Scheiterns der Ehe eine Vergütung geschuldet sein solle.

II. Ehegatten-Innengesellschaft, § 738 BGB

Die Ehegatten-Innengesellschaft ist eine Form der BGB-Gesellschaft i.S.d. §§ 705 ff. BGB, bei der die Ehegatten einen über den typischen Rahmen einer ehelichen Gemeinschaft hinausgehenden Zweck verfolgen.

Es muss sich also um einen Zweck handeln, der von dem Bestreben der Ehegatten, die eheliche Lebensgemeinschaft zu verwirklichen und die Voraussetzungen dafür zu schaffen, unabhängig ist.

Dies ist insbesondere dann der Fall, wenn der Zweck ohne weiteres auch mit einem anderen Partner anstelle des Ehegatten verfolgt werden könnte. Ein typisches Beispiel hierfür ist die gemeinsame Vermögensmehrung.

Vorliegend fehlt es aber an Indizien dafür, dass K ihre Arbeitsleistung aus einem anderen Grunde erbracht hat als dem der Verwirklichung der ehelichen Lebensgemeinschaft. K war dem B nicht gleichgeordnet, sondern nur als „untergeordnete Arbeiterin" in seinem Betrieb tätig.

Es ging nicht um den gemeinsamen Aufbau eines Vermögens, sondern um die bloße Mithilfe im Betrieb des B.

III. § 812 I S. 1 Alt. 1 BGB

Die Voraussetzungen der Vorschrift liegen unzweifelhaft nicht vor. Insbesondere ist der Fortbestand der Ehe kein bereicherungsrechtlich relevanter Umstand.

---

97 Allein der Ausschluss des Zugewinnausgleichs berührt regelmäßig die Wirksamkeit des Ehevertrages nicht, vgl. unten Rn. 133a ff.

Selbst wenn dies der Fall wäre, käme § 812 I S. 1 Alt. 1 BGB nicht in Betracht, da die Vorschrift voraussetzt, dass schon bei Erbringung der Leistung für diese kein Rechtsgrund vorliegt.

IV. Wegfall des Rechtsgrundes, § 812 I S. 2 Alt. 1 BGB

K war auf Grund der ehelichen Lebensgemeinschaft von vornherein nicht verpflichtet, in dem von ihr geleisteten Maß im Betrieb des B mitzuarbeiten. Es fehlt daher am für § 812 I S. 2 Alt. 1 BGB erforderlichen Wegfall einer rechtlichen Verpflichtung.[98]

V. Zweckkondiktion, § 812 I S. 2 Alt. 2 BGB

Hier käme allenfalls in Betracht, als vereinbarten Zweck der Arbeitsleistungen der K den geschäftlichen Erfolg des Unternehmens, welcher für die Familie die wirtschaftliche Grundlage bildete, anzusehen.

Allerdings ist dieser Zweck erreicht worden, da die K mit dazu beigetragen hat, dass der Betrieb einen Wertzuwachs erfuhr, sodass auch diese Anspruchsgrundlage ausscheidet.

Ein weitergehender Zweck, über den sich die Eheleute zumindest stillschweigend geeinigt hätten (Abgrenzung zur Störung der Geschäftsgrundlage), ist nicht ersichtlich,[99] der Fortbestand der Ehe ist als bloßes Motiv anzusehen.

VI. Unbenannte Zuwendung; Störung der Geschäftsgrundlage, § 313 BGB

1. Die Arbeitsleistungen der K könnten unbenannte (=ehebedingte) Zuwendungen sein, die bei Scheitern der Ehe entsprechend den Regeln über die Störung der Geschäftsgrundlage, § 313 BGB, ausgeglichen werden müssten, wenn ihr die Beibehaltung der Vermögensverhältnisse, die durch K verursacht wurden, nicht zuzumuten wäre.

> **hemmer-Methode:** Es ist nicht sicher, dass die Familiensenate des BGH künftig tatsächlich § 313 BGB als Anspruchsgrundlage bzw. Anspruchsvoraussetzung zitieren werden. Während als Rechtsfolge der Störung der Geschäftsgrundlage bisher meist ein Anspruch aus § 812 BGB herangezogen wurde, hat der BGH in Familiensachen stets nur § 242 BGB zitiert. Probleme dürfte den Familiensenaten auch § 313 III BGB bereiten.
> Der danach mögliche Rücktritt führt nach §§ 346 ff. BGB zu einer vollständigen Rückabwicklung der gegenseitig erbrachten Leistungen.
> Dies entspricht aber gerade nicht der Rechtsprechung des BGH zur Störung der Geschäftsgrundlage zwischen Eheleuten. Da es hier meist um eine Leistungserbringung über eine sehr lange Zeit geht, kann eine tatsächliche Rückabwicklung regelmäßig nicht mehr erfolgen. Stattdessen bejahte der BGH bislang einen Anspruch nach billigem Ermessen des Gerichts, § 242 BGB, § 287 ZPO – ein Ergebnis, das bei Heranziehung des § 313 III BGB kaum noch haltbar wäre. Eine Alternative wäre die Lösung über § 313 I BGB.[100] Hier könnte der BGH an seinem Billigkeitsanspruch festhalten.

a) Jedoch können Arbeitsleistungen, die ein Ehegatte zugunsten seines Ehepartners erbringt, begrifflich nicht als Zuwendungen angesehen werden, da es sich hierbei um die Übertragung von Vermögenssubstanz handeln muss. Das Zur-Verfügung-Stellen von Arbeitskraft führt aber nicht unmittelbar zu der Übertragung von Vermögenssubstanz.[101]

---

98   Eine eheliche Mitarbeitspflicht ergibt sich seit 1977 nicht mehr aus § 1356 II BGB, sondern allenfalls noch aus der Pflicht zur ehelichen Lebensgemeinschaft (§ 1353 I BGB) bzw. aus der Pflicht gemäß § 1360 BGB, durch Arbeit zum Unterhalt der Familie beizutragen, BGH, FamRZ 1994, 1167, 1169 = **juris**byhemmer; Palandt, § 1356 BGB, Rn. 6 ff.

99   Der BGH (FamRZ 1994, 1167) = **juris**byhemmer prüft die bislang angesprochenen Ansprüche gar nicht, weil über deren Nichtbestehen grds. Einigkeit besteht. Vgl. dazu aber auch vor Heintschel-Heinegg, JA 1995, 95 ff.

100   Wever, „Die Entwicklung der Rechtsprechung zur Vermögensauseinandersetzung außerhalb des Güterrechts", FamRZ 2003, 565.

101   Zu den unbenannten Zuwendungen vgl. unten Rn. 229 ff.

b) Dennoch ist nach BGH[102] eine Abwicklung über die Störung der Geschäftsgrundlage nach § 313 BGB möglich. In solchen Fällen sei ein besonderer familienrechtlicher Ausgleichsanspruch denkbar. Begründet wird dies damit, dass, wirtschaftlich betrachtet, Arbeitsleistungen – wie die Übertragung von Vermögenssubstanz – in erheblichem Umfang eine geldwerte Leistung darstellen.

K erhält daher einen Ausgleichsanspruch wegen Störung der Geschäftsgrundlage:

Die Parteien haben einen konkludenten familienrechtlichen Vertrag über die Art und Weise der Kooperation abgeschlossen, der für die Mitarbeit der K maßgeblich war.

Die Geschäftsgrundlage für diesen familienrechtlichen Vertrag ist nachträglich weggefallen:

- Der Fortbestand der Ehe wurde von K für B erkennbar vorausgesetzt (reales Element),

- K hätte sich nicht auf diese Form der Kooperationsvereinbarung eingelassen, wenn sie gewusst hätte, dass die Ehe scheitert (hypothetisches Element),

- B hätte redlicherweise andere Bedingungen akzeptieren müssen, hätte er gewusst, dass die Ehe scheitert (normatives Element).

Rechtsfolge: Die Aufrechterhaltung des Vermögensstandes der Gütertrennung ist für K, da sie ohne eigene Vermögensmehrung Leistungen erbracht hat, nicht zumutbar, sodass die Geschäftsgrundlage weggefallen ist. Insbesondere hat K Leistungen erbracht, die in ihrem Umfang über das hinausgehen, was sie im Rahmen der unter Ehegatten bestehenden Beistands- und Unterhaltspflicht geschuldet hat.

Voraussetzung für den Ausgleichsanspruch ist aber, dass die Mitarbeit von einer gewissen Dauer und Regelmäßigkeit ist oder gar die Beschäftigung einer anderen Arbeitskraft erspart. Gelegentliche oder kurzzeitige Hilfeleistungen genügen nicht.

Weitere Voraussetzung für einen Anspruch wegen Störung der Geschäftsgrundlage ist, dass ein Festhalten an den Ergebnissen des ehelichen Güterrechts absolut unzumutbar erscheint. Dies lässt sich hier aufgrund der vereinbarten Gütertrennung bejahen, da K überhaupt nicht an den Vermögenszuwächsen des B partizipiert.

c) In der Literatur wird diese Konstruktion des konkludenten familienrechtlichen Vertrages kritisiert: Es gebe keine hinreichenden Anhaltspunkte für einen solchen Vertrag.[103]

Der BGH verweist demgegenüber auf seine Rechtsprechung zu den unbenannten Zuwendungen: Auch ohne besondere Vereinbarung einer Gegenleistung würden solche Zuwendungen in aller Regel gerade nicht unentgeltlich erfolgen, weil sie nach der übereinstimmenden Vorstellung der Eheleute um der Ehe willen als Beitrag zur Verwirklichung oder Ausgestaltung, Erhaltung oder Sicherung der ehelichen Lebensgemeinschaft erbracht werden und darin ihre Geschäftsgrundlage haben.

2. Höhe des Ausgleichsanspruches

Wie auch bei den unbenannten Zuwendungen sind für die Höhe des Anspruches alle Umstände des Einzelfalles heranzuziehen, insbesondere die Dauer der Ehe, das Alter der Parteien, Art und Umfang der erbrachten Arbeitsleistungen, die Höhe der Vermögensmehrung und die sonstigen Einkommens- und Vermögensverhältnisse der Parteien.

102 BGH,FamRZ 1994, 1167, 1168 = **juris**byhemmer.
103 Vgl. Olzen, JR 1982, 495.

Zu beachten ist allerdings, dass auch die ersparten anderweitigen Arbeitskosten Berechnungsgrundlage sind und dass sie den Wert des Ausgleichsanspruches nach oben begrenzen.

Im vorliegenden Fall fehlen hierzu genaue Angaben im Sachverhalt.

hemmer-Methode: Für Streitigkeiten zwischen den Ehegatten aus ehebedingten Zuwendungen sind nach §§ 23a, 23b GVG, §§ 111 Nr. 10, 266 I Nr. 3 FamFG die Familiengerichte streitwertunabhängig zuständig. Es handelt sich um eine sog. „sonstige Familiensache".[104]

d) Verletzung und Tod des mitarbeitenden Ehegatten

Verletzung v. mitarbeitendem Ehepartner: § 845 BGB (-)

Wird der im Geschäft des Ehepartners Mitarbeitende verletzt, so hat er eigene Schadensersatzansprüche wegen Minderung seiner Erwerbsfähigkeit (vgl. oben Rn. 56). Der andere Ehepartner hat keine eigenen Ansprüche, § 845 BGB ist auch insoweit nicht anwendbar, als eine Verpflichtung zur Mitarbeit bestand.

bei Tod ggf. § 844 II BGB

Wird der im Geschäft mitarbeitende Ehegatte getötet, dann hat der Betriebsinhaber einen eigenen Schadensersatzanspruch gemäß § 844 II BGB nur insoweit, als die Mitarbeitspflicht unterhaltsrechtlich begründet war. Für darüber hinausgehende Mitarbeit besteht kein Schadensersatzanspruch. Es kommt weder eine direkte noch eine analoge Anwendung des § 845 II BGB in Betracht.[105]

10. Rechtlicher Schutz der ehelichen Lebensgemeinschaft

justitiable Ansprüche aus ehelicher Lebensgemeinschaft

Die Pflichten aus der ehelichen Lebensgemeinschaft sind echte Rechtspflichten, aus denen sich Ansprüche ergeben, die gerichtlich geltend gemacht werden können:

a) Rechtszwang gegen den Ehegatten

In Betracht kommen zunächst Ansprüche des einen Ehegatten gegen den anderen Ehegatten.

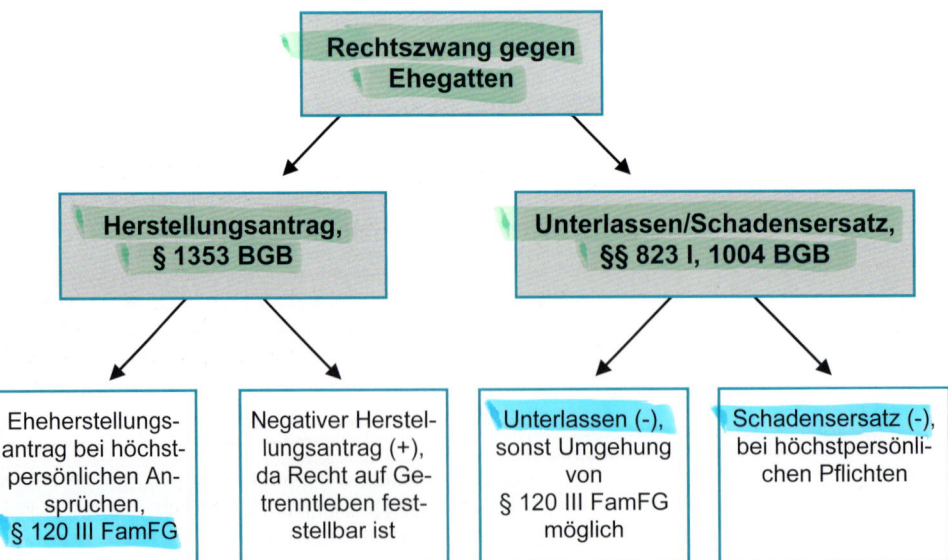

104 Zu diesem Begriff Burger, FamRZ 2009, 1017 ff.

105 BGHZ 77, 157 ff. = **juris**byhemmer und BGH, FamRZ 1988, 776; kritisch Medicus-Petersen, BR, Rn. 836.

aa) Eheherstellungsantrag

nur Feststellungsanträge

Die Erfüllung höchstpersönlicher Ansprüche aus §§ 1353 - 1359 BGB kann nur mittels eines Antrags nach § 266 I Nr. 2 FamFG „verlangt" werden. Der Antrag kann auf ein positives Tun (z.B. Mitarbeit im Haushalt, § 1356 BGB, Mitbenutzung von Hausrat, § 1353 I S. 2 BGB) oder auf ein Unterlassen (z.B. einer ehebrecherischen Beziehung, § 1353 I S. 2 BGB) gerichtet sein. Da der Beschluss aber nicht vollstreckbar ist, § 120 I FamFG i.V.m. § 120 III FamFG, wirkt es nur ähnlich einem Feststellungsbeschluss.[106]

73

anders bei vermögensrechtlichen Streitigkeiten

Soweit es dagegen um die Verletzung vermögensrechtlicher Pflichten aus § 1353 BGB geht, kommt sowohl ein Schadensersatzanspruch als auch eine Vollstreckung nach § 120 I FamFG i.V.m. § 888 I ZPO in Betracht; so z.B., wenn der Ehegatte seine Pflicht zur Mitwirkung bei der Steuererklärung verletzt.[107]

bb) Negativer Herstellungsantrag

Recht auf Getrenntleben ist feststellungsfähig

Braucht ein Ehegatte wegen § 1353 II BGB dem Herstellungsbegehren nicht nachzukommen (vgl. auch oben Rn. 55), so folgt daraus zugleich ein Recht zum Getrenntleben. Dieses Recht kann Gegenstand eines Feststellungsantrags sein.[108] Daneben kommt auch eine Regelung mittels einer einstweiligen Anordnung nach §§ 119 I, 49 ff. FamFG in Betracht.

74

cc) Ansprüche auf Unterlassen und Schadensersatz

str. bei Unterlassungsansprüchen gegen Ehepartner

Sehr umstritten ist, ob und inwieweit Beeinträchtigungen des ungestörten Fortbestandes der Ehe quasi-negatorische Unterlassungs- (§§ 823 I, II, 1004 I S. 2, 862 I S. 2, 12 S. 2 BGB analog) und Beseitigungsansprüche (§§ 823 I, II, 1004 I S. 1, 862 I S. 1, 812 S. 1 BGB analog) auslösen.

75

Gefahr der Umgehung v. § 120 III FamFG

(1) Gegen den Ehegatten besteht ein Anspruch auf Unterlassung der Ehestörung aus § 1353 BGB. Dieser Anspruch ist allerdings nicht vollstreckbar, § 120 I, III FamFG.

nur möglich, wenn Eingriff in absolute Rechte vorliegt

Ob daneben gegen den Ehegatten auch ein Anspruch aus §§ 823 I, 1004 BGB besteht, ist strittig.

76

aber Persönlichkeitsrecht (-)

Das allgemeine Persönlichkeitsrecht scheidet in diesem Zusammenhang als absolutes Recht insoweit aus, als es gerade durch das ehewidrige Verhalten verletzt wird.

Als sonstiges absolutes Recht i.S.d. § 823 I BGB hat die Rechtsprechung aber das Recht des Ehegatten auf Schutz des räumlich-gegenständlichen Bereichs der Ehe entwickelt, das Gegenstand eines quasi-negatorischen Anspruchs sein kann.[109] Dieser Anspruch ist nach h.M. auch gegenüber dem Ehegatten vollstreckbar, unterfällt also nicht § 120 III FamFG.[110]

> **Bsp.:** *Der untreue Ehegatte verschafft dem Ehestörer Zutritt zur Ehewohnung oder er beschäftigt ihn in seinem Gewerbebetrieb, in dem auch der andere Ehegatte mitarbeitet.*

---

106 MüKo, § 1353 BGB, Rn. 45.
107 Vgl. Palandt, § 1353 BGB, Rn. 12a .
108 MüKo, § 1353 BGB, Rn. 47, 58.
109 BGHZ 57, 229, 231 = **juris**byhemmer.
110 MüKo, § 1353 BGB, Rn. 53

auch bei Schadensersatz keine Umgehung v. § 120 III FamFG

(2) Für Schadensersatzansprüche gilt das eben Ausgeführte sinngemäß: Schadensersatzansprüche wegen Verletzung höchstpersönlicher Ehepflichten, z.B. der ehelichen Treuepflicht, sind ausgeschlossen, da sie indirekt einen Zwang zur Herstellung der ehelichen Lebensgemeinschaft begründen würden, den es nach § 120 I, III FamFG gerade nicht geben soll.

Die Verletzung absoluter Rechte dagegen – insbesondere des räumlich- gegenständlichen Bereichs der Ehe – begründet auch dann einen Schadensersatzanspruch, wenn sie gleichzeitig eine Eheverfehlung darstellt.

Jedoch kann § 1353 I S. 2 BGB in seiner Schrankenfunktion die Geltendmachung des Anspruchs hindern.

b) Ansprüche gegen ehestörende Dritte (Ehebruchspartner)

Ansprüche gegen Dritte

aa) Ein Angriff des Dritten in absolut geschützte Rechte führt ebenso wie andere Deliktstatbestände (§§ 823 II, 826 BGB) unproblematisch zu quasi-negatorischen und deliktischen Ansprüchen. **77**

Recht auf ungestörten Fortbestand der Ehe

bb) Umstritten sind die Fälle, in denen sich das Verhalten des Dritten darauf beschränkt, dass er mit dem Ehegatten ehewidrige Beziehungen unterhält. Ansprüche können sich insoweit nur aus einem absoluten Recht auf ungestörten Fortbestand der ehelichen Gemeinschaft ergeben.

str., ob absolutes Recht

Teilweise wird die Existenz eines solchen absoluten Rechts verneint. Die Rechte der Ehegatten aus § 1353 I S. 2 BGB seien nur relative Rechte.

Ein deliktischer Schutz kommt dann nur im Rahmen des § 826 BGB in Betracht, wobei dessen Voraussetzungen regelmäßig nicht vorliegen werden.

h.M. (+), aber Reichweite von Schutz problematisch

Aber auch wenn man mit der ganz herrschenden Meinung das Recht an der ehelichen Gemeinschaft als absolutes Recht anerkennt,[111] so ist damit die Frage, ob es durch quasi-negatorische Ansprüche und Schadensersatzansprüche geschützt wird, noch nicht entschieden.

Eine verbreitete Meinung im Schrifttum gewährt einen Unterlassungs- und einen auf das Abwicklungsinteresse (= Schäden aus der Durchführung der Scheidung/Vaterschaftsanfechtung) gerichteten Schadensersatzanspruch. Das Bestandsinteresse (= Verlust von Vorteilen, die dem Ehegatten aus der Nichtfortführung der Ehe entstehen, z.B. Verlust des Arbeitsplatzes im Betrieb des Schwiegervaters) ist jedenfalls nicht ersatzfähig, was sich bereits aus der grundsätzlichen Möglichkeit einer Ehescheidung unabhängig vom Verschuldensprinzip ergibt.[112]

Rspr.: Gefahr indirekten Zwangs

Insbesondere die Rspr. folgert aus dem absoluten Recht an der ehelichen Gemeinschaft im persönlichen Bereich weder Unterlassungs- noch Schadensersatzansprüche. Die Möglichkeit eines Unterlassungsanspruchs würde entgegen § 120 I, III FamFG indirekten Zwang auf den anderen Ehegatten ausüben. Ansprüche gegen den Ehestörer sind also auf den räumlich-gegenständlichen Bereich beschränkt! **78**

111 BGHZ 57, 229, 231 = **juris**byhemmer.

112 Vgl. - im Einzelnen stark von einander abweichend - Medicus-Petersen, BR, Rn. 619; MüKo, § 1353 BGB, Rn. 40, 50 f.

Ein Schadensersatzanspruch wird auch abgelehnt, weil der Schutzzweck des § 823 I BGB nicht einschlägig sei. Die Ursachen für Ehestörungen lägen stets im Verhältnis der Ehegatten zueinander, die Verantwortung dafür könne nicht auf einen Dritten abgewälzt werden.[113]

> **hemmer-Methode:** Wichtig ist, dass Sie im Falle einer Klausurbearbeitung die verschiedenen möglichen Rechtsverhältnisse sauber voneinander trennen:
> • Ansprüche zwischen den Ehepartnern und
> • Ansprüche des betrogenen Ehepartners gegenüber Dritten
> und innerhalb der einzelnen Rechtsverhältnisse die verschiedenen Anspruchsmöglichkeiten prüfen:
> • Unterlassungs- bzw. Beseitigungsansprüche sowie
> • Schadensersatzansprüche.
> Insgesamt bestehen also zwei verschiedene Verfahrensrechtsverhältnisse, innerhalb derer verschiedene Anspruchsalternativen denkbar sind, nämlich Unterlassen und Schadensersatz. So besteht unstreitig gegen den eigenen Ehegatten der Anspruch auf eheliche Treue, § 1353 BGB. Er ist allerdings nicht durchsetzbar, § 120 I, III FamFG. Um auch nur mittelbaren Druck auf den Ehegatten auszuschließen, steht dem „gehörnten" Ehegatten gegen den Ehestörer im persönlichen Bereich noch nicht einmal ein Unterlassungsanspruch zu.

c) Weitere Ansprüche bei Ehebruchskind

– *Ansprüche möglich:*
bei Ehebruchskind: Kindesunterhalt

⇨ Ansprüche aus gem. § 1607 III BGB übergegangenen Unterhaltsansprüchen, soweit der Ehemann dem Ehebruchskind Unterhalt gewährt hat.

– *bei Ehelichkeitsanfechtung*

⇨ Anspruch aus §§ 1607 III, 1610 II BGB analog auf Ersatz der Kosten der Vaterschaftsanfechtung (wegen der immensen Bedeutung der Kenntnis des leiblichen Vaters für das Kind gehören zu den gesetzlich übergegangenen Unterhaltsansprüchen auch die Kosten der Vaterschaftsanfechtung – unabhängig davon, ob die Anfechtung durch das Kind oder den juristischen Vater erklärt wurde!).[114]

– *bei Verfahrenskostenvorschuss*

⇨ Der dem Kind gewährte Verfahrenskostenvorschuss für den Vaterschaftsanfechtungsverfahren ist analog § 1607 III BGB ersatzfähig, da der Vorschuss nach dem Rechtsgedanken des § 1360a IV BGB Teil des Unterhalts ist.[115]

– *Unterhalt für Mutter*

⇨ Rückgriffskondiktion, § 812 I S. 1 Alt. 2 BGB, auf Ersatz der Kosten des § 1615 l BGB, die der wahre Erzeuger zu tragen hat.[116]

aber: Feststellung der Vaterschaft
Voraussetzung

Diese Ansprüche des Ehemanns und Scheinvaters erfordern jedoch wegen § 1600d IV BGB die vorherige Feststellung der Vaterschaft des Erzeugers.[117] In diesem Zusammenhang ist zu beachten, dass der Scheinvater grundsätzlich keinen Anspruch gegen die Kindsmutter auf Benennung des Erzeugers hat. Einer entsprechenden Offenbarungspflicht steht das allgemeine Persönlichkeitsrecht der Mutter entgegen, das auch das Recht erfasst, geschlechtliche Beziehungen zu einem bestimmten Partner nicht offenbaren zu müssen.[118]

79

80

---

113 BGHZ 6, 360, 364 f. = **juris**byhemmer; und ständige Rspr. vgl. BGHZ 57, 229, 231 ff.; Palandt, Einf. vor § 1353 BGB, Rn. 6 = **juris**byhemmer.

114 BGHZ 57, 229 = **juris**byhemmer.

115 BGH, NJW 1968, 446 zu § 1709 II BGB a.F.

116 BGHZ 26, 217 zu § 715 BGB a.F. = **juris**byhemmer.

117 Zu Ausnahme der Durchbrechung der Sperre des § 1600d IV BGB vgl. BGHZ 191, 259 = **juris**byhemmer; BGH, NJW 2012, 852 = **juris**byhemmer.

118 BVerfG, Beschluss vom 24.02.2015, 1 BvR 472/14 = **Life&Law 08/2015** = **juris**byhemmer; anders noch OLG Oldenburg, FamRZ 1994, 651 = **juris**byhemmer; OLG Bamberg, FamRZ 2004, 562 = **juris**byhemmer; OLG Schleswig, FamRZ 2009, 1924, 1925 = **juris**byhemmer.

Abschließendes Bsp.: Der Ehemann verlangt von der Ehefrau die Kosten, die ihm durch die Anfechtung der Vaterschaft eines von seiner Ehefrau im Ehebruch empfangenen Kindes entstanden sind.[119]   **81**

str.: gegen untreuen Ehegatten nach BGH FamR abschließend

Der BGH[120] lehnt Ersatzansprüche hier ab, da das Familienrecht die vermögensrechtlichen Folgen der Ehe abschließend regle und für den vorliegenden Fall keine Ersatzansprüche vorsehe.[121]

a.A.: § 1353 BGB (+)

Eine Ansicht[122] bejaht einen Ersatzanspruch aufgrund des § 1353 BGB.

Die h.L.[123] lehnt einen Ersatzanspruch unter Hinweis auf die Möglichkeit der Ehestörungsklage oder Einreichung der Scheidung ab.

Richtig ist, dass die Beziehung der Ehegatten untereinander und insbesondere ihre Ausgleichsansprüche vom Familienrecht abschließend geregelt sind. Eine Zulassung von weitergehenden Schadensersatzansprüchen würde diese Regelungen umgehen.

dagegen:
Mögl. d. Scheidung u. Unterl. Klage ausreichend

Aus § 1353 BGB kann demnach kein Schadensersatzanspruch entnommen werden, vielmehr ist die Verletzung der ehelichen Treuepflicht nach dem Familienrecht sanktionslos. Der andere Ehegatte wird hinreichend durch die Möglichkeit der Ehestörungsklage und des Scheidungsantrags geschützt.

Abwandlung: M verlangt die Kosten von dem Erzeuger des Kindes.

Klage gegen Dritten nach BGH (-)

Der BGH[124] lehnt hier Ersatzansprüche ab. Ein Schadensersatzanspruch wirke gegen den Dritten – in Frage käme hier wieder § 823 BGB – über den Gesamtschuldnerausgleich (§§ 840, 426, 254 BGB) auf den Ehegatten zurück, womit wieder die abschließende familienrechtliche Regelung durchbrochen würde.[125]   **82**

Darüber hinaus liege die Untreue des Ehegatten als innerehelicher Vorgang nicht im Schutzbereich des Deliktsrechts.[126]

a.A.:
ggü. Dritten ist FamR nicht abschließend

Gernhuber[127] wendet gegen den BGH ein, dass der Dritte nicht unter die abschließende familienrechtliche Regelung fällt. Auch wird der Ehegatte, wenn man ihn schon nicht für ersatzpflichtig hält, kein Gesamtschuldner. Der Dritte ist hiernach gemäß § 823 I BGB ersatzpflichtig, allerdings nur bezüglich des Abwicklungs-, nicht aber bezüglich des Bestandsinteresses.   **83**

aber nur Abwicklungsinteresse

Unter Abwicklungsinteresse versteht man den aus der Durchführung von Scheidung und Ehelichkeitsanfechtung entstandenen Schaden, unter Bestandsinteresse den Schaden, der dem Ehegatten aus der Nichtfortführung der Ehe entstanden ist (z.B. Verlust der Wohnung im Haus des Schwiegervaters). Das Bestandsinteresse wird deshalb nicht ersetzt, da es nicht unter den Schutzbereich der Norm fällt.

E.A.[128] hält die Verpflichtung der Ehegatten zu geschlechtlicher Treue zwar nicht für ein sonstiges Recht i.S.d. § 823 I BGB (da keine eigentumsähnliche Position), wohl aber für ein in Analogie zu den Lebensgütern des § 823 I BGB absolut geschütztes Recht. Parallel zum Verlöbnisrecht (§§ 1298 ff. BGB) soll jedoch nur das Abwicklungsinteresse geschützt werden.   **84**

---

119 BGHZ 23, 215 = **juris**byhemmer.
120 BGHZ 23, 215; FamRZ 1981, 531 = **juris**byhemmer.
121 Zustimmend Medicus-Petersen, BR, Rn. 619.
122 Gernhuber, § 17 III 4.
123 M.w.N. Palandt, Rn. 6 vor 1353 BGB.
124 BGHZ 57, 229; 80, 235.
125 BGHZ 23, 279 = **juris**byhemmer.
126 BGH, FamRZ 1990, 367 = **juris**byhemmer.
127 Vgl. § 17 III.
128 Medicus-Petersen, BR, Rn. 619.

Zuzustimmen ist hier dem BGH. Das Verhalten des untreuen Ehegatten ist so eng mit dem des Dritten verbunden, dass es nicht angeht, die Ehestörung aufzuteilen in eine rein eherechtlich zu beurteilende Verfehlung des Ehegatten einerseits und andererseits in eine Schadensersatzansprüche auslösende unerlaubte Handlung des Dritten. Außerdem bliebe der Umfang der Schadensersatzpflicht aus § 823 I BGB unklar, was die Rechtssicherheit belastet. Ließe man Schadensersatzansprüche gegen den Dritten zu, so würde jeder schuldhafte Eingriff in die eheliche Lebensgemeinschaft, d.h. bereits jede ehewidrige Beziehung einen Schadensersatzanspruch auslösen.

für BGH:
enger Zusammenhang m. untreuem Partner

Die Höhe der Ersatzpflicht wäre dann insbesondere bei Vaterschaftsanfechtungsverfahren unklar.

Ist jedoch die Vaterschaft des Ehestörers festgestellt, dann kann der Ehemann die Kosten der Vaterschaftsanfechtung nach §§ 1607 III, 1610 II BGB analog ersetzt verlangen.[129]

III. Haftungsmaßstab

Haftungsmaßstab in d. Ehe: §§ 1359, 277 BGB

Bei verschuldensabhängigen Schadensersatzpflichten wird nur nach dem Maßstab der §§ 1359, 277 BGB gehaftet. Diese gelten für alle „sich aus den ehelichen Verhältnissen ergebenden Verpflichtungen und die damit konkurrierende Deliktshaftung".[130] Bedient sich der Ehegatte eines Dritten, so findet auch eine Verschuldenszurechnung gem. § 278 BGB nur im Rahmen der §§ 1359, 277 BGB statt.[131]

85

aber nicht im Straßenverkehr

Zu beachten ist, dass die Haftungserleichterung des § 1359 BGB nicht gilt, wenn die Eheleute sich außerhalb des ehelichen Pflichtenkreises wie beliebige Dritte gegenüberstehen. So ist § 1359 BGB z.B. im Straßenverkehr infolge teleologischer Reduktion nach h.M. nicht anwendbar. Im Straßenverkehr ist kein Raum für individuelle Sorgfaltslosigkeit.[132] Allerdings kann dann § 1353 I S. 2 BGB der Geltendmachung von Schadensersatzansprüchen entgegenstehen, wenn diese den Umständen nach dem ehelichen Zusammenleben widerspricht, vgl. Rn. 51. Diese Zurückhaltungspflicht entfällt jedoch i.d.R. nach Scheidung bzw. Trennung.[133]

hemmer-Methode: Die Haftungsprivilegierung des Ehegatten führt regelmäßig zum Problem der gestörten Gesamtschuld, vgl. Hemmer/Wüst, Schadensersatzrecht III, Rn. 267 ff. Beachten Sie in diesem Zusammenhang auch die Vorschrift des § 207 BGB, wonach die Verjährung von Ansprüchen zwischen Ehegatten gehemmt ist, solange die Ehe besteht!

IV. Unterhaltspflicht

Unterhalt

Während der Ehe bestehen bei Zusammenleben Unterhaltsansprüche gemäß §§ 1360 - 1360b BGB (Familienunterhalt) und bei Getrenntleben nach § 1361 BGB (Trennungsunterhalt).

86

hemmer-Methode: Beachten Sie beim Unterhalt genau die drei verschiedenen Zeiträume, innerhalb derer sich ein aus der Ehe resultierender Unterhaltsanspruch ergeben kann:
- nach Eheschließung bis Trennung: §§ 1360, 1360a BGB (sog. Familienunterhalt)
- nach der Trennung bis zur Scheidung: § 1361 BGB (sog. Trennungsunterhalt)
- nach der Scheidung: §§ 1569 ff. BGB (sog. Scheidungsunterhalt).

---

129 BGHZ 57, 229 = **juris**byhemmer.
130 Palandt, § 1359 BGB, Rn. 2 m.w.N.
131 MüKo, § 1359 BGB, Rn. 10 m.w.N.
132 M.w.N. ausführlich Palandt, § 1359 BGB, Rn. 2.; BGH, FamRZ 1988, 476 = **juris**byhemmer, vgl. auch BGH, FamRZ 2009, 1049 BGH, FamRZ 2009, 1049= **Life&Law 2009, 489** (keine Anwendbarkeit bei Wasserski-Unfall).
133 Vgl. BGH, NJW 1988, 1208 = **juris**byhemmer.

Klausurrelevanz haben in erster Linie Trennungs- und Scheidungsunterhalt. Allerdings kann auch die Vorschrift des § 1360a BGB relevant werden, da in § 1361 IV BGB (Trennungsunterhalt) auf § 1360a III, IV BGB verwiesen wird.

kein Verzicht auf Unterhalt für Zukunft

Ein Verzicht auf den Familienunterhalt ist für die Zukunft nicht möglich, §§ 1360a III, 1614 I BGB. Gleiches gilt über § 1361 IV S. 4 BGB für den Trennungsunterhalt.

Unterhalt für die Vergangenheit

Für die Vergangenheit kann Familienunterhalt nur unter den Voraussetzungen des § 1613 BGB (i.V.m. § 1360a III BGB) gefordert werden. Auch insoweit verweist § 1361 IV S. 4 BGB auf § 1360a III BGB.

kein Regress bei irrtümlicher Zuvielleistung

Gemäß § 1360b BGB wird bei (auch irrtümlicher) Zuvielleistung eine Quasi-Schenkung vermutet (vgl. §§ 685 II, 1620 BGB). Die Vorschrift ergänzt insoweit §§ 685 I, 814 BGB, und schließt Regressansprüche unter allen rechtlichen Gesichtspunkten aus.[134]

ggf. Auskunftsansprüche

Auskunftsansprüche können sich aus § 1605 BGB (§ 1361 IV S. 4 BGB) ergeben. Die Rangfolge mehrerer Unterhaltsberechtigter bestimmt sich nach §§ 1608, 1609 BGB.

1. Familienunterhalt

Familienunterhalt, § 1360 S. 1 BGB

Anspruchsgrundlage ist § 1360 S. 1 BGB. Aus § 1360 BGB wird nicht die Familie als solche berechtigt, sondern jeder Ehegatte kann Zahlung an sich verlangen. Die Kinder haben dagegen kein Recht aus § 1360 BGB, sondern allein aus §§ 1601 ff. BGB. Die wechselseitigen Ansprüche der Ehegatten gegeneinander gehen auf den angemessen Lebensbedarf der Ehegatten und der unterhaltsberechtigten Kinder, §§ 1360 S. 1, 1360a I BGB. Ein Ehegatte kann demnach den Kindesunterhalt (§ 1601 BGB) im eigenen Namen gegenüber dem anderen Ehegatten geltend machen (kein Fall der Verfahrensstandschaft, sondern eigener Anspruch des Ehegatten aus § 1360 BGB!).   *87*

Geldrente u. Naturalunterhalt

Anders als gewöhnliche Unterhaltsansprüche geht der Anspruch aus § 1360 S. 1 BGB nicht von vornherein auf eine Geldrente, sondern kann auch in Natur geleistet werden, § 1360a II S. 1 BGB. Das erforderliche Haushaltsgeld ist vorzuschießen, § 1360a II S. 2 BGB. Zum Anspruch auf Familienunterhalt gehört auch ein sog. Taschengeldanspruch des haushaltsführenden Ehegatten. Dieser Anspruch ist auf einen Geldbetrag gerichtet, der ihm die Befriedigung seiner persönlichen Bedürfnisse nach eigenem Gutdünken und freier Wahl unabhängig von einer Mitsprache des anderen Ehegatten ermöglichen soll.[135]

§ 1360 S. 2 BGB stellt klar, dass auch die Haushaltsführung ein (hälftiger) Unterhaltsbeitrag ist und insoweit den finanziellen Leistungen des berufstätigen Ehegatten gleichsteht (vgl. auch § 1606 III S. 2 BGB).

2. Trennungsunterhalt

Trennungsunterhalt: § 1361 I, IV BGB

a) Nach §§ 1361 I S. 1, 1361 IV S. 1 u. S. 2 BGB tritt an die Stelle der wechselseitigen Verpflichtung der Ehegatten zum Familienunterhalt ein einseitiger Anspruch eines Ehegatten gegen den anderen auf Zahlung einer Geldrente. Dieser richtet sich nicht mehr auf den Familienunterhalt, sondern auf den angemessenen Lebensbedarf des unterhaltsberechtigten Ehegatten.   *88*

---

134 Palandt, § 1360b BGB, Rn. 1 f.
135 BGH NJW 1998, 1553 = **juris**byhemmer.

Getrenntleben nur, wenn Gemeinschaft aufgegeben ist

b) Getrenntleben im Rechtssinne liegt dann vor, wenn die Eheleute die eheliche Lebensgemeinschaft aufgegeben haben, nicht aber, wenn sie z.B. nur aus Berufsgründen verschiedene Wohnsitze haben, § 1567 BGB.[136]

Trennungsunterhalt bis Rechtskraft d. Scheidung

c) Umfang und Voraussetzungen des Unterhaltsanspruchs sind auch hier nach den jeweiligen ehelichen Lebensverhältnissen zu bestimmen. Dabei besteht der Anspruch aus § 1361 BGB ab dem Zeitpunkt der Trennung bis zur Rechtskraft der Scheidung.[137]

hemmer-Methode: Nicht nur in der Praxis, sondern auch in der Klausur wird es häufig vorkommen, dass die Unterhaltsverpflichtung durch einen Vergleich geregelt wird. Gleichwohl passiert es, dass der Verpflichtete trotz des Vergleiches nicht zahlt, sodass der Unterhaltsberechtigte einen entsprechenden Antrag an das Gericht stellt. Diesem könnte dann das Rechtsschutzbedürfnis fehlen, wenn es sich bei dem Vergleich um einen Verfahrensvergleich, § 120 I FamFG i.V.m. § 794 I Nr. 1 ZPO, handelt. Die Zwangsvollstreckung kann dann unmittelbar aus dem Vergleich erfolgen.
Handelt es sich indessen nicht um einen Verfahrensvergleich, sondern ausschließlich um einen materiell-rechtlichen Vergleich, so liegt kein Vollstreckungstitel vor und dem Antrag fehlt nicht das Rechtsschutzbedürfnis. Der materiell-rechtliche Vergleich ist in letzterem Fall dann aber möglicherweise die Anspruchsgrundlage i.R.d. Begründetheit des Unterhaltsantrags.

Bedürftigkeit notw.; (-), soweit eigene Einkünfte o. Vermögen

Voraussetzung des Unterhaltsanspruchs ist vor allem die Bedürftigkeit des Ehepartners, der Unterhalt beansprucht. Keine Voraussetzung ist – anders als beim nachehelichen Unterhalt – die Betreuung eines gemeinsamen Kindes oder das Vorliegen eines anderen Grundes für die Bedürftigkeit. **89**

Die Bedürftigkeit fehlt bzw. mindert sich, wenn und soweit der Berechtigte sich aus eigenen Mitteln selbst erhalten kann.[138] Dies ist insbesondere dann der Fall, wenn der Berechtigte über eigene Einkünfte aus Erwerbstätigkeit oder Vermögen verfügt.[139]

ggf. Minderung bei unterlassenem Erwerb

Nach § 1361 II BGB kann die Bedürftigkeit gemindert sein oder sogar wegfallen, wenn der Berechtigte es unterlässt, eine angemessene Erwerbstätigkeit auszuführen. Für die Frage der Zumutbarkeit sind dabei nach h.M. die §§ 1569 ff. BGB entsprechend heranzuziehen[140] (zu diesen vgl. unten Rn. 295 ff.). **90**

Es sind jedoch im Fall der Trennung zunächst geringere Anforderungen an die Erwerbspflicht zu stellen, da vor der Scheidung die eheliche Solidargemeinschaft noch besteht, während danach das Prinzip der Eigenverantwortlichkeit gilt. In der Regel entfällt deshalb jedenfalls im ersten Trennungsjahr die Zumutbarkeit. Mit Ablauf des ersten Trennungsjahres können höhere Anforderungen an die Erwerbsobliegenheit gestellt werden, insbesondere wenn die Ehe nur von kurzer Dauer war, § 1361 II BGB.

hemmer-Methode: Der Ablauf des ersten Trennungsjahres spielt auch eine wichtige Rolle für den Ansatz des sog. Wohnwertes in der Unterhaltsberechnung. Dieser Wohnwert ist immer dann anzusetzen, wenn ein Ehegatte mietfrei in der eigenen Immobilie bzw. in der des anderen Ehegatten lebt.

136 Vgl. ausführlich unten Rn. 288 ff.
137 BGH, NJW 1984, 2041 = **juris**byhemmer.
138 Palandt, § 1361 BGB, Rn. 12.
139 Palandt, § 1361 BGB, Rn. 21 ff.; zu sog. fiktiven Einkünften ausführlich Palandt, § 1577 BGB, Rn. 7 sowie BGH, NJW 2001, 3777 = FamRZ 2001, 1693; zu Sozialleistungen, die vor allem bei einer einstweiligen Anordnung eine wichtige Rolle spielen, vgl. Palandt, § 1361 BGB, Rn. 24 ff. = **juris**byhemmer.
140 Palandt, § 1361 BGB, Rn. 43.

Im ersten Trennungsjahr wird dabei nur ein angemessener Wert herangezogen, der dem entspricht, was der Ehegatte für eine seinen Bedürfnissen und Verhältnissen angemessene Wohnung an Miete zahlen würde, während ab dem zweiten Trennungsjahr der volle Mietwert der Immobilie angesetzt wird.

Einkünfte aus Tätigkeiten, die nach diesem Maßstab nicht zumutbar sind (sog. überobligationsmäßige Tätigkeiten), sind nach dem Gedanken des § 1577 II BGB nicht voll anzurechnen[141] (vgl. unten Rn. 302 ff.).

maßgeblicher Zeitpunkt für Prägung ehelicher Verhältnisse.

Die konkrete Höhe des Unterhalts richtet sich beim Getrenntleben nach den „ehelichen" Lebensverhältnissen, die im Wesentlichen von dem in der Ehe verfügbaren Einkommen geprägt werden.[142] Dabei ist nicht auf den Zeitpunkt der Trennung, sondern den jeweils aktuellen Zeitpunkt abzustellen. Veränderungen der wirtschaftlichen Verhältnisse nach der Trennung prägen die ehelichen Verhältnisse, es sei denn, es liegt eine völlig unerwartete Entwicklung vor.[143]

> *Bsp.: Ehemann M hat als Diplom-Informatiker im Laufe der Ehe ein durchschnittliches Monatseinkommen von 4.000,- €/netto verdient. Während der Trennungszeit mit seiner Frau F sinkt sein Gehalt wegen der steigenden Flut von Informatikern und der rasanten Entwicklung im EDV-Bereich allerdings auf 3.500,- €/netto. F meint, dass ihr dies nicht zum Nachteil gereichen dürfe.*

Da der Trennungsunterhalt nach den jeweils aktuellen Daten berechnet wird, hat der Unterhaltsberechtigte an Einkommensveränderungen seitens des Unterhaltsverpflichteten teil – im Guten wie im Schlechten - sodass hier das verringerte Nettoeinkommen des M für die Unterhaltsberechnung heranzuziehen ist.

Eine Ausnahme ist dann zu machen, wenn der Einkommensverlust auf einer freiwilligen beruflichen oder wirtschaftlichen Disposition des Unterhaltsverpflichteten beruht, dieser also z.B. seine gut bezahlte Stellung zugunsten einer schlechter bezahlten aufgibt. Unter diesen Umständen muss ihm ein fiktives Einkommen unterstellt werden.[144]

Im Beispiel liegt aber gerade kein freiwilliger Verzicht vor, es kann aufgrund der schon vor der Trennung absehbaren Entwicklung im Bereich der EDV deshalb als prägender Umstand angesehen werden, dass das Einkommen rückläufig war.

Dies gilt auch dann, wenn die Entwicklung zwar nicht absehbar war, aber nicht auf einer freiwilligen Disposition des Unterhaltsverpflichteten beruht, sondern auf den stets wandelbaren wirtschaftlichen Verhältnissen.

hemmer-Methode: Anders als beim Trennungsunterhalt wird beim nachehelichen Unterhalt nicht automatisch auf das jeweils aktuelle Einkommen abgestellt. Hier ist maßgeblich der Zeitpunkt der Rechtskraft des Scheidungsbeschlusses, nachträgliche Änderungen sind nur noch bedingt relevant. Bei späteren Einkommenssteigerungen kommt es dann im Wesentlichen darauf an, ob und inwieweit diese schon in der Ehe „angelegt" bzw. vorhersehbar waren und damit noch eheprägend sind.[145] So werden normale Gehaltssteigerungen berücksichtigt, während die Aufnahme einer völlig neuen Tätigkeit regelmäßig nicht eheprägend ist.

---

141 Palandt, §1361 BGB, Rn. 18, 41.; vgl. dazu auch OLG Karlsruhe, NJW 2002, 900 = **juris**byhemmer.

142 Palandt, § 1361 BGB, Rn. 62, zu Einzelheiten Palandt, § 1578 BGB, Rn. 3 ff.; zum eheangemessenen Unterhalt bei einem Lotteriegewinn in Höhe von 500.000,- € kurz vor der Trennung vgl. OLG Frankfurt/M, NJW-RR 1995, 20, JuS 1995, 358.

143 Palandt, § 1361 BGB, Rn. 63; eine Ausnahme macht das OLG Zweibrücken, FamRZ 2004, 1291 für den Fall, dass einer der Ehegatten in Haft sitzt = **juris**byhemmer.

144 BGH, NJW 1992, 2479 = **juris**byhemmer.

145 BGH, NJW 1992, 2479 = **juris**byhemmer.

Eine Ausnahme gilt nach der Rechtsprechung des BGH allerdings dann, wenn die später aufgenommene Tätigkeit Surrogat für bisherige Haushaltsführung war. Insbesondere die Gleichstellung von Barunterhalt und Haushaltsführung nach § 1360 S. 2 BGB zwingt dazu, dieses spätere Einkommen bereits bei der Bedarfsberechnung zu berücksichtigen.[146]

Vorsorgeunterhalt f. angemessene Versicherung

92 Zum Anspruch des Berechtigten auf Trennungsunterhalt gehört schließlich auch noch der sog. Vorsorgeunterhalt, § 1361 I S. 2 BGB, also die Übernahme der Kosten für eine angemessene Versicherung.[147] Dieser Anspruch kann allerdings nicht im Wege einer einstweiligen Anordnung nach §§ 119, 246, 49 FamFG geltend gemacht werden, da wegen der Möglichkeit der Nachzahlung keine akuten Nachteile zu befürchten sind.[148]

ggf. Sonderbedarf

Der Unterhaltsanspruch umfasst auch etwaigen Sonderbedarf; ein gesetzliches Beispiel dafür findet sich in §§ 1361 IV, 1360a IV BGB.

Berechnung: „Düsseldorfer Tabelle"

Die Praxis orientiert sich bei der Unterhaltsbemessung weitgehend an Unterhaltstabellen (Düsseldorfer Unterhaltstabelle sowie die entsprechenden Modifikationen durch die einzelnen Oberlandesgerichte).

93 Ist der Unterhaltsverpflichtete entsprechend leistungsfähig, d.h. hat er Mittel zur Verfügung, die auch nach Zahlung des Unterhalts höher sind als sein eigener Selbstbehalt, so muss er z.B. nach der Düsseldorfer Tabelle bis zu $^3/_7$ seines Einkommens an den Unterhaltsberechtigten zahlen.

hemmer-Methode: Die grundsätzlich gebotene Halbierung des Einkommens (sog. Halbteilungsgrundsatz) würde dazu führen, dass der Verpflichtete gar keinen Sinn mehr in seiner Arbeitsleistung sehen würde, weshalb man ihm grds. $^1/_7$[149] (sog. Erwerbstätigkeitsbonus) mehr als dem unterhaltsberechtigten Ehegatten zugesteht. Umgekehrt wird so auch ein Anreiz für den Unterhaltsberechtigten geschaffen, selbst zu arbeiten und damit die Bedürftigkeit zu verringern, denn auch dem Berechtigten kommt der $^1/_7$ Bonus zugute. Wichtig ist, dass die $^1/_7$-Regelung nur bei Erwerbseinkünften Anwendung findet, nicht dagegen bei sonstigen Einkünften (z.B. Zinseinkünfte aus Vermögen)!

d) Härteklausel des § 1361 III BGB

Härteklausel: Minderung o. Begrenzung, § 1361 III BGB i.V.m. § 1579 Nr. 2 - 7 BGB

94 Über § 1361 III BGB gelten auch bei Getrenntleben § 1579 Nr. 2 - 8 BGB, wonach bei Vorliegen der Voraussetzungen der Unterhaltsanspruch gemindert oder zeitlich begrenzt werden und u.U. auch ganz entfallen kann. Dabei geht jedoch auch § 1579 BGB im Grundsatz davon aus, dass die Erziehung und Pflege vorhandener ehelicher Kinder vorrangig sicherzustellen ist (Wahrung der Kindesbelange).

kein Verweis auf § 1579 Nr. 1 BGB bzgl. Ehedauer

Wichtig ist zunächst, dass nicht auf § 1579 Nr. 1 BGB verwiesen wird und damit auch bei kurzer Ehedauer ein Unterhaltsanspruch besteht. Allerdings kann die kurze Ehezeit zu erhöhten Erwerbsobliegenheiten führen, § 1361 II BGB. Eine ausführliche Darstellung der Probleme des § 1579 BGB finden Sie unten bei Rn. 305 ff.

---

146 BGH, NJW 2001, 2254 = **juris**byhemmer = FamRZ 2001, 986, Bspr. in FamRZ 2001, 1061 ff.; vgl. auch BVerfG, NJW 2002, 1185, vgl. auch OLG Koblenz, NJW 2002, 1885 , vgl. auch unten Rn. 302 ff..

147 Hintergrund ist, das ab der Zustellung des Scheidungsantrags keine Teilhabe an den Rentenansprüchen des anderen Ehegatten mehr besteht. Der Versorgungsausgleich wird wie der Zugewinn auf den Zeitpunkt der Zustellung des Scheidungsantrags berechnet, sog. Stichtagsprinzip.

148 Palandt, § 1361 BGB, Rn. 65.

149 In den süddeutschen Ländern beträgt der Bonus $^1/_{10}$.

> **hemmer-Methode:** Achten Sie stets auf den richtigen Aufbau in der Klausur! Die Herabsetzung setzt aufbautechnisch das grds. Bestehen des Anspruchs voraus. Die Voraussetzungen des § 1361 BGB (Trennung, Bedarf, Bedürftigkeit und Leistungsfähigkeit) müssen also regelmäßig zuerst geprüft werden, § 1579 BGB ist eine Einwendung gegen den Anspruch.
>
> Folge der Trennung ist nicht allein die Entstehung eines Unterhaltsanspruchs nach § 1361 BGB, sondern ggf. auch die Verteilung des Hausrats nach § 1361a BGB sowie die Zuweisung der Wohnung § 1361b BGB. Zuständigkeit und Verfahren bestimmen sich nach den §§ 111 Nr. 5, 200 ff. FamFG. Der aus der Wohnung weichende Ehegatte kann hier nach § 1361b III BGB einen Entschädigungsanspruch haben.

V. Sogenannte Schlüsselgewalt, § 1357 BGB

§ 1357 BGB bei Geschäften des Lebensbedarfs zur Erleichterung der Lebensführung

95

Gemäß § 1357 BGB hat jeder Ehegatte (unabhängig vom Güterstand) das Recht, Geschäfte zur angemessenen Deckung des Lebensbedarfs der Familie mit Wirkung auch für und gegen den anderen Ehegatten zu tätigen. Ist die Haushaltsführung einem Ehegatten allein überlassen (vgl. § 1356 I S. 2 BGB), und zwar i.d.R. demjenigen, der kein eigenes Einkommen hat, so versetzt diesen Ehegatten erst § 1357 BGB in die Lage, der ihm zugefallenen Aufgabe gerecht zu werden.[150]

⇨ keine ständige Rücksprache mit Ehegatten notw.

Dieser soll in die Lage versetzt werden, seinen Pflichten nachkommen zu können, ohne ständig mit dem Ehepartner Rücksprache halten zu müssen, wofür das Haushaltsgeld ausgegeben werden darf. Dem haushaltsführenden Ehepartner wird damit auch die effektive Möglichkeit eingeräumt, seinen Beitrag zum Familienunterhalt beizusteuern, § 1360 S. 2 BGB.[151]

Die Vorschrift, die ursprünglich also dem Schutz des nichterwerbstätigen Ehegatten diente, hat sich im Laufe der Zeit allerdings zu einer nicht gerechtfertigten Gläubigerbegünstigung entwickelt, insbesondere in den Fällen, in denen die Haushaltsführung zwischen den (beiden verdienenden) Ehegatten aufgeteilt ist. Im Bereich der mit dieser Vorschrift in Zusammenhang stehenden Rechtsgeschäfte wird die Ehe somit ungewollt zur Rechts- und Haftungsgemeinschaft der Ehegatten.[152]

1. Problemkreise des § 1357 BGB

96

§ 1357 BGB entfaltet in vielerlei Hinsicht rechtliche Wirkungen, deren Kenntnis für das Verständnis und die richtige Einordnung der Vorschrift notwendig ist.

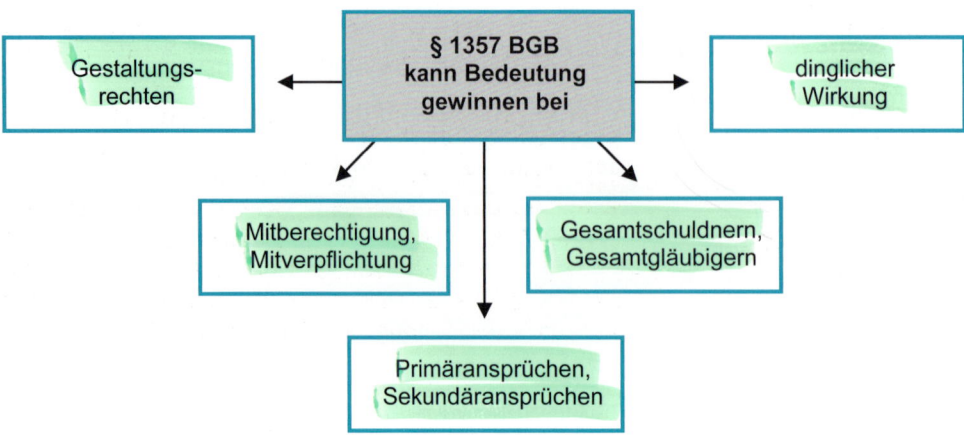

---

150   Vgl. Palandt, § 1357 BGB, Rn. 1, 2.

151   Palandt, § 1357 BGB, Rn. 2.

152   Zur Kritik hieran Brudermüller, NJW 2004, 2265.

hemmer-Methode: Wegen dieser unterschiedlichen Wirkungsfelder kommt es auch in der Examensklausur regelmäßig zur Notwendigkeit der mehrfachen Prüfung von § 1357 BGB an verschiedenen Stellen der gleichen Klausurlösung. Wer § 1357 BGB dann nicht richtig beherrscht, schreibt zwangsläufig an der Musterlösung vorbei! Nur wer die Vielschichtigkeit dieser Vorschrift erkennt, schöpft den ganzen Rahmen der Klausur aus.

a) Mitberechtigung und Mitverpflichtung des anderen Ehegatten

bei ausdrücklicher Stellvertretung §§ 164 I, 1357 I S. 2 BGB

aa) Tritt der mit dem Dritten kontrahierende Ehegatte auch als solcher auf, legt er also seinen Status offen, wobei Erkennbarkeit ausreicht, so verpflichtet er sich selbst (Eigenverpflichtung) und daneben auch den anderen Ehegatten durch unmittelbare Stellvertretung, §§ 164 I S. 1, 1357 I S. 2 BGB wirken insofern als gesetzliche Vertretungsmacht. Unterschiede zum normalen Vertretungsrecht ergeben sich nicht.

hemmer-Methode: § 1357 BGB begründet in diesem Fall eine gesetzliche Vertretungsmacht.

bei fehlender Offenkundigkeit Verpflichtungsermächtigung

→ sog. Schlüsselgewalt

bb) Besteht keine Offenkundigkeit, tritt der Ehegatte dem Dritten gegenüber also wie jeder andere, nicht verheiratete Konsument auf, so wird neben der Eigenverpflichtung der andere Ehegatte aufgrund des dann als gesetzliche (ausnahmsweise zulässige) Verpflichtungsermächtigung wirkenden § 1357 I S. 2 BGB berechtigt und verpflichtet. § 1357 BGB hilft in diesem Fall also über das fehlende Handeln im fremden Namen hinweg. Es handelt sich um eine Rechtsmacht sui generis, bzw. um eine gesetzliche (Mit-)Verpflichtungsermächtigung[153] (sog. Schlüsselgewalt).

hemmer-Methode: § 1357 BGB ist eine besonders examensrelevante Vorschrift, weil sie sowohl im Bereich des Allgemeinen Teils (Vertretungsrecht; Verschuldenszurechnung) als auch im Sachenrecht (Miteigentum, Wissenszurechnung beim gutgläubigen Erwerb) eine Rolle spielen kann.

b) Bedeutung bei Primär- und Sekundäransprüchen

wichtig vor allem bei Primäransprüchen

§ 1357 BGB hat insbesondere im Rahmen des Primäranspruchs seine Bedeutung und führt dazu, dass beide Ehegatten als Gesamtschuldner (§§ 421, 427 BGB) verpflichtet werden, § 1357 I S. 2 BGB.

Akzessorietät der Schuld des mithaftenden Ehegatten

aa) Die Besonderheit dieses Gesamtschuldverhältnisses liegt darin, dass nach dem Sinn des § 1357 I S. 2 BGB die Verpflichtung des mithaftenden Ehegatten zur Schuld desjenigen, der das Schuldverhältnis begründet hat, streng akzessorisch ist, § 425 BGB gilt nicht. Anders als im Regelfall der Gesamtschuld gilt also nicht Einzel-, sondern Gesamtwirkung, weil sich „soweit aus dem Schuldverhältnis ein anderes ergibt".[154] Die Mithaftung erstreckt sich daher auch auf Schadensersatzansprüche wegen Vertragsverletzungen (z.B. §§ 280 ff. BGB, insbesondere auch den Verzug nach § 286 BGB). Trotzdem kann natürlich ein Ehegatte vom Geschäftspartner aus der Haftung entlassen (Erlass mit Einzelwirkung) oder besser behandelt werden (z.B. Stundung mit Einzelwirkung).

153 Palandt, § 1357 BGB, Rn. 3.
154 M.w.N. Palandt, § 1357 BGB, Rn. 23.

mögliche Gegenrechte ⇨ § 417 I S. 1 BGB analog

bb) Infolge der strengen Akzessorietät kann der mithaftende Ehegatte in analoger Anwendung des § 417 I S. 1 BGB dem Gläubiger alle Gegenrechte aus der Person seines Partners entgegensetzen.

hemmer-Methode: § 417 I S. 1 BGB regelt unmittelbar nur die privative Schuldübernahme, §§ 414, 415 BGB. Er findet jedoch nach allgemeiner Ansicht auch auf den Schuldbeitritt (kumulative Schuldübernahme) Anwendung.[155] Das Gleiche muss dann gelten, wenn wie hier ein Schuldbeitritt kraft Gesetzes erfolgt.

c) Gesamtschuldner- und Gesamtgläubigerschaft

Gesamtschuldnerausgleich

aa) Zwischen den Eheleuten entsteht ein Gesamtschuldverhältnis (s.o.), insofern findet auch ein Gesamtschuldnerausgleich statt, § 426 BGB. Die Verteilung im Innenverhältnis richtet sich nach dem Unterhaltsrecht, §§ 1360, 1360a, 1601 BGB, es ist also „ein anderes bestimmt", § 426 I S. 1 BGB.[156]

Berechtigung beider Ehegatten

bb) Umgekehrt werden beide Ehegatten berechtigt, § 1357 I S. 2 BGB, wobei nach einer Ansicht[157] von einer gemeinschaftlichen Berechtigung beider Ehegatten auszugehen ist. Bei einem Anspruch auf eine unteilbare Leistung findet dann § 432 BGB (sog. „Mitgläubigerschaft") Anwendung und jeder Ehegatte kann Leistung nur an sich und an den anderen Ehegatten verlangen. Nach der a.A.[158] sind die Ehegatten dagegen Gesamtgläubiger, § 428 BGB, jeder kann Leistung an sich selbst fordern.

§ 428 BGB interessengerechter

Für eine Anwendung von § 428 BGB spricht nicht nur, dass § 432 BGB nach der Gesetzessystematik subsidiär ist, sondern vor allem auch die praktischen Ergebnisse. Es gilt insbesondere § 429 III BGB, wodurch verhindert wird, dass das Schuldverhältnis in Bezug auf die beteiligten Eheleute ein unterschiedliches Schicksal erfährt (Gesamtwirkung, da § 425 BGB nicht gilt, s.o. Rn. 99), was bei einer Anwendung des § 432 BGB nicht der Fall wäre.

Eine „stille" (d.h. dem Schuldner unbekannte) Mitberechtigung nach § 432 BGB würde darüber hinaus dem Schuldner eine Leistungserbringung abfordern, der er regelmäßig nicht entsprechen kann, und dem Zweck des § 1357 BGB, den ehelichen Lebensbedarf schnell und einfach zu decken, nicht gerecht werden kann.

> *Bsp.: Hausmann M kauft auf dem Markt Lebensmittel. Auf dem Heimweg hält er in der Kneipe an und „verliert" die Lebensmittel. F verlangt von dem Verkäufer Lieferung der Lebensmittel.*

> Nach §§ 429 III, 422 I S. 1 BGB ist mit der Übereignung die Mitberechtigung der Ehefrau aus § 1357 I S. 2 BGB durch Erfüllung gem. § 362 I BGB erloschen.

> Will man dagegen § 432 BGB anwenden, dann wirkt die Leistung an M im Verhältnis zu F nicht befreiend, weil sie ihr nicht zugutekommt, § 432 II BGB.[159]

Um ein praktisch sinnvolles Ergebnis zu erzielen, müsste man sich dann mit der Konstruktion behelfen, dass § 432 II BGB durch eine Empfangsermächtigung des M (§§ 362 II, 185 BGB) überwunden wird. Diese wird zum Teil auf § 1357 BGB gestützt. Dann bleibt aber im Ergebnis von § 432 BGB überhaupt nichts mehr übrig. Diese Konstruktion erscheint jedenfalls nicht sinnvoll.

100

101

102

155 Palandt,, § 417 BGB, Rn. 1.
156 M.w.N. MüKo, § 1357 BGB, Rn. 40; OLG Brandenburg, NJW-RR 2007, 221 ff. = **Life&Law 2007, 314** = **juris**byhemmer; vgl. auch unten Rn. 224.
157 Palandt, § 1357 BGB, Rn. 21; Lüke, AcP 1978, 1, 20 ff.
158 MüKo, § 1357 BGB, Rn. 41.
159 Wurde gestrichen wg. Umarbeitung.

im Einzelfall Leistung nur an beide gemeinsam

Im Einzelfall kann sich natürlich aus den Umständen ergeben, dass die Leistung nur an beide gemeinsam erfolgen soll, z.B. bei einer für beide Ehegatten gebuchten Reise, wenn die Buchung unter § 1357 BGB fällt.[160]

d) Bedeutung bei Gestaltungsrechten

Ausübung von Gestaltungsrechten teilweise nur gemeinschaftlich möglich

Probleme können sich bei Gestaltungsrechten ergeben. Für diese wird im Gesetz teilweise angeordnet, dass sie von mehreren Berechtigten nur gemeinsam ausgeübt werden können, vgl. § 351 BGB. **103**

↳Rücktritt

bei § 1357 BGB keine gemeinschaftliche Ausübung notwendig

Da jedoch § 1357 BGB jedem Ehegatten allein nicht nur die Begründung von Rechten und Pflichten mit Wirkung für und gegen den anderen, sondern sekundär auch deren Änderung mit Gesamtwirkung ermöglicht, brauchen Gestaltungsrechte (Anfechtung, Kündigung, Rücktritt, Widerruf gem. §§ 312g, 495, 506 BGB) nicht gemeinschaftlich geltend gemacht zu werden.[161]

Dasselbe gilt auch für das Gestaltungsrecht der Minderung, §§ 437 Nr. 2, 441 BGB.

aber Person fraglich

Problematisch ist dann, welcher Ehegatte die Gestaltungsrechte ausüben kann. Nach wohl h.M. umfasst die vollumfängliche Mitberechtigung auch das Recht, die Gestaltungsrechte betreffend dieses Rechtsgeschäfts alleine (aber mit Wirkung für beide) geltend zu machen.[162] **104**

> **Bsp.:** M schließt mit Z einen unter § 1357 BGB fallenden Vertrag. Dabei wird er von Z arglistig getäuscht. Als Z von F Zahlung verlangt, ficht F den Vertrag gegenüber Z wegen arglistiger Täuschung an. Z meint, F habe dazu kein Recht.

Ein Anspruch des Z gegen F ist zunächst durch den Vertragsschluss des M entstanden, §§ 311, 241, 1357 BGB. Mit der Anfechtung könnte der Vertrag jedoch rückwirkend vernichtet worden sein, §§ 142 I, 123 BGB.

anfechtungsberechtigt grds. nur der, der Willenserklärung abgegeben hat

Anfechtungsberechtigt ist nach § 143 BGB jedoch grds. nur derjenige, der die Willenserklärung selbst abgegeben hat bzw. derjenige, für den sie durch einen Vertreter abgegeben worden ist. Sind mehrere Anfechtungsberechtigte vorhanden, so kann jeder von ihnen selbstständig anfechten.[163] F selbst hat keine Willenserklärung abgegeben. M ist auch nicht als Vertreter der F in Erscheinung getreten, vielmehr hat er ein eigenes Geschäft gewollt und abgeschlossen.

F ist aber über § 1357 I S. 2 BGB mitverpflichtet und mitberechtigt. Diese vollumfängliche Mitberechtigung umfasst nach h.M. auch das Recht, die Gestaltungsrechte betreffend dieses Rechtsgeschäfts alleine (aber mit Wirkung für beide) geltend zu machen.

F hat also ein eigenes Anfechtungsrecht.

nach Mindermeinung nur Einrede der Gestaltbarkeit

Folgt man der Mindermeinung und verneint ein eigenes Gestaltungsrecht des mitverpflichteten Ehegatten, muss es ihm aufgrund seiner akzessorischen Mithaftung jedoch möglich sein, dem Gläubiger analog §§ 770, 1137 I S. 1, 1211 I S. 1 BGB die Einrede der Gestaltbarkeit entgegenzusetzen, d.h. das Gestaltungsrecht des Ehepartners einredeweise geltend zu machen, da sich die Stellung des Gläubigers durch die Mithaftung insoweit nicht verbessern darf. **105**

160 Vgl. unten Rn. 116.

161 MüKo, § 1357 BGB, Rn. 41.

162 So die h.M.; vgl. auch mit Nachweisen zur Gegenansicht Palandt, § 1357 BGB, Rn. 22, MüKo, § 13157 BGB, Rn. 41.

163 Palandt, § 143 BGB, Rn. 4.

hemmer-Methode: Die genannten Vorschriften erfassen im Übrigen nach ganz h.M. nicht nur die in ihnen genannten, sondern alle denkbaren Gestaltungsrechte (Rücktritt, Kündigung) und Gestaltungsmöglichkeiten (Minderung).[164]
Nochmals zusammengefasst: Entweder gibt man dem mitverpflichteten Ehegatten ein eigenes Gestaltungsrecht oder aber wenigstens die Einrede analog § 770 BGB.

In unserem Beispielsfall (oben Rn. 104) lässt sich die Anfechtungserklärung der F ggf. gemäß § 140 BGB in die Erhebung der Einrede der Anfechtbarkeit umdeuten.

hemmer-Methode: Grundsätzlich geben Gestaltungsrechte dem Berechtigten keine Einrede, er muss vielmehr durch Ausübung des Gestaltungsrechts die Gestaltungswirkung herbeiführen.
Es kann also nur entweder ein Gestaltungsrecht oder die Einrede der Gestaltbarkeit gegeben sein, die dem akzessorisch Mitverpflichteten zusteht, vgl. §§ 770, 1137 I S. 1, 1211 I S. 1 BGB, § 129 HGB.
Auch hier gilt aber: Probleme schaffen, nicht wegschaffen. Werfen Sie die Frage, ob der mitverpflichtete Ehegatte selbst Gestaltungsrechte ausüben kann, auf, und lassen Sie sie im Ergebnis offen, denn jedenfalls kann der in Anspruch genommene Ehegatte die Erfüllung verweigern.

e) Dingliche Wirkung

§ 1357 BGB führt nicht automatisch zu Miteigentum

§ 1357 BGB führt nicht automatisch zu Miteigentum (das müsste man bei einer Anwendung von § 432 BGB aber folgerichtig annehmen!). Die dingliche Rechtslage bestimmt sich vielmehr nach den allgemeinen sachenrechtlichen Regeln.[165] Dingliche Wirkungen des § 1357 BGB würden mit dem Güterrecht kollidieren, §§ 1363 II S. 1, 1372 ff., 1414 S. 2, 1416 BGB, und zu einem im Gesetz nicht vorgesehenen „Teilgüterstand des Miteigentums nach Bruchteilen kraft Schlüsselgewalt" führen.

aber im Einzelfall durch Auslegung

Es kommt jedoch im Einzelfall im Wege der Auslegung über die Figur der „Übereignung an denjenigen, den es angeht" die Annahme eines anderen Ergebnisses in Betracht (Miteigentum; Alleineigentum des anderen). Dies ist insbesondere bei Erwerb von Hausrat für den gemeinsamen Haushalt regelmäßig anzunehmen (dann Miteigentum).[166]

106

hemmer-Methode: Der Erwerb von Hausrat zum Miteigentum wird nach § 1568b II BGB vermutet. Das Geschäft für den den es angeht ist die dogmatische Erklärung für diese Vermutung.
Auf keinen Fall erfasst § 1357 BGB Veräußerungsgeschäfte; es gibt keine Verfügungsmacht über das Vermögen des anderen kraft Schlüsselgewalt.

2. Abgrenzung der Verpflichtungsermächtigung zum Vertretungsrecht

Anwendbarkeit d. Vertretungsregeln?

a) Da es sich bei der sog. Schlüsselgewalt um eine Rechtsmacht sui generis handelt, kommt allenfalls eine analoge Anwendung der Vertretungsregeln in Betracht.

107

Bsp.: Die minderjährige F ist mit M verheiratet. Sie kauft eine Küchenmaschine für 350,- € bei Z. Dieser verlangt von M und F Zahlung des Kaufpreises. Zu Recht?

---

164 Palandt, § 770 BGB, Rn. 4.

165 BGHZ 114, 74 = **juris**byhemmer; Palandt, § 1357 BGB, Rn. 20.

166 Das Geschäft für den, den es angeht, ist die dogmatische Erklärung des BGH für die Vermutung des § 1568b II BGB, der bei während der Ehe erworbenem Hausrat von Miteigentum ausgeht!

Ehepartner ist nicht gesetzlicher Vertreter der Minderjährigen

M könnte gemäß §§ 433 II, 1357 BGB als Gesamtschuldner auf den Kaufpreis haften. F ist aber minderjährig, deshalb muss sie zur wirksamen Selbstverpflichtung durch einen Kaufvertrag mit Zustimmung ihrer gesetzlichen Vertreter handeln (§§ 107, 108 I BGB). Gesetzliche Vertreter sind aber auch nach der Hochzeit die Eltern, §§ 1626, 1629 BGB, und nicht der Ehepartner. Es ist auch mit der Hochzeit keine Generaleinwilligung der Eltern in die Tätigung derartiger Rechtsgeschäfte anzunehmen. Im Hinblick auf F ist der Vertrag deshalb schwebend unwirksam.

Minderjährige kann Ehegatten verpflichten

Anders ist dies bzgl. des M, denn dieser kann über §§ 165, 1357 BGB durch F verpflichtet werden („neutrales Geschäft"). § 165 BGB ist entsprechend anwendbar, die Minderjährigkeit ändert nichts an der Verpflichtung des Mannes.[167] Es liegt also gleichsam eine Lockerung der strengen Akzessorietät bezüglich der Mitverpflichtung des Ehegatten vor.

Anders stellt sich die Situation natürlich dann dar, wenn der handelnde Ehepartner geschäftsunfähig ist.

108

> **Bsp.:** *F, die in der Hochzeitsnacht zu viel getrunken hat, schließt im Vollrausch mit einem Gast einen Kaufvertrag über ein Sportcoupé ab. Auch diesmal soll M zahlen.*

aber Geschäftsfähigkeit Voraussetzung für § 1357 BGB

Die Willenserklärung der F ist hier nach § 105 II BGB nichtig. M kann deshalb nicht über § 1357 BGB mitverpflichtet werden. Auf den Umstand, dass F minderjährig ist, kommt es also gar nicht mehr an. Im Übrigen dürfte hier kein Geschäft i.S.d. § 1357 I BGB vorliegen!

Handeln als Vertreter des Ehegatten, §§ 164, 1357 I S. 2 BGB

b) Schließt ein Ehegatte ein Geschäft i.S.d. § 1357 BGB im Namen des anderen Ehegatten ab, dann folgt die Verpflichtung des anderen aus §§ 164, 1357 I S. 2 BGB. § 1357 I S. 2 BGB wirkt in diesem Fall als gesetzliche Vertretungsmacht.[168] Der handelnde Ehegatte selbst wird aus § 1357 BGB als gesetzliche Verpflichtungsermächtigung automatisch (mit-)verpflichtet, wenn sich nicht aus den Umständen etwas anderes ergibt, § 1357 I S. 2 BGB a.E.,[169] wobei nach h.M. hierfür das Auftreten im Namen des anderen Ehegatten nicht ausreichend sein soll.[170]

Vertreter ohne Vertretungsmacht

c) Handelt ein Ehegatte ohne Vertretungsmacht im Namen des anderen und liegen auch die Voraussetzungen des § 1357 BGB nicht vor, dann finden §§ 177, 179 I BGB direkt Anwendung.

Wissenszurechnung, § 166 BGB

d) Unter Ehegatten findet entsprechend § 166 BGB eine Wissenszurechnung statt: Der **Ehegatte**, der den anderen mit der Erledigung bestimmter Angelegenheiten betraut, muss sich dessen in diesem Rahmen erlangtes **Wissen** zurechnen lassen.[171]

3. Voraussetzungen und Anwendungsbereich

Voraussetzungen

109

> **§ 1357 BGB hat folgende Voraussetzungen:**
>
> ⇨ bei Vertragsschluss wirksame Ehe, kein Getrenntleben, § 1357 III BGB
>
> ⇨ Geschäft zur angemessenen Deckung des Lebensbedarfs der Familie
>
> ⇨ es darf sich aus den Umständen nichts anderes ergeben, § 1357 I S. 2 HS 2 BGB
>
> ⇨ kein wirksamer Ausschluss bzw. Beschränkung, § 1357 II BGB.

---

167 Palandt, § 1357 BGB, Rn. 19.

168 Vgl. oben Rn. 97 f.

169 Dazu unten Rn. 118.

170 So die h. M., BGHZ 94, 1, 4; Palandt, § 1357 BGB, Rn. 16 = **juris**byhemmer.

171 BGHZ 83, 293; zur Frage der Verschuldenszurechnung unten Rn. 121 = **juris**byhemmer.

a) Wirksame Ehe

Ehe bei Vertragsschluss notw.; kein Getrenntleben

Bei Vertragsschluss muss eine wirksame Ehe bestehen und es dürfen die Ehegatten nicht getrennt leben, §§ 1357 III, 1567 I BGB.   *110*

> **Bsp.:** *A bestellt beim Schreiner S vor der Hochzeit eine Haushaltskommode, die erst nach der Hochzeit geliefert wird. Kann S von Ehemann B Zahlung verlangen?*

bei Bestellung vor Hochzeit (-)

Hier ist der Werkvertrag bereits vor der Hochzeit durch Angebot und Annahme geschlossen worden, sodass S allein von der A Zahlung verlangen kann. § 1357 BGB greift mangels bestehender Ehe z.Zt. des Vertragsschlusses nicht ein.

> **Bsp.:** *A und B wollen am Freitag, dem 13. Mai, heiraten. Am 8. Mai bestellt A durch Zusenden eines Versandvordrucks ein Bügelbrett für den gemeinsamen Hausstand bei dem Versandhaus X, welches das Brett am 17. Mai liefert. Anschließend verlangt X von B Bezahlung.*

Das Zusenden des Bestellformulars selbst kann noch keine Annahme sein, da es sich bei der Bestellkarte wegen fehlenden Rechtsbindungswillens nicht um ein Angebot, sondern um eine sog. invitatio ad offerendum handelt. Erst das Zusenden der Karte ist folglich ein Angebot.

auch bei Abgabe v. WE vor Hochzeit (-)

Deshalb kommt es im Wesentlichen darauf an, wann und mit wem genau der Vertragsschluss erfolgt ist. Sieht man spätestens[172] in der Zusendung des Bügelbretts die Annahme des Vertrags (Verzicht des Zugangs der Annahme ist nach § 151 BGB möglich), so wäre B auf den ersten Blick über § 1357 BGB mitverpflichtet, da die Ehe zu diesem Zeitpunkt bereits bestanden hat.[173]

Andererseits kann A aber vor der Hochzeit nur ein Angebot für sich allein abgeben, sodass auch trotz bestehender Ehe z.Zt. des endgültigen Vertragsschlusses (Zusenden der Ware) nur ein Vertrag mit der A zustande gekommen ist.

Problematisch ist insbesondere der Fall des Getrenntlebens, § 1357 III BGB.   *111*

> **Bsp.:** *M und F sind verheiratet. M muss als Ingenieur für ein halbes Jahr nach Saudi-Arabien reisen, weil ihn sein Arbeitgeber dort dringend benötigt.*
>
> *Nach seiner Rückkehr verlangt Händler H von ihm den Kaufpreis für eine Küchenmaschine, welche F für den Haushalt gekauft hat. M beruft sich darauf, dass er doch von seiner Frau getrennt gelebt habe.*

Trennung nur bei willentlicher Aufgabe d. häuslichen Gemeinschaft

(-) GG, z.B. bei Arbeit an anderem ort

Getrenntleben i.S.d. § 1357 III BGB ist wie in § 1567 I BGB zu verstehen, also gleichbedeutend mit der willentlich nach außen erfolgten Aufgabe der häuslichen Gemeinschaft (vgl. unten Rn. 288). Hier fehlt es aber - auch bei einer längeren tatsächlichen Trennung - an dem Willen, die Gemeinschaft vollständig aufzugeben. § 1357 III BGB greift deshalb nicht ein, M ist also zur Kaufpreiszahlung verpflichtet.

Trennung str. innerhalb gemeinsamer Wohnung

Umstritten ist allerdings, ob auch ein Getrenntleben in der gemeinsamen Wohnung, § 1567 I S. 2 BGB, die Wirkung des § 1357 III BGB hat.   *112*

---

172 I.d.R. wird die Annahme bereits durch Reaktion des Sachbearbeiters (Handlungsbevollmächtigter, § 54 I HGB) erfolgen, wenn er etwa den Auftrag an das Lager weitergibt.

173 Strittig ist allerdings i.R.d. § 151 BGB, ob die Annahme nach § 151 BGB Willenserklärung oder Willensbetätigung ist, vgl. Bydlinski, JuS 1988, 36.

nach e.A. (-)

Das wird zum Teil aus Verkehrsschutzerwägungen verneint.[174] Diese Ansicht führt jedoch zu einer ungerechtfertigten Erweiterung des § 1357 BGB unter Rechtsscheingesichtspunkten (vgl. dazu unten Rn. 114, 120). Das ist hier insbesondere deshalb bedenklich, weil eine Zerstörung dieses Rechtsscheins nur durch die Unterrichtung jedes Geschäftspartners möglich wäre, da die Tatsache des Getrenntlebens im Güterrechtsregister nicht eingetragen werden kann.

aber wohl (+) wegen § 1567 I S. 2 BGB

Die Gegenansicht, die auch § 1567 I S. 2 BGB ausreichen lässt,[175] verdient daher den Vorzug.

> **hemmer-Methode:** Auch hier sehen Sie wieder, welche Bedeutung die Wirksamkeit der Ehe (dazu oben Rn. 29 ff.) bzw. das Getrenntleben (dazu auch unten Rn. 288) für die Anwendung des § 1357 BGB haben kann.
>
> So entfaltet § 1357 BGB selbst bei nichtiger Ehe bis zur gerichtlichen Geltendmachung (§ 1313 S. 2 BGB) verpflichtende Wirkung für den anderen Ehegatten. Diese Verpflichtung entfällt auch nicht rückwirkend mit dem Aufhebungsbeschluss.
>
> Derartige Prüfungspunkte wären deshalb als Bestandteil einer Klausur, in der § 1357 BGB eine Rolle spielt, denkbar.
>
> Beachten Sie schließlich noch, dass auch schlüssige Bevollmächtigung (§§ 164 ff. BGB), Duldungs- und Anscheinsvollmacht ebenso wie ein Vertrag zugunsten Dritter bzw. das „Geschäft für den, den es angeht" in diesen Fallkonstellationen eine wichtige Rolle spielen können. Dies gilt insbesondere dann, wenn § 1357 BGB nicht gegeben ist. Mitunter kann es einem Klausurersteller sogar darauf ankommen, dass § 1357 BGB nicht eingreift, damit weitere Möglichkeiten fremdwirksamen rechtsgeschäftlichen Handelns geprüft werden müssen.

b) Angemessene Deckung des Lebensbedarfs

Deckung v. Lebensbedarf d. Familie

Es muss sich um ein Geschäft handeln, das der angemessenen Deckung des Lebensbedarfs der Familie dient.   113

aa) Lebensbedarf

alle Geschäfte bzgl. persönlichem Bedarf d. Ehegatten u. Kinder

Zur Deckung des Lebensbedarfs gehören alle Geschäfte, durch die der persönliche Bedarf der Ehegatten und der unterhaltsberechtigten Kinder befriedigt werden soll. Der Begriff entspricht insoweit dem unterhaltsrechtlichen in §§ 1360, 1610 BGB und ist entsprechend § 1360a I BGB weit auszulegen.[176]

> **Bspe.:** Lebensbedarf sind deshalb nicht nur die zum „Überleben" benötigten Lebensmittel, sondern auch der Kauf eines Pkw, die Buchung einer Urlaubsreise, die Inanspruchnahme ärztlicher Hilfe etc.

ggf. auch Kreditaufnahme

Auch eine Kreditaufnahme kann unter Umständen (bspw. bei der Finanzierung der Hausratsanschaffung) ein Geschäft i.S.d. § 1357 BGB sein.[177] Hierbei ist jedoch besondere Zurückhaltung bei der Frage der Angemessenheit geboten.

---

174 Wacke, FamRZ 1980, 13.

175 MüKo, § 1357 BGB, Rn. 49 f.

176 LG Stuttgart, FamRZ 2001, 1610; BGH, FamRZ 2004, 778 = NJW 2004, 1593 = **Life&Law 2004, 456**: Der Rahmenvertrag mit einer Telefongesellschaft fällt unter § 1357 BGB, die monatlichen Kosten können aber auf das übliche Maß beschränkt werden! Alle Entscheidungen = **juris**byhemmer.

177 Palandt, § 1357 BGB, Rn. 13.

bb) Angemessenheit

f. Angemessenheit ist Familie in vergleichbarer sozialer Lage Maßstab

Angemessen ist die Deckung, wenn sie nach Art und Umfang den durchschnittlichen Gebrauchsgewohnheiten einer Familie in vergleichbarer sozialer Lage entspricht.[178] Nach der Rspr.[179] soll der nach außen in Erscheinung tretende Lebenszuschnitt entscheidend sein.

114

einschränkende Auslegung: Keine Schaffung vollendeter Tatsachen durch Ehegatten

Grundsätzlich bedarf § 1357 BGB aufgrund seines gewandelten Schutzzwecks[180] einer einschränkenden Auslegung. Geschäfte, die nach ihrer Bedeutung in der Ehe üblicherweise von beiden Ehegatten gemeinsam getätigt werden bzw. über die zuvor ein Gespräch zwischen den Ehegatten stattfindet, fallen nur dann unter die sog. Schlüsselgewalt, wenn sie unaufschiebbar sind, damit der andere Ehegatte nicht vor vollendete Tatsachen gestellt werden kann.[181]

Problem: Ratenzahlungsgeschäfte

Besondere Probleme bereiten Ratenzahlungsgeschäfte,[182] da die Person des Käufers durch die Unterschrift auf der Vertragsurkunde festgelegt wird, §§ 506 I, 492 BGB. Auch wegen der Belehrungspflicht der §§ 506 I, 495, 492 II, 356b II BGB ist von einem Vorrang der Verbraucherschutzvorschriften vor § 1357 I BGB auszugehen.

Eine Mitverpflichtung des Ehegatten kann nach e.A. nur in Betracht kommen, wenn:

⇨ die Formvorschriften des § 492 BGB auch in seiner Person erfüllt sind,[183] oder

⇨ das Geschäft nicht unter die §§ 506 ff. BGB fällt, bspw. nach § 506 IV BGB.

Mitverpflichtung ohne gesonderte Belehrung

Nach wohl mittlerweile h.M. kommt § 1357 BGB auch bei Verbraucherkreditgeschäften uneingeschränkt zur Anwendung, wobei natürlich immer im Einzelfall die Angemessenheit zu prüfen ist. Die fehlende Belehrung gegenüber dem mitverpflichteten Ehegatten ist unbeachtlich, es genügt die Belehrung gegenüber dem handelnden Ehegatten.[184]

i.d.R. vor allem Haushaltsgeschäfte

Hauptanwendungsfall des § 1357 BGB sind Haushaltsgeschäfte im Sinne des § 1356 BGB.[185] Im Einzelfall kann schwierig sein, was darunter zu verstehen ist:

Bsp. 1: Ehefrau F lässt beim Kaufmann ihre Lebensmitteleinkäufe anschreiben und kauft unter unentgeltlichem Zahlungsaufschub einen luxuriösen Pelzmantel. Muss ihr Ehemann M zahlen?

115

Ein Anspruch könnte sich aus §§ 433 II, 427 BGB i.V.m. mit § 1357 BGB ergeben. Die Anwendbarkeit des § 1357 I BGB ist auch bezüglich des Pelzmantels nicht durch den Vorrang der §§ 506 ff. BGB ausgeschlossen, weil kein entgeltlicher Zahlungsaufschub, § 506 I BGB, gewährt wurde. Ob ein Geschäft nach Art und Umfang der Verpflichtung in den Rahmen des § 1357 BGB fällt, ist für jedes Geschäft gesondert zu beurteilen.

---

178 Palandt, § 1357 BGB, Rn. 12.

179 BGH, FamRZ 1985, 576, 578 = **juris**byhemmer.

180 Vgl. oben Rn. 95.

181 Vgl. OLG Oldenburg, FamRZ 2011, 37 (Maklervertrag für Kauf eines Einfamilienhauses) = **juris**byhemmer; OLG Brandenburg, NJW-RR 2007, 221 ff. = **Life&Law 2007, 314** (Abschluss eines Mietvertrags); nicht unumstritten, vgl. Palandt, § 1357 BGB, Rn. 12.

182 Vgl. Derleder, NJW 1993, 2401; Schanbacher, NJW 1994, 2335.

183 Ausführlich Derleder, NJW 1993, 2401, m.w.N. Müko, § 1357 BGB, Rn. 30.

184 Müko, § 1357, BGB, Rn. 31, Palandt, § 1357 BGB, Rn. 11.

185 Vgl. BGH, FamRZ 2004, 778 = NJW 2004, 1593 = **Life&Law 2004, 456** (Vertrag über einen Telefonanschluss, wobei die Höhe der monatlichen Telefonkosten beschränkt auf den angemessenen Teil wurde, da die tatsächlichen Kosten exorbitant hoch waren - Telefonsex!) = **juris**byhemmer

Lebensmittel (+)

Wenn es sich demnach um durchschnittliche Käufe von Lebens- und Genussmitteln handelt, ist auch der Ehemann zur Zahlung verpflichtet,[186] da eine alltägliche Anschaffung vorliegt.

angemessen nur, wenn Absprache unter Ehegatten nicht nötig

Grundsätzlich gilt bei der Feststellung des angemessenen Lebensbedarfs, dass nur solche Geschäfte dem § 1357 BGB unterliegen, über deren Abschluss vor ihrer Eingehung eine Verständigung zwischen den Ehegatten als nicht notwendig angesehen wird.[187]

Ein teurer Pelzmantel gehört in der Regel[188] nicht zu den Geschäften des täglichen Lebens, sein Kauf fällt folglich nicht unter § 1357 BGB.

Bsp. 2: *Am 5. Januar ordert M im Reisebüro R für März eine Reise nach Mauritius für zwei Personen. Gleichzeitig bestellt er noch über das Reisebüro für das darauf folgende Wochenende zwei Zugfahrkarten, weil er zusammen mit seiner Frau F die Schwiegereltern besuchen will. Ist F durch diese Geschäfte mit verpflichtet worden?* 116

str. bei Reisen

Ob § 1357 BGB auf Reisen anwendbar ist, ist umstritten. Fraglich ist dabei insbesondere, ob und ggf. wann eine Reise noch zum angemessenen Lebensbedarf der Familie gehört. Nicht angemessen sind nach der h.M. jedenfalls Reisen „von nicht ganz kurzer Dauer".[189] Bei der hier vorliegenden Reise nach Mauritius ist auch bei besseren Vermögensverhältnissen kaum von einer Angemessenheit auszugehen. Eine Verpflichtung der F über § 1357 BGB ist damit nicht anzunehmen. Hier ist wohl eher von einem echten Vertrag zugunsten Dritter auszugehen, bei dem allein M verpflichtet ist.

Eine Zugfahrt zu den Schwiegereltern dürfte aber als Geschäft einer angemessenen Lebensführung anzusehen sein, sodass eine Mitverpflichtung der F über § 1357 BGB anzunehmen ist.

Bsp. 3: *Die Ehefrau F (Privatpatientin) lässt eine Sterilisation bei sich durchführen.* 117

ärztliche Versorgung str.

Hier ist auch der Ehemann Partner des Behandlungsvertrages geworden, wenn es sich um ein Geschäft zur angemessenen Deckung des Lebensbedarfes der Familie handelte. Dies wird für die ärztliche Versorgung teilweise mit der Begründung verneint, dass es sich hierbei um höchstpersönliche Rechtsgeschäfte handele.

Jedoch liegt die ärztliche Versorgung des einen Ehegatten im Interesse des gesamten Hauswesens.[190]

Die Durchführung einer Sterilisation gehört zum Lebensbedarf der Familie, sofern die Ehegatten in ihrem Willen zur Familienplanung übereinstimmen. Dann wird der Ehemann ebenfalls berechtigt und verpflichtet.

So kann er insbesondere auch Schadensersatzansprüche aus § 280 BGB des Behandlungsvertrages geltend machen, wenn die Sterilisation aufgrund eines Kunstfehlers missglückt[191].

c) „Andere Umstände"

„andere Umstände" i.S.d. § 1357 I S. 2 HS 2 BGB.

Es darf sich nicht aus den für den Geschäftspartner erkennbaren Umständen etwas anderes ergeben, § 1357 I S. 2 HS 2 BGB. 118

---

186 OLG Köln, OLGZ 71, 155.
187 Mittlerweile nicht mehr unumstritten, vgl. Palandt, § 1357 BGB, Rn. 12.
188 Eine Ausnahme mag bei sehr gut verdienenden Ehepaaren zu machen sein.
189 Soergel, § 1357 BGB, Rn. 15.
190 BGHZ 47, 75, 81; vgl. auch LG Oldenburg, FamRZ 2009, 1221. Alle Entscheidungen = **juris**byhemmer.
191 Es würde sich dann in der Klausur typischerweise das Folgeproblem „Kind als Schaden(squelle)" stellen; BVerfG, NJW 1998, 519, 523 = **juris**byhemmer.

Bsp. 1: A ist schwanger, weigert sich aber, wie eine gewöhnliche Kassenpatientin behandelt zu werden, insbesondere die langen Wartezeiten seien ihr unzumutbar. B, ihr wohlhabender Mann, schließt daraufhin einen privaten Behandlungsvertrag mit C, dem Chefarzt der gynäkologischen Abteilung einer Universitätsklinik, ausdrücklich im Namen seiner Frau A ab. C verlangt ungeachtet dessen von B Bezahlung der Behandlungskosten.

Ärztliche Behandlungskosten fallen regelmäßig in den Anwendungsbereich des § 1357 BGB. Fraglich ist aber, ob hier die Verpflichtung nach § 1357 I S. 2 BGB entfällt, weil sich durch den ausdrücklichen Vertragsschluss „im Namen der A" etwas anderes ergibt.

Sachverhalt im Einzelfall maßgeblich

Nach Ansicht des BGH[192] soll dies nicht ohne weiteres ausreichen, wenn der Vertrag nach den normalen Lebensumständen der Vertragspartner zum angemessenen Lebensbedarf zählt. Das ist hier zumindest nicht auszuschließen, da B sehr wohlhabend ist und damit ein privater Behandlungsvertrag als angemessen angesehen werden kann. B hätte deshalb unzweideutig klarstellen müssen, dass er selbst nicht mitverpflichtet werden wollte.

hemmer-Methode: Beachten Sie, dass es hier genau auf die Ausführungen des Sachverhalts ankommt. Geht also B zum Chefarzt und sagt wörtlich: „Ich will für meine Frau einen Behandlungsvertrag abschließen", dann ergibt sich daraus noch nicht eindeutig, dass er sich selbst nicht mit verpflichten will. Um der Eigenverpflichtung aus § 1357 BGB zu entgehen, muss er eindeutig offen legen, dass er nur im Namen seiner Frau handelt und die Eigenhaftung ausschließen will.[193]

Bsp. 2: Die an der Armutsgrenze lebende F muss wegen einer Krebsoperation ins Krankenhaus. Ihr Mann, der M, über den sie versichert war, ist kurz zuvor aus der gesetzlichen Krankenkasse ausgetreten und damit sog. Selbstzahler. Die verwahrlost aussehende F wird vom Arzt A behandelt. Muss M zahlen?

119

bei ärztlichen Kosten über finanziellen Rahmen der Familie hinaus (-)

Unaufschiebbare medizinische Behandlungen sind unabhängig von den entstehenden Kosten Geschäfte zur angemessenen Deckung des Lebensbedarfs, da die Behandlung stattfinden muss, der Patient also jedenfalls auf die Kosten keinen Einfluss nehmen kann, sodass eine entsprechende Anwendung der Grundsätze über das Luxusgeschäft ausscheidet.[194] Hauptproblem ist hier deshalb vor allem die Frage, ob sich hinsichtlich der Mitverpflichtung des M „aus den Umständen" etwas anderes ergeben hat.

Dazu gehören insbesondere auch die wirtschaftlichen Verhältnisse der Familie. Überschreiten die Behandlungskosten aber den finanziellen Rahmen der Familie, so tritt damit keine Mitverpflichtung ein. Maßstab ist dabei auch nicht die Vorstellung des Vertragspartners von den Vermögensverhältnissen, sondern vielmehr das allgemeine wirtschaftliche Erscheinungsbild der Familie.[195]

M ist folglich nicht über § 1357 BGB mitverpflichtet, es sei denn, er hätte den Vertrag ausdrücklich mitunterzeichnet.

d) Beschränkungen

Ausschluss d. Schlüsselgewalt mögl.

Zuletzt darf die Schlüsselgewalt auch nicht wirksam beschränkt oder ausgeschlossen worden sein, § 1357 II S. 2 BGB i.V.m. § 1412 BGB.

120

---

192 JZ 1985, 580.

193 Vgl. Palandt, § 1357 BGB, Rn. 18.

194 BGH, NJW 1992, 909 = **juris**byhemmer.

195 Palandt, § 1357 BGB, Rn. 18, wobei das Kriterium der finanziellen Leistungsfähigkeit der Familie auch unter dem Aspekt der Angemessenheit berücksichtigt werden kann.

hemmer-Methode: Merken Sie sich im Übrigen: § 1357 BGB ist jedenfalls keine geeignete Grundlage für eine Rechtsscheinshaftung. Die zur Rechtsscheinsvollmacht (§§ 170 - 172 BGB, Duldungs- und Anscheinsvollmacht) entwickelten Regeln setzen ein Handeln im fremden Namen voraus, das bei § 1357 BGB gerade nicht vorliegen muss.
Da dem Dritten seine Unkenntnis der Voraussetzungen des § 1357 BGB nicht schadet, darf ihm umgekehrt eine Fehlvorstellung bezüglich des Verheiratetseins, des Zusammenlebens oder der Angemessenheit der Deckung des Lebensbedarfs auch nicht nutzen.[196]

Bsp.: M und F leben seit längerem in Trennung. Zwar benutzen sie noch die gemeinsame Wohnung, gleichwohl werden „Tisch und Bett" streng getrennt. Als ihr gemeinsames Kind Z krank wird, bringt F es zum Arzt Y, der von der Trennung nichts weiß. Dieser verlangt vom M Zahlung für die Untersuchung.

Behandlung v. Kind während Trennung d. Eltern

Ein Anspruch gegen M besteht nur dann, wenn er über § 1357 BGB mitverpflichtet wurde. § 1357 BGB ist aber in der Zeit der Trennung nicht anwendbar, § 1357 III BGB.

M und F haben im maßgeblichen Zeitraum getrennt gelebt, § 1567 I S. 2 BGB. Es ist unerheblich, dass Y von dem Getrenntleben nichts wusste und auf eine Mitverpflichtung des M vertraut hat.

Ein Anspruch des Y gegen M besteht deshalb nicht, auch wenn der Vater gegenüber dem Kind grds. zum Unterhalt verpflichtet ist, §§ 1601 ff. BGB.[197] Vertragspartnerin ist allein F (§ 328 II BGB, unechter Vertrag zugunsten des Kindes).[198]

allenfalls Rückgriffsanspruch der Ehegatten untereinander

Allerdings hat F ihrerseits einen Anspruch auf Aufwendungsersatz gegen M aus dem sog. allgemeinen familienrechtlichen Ausgleichsanspruch,[199] der in seinem Anwendungsbereich der GoA, §§ 683, 677, 670 BGB i.V.m. §§ 1601 f. BGB vorgeht. Ansprüche aus Rückgriffskondiktion kommen dann nicht mehr in Betracht.[200]

hemmer-Methode: Achten Sie auf die richtige Einordnung des § 1357 BGB im Rechtsfolgensystem. Lesen Sie daher Hemmer/Wüst, Primäranspruch I, Rn. 225 ff. Bedenken Sie schon im Vorfeld, dass § 1357 BGB restriktiv auszulegen ist.
Dies ergibt sich insbesondere aus dem Umstand, dass § 1357 BGB ursprünglich dem Schutz des nicht erwerbstätigen Ehegatten diente. Durch den Verpflichtungstatbestand des § 1357 BGB entwickelte sich die Vorschrift zu einer nicht gerechtfertigten Gläubigerbegünstigung („Ein Geschenk des Himmels"). Einen vertraglichen Anspruch gewinnt der Gläubiger gegen einen Dritten sonst nur über die Voraussetzungen des Vertretungsrechts.

e) Verschuldenszurechnung

Sonderproblem: Zurechnen v. Verschulden über §§ 1357, 278 BGB

Da § 278 BGB tendenziell weit auszulegen ist, wird der handelnde Ehegatte als gesetzlicher Vertreter des Mitverpflichteten behandelt.[201]

121

Probleme besonderer Art entstehen dann, wenn der handelnde Ehepartner anlässlich des Vertragsschlusses die Rechtsgüter des Vertragspartners beeinträchtigt.

Bsp.: M wird von seiner Frau F zum Einkaufen geschickt. Bei dieser Gelegenheit stiehlt er Haushaltswaren im Wert von über 100,- €. Verkäufer V ist der Auffassung, dass er wegen des Ladendiebstahls auch Schadensersatzansprüche gegen die Ehefrau F habe.

---

196 Anderer Ansicht hinsichtlich des guten Glaubens an die Angemessenheit: BGH, FamRZ 1985, 576, 578 = **juris**byhemmer, wo allein auf den nach außen in Erscheinung tretenden Lebenszuschnitt abgestellt wird.

197 Vgl. zur Anwendbarkeit des Abs. 3 bei der Behandlung von Familienangehörigen BGH, NJW 1991, 2958 = **juris**byhemmer.

198 Hier kann sich im Einzelfall über die Grundsätze der Duldungs- bzw. Anscheinsvollmacht etwas anderes ergeben.

199 Dazu unten Rn. 381.

200 Zur GoA als Rechtsgrund i.S.d. § 812 BGB vgl. **Hemmer/Wüst, Bereicherungsrecht, Rn. 61 ff.**

201 Palandt, § 278 BGB, Rn. 5; § 1357 BGB, Rn. 22.

In Betracht kommen hier sowohl Ansprüche aus §§ 311 II, 280 BGB (c.i.c.) als auch aus Delikt.[202]

Analogie bzgl. §§ 311 II, 280 BGB (c.i.c.) grds. möglich

Im Hinblick auf die Ansprüche aus §§ 311 II, 280 BGB ist zunächst fraglich, ob § 1357 BGB überhaupt auf ein vorvertragliches Schuldverhältnis angewendet werden kann.

Dies ist aber jedenfalls in entsprechender Anwendung nach h.M. dann der Fall, wenn die Pflichtverletzung anlässlich eines Vertrages erfolgt, der seinerseits unter § 1357 BGB fallen würde.[203]

Solches ist beim Kauf von Haushaltswaren anzunehmen, sodass dem Grunde nach wegen § 1357 BGB auch eine Haftung der F über §§ 311 II, 280 BGB in Betracht kommt.

dann aber § 278 BGB Voraussetzung

F müsste aber auch ein Verschulden treffen. Da sie nicht selbst gehandelt hat (§ 276 BGB), müsste ihr das Verschulden des M über § 278 BGB zurechenbar sein. Ob dies bei Ehegatten wegen § 1357 BGB der Fall ist, ist umstritten,[204] wohl aber zu bejahen, da der Begriff des gesetzlichen Vertreters i.S.d. § 278 BGB untechnisch gemeint und weit gefasst ist.

Maßgeblich ist diesbezüglich nämlich auch in Anlehnung an den Begriff des Erfüllungsgehilfen das Handeln mit Wirkung für oder gegen einen anderen.[205]

„bei Gelegenheit" aber ohnehin (-)

Allerdings lehnt die ganz h.M. § 278 BGB ab, wenn eine Tat „bei Gelegenheit" vorliegt.[206] Ein Anspruch aus §§ 311 II, 280 BGB gegen die Ehefrau entfällt somit.

hemmer-Methode: Die Streitfrage, ob § 278 BGB „bei Gelegenheit" anwendbar ist, ist ein Klassiker. Lesen Sie dazu Hemmer/Wüst, Schadensersatzrecht I, Rn. 67.
Die besseren Gründe sprechen dagegen. Es gelten im Ergebnis dieselben Gründe für die Ablehnung der Haftung wie bei § 831 BGB, wenn ein Verrichtungsgehilfe bei Gelegenheit der Tätigkeit stiehlt.

§ 831 BGB (-), da § 1357 BGB nicht i.R.v. Delikt

Eine deliktische Haftung kommt nicht in Betracht, weil kein Ehepartner Verrichtungsgehilfe des anderen ist, sodass § 831 BGB ausscheidet. Eine entsprechende Anwendung von § 1357 BGB im Deliktsrecht scheitert außerdem schon daran, dass dieser gerade rechtsgeschäftliches bzw. rechtsgeschäftsähnliches Handeln voraussetzt.[207]

Im Ergebnis bestehen damit keine Ansprüche gegen F.[208]

hemmer-Methode: Zusammenfassend ergibt sich damit:
- **Jeder Ehegatte kann Leistung an sich verlangen.**
- **Mahnung/Fristsetzung wirken auch für und gegen den anderen Ehegatten.**
- **Eine Änderung von Vertragspflichten durch einen Ehegatten wirkt auch für und gegen den anderen.**
- **Gestaltungsrechte brauchen nicht gemeinschaftlich geltend gemacht zu werden.**
- **Gegenrechte des anderen kann der Mitverpflichtete nach § 417 I S. 1 BGB, Gestaltungsmöglichkeiten nach §§ 770, 1137 I S. 1, 1211 BGB analog geltend machen (vgl. im Folgenden Rn. 105).**
- **Kenntnis eines Ehegatten wirkt (z.B. i.R.d. §§ 819, 932, 990 BGB) entsprechend § 166 BGB für und gegen beide.**

---

202 Beim Ladendiebstahl vgl. Palandt, § 276 BGB, Rn. 71 a.E.

203 So zu Recht Palandt, § 1357 BGB, Rn. 22.

204 Vgl. Soergel, § 1357 BGB, Rn. 9 u. 21 m.w.N.; bejahend Palandt, § 278 BGB, Rn. 5.

205 Bejahend jedenfalls Palandt, § 278 BGB, Rn. 5.

206 Palandt, § 278 BGB, Rn. 16 m.w.N.

207 Palandt, § 278 BGB, Rn. 24.

208 A.A. vertretbar und nach der offiziellen Lösung einer Examensklausur des 2. Bayerischen Staatsexamens auch befürwortet, dass A haftet.

VI. Eigentumsvermutung

Eigentum, grds. § 1006 BGB

Für die Eigentumsverhältnisse gilt die allgemeine Vermutung des § 1006 BGB. Danach wird bei beweglichen Sachen jedoch nicht lediglich vermutet, dass der Besitzer auch Eigentümer ist. Vielmehr wird vermutet, dass die in § 1006 BGB genannten Besitzer bei Erwerb dieses Besitzes Eigenbesitz begründeten, dabei unbedingtes Eigentum erwarben und es während ihrer Besitzzeit behielten.[209]

123

Für die Ehe ist das bedeutsam hinsichtlich des Mitbesitzes an den gemeinsam benutzten Gegenständen.[210] Hier wird dann Miteigentum vermutet, §§ 1008 ff., 741 ff. BGB, und zwar im Zweifel zu gleichen Anteilen, § 742 BGB.

bzgl. Ehegatten wegen Vermengung nicht ausreichend

Die Vermutung des § 1006 BGB ist jedoch im Eherecht unzulänglich, da hier wegen der weitgehenden Vermengung des Vermögens von Mann und Frau auch die Besitzverhältnisse unklar sind. Außerdem kommt die Eigentumsvermutung nur dem besitzenden Ehegatten, nicht aber Dritten zustatten. Deshalb stellt § 1362 BGB für das Eherecht eine weitere, vom Güterstand unabhängige, Eigentumsvermutung für bewegliche Sachen auf.

124

Sonderregelung § 1362 BGB
⇨ Schutz d. Gläubiger

Zugunsten der Gläubiger eines Ehegatten wird vermutet, dass die beweglichen, im Besitz eines oder beider Gatten befindlichen Sachen Eigentum des jeweiligen Schuldners sind (§ 1362 I S. 1 BGB).

Diese Vermutung wirkt nicht für die Ehegatten untereinander, bzw. bei Getrenntleben und Alleinbesitz eines Ehegatten (§ 1362 I S. 2 BGB).

125

Verfahrensrechtlich ergänzt wird § 1362 BGB durch § 739 ZPO, wobei die Gewahrsamsfiktion[211] des § 739 ZPO i.V.m. § 1362 BGB nach h.M. nur über § 771 ZPO ausgeräumt werden kann.[212]

126

↳ Drittwiderspruchsklage

hemmer-Methode: Denken Sie in Zusammenhängen! Die Zwangsvollstreckungsklausur ist häufig eine Drittwiderspruchsklage nach § 771 ZPO. Eheleute bieten sich für diese Fallvariante wegen § 1362 BGB geradezu an. Auch bei der nichtehelichen Lebensgemeinschaft ist zu diskutieren, ob die Regelungen der § 1362 BGB, § 739 ZPO analog anwendbar sind (vgl. unten Rn. 128, 319).

wichtig bei Zwangsvollstreckung

Bsp.: Der Ehemann M zahlt seine Schulden nicht. Daraufhin pfändet der Gerichtsvollzieher ein in der Wohnung der Ehegatten befindliches Gemälde. Die Ehefrau F widerspricht der Pfändung mit der Behauptung, das Bild sei ihr Eigentum.

127

Hier greift die Vermutung des § 1362 I BGB ein, d.h. es wird zugunsten des Gläubigers des M vermutet, dass M Eigentümer des Bildes ist.

Die Ehefrau kann dann gegen die Pfändung mit der Drittwiderspruchsklage (§ 771 ZPO) vorgehen. Will sie damit Erfolg haben, so muss sie die Vermutung des § 1362 I BGB widerlegen, § 292 S. 1 ZPO. Der Beweis des Eigentums wird bereits dadurch geführt, dass sie darlegt, dass sie im eigenen Namen[213] Eigentum erworben oder das Bild bereits mit in die Ehe gebracht hat.

Dies genügt, da dann bezüglich des Fortbestehens des Eigentums die allgemeine Rechtsfortdauervermutung des § 1006 BGB eingreift.[214]

---

209 Vgl. Palandt, § 1006 BGB, Rn. 4.
210 S.o. Rn. 53.
211 § 739 ZPO enthält keine Vermutung, sondern eine Fiktion, deren Besonderheit darin liegt, dass sie an das Eingreifen des § 1362 BGB anknüpft; wird die Eigentumsvermutung widerlegt, vgl. § 292 S. 1 ZPO, so entfällt damit auch die Gewahrsamsfiktion, bei der es sich also mittelbar um eine Vermutung handelt.
212 Palandt, § 1362 BGB, Rn. 10; m.w.N. MüKo, § 1362 BGB, Rn. 32; Thomas/Putzo, § 739 ZPO, Rn. 10 a.E.
213 Vgl. BGH, NJW 1976, 238 = **juris**byhemmer.
214 BGH, WM 1975, 1307 = **juris**byhemmer; vgl. Palandt, § 1006 BGB, Rn. 5.

Eine Erinnerung gem. § 766 ZPO hätte dagegen keinen Erfolg, da infolge der Gewahrsamsfiktion des § 739 ZPO i.V.m. § 1362 I BGB kein Verstoß gegen § 809 ZPO vorliegt.[215]

hemmer-Methode: In der Klausur wird meist nach den Erfolgsaussichten eines Rechtsbehelfs gefragt sein. In diesem Fall gelangen Sie über § 766 ZPO zu einem möglichen Verstoß gegen § 809 ZPO, der aber dann nicht vorliegt, wenn § 739 ZPO, § 1362 BGB greifen. Anschließend kommt es dann im Rahmen einer Drittwiderspruchsklage nach § 771 ZPO darauf an, ob es dem klagenden Ehegatten gelingt, die Vermutung des § 1362 BGB zu widerlegen.

Sachen des persönlichen Gebrauchs

Eine weitere Vermutung enthält § 1362 II BGB. Danach wird im Verhältnis der Ehegatten untereinander und zu den Gläubigern vermutet, dass die ausschließlich zum persönlichen Gebrauch eines Ehegatten bestimmten Sachen auch dem Ehegatten gehören, für dessen Gebrauch sie bestimmt sind.

Die Bestimmung zum persönlichen Gebrauch kann sich sowohl aus der Natur des Gegenstandes (Schmuck, Kleidung) als auch aus dem faktischen Gebrauch für die persönlichen Zwecke eines der Ehegatten ergeben.

Zweck d. Anschaffung entscheidend; ggf. Überlassung notwendig

Entscheidend ist auch der Zweck der Anschaffung. Wurde z.B. vom Mann Schmuck als Kapitalanlage angeschafft, so reicht es nicht aus, wenn sich die Frau darauf beruft, dass sie den Schmuck gelegentlich getragen habe.

Vielmehr greift die Vermutung des § 1362 II BGB nur dann ein, wenn ihr der Schmuck vom Mann auch zur beliebigen Benutzung überlassen wurde.[216] Bedeutsam ist die Frage z.B., wenn sich die Ehegatten scheiden lassen und der Mann den Schmuck herausverlangt.

hemmer-Methode: Dass es sich sowohl bei der Regelung des § 1006 BGB als auch des § 1362 BGB um eine Vermutung handelt, ist vor allem wichtig im Hinblick auf die Beweislast. Die Vermutung des § 1362 I BGB wird durch den Nachweis von Miteigentum widerlegt oder dadurch, dass die Sachen durch den Nichtschuldnerehegatten erworben worden sind. Die Vermutung des § 1362 I BGB kann auch mittels § 1006 II BGB widerlegt werden, indem der Nichtschuldnerehegatte seinen vorehelichen Besitz beweist. Damit wird sein voreheliches Eigentum vermutet, woran die Eheschließung grds. nichts ändert, vgl. § 1363 I BGB.[217]
Die Vermutung des § 1362 II BGB wird dagegen durch den Nachweis widerlegt, dass der Ehegatte, zu dessen persönlichem Gebrauch die Sachen bestimmt sind, kein Eigentum an ihnen erworben hat.
Beachten Sie weiterhin, dass § 1362 I BGB nur im Außenverhältnis gilt, um zu verhindern, dass die Eheleute durch Verschleierung der Eigentumslage die Interessen ihrer Gläubiger gefährden. Im Innenverhältnis der Ehegatten, also in ihrem Verhältnis zueinander, gilt deshalb weiterhin § 1006 BGB.[218]
Ein typisches Problem im Rahmen des § 1362 BGB ist die Frage, ob eine analoge Anwendung auf eine nichteheliche Lebensgemeinschaft möglich oder gar geboten ist. Dies wird z.T. unter Berufung auf Art. 6 I GG gefordert.[219] Ohne diese Analogie stünden Eheleute schlechter als eine nichteheliche Lebensgemeinschaft, da bei dieser eine Pfändung nach § 809 ZPO ausgeschlossen wäre, wenn der „Lebensabschnittsgefährte" des Schuldners nicht zur Herausgabe der zu pfändenden Sachen bereit ist. Anders der BGH, der eine Analogie an der (Nicht-)Planwidrigkeit einer Regelungslücke scheitern lässt.[220] Folge dieser Entscheidung ist möglicherweise die Verfassungswidrigkeit des § 1362 BGB.

128

---

215 Vgl. auch **Hemmer/Wüst, ZPO II, Rn. 119 f.**

216 Vgl. BGH, NJW 1959, 142; BGH, FamRZ 1971, 24.

217 Vgl. Palandt, § 1006 BGB, Rn. 9.

218 Palandt, § 1362 BGB, Rn. 1, BGH, NJW 1992, 1162: Der Ehegatte kann sich trotz der Vermutung des § 1362 BGB für die Zeit vor der Ehe auf § 1006 II BGB berufen = **juris**byhemmer.

219 Palandt, § 1362 BGB, Rn. 1.

220 BGH, NJW 2007, 992 = **Life&Law 2007, 237** = **juris**byhemmer, vgl. auch unten Rn. 319.

D) Eheliches Güterrecht

I. Allgemeines

Das BGB kennt folgende Güterstände: *129*

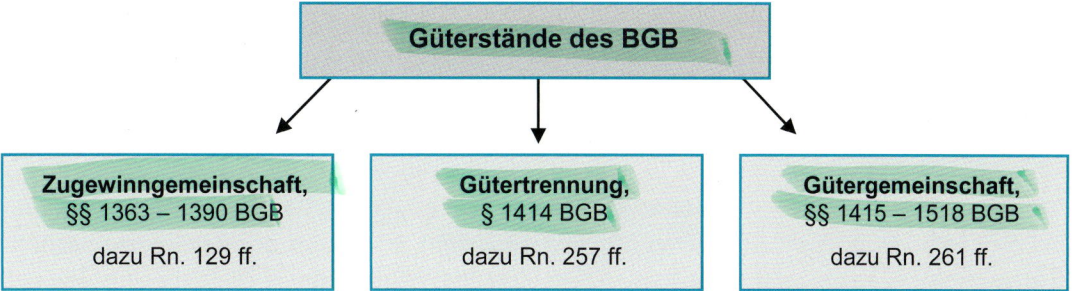

1. Zugewinngemeinschaft als gesetzlicher Güterstand

gesetzl. Güterstand
⇨ Zugewinngemeinschaft

Hierbei ist die Zugewinngemeinschaft gesetzlicher Güterstand, d.h.   *130*
sofern die Parteien nichts Abweichendes vereinbart haben, gilt für
sie der Güterstand der Zugewinngemeinschaft (§ 1363 I BGB).

2. Vertragliche Vereinbarungen über den Güterstand

Ehevertrag; notarielle Form

↳ bei gleichzeitiger
Anwesenheit
beider Teile

Eine Vereinbarung über den Güterstand erfolgt durch Ehevertrag   *131*
(legaldefiniert in § 1408 I BGB). Für Eheverträge beschränkt Geschäftsfähiger und Geschäftsunfähiger enthält § 1411 BGB eine
Sonderregelung.

a) Formbedürftigkeit

Der Ehevertrag bedarf grds. der notariellen Form, § 1410 BGB. Wird
diese nicht eingehalten, so ist der Vertrag nach § 125 BGB nichtig.

hemmer-Methode: Beachten Sie, dass die notarielle Form durch einen
Verfahrensvergleich ersetzt werden kann, § 127a BGB. Das Fehlen von
Verfahrensvoraussetzungen ist für die Wirksamkeit des Vertrages unschädlich, solange die Verfahrenshandlungsvoraussetzungen vorliegen. Daher ist ein solcher Vertrag nach dem Schutzzweck der Vorschrift selbst dann wirksam, wenn er vor einem an sich sachlich oder
örtlich unzuständigen Gericht geschlossen wird.[221] Die Parteien müssen dann aber ordnungsgemäß vertreten sein, vgl. § 114 FamFG.
Beachten Sie schließlich noch die ähnliche Vorschrift des § 1587 BGB
beim Versorgungsausgleich i.V.m. § 7 VersAusglG sowie § 1585c BGB
bzgl. des Unterhalts für die Zeit nach der Scheidung (vgl. dagegen
§ 1614 I BGB evtl. i.V.m. §§ 1361 IV, 1360a III BGB!). Vereinbarungen
über den nachehelichen Unterhalt sind dabei nur dann formbedürftig,
wenn sie bereits vor Rechtskraft der Scheidung getroffen werden.

Eine Vertretung der Vertragspartner ist möglich, da es sich nicht um
ein höchstpersönliches Rechtsgeschäft handelt.[222] Die Vollmacht
bedarf dabei nicht der notariellen Form des § 1410 BGB, vgl.
§ 167 II BGB.[223]

---

221 Palandt, § 127a BGB, Rn. 3; notwendig ist aber auch hier die Beachtung der Vorschriften über die Protokollierung, §§ 160 ff. ZPO, also insbesondere, dass alle notwendigen Unterschriften auf dem Vergleich vermerkt sind.

222 Dies ergibt sich u.a. aus einem Gegenschluss zu § 1311 BGB, der bei der Eheschließung die persönliche Anwesenheit beider Ehegatten vorschreibt. In § 1410 BGB fehlt der Passus „persönlich".

223 BGH, NJW 1998, 1857 = **juris**byhemmer; Palandt, § 1410 BGB, Rn. 1.

b) Möglicher Inhalt eines Ehevertrags

Der Ehevertrag kann – entgegen dem Wortlaut „Ehegatten" in § 1408 I BGB – vor und während der Ehe geschlossen werden. Dies kann der Formulierung des § 1408 I HS 2 BGB entnommen werden („ ... insbesondere auch nach der Eingehung der Ehe ... ").[224] Inhalt des Ehevertrags kann nur die Vereinbarung der Gütertrennung bzw. Gütergemeinschaft sein, nicht aber ein vom Gesetz nicht geregelter Mischgüterstand (arg. e. § 1409 BGB, vgl. aber Art. 15 II EGBGB). Vertragsfreiheit besteht grundsätzlich nur in Form der Abschlussfreiheit bei herrschendem Typenzwang.[225]

spezielle Eheverträge möglich

Allerdings sind Modifizierungen gesetzlich geregelter Güterstände (spezielle Eheverträge) bei grundsätzlicher Wahrung des numerus clausus der Güterstände möglich, soweit einzelne Normen des Güterrechts dispositiv sind. So sind in der Gütergemeinschaft die Regeln über das Innenverhältnis grundsätzlich modifizierbar.[226]

132

In der Zugewinngemeinschaft kann – in den Grenzen des § 138 I BGB - der Zugewinnausgleich beliebig geändert[227] und die Verfügungsbeschränkungen der §§ 1365, 1369 BGB eingeschränkt oder ausgeschlossen werden. Eine Erweiterung der Verfügungsbeschränkungen ist dagegen nicht möglich, vgl. § 137 S. 1 BGB.[228]

negativer Ehevertrag
⇨ Gütertrennung

Bei einem Ehevertrag mit rein negativem Inhalt - Ausschluss des gesetzlichen Güterstandes oder auch nur des Zugewinnausgleichs - gilt kraft gesetzlicher Auslegung des Parteiwillens Gütertrennung als vereinbart (§ 1414 BGB).

Kein Ehevertrag, sondern ein Auftragsverhältnis ist die Überlassung von Vermögensteilen an den anderen Ehegatten zur Verwaltung.[229] Eine Einschränkung des Widerrufsrechts, § 671 BGB, kann nur in der Form des Ehevertrags erfolgen, § 1413 BGB.

133

c) Unwirksamkeit eines Ehevertrags

Sittenwidrigkeit, Anfechtung

§§ 1408 ff. BGB selbst geben keine Grenzen für die vertragliche Gestaltung vor.[230] Mögliche Unwirksamkeitsgründe ergeben sich für den Ehevertrag aus den allgemeinen Vorschriften der §§ 123, 138 BGB.[231]

133a

hemmer-Methode: Hintergrund der im Folgenden dargestellten Rechtsprechung ist die sog. mittelbare Drittwirkung der Grundrechte. Diese entfalten als verfassungsrechtliche Wertentscheidungen durch die zivilrechtlichen Generalklauseln ihre Wirkung auch im Zivilrecht.[232] Bei Eheverträgen ist hier vor allem Art. 6 I GG heranzuziehen, der den Eheleuten das Recht zur freien Gestaltung ihrer Lebensgemeinschaft gewährt. Zusätzlich ist auch Art. 3 II GG zu beachten. Verfassungsrechtlich geschützt ist deshalb eine Ehe, in der Mann und Frau in gleichberechtigter Partnerschaft zueinander stehen. Damit hat die Rechtsprechung der vertraglichen Freiheit dort Grenzen zu setzen, wo der Vertrag eine auf ungleichen Verhandlungspositionen basierende einseitige Dominanz eines Ehepartners widerspiegelt.

---

224 Palandt, § 1408 BGB, Rn. 1.

225 Palandt, § 1408 BGB, Rn. 15.

226 Palandt, § 1408 BGB, Rn. 15.

227 MüKo, § 1378 BGB, Rn. 21.

228 Palandt, § 1408 BGB, Rn. 15.

229 Palandt, § 1408 BGB, Rn. 15.

230 Auch das nacheheliche Unterhaltsrecht sieht keine Beschränkung vor, vgl. § 1585c BGB. Anders ist dies beim Versorgungsausgleich,
     §§ 6 ff. VersAusglG, und beim Verwandtenunterhalt, § 1614 BGB.

231 Palandt, § 1408 BGB, Rn. 7 ff.

232 BVerfG, FamRZ 2001, 343, 345; **Hemmer/Wüst, Staatsrecht I, Rn. 38 ff.** = jurisbyhemmer.

In Fällen gestörter Vertragsparität hat das Gericht über die zivilrechtlichen Generalklauseln den Inhalt des Vertrags einer Kontrolle zu unterziehen. Zunächst ist anhand von § 138 I BGB eine Wirksamkeitskontrolle durchzuführen. Wesentlich für § 138 I BGB ist eine Gesamtbeurteilung des Rechtsgeschäfts, wobei auf den Zeitpunkt des Vertragsschlusses abzustellen ist.[233]

133b Um Sittenwidrigkeit bejahen zu können, verlangt die ganz h.M. zwei kumulative Voraussetzungen:

⇨ Die einseitige Benachteiligung eines der Ehegatten (objektives Element) **und**

einseitige Benachteiligung allein nicht ausreichend

⇨ weitere sich aus einer Gesamtabwägung ergebende Umstände, die auch den Vorwurf der sittenwidrigen Gesinnung rechtfertigen (subjektives Element).

> **hemmer-Methode:** Die einseitige Benachteiligung reicht angesichts des Grundsatzes der Privatautonomie nicht. Aus diesem Grund wird das Hinzutreten „weiterer Umstände" gefordert.[234] Dieser Begriff ist bewusst „schwammig" gehalten, um dem jeweiligen Einzelfall gerecht werden zu können.

aa) Einseitige Benachteiligung

einseitige Benachteiligung

133c Eine einseitige Benachteiligung liegt vor, wenn der Vertrag nur einseitig belastet und die Interessen des Belasteten keine angemessene Berücksichtigung finden. Ob dem so ist, ist aufgrund einer Gesamtschau der Umstände festzustellen, wobei auch die Lebensplanung der Ehegatten wesentliches Kriterium ist.[235]

> **Bsp.:** Einer der Eheleute soll sich im Wesentlichen der Kindesbetreuung und Haushaltsführung widmen. In einem solchen Fall bedeutet ein Verzicht auf nachehelichen Unterhalt oder auf den Versorgungsausgleich eine Benachteiligung dieser Person.[236]

bb) Weitere Umstände

weitere Umstände

133d Angesichts der Vertragsfreiheit und entsprechend des allgemeinen Charakters von § 138 I BGB wird gefordert, dass zu den objektiven Hinweisen noch zusätzlich weitere Umstände vorliegen müssen, um dem Vertrag den Stempel der Sittenwidrigkeit aufdrücken zu können.

> **Bsp. 1:** So ist nach h.M. der Verzicht auf den Zugewinnausgleich sittenwidrig, wenn der Vertrag mit dem Ziel geschlossen wird, Sozialhilfe in Anspruch zu nehmen.[237]

> **Bsp. 2:** Der spätere Ehemann macht die Eheschließung gegenüber der bereits schwangeren Ehefrau von einem Unterhaltsverzicht (und der Freistellung von Unterhaltsansprüchen des Kindes) abhängig.[238]

233 BGH, NJW 1991, 914.

234 Palandt, § 1408 BGB, Rn. 10; BGH, NJW 2004, 930 = **Life&Law 2004, 305**.

235 BGH, NJW 2004, 930 = **Life&Law 2004, 305**.

236 BGH FamRZ 2008, 2011 = **juris**byhemmer; weitere Beispiele bei Palandt, § 1408 BGB, Rn. 9.

237 Palandt, § 138 BGB, Rn. 47.

238 BVerfG, FamRZ 2001, 343 = NJW 2001, 957; vgl. hierzu auch BVerfG, FamRZ 2001, 985; anders noch der BGH, NJW 1997, 126, der die Sittenwidrigkeit eines Vertrages verneint, von dessen Abschluss der Mann die Eheschließung mit der schwangeren Frau abhängig gemacht hatte. Im Anschluss an die BVerfG-Rspr. erging bspw. OLG Celle, FamRZ 2004, 1489; OLG Oldenburg, FamRZ 2004, 545; BGH, NJW 2005, 2387. Alle Entscheidungen = **juris**byhemmer.

Angesichts einiger OLG-Entscheidungen war fraglich geworden, ob an dem Erfordernis der „weiteren Umstände" festzuhalten ist oder ob nicht allein die einseitige Benachteiligung zur Bejahung der Sittenwidrigkeit genügen kann.[239]

Abstufung nach Bedeutung der Scheidungsfolgen

Der BGH hält grundsätzlich daran fest, dass Sittenwidrigkeit nur bei einer einseitigen Benachteiligung **und** dem Vorliegen weiterer Umstände bejaht werden kann. Allerdings entwickelt der BGH eine Art Sphärentheorie. Je gewichtiger die vertraglich ausgeschlossene Scheidungsfolge ist, umso geringer sind die Anforderungen, die an das Kriterium „weitere Umstände" zu stellen sind, bzw. - anders formuliert - umso schwerwiegender müssen die Gründe sein, die für den Ausschluss der jeweiligen Scheidungsfolge sprechen.[240]

133e

Der BGH stuft dabei wie folgt ab:

⇨ 1. Betreuungsunterhalt, § 1570 BGB

⇨ 2. Krankheits – und Altersunterhalt, §§ 1572, 1571 BGB; Versorgungsausgleich[241]

⇨ 3. Unterhalt wegen Erwerbslosigkeit, § 1573 BGB

⇨ 4. Krankenvorsorge- und Altersvorsorgeunterhalt, § 1578 II Alt. 1, III BGB

⇨ 5. Aufstockungsunterhalt, § 1573 II BGB, Zugewinnausgleich

hemmer-Methode: Der BGH begründet seine Rangfolge zum einen mit dem Sinn und Zweck der jeweiligen Regelung. So soll der Betreuungsunterhalt verhindern, dass die Erziehung der gemeinsamen Kinder darunter leidet, dass der Berechtigte seinen Lebensunterhalt selbst finanzieren muss und sich deshalb nicht adäquat um die Kinder kümmern kann. Beim Zugewinnausgleich hingegen geht es nicht um den laufenden Bedarf und somit nicht um das „tägliche Überleben", sondern „nur" um Vermögensbildung.

Gesamtabwägung: Rangstufe, Gegenleistung, geplanter Zuschnitt der Ehe

Der BGH erstellt allerdings keine genaueren Vorgaben, wann nun in den einzelnen Rangstufen Sittenwidrigkeit bejaht werden kann. Er hält vielmehr daran fest, dass es auf eine Abwägung im Einzelfall ankommt.

133f

Es ist wie stets bei § 138 I BGB eine Gesamtwürdigung vorzunehmen, die auf die individuellen Verhältnisse beim Vertragsschluss abstellt, insbesondere also auf die Einkommens- und Vermögensverhältnisse, den geplanten oder bereits verwirklichten Zuschnitt der Ehe sowie die Auswirkungen auf die Ehegatten und die Kinder.[242] Lediglich die „Vorgewichtung" pro oder contra Sittenwidrigkeit ist je nach Rangstufe eine andere.

> **Bsp.:** *Sittenwidrig dürfte nach dieser Rechtsprechung der Verzicht auf Betreuungsunterhalt gemäß § 1570 BGB ohne Gegenleistung bspw. in Form einer Kapitalabfindung sein, wenn im Zeitpunkt des Vertragsschlusses Kinder bereits vorhanden oder wenigstens geplant sind. Der Ausschluss des Zugewinns wird hingegen auch in Zukunft nur ausnahmsweise bei Hinzutreten besonderer Umstände sittenwidrig sein, selbst dann wenn dies ohne jede Gegenleistung geschieht und den haushaltsführenden Ehegatten eindeutig benachteiligt.*

---

239 Vgl. u.a. OLG München, FamRZ 2003, 35 = **juris**byhemmer = NJW 2003, 592.

240 BGH, NJW 2004, 930 = **Life&Law 2004, 305** = **juris**byhemmer.

241 BGH, FamRZ 2005, 26 = NJW 3005, 137; BGH, FamRZ 2009, 1041. Alle Entscheidungen = **juris**byhemmer.

242 Eine Folgeentscheidung findet sich bei OLG Celle, NJW 2004, 1961 = FamRZ 2004, 1202 m. Anm. Bergschneider = **juris**byhemmer.

hemmer-Methode: Durch die Einzelfallabwägung vermeidet der BGH, sich zu konkret festzulegen und erhält sich so die Möglichkeit auf die Besonderheiten des Einzelfalls einzugehen – ein für Gerichte bei der Ausfüllung unbestimmter Rechtsbegriffe typisches Vorgehen!

Teilnichtigkeit = grds. Gesamtnichtigkeit

Wichtig ist, dass die Sittenwidrigkeit eines Teils eines Ehevertrages über § 139 BGB grundsätzlich auf den Rest des Vertrages durchschlägt. Die Gesamtnichtigkeit kann aber durch eine klare Aufteilung des Vertrages und sog. salvatorische Klauseln verhindert werden.[243]

133g

> **Bsp.:** *Wird in einem Ehevertrag durch die Hausfrau, die die gemeinsamen Kinder betreut, komplett ohne Gegenleistung auf jeglichen Unterhalt und Zugewinn verzichtet, so wäre der Ausschluss des Zugewinns und des Aufstockungsunterhalts nach § 1573 BGB für sich genommen nicht sittenwidrig. Allerdings führt die Sittenwidrigkeit des Verzichts auf Betreuungsunterhalt zur Gesamtnichtigkeit des Vertrages! Denkbar ist auch, dass jeder einzelne Verzicht für sich alleine gesehen noch wirksam wäre, dass aber gerade die Kumulation in einer Gesamtschau zur Nichtigkeit des Vertrages führt.*

hemmer-Methode: Die Examensrelevanz dieser BGH-Rechtsprechung dürfte im Ersten Staatsexamen von daher nicht allzu hoch sein, weil sie vorwiegend auf einer Abstufung der Unterhaltstatbestände nach §§ 1570 ff. BGB beruht, die aber im Ersten Staatsexamen nur selten geprüft werden. Anders ist dies im Zweiten Staatsexamen!

d) Ausübungskontrolle

Berufung auf Verzicht mglw. Rechtsmissbrauch

Erweist sich der Vertrag nicht als sittenwidrig, nimmt der BGH noch eine Ausübungskontrolle an Hand des § 313 BGB vor. Dem durch den Vertrag besser gestellten Ehegatten kann es verwehrt sein, sich auf diese Privilegierung zu berufen.[244]

133h

Zeitpunkt der Scheidung maßgeblich

Hintergrund dieser Einschränkung ist, dass es im Rahmen des § 138 I BGB auf den Zeitpunkt des Vertragsschlusses ankommt. Die Vorstellungen der Eheleute in diesem Zeitpunkt können sich im Nachhinein aber als falsch herausgestellt haben, sodass ihrer Vereinbarung die Grundlage entzogen ist.

> **Bsp.:** *Im Zeitpunkt des Abschlusses des Ehevertrags gingen beide Ehegatten übereinstimmend davon aus, dass sie keine Kinder bekommen können und beide berufstätig sein werden. Die Ehefrau verzichtete aus diesem Grund auf Betreuungsunterhalt. Im Laufe der Ehe bringt sie aufgrund eines „medizinischen Wunders" dann aber doch Zwillinge auf die Welt. Nach der Scheidung will die Ehefrau von ihrem Exmann Betreuungsunterhalt nach § 1570 BGB.*

Lösung:

Der Verzicht auf den Betreuungsunterhalt ist nicht sittenwidrig. Im Zeitpunkt des Vertragsschlusses lag schon keine einseitige Benachteiligung vor, da beide Eheleute berufstätig sein wollten. Jedenfalls fehlt es an den erforderlichen weiteren Umständen, da beide davon ausgingen keine Kinder bekommen zu können. Anders stellt sich die Situation im Moment der Scheidung dar. Die „Geschäftsgrundlage" kinderlos zu bleiben, ist weggefallen. Die Berufung auf den Verzicht stellt sich jetzt als missbräuchlich dar.

243 BGH, NJW 2005, 2387 = FamRZ 2005 = **juris**byhemmer.
244 BGHZ 158, 81 = **juris**byhemmer.

> **hemmer-Methode:** Auch im Rahmen des § 313 BGB ist die oben darge-
> stellte Rangstufe heranzuziehen. Je gewichtiger die Scheidungsfolge
> einzustufen ist, desto eher ist die Berufung auf den Verzicht rechts-
> missbräuchlich. Anders als früher sind bei der Abwägung nicht nur auf
> die Belange der Kinder, sondern auch auf die Interessen allein des be-
> nachteiligten Ehegatten abzustellen.

Rechtsfolge: Anspruch nach Billigkeit

Steht nach diesen Grundsätzen § 313 BGB der Berufung auf den Verzicht der Scheidungsfolge entgegen, entsprach es lange der Rechtsprechung, den Unterhaltsanspruch des Berechtigten auf das Existenzminimum zu beschränken. [133h]

Der BGH ist von diesen Grundsätzen abgerückt, ohne aber stattdessen pauschal die gesetzliche Anspruchshöhe zu bejahen. Vielmehr soll der Richter die Rechtsfolge anordnen, die den berechtigten Belangen beider Parteien in der nunmehr eingetretenen Situation in ausgewogener Weise Rechnung trägt. Dies kann deutlich mehr als das Existenzminimum, aber auch weniger als die Anspruchshöhe ohne den Unterhaltsverzicht sein.

Bei einem wirksam vereinbarten Verzicht auf den Versorgungsausgleich, der der Ausübungskontrolle nicht standhält, sind nach Ansicht des BGH bspw. nur die ehebedingten Nachteile in der Altersvorsorge auszugleichen. Eine hälftige Teilhabe an den Versorgungsrechten des anderen Ehegatten ist nicht angebracht. Der durch den Verzicht benachteiligte Ehegatte ist also in etwa so zu stellen, wie wenn er seine Berufstätigkeit nicht wegen der Ehe aufgegeben hätte und weiter Anwartschaften in der Rentenversicherung erworben hätte.[245]

e) Güterrechtsregister

Güterrechtsregister, Eintragung auf Antrag

Der Kenntlichmachung des Güterstandes dient das beim Amtsgericht geführte Güterrechtsregister, §§ 1558 - 1563 BGB, § 374 FamFG, § 3 Nr. 1 RPflG. Die Kenntlichmachung ist erforderlich, da der Güterstand nicht nur das Verhältnis der beiden Ehegatten untereinander betrifft, sondern auch Dritten gegenüber bedeutsam werden kann (z.B. hinsichtlich Verfügungsbeschränkungen und Schuldnerhaftung). Die Eintragung findet dabei nur auf Antrag der Ehegatten statt (§§ 1560, 1561 BGB).

negative Publizität

Die Eintragungen sind nur deklaratorisch. Das Güterrechtsregister entfaltet nur negative Publizität, d.h. gutgläubige Dritte dürfen nur auf das Schweigen des Registers vertrauen, nicht aber auf sein „Reden", d.h. seine Angaben.[246] [134]

aa) § 1412 I BGB schützt das Vertrauen gutgläubiger Dritter darauf, dass die Eheleute im gesetzlichen Güterstand leben, wenn nichts Gegenteiliges eingetragen ist. Nicht geschützt ist das Vertrauen darauf, dass ein eingetragener Güterstand wirklich besteht. Ist z.B. Gütergemeinschaft eingetragen, der Ehevertrag aber nichtig, so kann der Dritte aus der falschen Eintragung keine Rechte herleiten. [135]

bb) § 1412 II BGB erstreckt den Schutz des § 1412 I BGB auf die Fälle, in denen die Ehegatten eine wirksame und im Register eingetragene Regelung nachträglich aufheben oder ändern. [136]

---

245 BGH, NJW 2005, 139. = **juris**byhemmer.

246 MüKo, § 1412 BGB, Rn. 1 u. 9; die Wirkungen gleichen also denjenigen des § 15 I HGB, vgl. dazu **Hemmer/Wüst, Handelsrecht, Rn. 125 ff.**

cc) Darüber hinaus müssen die Eheleute nach den Grundsätzen des veranlassten Rechtsscheins falsche Eintragungen im Verhältnis zu gutgläubigen Dritten gegen sich gelten lassen, wenn sie ihnen bekannt sind.[247]

II. Zugewinngemeinschaft

Zugewinngemeinschaft

Die Zugewinngemeinschaft zeichnet sich durch folgende drei Prinzipien aus: **137**

Die drei Prinzipien der Zugewinngemeinschaft

Vermögens-trennung, §§ 1363 II, 1364 HS 1 BGB dazu Rn. 138 ff.	Verfügungs-beschränkungen, §§ 1364 HS 2, 1365, 1369 BGB dazu Rn. 141 ff.	Zugewinn-ausgleich, §§ 1363 II S. 2, 1371, 1390 BGB dazu Rn. 174 ff.

---

hemmer-Methode: Sie können in einer Klausur gleich zu Anfang bei der Frage, ob eine Zugewinngemeinschaft vorliegt, folgenden Standardsatz voranstellen: „Da kein Ehevertrag gemäß §§ 1408, 1410 BGB vorliegt, ist nach § 1363 I BGB vom gesetzlichen Güterstand der Zugewinngemeinschaft auszugehen." Anschließend können Sie die Vorschriften über die Zugewinngemeinschaft anwenden.
Aber Achtung: Nach § 1414 S. 2 BGB reicht es i.d.R. auch ohne ausdrückliche Vereinbarung für die Gütertrennung schon aus, dass der Versorgungs- bzw. der Zugewinnausgleich ausgeschlossen wurde, wenn nicht ein anderer Wille der Ehegatten festzustellen ist.

1. Getrennte Vermögensmassen der Eheleute

Grundsatz der getrennten Vermögensmassen

Die Vermögen von Mann und Frau bleiben nach der Eheschließung getrennt, jeder Ehegatte verwaltet sein Vermögen selbst, §§ 1363 II S. 1, 1364 HS 1 BGB. **138**

Der Begriff Zugewinngemeinschaft ist daher irreführend. Treffender wäre die Bezeichnung „Gütertrennung mit schuldrechtlichem Zugewinnausgleich".[248]

Zum Vermögen jedes Ehegatten gehört sowohl das in die Ehe eingebrachte wie auch das während der Ehe hinzuerworbene Vermögen, insbesondere der Arbeitsverdienst, § 1363 II S. 1 HS 2 BGB.

Über sein Vermögen kann jeder Ehegatte frei verfügen, § 1364 HS 1 BGB, es sei denn, es greift eine Verfügungsbeschränkung ein, §§ 1364 HS 2, 1365, 1369 BGB. **139**

247 MüKo, § 1412 BGB, Rn. 10.
248 BGH, NJW 1989, 1920, 1921 = **juris**byhemmer.

Verfügungen, die zwar nicht entgegen einer Verfügungs-beschränkung vorgenommen werden, aber gegen andere eheliche Verpflichtungen (z.B. aus § 1353 BGB) verstoßen, sind wirksam.

gemeinsames Vermögen aber z.B. bei Hausrat möglich

Die Entstehung gemeinschaftlichen Vermögens ist auch bei der Zu-gewinngemeinschaft nach allgemeinen Grundsätzen möglich. § 1363 II S. 1 BGB bestimmt nur, dass nicht (wie bei § 1416 II BGB) kraft Gesetzes gemeinschaftliches Vermögen entsteht.

Die Eheleute können daher jederzeit Gegenstände zu Miteigentum nach Bruchteilen (§§ 1108, 741 BGB) erwerben oder eine Gesamt-handsgesellschaft (GbR, Personenhandelsgesellschaft) gründen.

Eine Begründung von Miteigentum nach Bruchteilen wird insbeson-dere bei Haushaltsgegenständen (sog. „Hausrat") die Regel sein (vgl. oben Rn. 106).[249]

140

2. Verpflichtungs- und Verfügungsbeschränkungen, §§ 1365, 1369 BGB

Das Trennungsprinzip der §§ 1363 II S. 1, 1364 HS 1 BGB wird zwecks Erhaltung der wirtschaftlichen Grundlage der Familie und Si-cherung einer künftigen Ausgleichsforderung nach § 1378 I BGB durch die Verpflichtungs- und Verfügungsbeschränkungen des § 1365 I S. 1 u. S. 2 BGB (Gesamtvermögensgeschäfte) und § 1369 BGB (Geschäfte über Haushaltsgegenstände) durchbrochen, § 1364 HS 2 BGB.

141

a) Wirkungen (Rechtsfolge)

aa) Unwirksamkeit von Verfügungs- und Verpflichtungs-geschäft

absolute Veräußerungsverbote

§ 1365 I BGB erfasst sowohl das Verpflichtungs- (S. 1) als auch das Verfügungsgeschäft (S. 2). Es handelt sich um absolut wirkende Verbote. Zwar ist § 134 BGB nach h.M. aufgrund der Spezialität der §§ 1366 ff. BGB nicht anwendbar, jedoch wirken §§ 1365, 1369 BGB zumindest ähnlich einem absoluten Verfügungsverbot gegenüber je-dermann, eine Überwindung durch guten Glauben gem. § 135 II BGB ist nicht möglich.[250] Sonst würden §§ 1365, 1369 BGB weitge-hend leer laufen und ihrem Schutzzweck nicht gerecht werden.

142

Geschäft zunächst schwebend un-wirksam

Das abgeschlossene Rechtsgeschäft ist zunächst schwebend un-wirksam (§ 1366 I BGB) und wird mit der Verweigerung der Geneh-migung durch den anderen Ehegatten endgültig unwirksam (§§ 1366 IV, 1369 III BGB). Ein einseitiges Rechtsgeschäft ist ohne vorherige Zustimmung (Einwilligung) unheilbar nichtig (§ 1367 BGB).

Für die Zustimmung gelten die §§ 182 ff. BGB. Unter den Voraus-setzungen der §§ 1365 II, 1369 II BGB kann sie auf Antrag des an-deren Ehegatten durch das Vormundschaftsgericht ersetzt werden.

143

Die Zustimmung nur zur Verpflichtung deckt auch die Verfügung und umgekehrt.[251]

---

249 Früher konnte sich aus § 1370 BGB etwas anderes ergeben, vgl. dazu unten Rn. 173a.

250 Im Ergebnis allgemeine Ansicht, die dogmatische Herleitung ist streitig, Palandt, § 1365 BGB, Rn. 13 f.

251 Palandt, § 1368 BGB, Rn. 18.

Verhältnis Verpflichtungs-/Erfüllungs-geschäft

Probleme könnten sich ergeben, wenn das Verpflichtungsgeschäft nicht zustimmungsbedürftig war, das Erfüllungsgeschäft jedoch zustimmungsbedürftig ist. Es könnte dann zu einer verschuldensunabhängigen Haftung nach § 311a II BGB kommen, wenn die Zustimmung zum Erfüllungsgeschäft verweigert wird und eine Ersetzung nach § 1365 II BGB nicht in Betracht kommt. **144**

Diese Schadensersatzpflicht könnte ruinöse Ausmaße annehmen und damit dem Schutzzweck des § 1365 BGB entgegenlaufen, zumal im Rahmen einer Zwangsvollstreckung § 1365 BGB einer Pfändung nicht entgegensteht, da es sich hierbei nicht um Verfügungen i.d.S. handelt. Deshalb sind nach ganz h.M. §§ 1365, 1369 BGB hier auch auf das Erfüllungsgeschäft nicht anwendbar.[252]

> **Bsp.:** F hat sich vor ihrer Eheschließung als Verlobte zur Veräußerung eines Grundstücks verpflichtet, das im Wesentlichen ihr gesamtes Vermögen ausmacht. Nach der Eheschließung verlangt der Käufer Erfüllung.
>
> Das Verpflichtungsgeschäft war hier nicht zustimmungsbedürftig, da F zum Zeitpunkt des Vertragsschlusses noch nicht verheiratet war.
>
> Auch das Erfüllungsgeschäft ist damit nicht zustimmungsbedürftig.

bb) Heilung

Auswirkungen der Beendigung des Güterstandes

Fraglich ist, welche Auswirkungen die Beendigung des Güterstandes auf die schwebende Unwirksamkeit von Verfügungen entgegen §§ 1365, 1369 BGB hat. Dabei ist zu unterscheiden, ob der Güterstand durch den Tod eines Ehegatten oder auf andere Weise beendet wird.[253] **145**

bei Scheidung § 185 II Fall 2 BGB analog (-)

Bei Beendigung des Güterstandes z.B. durch Scheidung kommt eine entsprechende Anwendung des § 185 II Fall 2 BGB, wonach mit Rechtskraft des Scheidungsbeschlusses wegen der damit verbundenen Wiedererlangung der alleinigen Verfügungsmacht die früher vorgenommenen Geschäfte ex nunc wirksam würden, grundsätzlich nicht in Betracht. **146**

Das ergibt sich aus dem Schutzzweck der §§ 1365, 1369 BGB, der gerade auch der effektiven Sicherung des Zugewinnausgleichs bzw. der Hausratsverteilung dient.[254] Eine andere Ansicht ist allenfalls dann vertretbar, wenn der Schutzzweck des § 1365 BGB nicht eingreift, weil eine Sicherung des Zugewinnausgleichs im Einzelfall eindeutig nicht erforderlich ist.[255]

> **hemmer-Methode:** Es käme jedenfalls nur eine analoge Anwendung des § 185 BGB in Betracht, da der verfügende Ehegatte nicht „Nichtberechtigter" ist, sondern lediglich der Zustimmung bedarf („Zustimmungsberechtigung" des Ehegatten).
> Unterscheiden Sie von der Frage, inwieweit ein nach §§ 1365 ff. BGB unwirksames Rechtsgeschäft durch die Scheidung der Ehegatten geheilt wird, die Frage, ob § 1365 BGB auch auf Rechtsgeschäfte nach wirksamer Scheidung noch zur Anwendung kommt. Dies verneint die ganz h.M. zu Recht, da § 1365 BGB eine Vorschrift des gesetzlichen Güterrechts ist und damit grundsätzlich eine bestehende Ehe voraussetzt.[256]

---

252 M.w.N. Palandt, § 1365 BGB, Rn. 12.

253 Vgl. unten Rn. 175.

254 Palandt, § 1365 BGB, Rn. 19; differenzierend MüKo, § 1366 BGB, Rn. 31 ff.

255 OLG Celle, **Life&Law 2001, 695** = FamRZ 2001, 1613: Eine Heilung ist dann möglich, wenn im konkreten Fall keine Gefährdung des Zugewinnausgleichsanspruchs des anderen Ehegatten in Betracht kommt.

256 Palandt, § 1365 BGB, Rn. 2; nach OLG Köln, FamRZ 2001, 176, soll hingegen auch ein Geschäft, das erst nach rechtskräftiger Scheidung aber noch vor dem Ausgleich des Zugewinns vorgenommen wird, unter § 1365 BGB fallen. Zu diesem Problem vgl. auch OLG Celle, FamRZ 2004, 625. Alle Entscheidungen = **juris**byhemmer.

bei Tod des verfügenden Ehegatten § 185 II S. 1 Fall 3 BGB analog (-)

Ebenso ist zu entscheiden, wenn der verfügende Ehegatte stirbt. Würde man hier § 185 II S. 1 Fall 3 BGB analog anwenden, wenn der überlebende Ehegatte ihn allein beerbt, dann könnte z.B. die Veräußerung des (nahezu) gesamten Vermögens mit dem Tod wirksam werden und der überlebende Ehegatte leer ausgehen. Auch hier kann also nach dem Schutzzweck der §§ 1365, 1369 BGB keine Konvaleszenz eintreten.[257]

147

hemmer-Methode: Zweck des § 185 II S. 1 Fall 3 BGB ist, solche Verfügungen wirksam werden zu lassen, zu deren Vornahme der Erbe wegen § 1967 BGB ohnehin verpflichtet wäre. Eine solche Verpflichtung besteht aber gerade nicht, da § 1365 I S. 1 BGB gerade auch das Verpflichtungsgeschäft für unwirksam erklärt.

bei Tod des nicht verfügenden Ehegatten
⇨ *wirksam*

Stirbt der zustimmungsberechtigte Ehegatte, solange das Rechtsgeschäft schwebend unwirksam ist, so wird das Geschäft damit wirksam, und zwar auch dann, wenn der abschließende Ehegatte nicht Alleinerbe wird.[258] Das Zustimmungsrecht des Ehegatten nach § 1365 BGB muss als höchstpersönliches, unvererbliches Recht angesehen werden.

148

Es erlischt mit dem Tode des zustimmungsberechtigten Ehegatten und kann nicht auf dessen Erben übergehen, die es allein im Sinne ihrer wirtschaftlichen Interessen ausüben würden.[259]

hemmer-Methode: Das Geschäft kann aber dann nicht wirksam werden, wenn die Schwebelage bereits vorher beendet wurde, weil der Ehegatte die Genehmigung verweigert hat, § 1366 IV BGB.[260]

cc) Revokationsrecht

Revokationsrecht des anderen Ehegatten, § 1368 BGB

Ist mangels Zustimmung das Verpflichtungs- bzw. das Verfügungsgeschäft nichtig, so kann auch der andere Ehegatte die veräußerte Sache nach § 985 BGB heraus verlangen, § 1368 BGB.

150

hemmer-Methode: Bereits bei der Prüfung des Anspruchs aus § 985 BGB kommt es entscheidend darauf an, dass auch das Verpflichtungsgeschäft nichtig ist und es daher kein Recht zum Besitz im Sinne des § 986 I BGB gibt. Strittig ist, ob auch die Ansprüche aus § 812 I S. 1 Alt. 1 BGB dem anderen Ehegatten zustehen. Der Wortlaut des § 1368 BGB steht dem entgegen, da der nur von den Rechten aus der Unwirksamkeit der Verfügung spricht, nach Sinn und Zweck der Vorschrift sollte das Gleiche aber auch für Rechte aus der Unwirksamkeit der Verpflichtung gelten.

gesetzl. Verfahrensstandschaft
⇨ *Herausgabe an Eigentümer*

§ 1368 BGB ist nach h.M. ein Fall der gesetzlichen Verfahrensstandschaft.[261] Daraus folgt, dass der klagende Ehegatte nur einen Anspruch auf Herausgabe an den Eigentümer, nicht aber an sich selbst hat, sonst würde der Grundsatz der getrennten Vermögensverwaltung unterlaufen werden (§ 1364 BGB).

---

257 Palandt, § 1365 BGB, Rn. 19.

258 Palandt, § 1365 BGB, Rn. 19.

259 BGH, NJW 1982, 1100 = **juris**byhemmer.

260 Vgl. BGHZ 125, 355 (= NJW 1994, 1785), dazu K. Schmidt, JuS 1995, 76; zweifelnd MüKo, § 1366 BGB, Rn. 20 f.: Die Verweigerung der Genehmigung sei zwar grundsätzlich eine unwiderrufliche WE, welche die schwebend unwirksame Verfügung mit rechtsgestaltender Wirkung endgültig unwirksam mache, sie könne diese endgültige Unwirksamkeit aber nur bewirken, wenn sie nicht durch einen Beschluss des VormG abgelöst werde, der die Genehmigung ersetze, § 1365 II BGB = **juris**byhemmer.

261 Verfahren, die aus der Unwirksamkeit der Verfügung nach § 1365 I BGB resultieren, sind nach § 261 I FamFG sog. Güterrechtssachen nach dem FamFG. Aus diesem Grund spricht man nach § 113 V Nr. 1 FamFG von einem Verfahren und nicht von einem Prozess, folgerichtig hier also von einer Verfahrensstandschaft.

Der Schutzzweck der §§ 1365, 1368 BGB erfordert jedoch, dass dann die Sache an den klagenden Ehegatten herauszugeben ist, wenn der berechtigte Ehegatte sich weigert, die Sache wieder an sich zu nehmen (Rechtsgedanke der §§ 986 I S. 2, 869 S. 2 BGB), bzw. dass die Sache an beide Ehegatten herausgegeben wird, wenn vorher Mitbesitz der Ehegatten bestand (insb. im Fall des § 1369 I, III BGB i.V.m. § 1368 BGB).

Möglich ist allerdings bei Grundstücken auch der Antrag auf Herausgabe an einen vom Gericht bestimmten Sequester (vgl. bei der einstweiligen Verfügung § 120 I FamFG i.V.m. § 938 ZPO).

§ 1368 BGB ist ein Fall eines sog. revokatorischen Antrags.[262] Der Antrag eines Ehegatten wirkt nach h.M. bezüglich Rechtshängigkeit und Rechtskraft nicht gegen den anderen. Jedoch hat ein obsiegender Beschluss materielle Rechtskraftwirkung.

hemmer-Methode: Zweck der Regelung ist Folgender: Der ohne Zustimmung Verfügende könnte durch bewusst schlechte Verfahrensführung dem anderen Ehegatten das Rückforderungsrecht gezielt vereiteln, wenn sich die Rechtskraft seines Verfahrens gegenüber dem anderen Ehegatten auswirken würde.[263] Der Ehegatte, der nicht zugestimmt hat, kann jedenfalls beim Unterliegen des Partners seine Rechte sichern, dies selbst nach der Scheidung.[264]
Auch bei einem obsiegenden Beschluss ist ein erneuter Antrag möglich (bei dem aufgrund der materiellen Rechtskraftwirkung des ersten Beschlusses in der Sache jedoch nicht anders entschieden werden darf); es fehlt dafür nicht am Rechtsschutzbedürfnis, weil der obsiegende Beschluss nur dem erfolgreichen Antragsteller, nicht aber dem anderen Ehegatten die Zwangsvollstreckung ermöglicht.[265]

ZBR wegen Kaufpreis (-)

Auch wenn der Dritte wegen des bezahlten Entgelts einen Bereicherungsanspruch hat, steht ihm deswegen nach h.M. weder ein Zurückbehaltungsrecht (§ 273 I BGB i.V.m. § 812 BGB) noch gar ein Recht zum Besitz i.S.d. § 986 I BGB zu.[266]

151

Es widerspräche dem Vermögensschutzgedanken der §§ 1365, 1369 BGB, wenn dem klagenden Ehegatten die Mittel zur Ablösung des Bereicherungsanspruches fehlten und somit seine Klage erfolglos bliebe; insoweit hat der Familienschutz Vorrang vor dem Drittschutz.

Selbst gegenüber seinem Vertragspartner hat der Dritte kein Zurückbehaltungsrecht (§ 273 II BGB i.V.m. § 812 BGB) und auch nicht den Einwand des „venire contra factum proprium", da auch hier das Interesse des anderen Ehegatten an der baldigen Wiederherstellung der wirtschaftlichen Grundlage der Familie überwiegt.

hemmer-Methode: Zurückbehaltungsrechte (§§ 273, 1000 BGB) gewähren nach richtiger Ansicht jedenfalls kein Recht zum Besitz, da sie allenfalls zu einer Verurteilung „Zug um Zug" führen.[267]

Aufrechnung mit Gegenansprüchen (+)?

Für den Bereich der Aufrechnung hat dies der BGH allerdings anders entschieden.[268] Nach seiner Ansicht gewähren §§ 1365, 1368 BGB keinen umfassenden Schutz vor Minderungen des Vermögens des anderen Ehegatten.

---

262 Vgl. zu den Begrifflichkeiten Antrag und Beschluss §§ 113 V Nr. 2, 116 I FamFG.

263 Palandt, § 1368 BGB, Rn. 4.

264 Palandt, § 1368 BGB, Rn. 3.

265 Palandt, § 1368 BGB, Rn. 4.

266 Palandt, § 1368 BGB, Rn. 3.

267 Ganz h.L., Palandt, § 986 BGB, Rn. 5: Dies ergibt sich im Hinblick auf § 1000 BGB schon zwingend daraus, dass sonst keine Vindikationslage vorliegen würde und die Vorschrift i.R.d. EBV gar nicht zur Anwendung kommen könnte.

268 BGH, NJW 2000, 1947 = FamRZ 2000, 744 = jurisbyhemmer; vgl. hierzu auch Tiedtke/Schmitt, Aufrechnung gegen revokatorische Zahlungsansprüche, FamRZ 2009, 1105.

So können z.B. Gläubiger in dessen Vermögen die Zwangsvollstreckung betreiben. Dieser Weg steht im Fall des § 1365 BGB auch dem Dritten offen, sobald er einen Titel für seinen Rückzahlungsanspruch erstritten hat. Die Aufrechnungserklärung ist lediglich eine einfachere Art der Befriedigung seiner Ansprüche.

dd) Vorzeitiger Zugewinnausgleich

151a

Durch Geschäfte über das Vermögen im Ganzen gefährdet der handelnde Ehegatte den Zugewinnausgleichsanspruch seines Partners. Aus diesem Grund steht diesem nach §§ 1386, 1385 Nr. 2 BGB das Recht zu, vorzeitigen Ausgleich des Zugewinns zu verlangen.

ee) Ggf. Schadensersatzansprüche des Vertragspartners

Schadensers. bei Täuschung ggf. auf negatives Interesse

152

Fraglich ist weiterhin, ob ein Schadensersatzanspruch des Dritten besteht, wenn ihm der verfügende Ehegatte vorgespiegelt hat, dass er entweder nicht verheiratet sei oder die Zustimmung des anderen Ehegatten vorliege oder er in Gütertrennung lebe (womit §§ 1365, 1369 BGB nicht eingreifen würden).

Hier ist ein Schadensersatzanspruch aus § 823 II BGB i.V.m. § 263 StGB, aus § 826 BGB und aus §§ 311 II, 280 BGB (c.i.c.) denkbar, jedoch nur auf Ersatz des negativen Interesses, also Herstellung der Lage, die bestanden hätte, wenn der Vertrag nicht abgeschlossen worden wäre.[269]

Es besteht sogar dann kein Erfüllungsanspruch, wenn sich der den Vertrag abschließende Ehegatte verpflichtet hat, für die Genehmigung einzustehen.[270]

hemmer-Methode: Merken Sie sich: Sowohl § 1365 BGB als auch § 1369 BGB haben Doppelwirkung: Sie beziehen sich sowohl auf das schuldrechtliche Geschäft („verpflichten") als auch auf das dingliche Geschäft („verfügen"). Da schon die schuldrechtliche causa mangels Einwilligung des Ehepartners scheitern kann, kommen für die Rückabwicklung sowohl Ansprüche aus § 985 BGB als auch nach § 812 BGB in Betracht.
Lesen Sie zu § 1365 BGB und seiner Einordnung in das Gefüge und die Systematik des BGB Hemmer/Wüst, BGB AT II, Rn. 179 ff. Wiederholungen sind unumgänglich und ergeben sich aus der Natur der Sache!

b) Gesamtvermögensgeschäfte, § 1365 BGB (Tatbestand)

§ 1365 BGB
⇨ Vermögen als Ganzes

153

Gem. § 1365 BGB bedarf der Ehegatte der Zustimmung des anderen Ehegatten, wenn er sich verpflichten will, über sein Vermögen als Ganzes zu verfügen oder wenn er eine solche Verpflichtung erfüllen will.

Es bedürfen also sowohl Verpflichtungsgeschäft nach § 1365 I S. 1 BGB, als auch das Verfügungsgeschäft nach § 1365 I S. 2 BGB der Zustimmung des anderen Ehegatten.[271]

Umstritten ist, welche Anforderungen an den Begriff des „Vermögens im Ganzen", § 1365 I S. 1 BGB, zu stellen sind:

269 Palandt, § 1368 BGB, Rn. 2.

270 Vgl. Reinicke, BB 1957, 567.

271 Palandt, § 1365 BGB, Rn. 2, 11 ff.

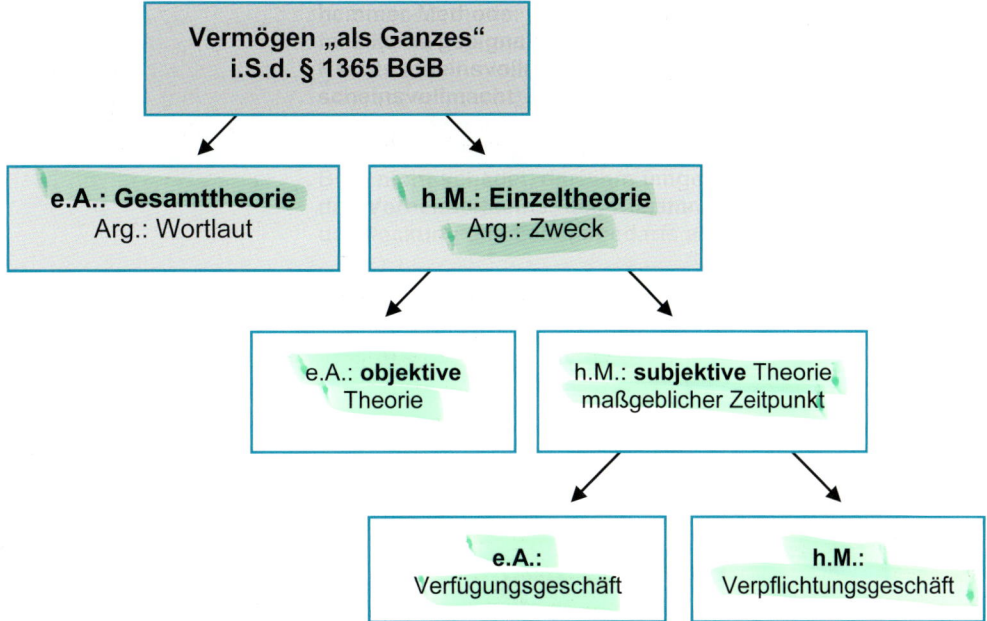

str.: „Gesamttheorie"
⇨ nicht bei einzelnem Gegenstand

Nach der sog. Gesamttheorie[272] fällt darunter – wie in § 311b II BGB – nur das Gesamtvermögen als solches („en bloc"), nicht aber ein einzelner Gegenstand, mag dieser auch im Wesentlichen das Vermögen darstellen. Der Parteiwille muss auf die Übertragung des Vermögens in seiner Gesamtheit gerichtet sein. **154**

a.A.: „Einzeltheorie"
⇨ dann mögl., wenn nahezu gesamtes Vermögen betroffen

Diese Ansicht wird jedoch ganz überwiegend abgelehnt zugunsten der „Einzeltheorie". Danach fällt unter den Begriff des „Vermögens im Ganzen" auch ein einzelner Vermögensgegenstand, wenn dieser das ganze oder nahezu das ganze Vermögen ausmacht.[273] →z.B. Haus/Grundstück

dafür: Zweck d. Norm

Dies wird mit dem Gesetzeszweck begründet, der darin liegt, die wirtschaftliche Grundlage der Familie zu sichern. Diese kann aber gerade auch bei der Veräußerung eines einzelnen Gegenstands (z.B. eines Grundstücks) gefährdet werden.

wichtig:
bei Restvermögen aber evtl. (-)

Dabei ist es eine Frage des Einzelfalls, wie hoch das verbleibende Restvermögen sein muss, um einen Fall des § 1365 BGB auszuschließen. Bei kleineren Vermögen findet § 1365 BGB i.d.R. keine Anwendung, wenn mindestens 15 % Restvermögen verbleiben.[274] **155**

Bei größeren Vermögen reduziert sich das minimale Restvermögen auf 10 %.[275] Der Prozentsatz wird bezogen auf das ursprüngliche Gesamtvermögen.[276]

> **hemmer-Methode:** Allein die Einzeltheorie wird den beiden Schutzzwecken des § 1365 BGB wirklich gerecht (Erhalt der Lebensgrundlagen der Familie, Erhalt des Zugewinns), da die Fälle, in denen ein Ehegatte ausdrücklich „das ganze Vermögen" veräußert - also en bloc - in der Praxis kaum vorkommen. Der Einzeltheorie ist deshalb zu folgen, selbst wenn diese in einem Spannungsverhältnis zu § 1364 BGB steht, wonach jeder Ehegatte grds. über Einzelgegenstände seines Vermögens frei verfügen kann.
> Die Ablehnung des § 1365 BGB bei verbleibendem Restvermögen (s.o.) ist deshalb aus Gründen des Verkehrsschutzes notwendig und geboten, da der Käufer wegen § 1364 BGB grds. auf die Verfügungsbefugnis im Hinblick auf Einzelgegenstände vertrauen darf. Im Übrigen wäre es natürlich auch klausurtaktisch sehr ungeschickt, der Gesamttheorie zu folgen!

272 MüKo, § 1365 BGB, Rn. 9.

273 Palandt, § 1365 BGB, Rn. 4; BGHZ 35, 135; 43, 174; BGH, NJW 1980, 2350.

274 BGH, FamRZ 1980, 765.

275 BGH, FamRZ 1991, 669 = jurisbyhemmer; OLG München, FamRZ 2005, 272 = jurisbyhemmer.

276 BGHZ 77, 293 = jurisbyhemmer.

Beachten Sie dann vor allem, dass die Frage, bei welchem Restvermögen die Lebensgrundlagen noch erhalten bleiben, von der Größe des Ausgangsvermögens abhängt, denn auch hier verbietet sich pauschales Lernen von Prozentsätzen: Es macht einen Unterschied, ob bei einem Vermögen von 10 Millionen € noch ein Rest von einer Million zum Leben bleibt oder bei einem Vermögen von 70.000,- € ein Rest von 10.000,- €. Ein „kleineres Vermögen" kann bis zu einem Bruttowert von 50.000,- € angenommen werden.

nach h.M. Wertvergleich notw.

Ob der veräußerte Gegenstand so gut wie das ganze Vermögen ausmacht, ist dabei durch einen Wertvergleich zwischen dem weggegebenen Vermögensstück und dem verbleibenden Restvermögen zu ermitteln, wobei eine wirtschaftliche Betrachtungsweise anzuwenden ist.

156

Gegenleistung bleibt dabei unberücksichtigt

Eine etwaige Gegenleistung hat dabei jedoch nach h.M. außer Betracht zu bleiben:[277] Der eindeutige Gesetzeswortlaut stellt nur auf die Verfügung des Ehegatten ab. Ob ein Rechtsgeschäft über das Vermögen im Ganzen vorliegt, hängt nicht davon ab, ob der Ehegatte durch die Verfügung eine wirtschaftliche Einbuße erleidet.[278] Vielmehr bleibt die Gegenleistung in Geld außer Betracht, da Geldvermögen weniger stabil ist und sich schneller aufzehrt. Sollte die Gegenleistung ausnahmsweise doch einmal in Sachgütern bestehen, könnte diese Frage durchaus auch anders entschieden werden.[279]

157

str., „objektive Theorie" (e.A.), oder zusätzl. subj. Komponente erforderlich?

Vom Standpunkt der Einzeltheorie aus ist wiederum umstritten, ob § 1365 I BGB schon dann eingreift, wenn objektiv ein Gegenstand veräußert wurde, der (nahezu) das ganze Vermögen ausmachte, („objektive Theorie"[280]) oder ob dazu noch eine subjektive Komponente kommen muss.

158

h.M.:
„subjektive Theorie"

Von der ganz h.M. wird die subjektive Theorie vertreten, wonach der Vertragspartner positiv wissen muss, dass es sich bei dem Gegenstand um (nahezu) das ganze Vermögen handelt oder wenn er zumindest die Umstände kennt, aus denen sich dies ergibt.[281]

hemmer-Methode: Irrelevant ist es allerdings, ob der Erwerber weiß, dass sein Vertragspartner verheiratet ist. Hier zeigt sich der Charakter des § 1365 BGB als absolutes, d.h. nicht durch guten Glauben überwindbares Verfügungsverbot.
Unerheblich ist auch, ob der beteiligte Ehegatte selbst weiß, dass der Geschäftsgegenstand nahezu sein gesamtes Vermögen ausmacht.[282]

Beweislast bzgl. Kenntnis v. Geschäftspartner hat Ehegatte

Die Kenntnis des Geschäftsgegners hat derjenige zu beweisen, der sich auf die Zustimmungsbedürftigkeit nach § 1365 BGB beruft, also i.d.R. der andere Ehegatte. Diese Beschränkung der Einzeltheorie durch ein subjektives Korrektiv dient insbesondere vor dem Hintergrund, dass § 135 II BGB nicht anwendbar ist, dem Verkehrsschutz.[283] Ansonsten wäre die Rechtssicherheit unerträglich beeinträchtigt.

159

hemmer-Methode: An dem Beweis der positiven Kenntnis des Erwerbers scheitert die Berufung auf § 1365 BGB in vielen Fällen in der Praxis. Der Erwerber mag einen „Verdacht" haben, positive Kenntnis hat er meist nicht, jedenfalls ist diese nicht nachweisbar, zumal der Erwerber in vielen Fällen kein Interesse an der Rückabwicklung des Rechtsgeschäfts hat, seine Zeugenaussage also nicht unbedingt weiter hilft.

---

277 BGHZ 40, 218 = **juris**byhemmer.

278 BGHZ 35, 135 = **juris**byhemmer.

279 BGHZ 40, 218; OLG München, FamRZ 2005, 272 = **Life&Law 2005, 225**: Zu berücksichtigen ist ein zeitgleich mit der Übertragung vereinbarter Rückübertragungsanspruch an Teilen des Grundstücks. Gleiches gilt für ein vorbehaltens Wohnrecht, vgl. BGH, Urteil vom 16.01.2013, XII ZR 141/10 = **Life&Law 08/2013**; alle Entscheidungen = **juris**byhemmer

280 MüKo, § 1365 BGB, Rn. 30.

281 Ständige Rspr. seit BGHZ 43, 174, 175. ff. = **juris**byhemmer; Palandt, § 1365 BGB, Rn. 9.

282 MüKo, § 1365 BGB, Rn. 29.

283 MüKo, § 1365 BGB, Rn. 35.

maßgeblicher Zeitpunkt
⇨ *Verpflichtung*

Maßgeblicher Zeitpunkt für die Kenntnis ist nach h.M. der Zeitpunkt der Verpflichtung,[284] spätere Kenntniserlangung schadet also nicht mehr, nach a.A. die Vollendung des Rechtserwerbs. Richtigerweise ist auf den Zeitpunkt der Verpflichtung abzustellen, da nur so der Zweck der subjektiven Theorie erreicht werden kann. Spätere Zeitpunkte fälschen die subjektive Theorie in Richtung der objektiven ab. Außerdem würde ein Abstellen auf einen späteren Zeitpunkt dazu führen, dass die Erfüllung eines mangels Kenntnis zustimmungsfreien Verpflichtungsgeschäfts zustimmungspflichtig wäre, was zu einer verschuldensunabhängigen Garantiehaftung nach § 311a II BGB führen könnte.[285] Diese Schadensersatzpflicht könnte dem Schutzzweck des § 1365 BGB entgegenlaufen. Deshalb sind nach ganz h.M. die §§ 1365, 1369 BGB hier auch auf das Erfüllungsgeschäft nicht anwendbar.

160

hemmer-Methode: § 1365 I BGB ist also zu lesen: „ohne die erforderliche Zustimmung", und bei Nichtkenntnis im Zeitpunkt des Verpflichtungsgeschäfts ist eine Zustimmung eben nicht erforderlich. Achten Sie im Sachverhalt aber nicht nur auf den Zeitpunkt, in dem der Erwerber Kenntnis erlangt.

Belastung = Verfügung?

Zweifelhaft ist die Rechtslage auch, wenn der nahezu das gesamte Vermögen ausmachende Gegenstand nicht veräußert, sondern belastet wird.

161

Da auch die Belastung eine Verfügung darstellt,[286] müsste § 1365 BGB grundsätzlich auch auf jede Belastung eines nahezu das ganze Vermögen bildenden Gegenstands anwendbar sein.

teleologische Auslegung
⇨ *Wertausschöpfung?*

Dem Sinn des § 1365 I BGB nach ist eine solche Belastung jedoch nur dann zustimmungsbedürftig, wenn sie den Wert des Vermögensgegenstandes im Wesentlichen ausschöpft.[287] Dies gilt nicht nur für Belastungen des Grundstücks mit Grundpfandrechten, sondern auch für die Belastung eines Grundstücks mit einer beschränkt persönlichen Dienstbarkeit in Form eines Wohnrechts.[288]

162

Bsp.: Ehefrau K bestellt ohne Wissen ihres Mannes M dem C für ein gewährtes Darlehen von 60.000,- € eine Buchgrundschuld in gleicher Höhe an ihrem Grundstück im Allgäu, welches einen Verkehrswert von 80.000,- € hat.

163

Das gesamte Vermögen der K beläuft sich auf 85.000,- €, was dem C bekannt ist. Als M von der Eintragung im Grundbuch erfährt, verlangt er wutentbrannt die Löschung der Grundschuld.

Zu Recht, wenn die Eheleute in Zugewinngemeinschaft leben?

Ein Anspruch aus §§ 1368, 894 BGB besteht, wenn das Grundbuch unrichtig ist, d.h. wenn die Grundschuld für C nicht entstanden ist.

Die Buchgrundschuld entsteht gem. §§ 1191, 873 BGB mit Einigung und Eintragung. Eintragung liegt zwar vor, jedoch könnte die Einigung an § 1365 BGB scheitern.

Fraglich ist, ob dessen Voraussetzungen vorliegen.

Nach der von der h.M. vertretenen Einzeltheorie fallen unter § 1365 BGB auch solche Verpflichtungs- und Verfügungsgeschäfte, die einen einzelnen Vermögensgegenstand betreffen, wenn dieser nahezu das gesamte Vermögen ausmacht. Dies ist hier bei dem Grundstück der Fall.

---

284 Palandt, § 1365 BGB, Rn. 10.

285 Vgl. oben Rn. 144.

286 Vgl. Definition der Verfügung in Palandt, Überblick vor § 104 BGB, Rn. 16; Medicus-Petersen, Rn. 25.

287 BGH, FamRZ 1966, 22; Medicus-Petersen, BR, Rn. 539; krit. MüKo, § 1365 BGB, Rn. 60 ff.

288 BGH, NJW 1990, 112 = **juris**byhemmer.

Ferner muss C subjektiv Kenntnis davon haben, dass das Grundstück nahezu das gesamte Vermögen der K ausmacht. Auch diese Voraussetzung liegt vor.

Allerdings wird das Grundstück nicht auf C übereignet, sondern lediglich mit einer Grundschuld belastet. Die Belastung eines einzelnen Gegenstandes ist allerdings nur dann als Geschäft i.S.d. § 1365 BGB zu bewerten, wenn bei der gebotenen wirtschaftlichen Betrachtungsweise im jeweiligen Einzelfall festgestellt wird, ob durch die Belastung der Wert des Grundstücks in einem Maße absinkt, dass dem verfügenden Ehegatten nur ein unwesentlicher Teil seinem ursprünglichen Gesamtvermögens verbleibt.[289] Dies ist im vorliegenden Fall zu verneinen, da der K 25.000,- € von 85.000,- € verbleiben.

Ergebnis: Demnach ist die Bestellung der Grundschuld nicht gem. §§ 1365 I S. 2, 1366 I, IV BGB unwirksam. M kann keinen Anspruch aus §§ 1368, 894 BGB geltend machen.

---

hemmer-Methode: Die Klausuren, in denen § 1368 BGB eine Rolle spielt, haben regelmäßig einen anspruchsvollen Aufbau. Bedenken Sie, dass zunächst geprüft werden sollte, ob der nicht verfügende Ehegatte eigene Ansprüche, z.B. aus §§ 862, 1007 BGB, hat, die er geltend machen kann. In einem zweiten Schritt sind dann die Ansprüche des verfügenden Ehegatten zu prüfen, verbunden mit der Feststellung, dass diese vom nicht verfügenden Ehegatten wegen § 1368 BGB geltend gemacht werden können.
Macht der Ehegatte das Eigentum seines Ehepartners geltend, so fehlt ihm sowohl die Verfahrensführungsbefugnis als auch die Aktivlegitimation. § 1368 BGB hilft über beides hinweg. Im Rahmen der Zulässigkeit ist die Vorschrift ein gesetzlich geregelter Fall der Verfahrensstandschaft. Im Rahmen der Begründetheit führt § 1368 BGB i.V.m. § 985 BGB zur Aktivlegitimation. § 985 BGB ist deswegen als Anspruchsgrundlage einschlägig, weil die Verfügung an § 1365 BGB scheitert. Dasselbe Problemfeld besteht im Rahmen des § 1369 BGB, soweit der Ehegatte über eigene Haushaltsgegenstände verfügt.

164

Antrag auf Teilungsversteigerung

Einer Verfügung im Sinne des § 1365 BGB gleichgestellt, ist der Antrag eines Ehegatten auf eine Teilungsversteigerung nach §§ 749, 753 BGB, wenn sein Miteigentumsanteil sein Vermögen im Ganzen im Sinne des § 1365 BGB darstellt.[290]

Geldschulden (-)

Geschäfte, die nur Geldschulden begründen, fallen nicht unter § 1365 BGB.

165

Etwas anderes muss natürlich gelten, wenn die Begründung der Geldschuld gerade in der Absicht erfolgte, § 1365 BGB zu umgehen.[291]

§ 1365 BGB gilt darüber hinaus auch bei Getrenntleben der Ehegatten. Demnach bleibt ein nach § 1365 BGB zustimmungsbedürftiges Geschäft auch nach der Scheidung zustimmungsbedürftig, da ansonsten der bestehende Zugewinnausgleichsanspruch gefährdet wäre.[292]

c) Veräußerung von Haushaltsgegenständen, § 1369 BGB

§ 1369 BGB - Verpflichtungs- u. Verfügungsverbot

Ähnlich § 1365 I S. 2 BGB, beinhaltet auch § 1369 BGB ein absolutes Verpflichtungs- und Verfügungsverbot. Über § 1369 III BGB gelten die §§ 1366 - 1368 BGB entsprechend.[293]

166

---

289 BGH NJW 1990, 112 = **juris**byhemmer; Palandt, § 1365 BGB, Rn. 6.

290 BGH, NJW 2007, 3127 ff. = **Life&Law 2008, 165 ff.** = **juris**byhemmer; anders entscheidet der BGH allerdings für eine bloße Vollstreckungsunterwerfungserklärung, die dem Gläubiger einen sofortigen Zugriff auf eine Immobilie als Vermögen im Ganzen ermöglicht, vgl. BGH, FamRZ 2008, 1613 = **juris**byhemmer.

291 Palandt, § 1365 BGB, Rn. 5 a.E.

292 Palandt, § 1365 BGB, Rn. 2; vgl. oben Rn. 146.

293 OLG Frankfurt, FamRZ 2004, 1105 gibt über §§ 1369 III, 1368 BGB auch einen Auskunftsanspruch gegen den handelnden Ehegatten, an wen er den Haushaltsgegenstand verkauft hat.

hemmer-Methode: Wichtig ist, dass der verfügende Ehegatte nicht selbst kraft der ihm von § 1357 BGB eingeräumten Rechtsmacht (vgl. oben Rn. 97 f.) die Zustimmung des anderen gleichsam miterklären kann. § 1369 BGB ist im Verhältnis zu § 1357 I S. 2 BGB lex specialis.[294]

Zwecke: Sicherung wirtschaftlicher Grundlagen u. Zugewinn

Normzwecke sind ähnlich wie bei § 1365 I BGB die Sicherung der wirtschaftlichen Grundlage des ehelichen Haushalts und der Ausgleichsforderung aus § 1378 I BGB bzw. der Hausratsverteilung nach §§ 1568a f. BGB.

Haushaltsgegenstände sind alle beweglichen Gegenstände des ehelichen Haushalts, die dem gemeinschaftlichen Leben der Ehegatten im privaten Bereich zu dienen bestimmt sind,[295] nicht dagegen Gegenstände zum beruflichen oder persönlichen Alleingebrauch eines Ehegatten.

167

Kenntnis v. Hausratseigenschaft nicht notw.

Im Gegensatz zu § 1365 BGB kommt es hier nicht darauf an, ob der Geschäftsgegner die Eigenschaft als Haushaltsgegenstand erkannt hat.

grds. Sachen d. Verfügenden

Nach dem Gesetzeswortlaut ist die Zustimmung nur erforderlich, wenn ein Ehegatte die ihm gehörenden Haushaltsgegenstände veräußert.

§ 1369 BGB analog bei Sachen des Ehepartners str.

Veräußert ein Ehegatte im Miteigentum beider oder im Alleineigentum des anderen stehende Haushaltsgegenstände, so stellt sich die Frage, ob eine analoge Anwendung des § 1369 I BGB in Betracht kommt.

168

Das wird z.T. aus Verkehrsschutzgesichtspunkten verneint. Überdies lasse auch der eindeutige Wortlaut keinen Raum für eine Analogie.[296]

Die h.M. dagegen bejaht im Hinblick auf den Schutzzweck des § 1369 BGB – Sicherstellung der materiellen Grundlage der Ehe – eine Analogie.[297] Dies folge auch aus einem „Erst-Recht-Schluss", denn wenn § 1369 BGB schon bei Gegenständen des Ehegatten selbst greife, dann erst recht bei solchen des anderen Ehegatten.

hier eher Problem v. § 935 BGB

Dieser Meinungsstreit ist jedoch regelmäßig praktisch irrelevant. Der Ehegatte, der über das Eigentum seines Partners verfügt, verfügt als Nichtberechtigter. Ein gutgläubiger Erwerb des Dritten scheitert dann bereits an § 935 BGB, wenn die Haushaltsgegenstände dem mitbesitzenden Ehegatten abhanden gekommen sind.

169

hemmer-Methode: Die analoge Anwendbarkeit des § 1369 BGB hat nur Bedeutung, wenn § 935 BGB nicht eingreift, weil der veräußernde Nichteigentümer Alleinbesitzer ist. Häufig werden sich im Sachverhalt Anhaltspunkte dafür finden lassen, wie die besitzrechtliche Lage ist. Der Eigentumserwerb des Dritten scheitert dann erst an der analogen Anwendung des § 1369 BGB.

Getrenntleben

Ob das Zustimmungsbedürfnis auch bei Getrenntleben gilt, ist strittig.

---

294 MüKo, § 1365 BGB, Rn. 30, wobei fraglich ist, ob Verkäufe überhaupt Geschäfte zur Deckung des angemessenen Lebensbedarfs i.S.d. § 1357 BGB sein können, vgl. MüKo, § 1357 BGB, Rn. 25.

295 Palandt, § 1369 BGB, Rn. 4.

296 Zum Meinungsstand MüKo, § 1369 BGB, Rn. 13.

297 Palandt, § 1369 BGB, Rn. 1.

Die h.M. bejaht dies jedenfalls für Haushaltsgegenstände, die bereits vor der Trennung zum ehelichen Hausrat gehörten. Dieser Ansicht ist im Hinblick auf den Schutzzweck der Norm auch zuzustimmen.[298]

170

bei Rechten Analogie?

Fraglich ist, ob § 1369 BGB auch analog auf Rechte anwendbar ist. Grundsätzlich ist dies zu verneinen.[299]

171

Anders ist jedoch für das Anwartschaftsrecht an unter Eigentumsvorbehalt erworbenen Haushaltsgegenständen zu entscheiden.

Das Anwartschaftsrecht ist ein dem Eigentum wesensgleiches Minus und insoweit ein dingliches Recht mit eigenem Zuweisungsgehalt.

bzgl. AWR als wesensgleiches Minus (+)

Würde man § 1369 BGB auf eine Verfügung über das Anwartschaftsrecht nicht anwenden, dann könnte der Erwerber den Restkaufpreis zahlen und so Volleigentum ohne Zustimmung des anderen Ehegatten erwerben.[300]

172

hemmer-Methode: **Eigentumsanwartschaftsrechte werden auch nicht abgetreten (§ 398 BGB), sondern nach den §§ 929 ff. BGB übertragen. Ein Herausgabeanspruch analog § 985 BGB besteht ebenfalls.**
Das Anwartschaftsrecht dient wie häufig der Notendifferenzierung und stellt im Verhältnis zum Eigentum ein Problem mehr dar.
Zur Ergänzung: Die h.M. gewährt die Drittwiderspruchsklage (§ 771 ZPO) bei Anwartschaftsrechten,[301] sodass es nahezu sinnwidrig wäre, wenn man dann i.R.d. § 1369 BGB Anwartschaftsrechte ausnehmen wollte.

Gleiches gilt auch für den Miteigentumsanteil an gemeinsamen Haushaltsgegenständen.

173

3. Dinglichen Surrogation, § 1370 BGB

§ 1370 BGB abgeschafft

§ 1370 BGB, der bei der Ersatzanschaffung von Haushaltsgegenständen eine dingliche Surrogation anordnete, wurde zum 01.09.2009 gestrichen.

173a

4. Zugewinnausgleich

Zugewinnausgleich bei einseitiger Vermögensmehrung

Wie gezeigt, findet in der Zugewinngemeinschaft eine (dingliche) Beteiligung am Vermögen des Ehegatten nicht statt, §§ 1363 II S. 1, 1364 BGB. Bei einem Ehegatten eingetretene einseitige Vermögensmehrungen werden jedoch bei Beendigung der Zugewinngemeinschaft ausgeglichen, § 1363 II S. 2 BGB, weil sie als auch auf der Mitarbeit des Ehegatten beruhend angesehen werden.

174

hemmer-Methode: **Mittlerweile wird jede dritte Ehe geschieden! Die Bedeutung, die dabei speziell dem Zugewinnausgleich (als Druckmittel) zukommt, darf unter den sich trennenden und kaum wohlgesonnenen Partnern keinesfalls unterschätzt werden.**
Die nachfolgenden Ausführungen sind deshalb nicht allein für die Bewältigung juristischer Examensprobleme von Belang. Sie bilden ebenso ein wichtiges Allgemeinwissen, das einen im eigenen privaten Bereich vor unangenehmen Überraschungen schützen kann. „hemmer-Methode" heißt, auch für das Leben zu lernen, nicht allein für das Examen!

---

298 Palandt, § 1369 BGB, Rn. 2.

299 MüKo, § 1369 BGB, Rn. 9 ff.

300 Allg. Meinung, Palandt, § 1369 BGB, Rn. 4.

301 Ganz h.M., vgl. Thomas/Putzo, § 771 ZPO, Rn. 15; a.A. § 805 ZPO zumindest beim Sicherungseigentum wegen der Ähnlichkeit zum Pfandrecht; umfassend hierzu **Hemmer/Wüst, ZPO II, Rn. 267 f.**

Beachten Sie deshalb zum besseren Verständnis Folgendes: Der Güterstand der Zugewinngemeinschaft ist grds. auf die „Hausfrauenehe" (neuerdings auch „Hausmannehe") zugeschnitten,[302] also auf die Fälle, in denen ein Ehegatte allein (auch bei außerhäuslichem Teilzeiterwerb) den Haushalt führt. In der Doppelverdienerehe bei Teilung der Hausarbeit passt das Modell des Zugewinnausgleichs eigentlich nicht. Dasselbe gilt, wenn der eine Ehepartner ein Unternehmen als Lebensgrundlage hat, das im Falle der Scheidung liquidiert werden müsste. Dennoch sollte in diesen Fällen nicht vorschnell Gütertrennung vereinbart werden. Vielmehr besteht die Möglichkeit, den Zugewinnausgleich durch Ehevertrag auf bestimmte Fälle (z.B. den Tod) zu beschränken bzw. die Höhe des Anspruchs auf Zugewinnausgleich bei Scheidung zu modifizieren.[303] Ein guter Notar wird i.d.R. auch dahingehend auf die Ehepartner einzuwirken versuchen, dass im Ehevertrag statt Gütertrennung eine modifizierte Zugewinngemeinschaft vereinbart wird.[304]

Zugewinnausgleich bei Tod

Wird die Zugewinngemeinschaft durch den Tod eines Ehegatten beendet – wovon das Gesetz ausgeht, vgl. § 1353 I S. 1 BGB –, so erfolgt der Zugewinnausgleich i.d.R. durch dingliche Beteiligung am Vermögen des Verstorbenen, §§ 1931 III, 1371 I BGB (sog. erbrechtliche Lösung). **175**

Zugewinnausgleich unter Lebenden

Bei Beendigung zu Lebzeiten beider Ehegatten erfolgt er durch Einräumung eines schuldrechtlichen Ausgleichsanspruchs des Ehegatten, der den geringeren Zugewinn erzielt hat, gegen den anderen, §§ 1378 I, 1378 III S. 1, 1372 BGB (sog. güterrechtliche Lösung).

a) Güterrechtliche Lösung

Anspruchsgrundlage: §§ 1378 I, III HS 1, 1372 BGB, Anspruchsinhalt: grds. Geld

Der Anspruch auf Zugewinnausgleich ergibt sich aus §§ 1378 I, 1378 III HS 1, 1372 BGB. Schuldner ist der Ehegatte mit dem höheren Zugewinn, Gläubiger derjenige mit dem geringeren Zugewinn. Der Anspruch geht auf Geld. Unter den Voraussetzungen des § 1383 BGB hat der Gläubiger jedoch eine Ersetzungsbefugnis. Er kann Geld durch andere Gegenstände substituieren.[305] **176**

Voraussetzungen

Anspruchsvoraussetzungen sind:

⇨ eine wirksame Ehe, in der eine Zugewinngemeinschaft besteht

⇨ die Beendigung des Güterstandes zu Lebzeiten beider Ehegatten, § 1372 BGB

⇨ ein Überschuss des Zugewinns eines Ehegatten über den Zugewinn des anderen Ehegatten

---

Zugewinn unter Lebenden in folgenden Fällen

Eine Beendigung der Zugewinngemeinschaft zu Lebzeiten beider Ehegatten findet in folgenden Fällen statt:

Durch Auflösung der Ehe:

⇨ Scheidung, §§ 1564 ff. BGB

⇨ Aufhebung, §§ 1313 ff. BGB

---

302 MüKo, vor § 1363 BGB, Rn. 8.

303 Vgl. oben Rn. 132; die Wirkung des § 1414 S. 2 BGB tritt jedenfalls nicht ein, wenn der Zugewinnausgleich auf bestimmte Fälle beschränkt wird, vgl. Palandt, § 1414 BGB, Rn. 1; über die einzelnen Möglichkeiten ausführlich Palandt, § 1408 BGB, Rn. 18.

304 Eine solche modifizierte Zugewinngemeinschaft ist im Übrigen schon aus Gründen des Erbschaftssteuerrechts zu empfehlen.

305 Palandt, § 1383 BGB, Rn. 1.

> **Bei Fortbestand der Ehe:**
>
> ⇨ nachträglicher Ehevertrag, §§ 1408, 1410 BGB
>
> ⇨ Beschluss über den vorzeitigen Zugewinnausgleich, § 1388 BGB i.V.m. §§ 1385, 1386 BGB

aa) Berechnung der Ausgleichsforderung

Zugewinn: Betrag, um den Endvermögen das Anfangsvermögen übersteigt

§ 1373 BGB enthält die Legaldefinition des Zugewinns: Zugewinn ist der Betrag, um den das Endvermögen eines Ehegatten, § 1375 BGB, sein Anfangsvermögen, § 1374 BGB, übersteigt.

177

> **Merkformel:** § 1373 BGB = § 1375 BGB minus § 1374 BGB
> (Zugewinn)   (End-)   — (Anfangsver-mögen)

derjenige mit geringerem Zugewinn hat Ausgleichsanspruch

Hat bei Beendigung des Güterstandes ein Ehegatte einen größeren Zugewinn erzielt als der andere, dann hat derjenige mit dem geringeren Zugewinn einen schuldrechtlichen Anspruch in Höhe der Hälfte der Differenz, § 1378 I BGB.

178

> **Ausgleichsforderung** = (Zugewinn Schuldner minus Zugewinn Gläubiger) : 2
>
> *Ehegatte mit höherem Zugewinn*
> *Ehegatte mit niedrigerem Zugewinn*

Bsp.:

	Mann	**Frau**
Anfangsvermögen	20.000,- €	10.000,- €
Endvermögen	80.000,- €	20.000,- €
Zugewinn	**60.000,- €**	**10.000,- €**

Ausgleichsanspruch:	(60.000,- € − 10.000,- €) : 2
Ergebnis:	**50.000,- €: 2 = 25.000,- €**

Der **Ausgleichsanspruch der F** beträgt demnach **25.000,- €.**

hemmer-Methode: Bedenken Sie, dass Ihnen selbst im Zweiten Examen noch kein Taschenrechner zur Verfügung steht. Mitunter kann deshalb gerade das Ausrechnen konkreter Beträge innerhalb einer fünfstündigen Klausur große Schwierigkeiten bereiten. Schließlich werden in einigen Klausuren zu allem Überfluss auch „krumme" Zahlen verwendet, die den Prüfling nur noch mehr verunsichern.
Deshalb gilt es, vor dem Ernstfall ausreichend häufig die Abfolge der verschiedenen Prüfungsschritte genau zu lernen:
1. Güterstand bestimmen
2. maßgeblichen Zeitpunkt für die Berechnung festlegen
3. Vermögen des einen Ehegatten berechnen
4. Vermögen des anderen Ehegatten berechnen
5. nunmehr Ausgleichsanspruch festlegen
6. möglicherweise Anrechnung von Beträgen gem. § 1380 BGB

kein negativer Zugewinn mögl.

Der Zugewinn kann nicht negativ sein (vgl. § 1373 BGB: „übersteigt"). Ist das Endvermögen eines Ehegatten geringer als sein Anfangsvermögen, so findet kein Verlustausgleich statt.[306]

179

Bsp.:

	Mann	Frau
Anfangsvermögen	20.000,- €	20.000,- €
Endvermögen	10.000,- €	40.000,- €
Zugewinn	0 €	**20.000,- €**
	(**nicht:** – 10.000)	

Ausgleichsanspruch: (20.000,- € – 0 €) : 2

Ergebnis: 20.000,- € : 2 = __10.000,- €__

Der **Ausgleichsanspruch des M** beträgt demnach **10.000,- €**. Er bemisst sich also **nicht** nach der Differenz zwischen – 10.000,- € und 20.000,- = 30.000,- €.

---

hemmer-Methode: Dass der Zugewinn minimal Null sein soll, ist ein rechtspolitisch sehr umstrittener Punkt. Nach kritischen Stimmen bleibt der Gesetzgeber mit seiner Güterrechtsreform zum 01.09.2009 auf halbem Weg stehen. Wenn die Ehe eine wirkliche Schicksalsgemeinschaft sein soll, müssen sich die Ehegatten auch am negativen Zugewinn des anderen beteiligen:
Bsp.: Beide Ehegatten gehen mit einem Vermögen von je 500.000,- € in die Ehe, das in Wertpapieren angelegt ist. Während der Ehe werden die jeweiligen Anlagestrategien gemeinschaftlich entschieden. Das Vermögen des Mannes reduziert sich dabei auf 400.000,- €, das der Frau erhöht sich auf 600.000,- €. Nach der alten und neuen Rechtslage ist der Zugewinn des Mannes 0, der der Frau 100.000,- €, sodass sie ihm 50.000,- € schuldet. Tatsächlich haben sich beider Vermögen aufgrund ihrer gemeinsamen Entscheidungen um 200.000,- € auseinanderentwickelt, sodass eine Ausgleichszahlung von 100.000,- € nicht ungerecht wäre.
Zum Teil wird aber auch behauptet, der Zugewinn könne nach der Reform zum 01.09.2009 auch negativ sein. Begründet wird dies mit § 1377 III BGB, wonach ohne Bestandsverzeichnis im Sinne des § 1377 I BGB vermutet wird, dass das Endvermögen eines Ehegatten seinen Zugewinn darstellt. Da das Endvermögen nach § 1375 I S. 2 BGB aber auch negativ sein kann, muss auch der Zugewinn negativ sein können.[307] Diese Argumentation ist logisch und nachvollziehbar. Das Ergebnis entspricht aber wohl nicht dem Willen des Gesetzgebers, so dass nicht von einer Änderung der h.M. auszugehen ist.

Ermittlung v. Anfangs- u. Endvermögen notw.

Zwecks Ermittlung des Zugewinns ist also zuerst das jeweilige Anfangs- und Endvermögen zu ermitteln:

180

⇨ der maßgebliche Bewertungszeitpunkt ist festzulegen

⇨ es ist zu ermitteln, welche Vermögensgegenstände dem Ehegatten in diesem Zeitpunkt zustanden

---

306 Vgl. Palandt, § 1373 BGB, Rn. 4.

307 Braeuer, Kann der Zugewinn negativ sein? FamRZ 2010, 1614; vgl. auch die kritische Stellungnahme hierzu von Kogel, „Negativer Zugewinn - Einführung der Sippenhaft im gesetzlichen Güterstand?", FamRZ 2010, 2036.

⇨ diese einzelnen Vermögensgegenstände sind mit ihrem Geld-
wert im Bewertungszeitpunkt anzusetzen

⇨ die Einzelwerte sind zu addieren

⇨ die im Bewertungszeitpunkt bestehenden Passiva sind bis zur
Grenze Null vom so ermittelten Aktivvermögen abzuziehen

Rechnerischer Zugewinn kann in drei Fällen entstehen:

⇨ während des Güterstandes werden weitere Vermögenswerte erworben

⇨ Vermögensgegenstände des Anfangsvermögens steigen im Wert
(echte Wertsteigerung)

⇨ Vermögensgegenstände des Anfangsvermögens werden in Folge der Inflation scheinbar wertvoller (nominale Wertsteigerung)[308]

---

(1) Anfangsvermögen , § 1374

Aktivvermögen

Anfangsvermögen ist das zum maßgeblichen Zeitpunkt vorhandene
Aktivvermögen eines Ehegatten, d.h. der Wert aller Vermögensgegenstände abzüglich der Verbindlichkeiten. Es ist also keine Vermögensmasse, sondern eine reine Rechengröße.

bb beim Eintritt des Güterstandes

(a) Echtes Anfangsvermögen

Vermögen bei Eintritt des Güterstan-des

Maßgeblicher Zeitpunkt für die Ermittlung des Anfangsvermögens ist
der Eintritt des Güterstandes der Zugewinngemeinschaft, §§ 1374 I,
1376 I BGB, i.d.R. also die Eheschließung.

**hemmer-Methode: Je nach Fallgestaltung ist auch ein anderer Zeit-
punkt denkbar. Haben die Ehegatten vor Eheschließung Gütertrennung
vereinbart und schließen sie dann nach einigen Jahren Ehe einen neu-
en Ehevertrag, in dem sie den gesetzlichen Güterstand vereinbaren,
bestimmt sich das Anfangsvermögen nach dem Zeitpunkt des zweiten
Ehevertrages!**

negatives Anfangsvermögen

Oft haben die Ehegatten zu Beginn ihrer Ehe bereits überwiegend
Schulden. Bis zum 01.09.2009 wurden diese Schulden nur bis zu
Höhe des Vermögens abgezogen, das Anfangsvermögen war also
minimal Null, § 1374 I HS 2 BGB a.F.[309] Diese Regelung wurde allgemein als ungerecht empfunden.

> *Bsp.:* *Ging bspw. der Ehemann mit 1 Mio. € Schulden in die Ehe, die er
> während der Ehezeit komplett tilgte, konnte er von seiner Ehefrau, die mit
> einem Anfangsvermögen von Null startete 5.000,- € Zugewinnausgleich
> verlangen, wenn diese in der Ehezeit 10.000,- € ansparte.*

Aus diesem Grund wurde § 1374 I HS 2 BGB zum 01.09.2009 gestrichen. Stattdessen bestimmt nunmehr § 1374 III BGB, dass Verbindlichkeiten auch über die Höhe des Vermögens hinaus abzuziehen sind, dass das Anfangsvermögen also auch negativ sein kann.

182

---

308 Vgl. dazu aber unten Rn. 195.

309 Nach Art. 229 § 20 II EGBGB gilt diese Rechtslage für „Altfälle" weiter fort, wenn der Scheidungsantrag vor dem 01.09.2009 anhängig gemacht
wurde!

Künftig wird deshalb in obigem Beispielsfall keiner vom anderen Zugewinnausgleich verlangen können. Zwar ist der Zugewinn des Mannes um 990.000,- € höher als der der Frau, sodass sie eigentlich 445.000,- € verlangen könnte, § 1378 I BGB. Diese Forderung ist allerdings nach § 1378 II BGB auf die Hälfte des Vermögens begrenzt, das dem Mann zum Stichtag zusteht, hier also Null.

Vermutung des § 1377 III BGB

Wichtig ist die Vermutung des § 1377 III BGB: Wurde nicht gem. § 1377 I, II BGB ein Vermögensverzeichnis aufgenommen, so wird widerlegbar i.S.d. § 292 S. 1 ZPO vermutet, dass das Anfangsvermögen Null war. **183**

hemmer-Methode: Bis zur Reform des Güterrechts zum 01.09.2009 bedeutete § 1377 III BGB, dass jeder Ehegatte sein eigenes Anfangsvermögen beweisen musste. Gelang ihm dies nicht, ging das allein zu seinen Lasten. Nunmehr kann die Vermutung des § 1377 III BGB für den jeweiligen Ehegatten auch von Vorteil sein, nämlich dann, wenn er (evtl.) mit Schulden in die Ehe ging. Hier muss nunmehr der andere Ehegatte beweisen, dass sein Ehegatte negatives Anfangsvermögen hatte, dass also die Vermutung des § 1377 III BGB widerlegbar ist. Im „Gegenzug" wurde allerdings auch § 1379 BGB geändert. Anders als früher kann nun nach § 1379 I Nr. 2 BGB auch Auskunft über das Anfangsvermögen des anderen Ehegatten verlangt werden.

grundsätzlich alle geldwerten Positionen

Bei der Ermittlung des Anfangsvermögens sind grds. alle im Bewertungszeitpunkt vorhandenen geldwerten Positionen einzubeziehen.[310]

nicht berücksichtigungsfähige Positionen

Dabei bleiben manche Rechte jedoch unberücksichtigt. Zu diesen nicht berücksichtigungsfähigen Rechten gehören: **184**

⇨ Anrechte auf künftig fällige wiederkehrende Leistungen, deren Bestimmung es ist, den Unterhalt des Ehegatten in künftigen Zeitabschnitten zu gewährleisten (vgl. § 1374 II BGB a.E.).[311] Dazu gehören z.B. künftig fällige Ansprüche auf Arbeitsentgelt oder auf Unterhalt.

⇨ Anwartschaften oder Aussichten, die unter den Versorgungsausgleich fallen, § 1587 III BGB, auch wenn dieser im konkreten Fall nicht stattfindet (§ 1408 II S. 1 BGB!).[312]

⇨ Haushaltsgegenstände im Miteigentum, die der Verteilung nach §§ 1568a f. BGB unterfallen.[313]

Umrechnung in Geld

Für die Frage, nach welchen Maßstäben die ermittelten Vermögensgegenstände in Geld umzurechnen sind, gilt § 1376 I, III, IV BGB.

(b) Fiktives Anfangsvermögen, § 1374 II BGB

Hinzurechnung nach § 1374 II BGB

Späterer unentgeltlicher Erwerb wird in den in § 1374 II BGB abschließend aufgezählten Fällen einer Schenkung, eines Erwerbs von Todes wegen, eines Erwerbs mit Rücksicht auf ein künftiges Erbrecht und einer Ausstattung nach Abzug entsprechender Verbindlichkeiten dem Anfangsvermögen zugeschlagen. An unentgeltlichen Zuwendungen soll der andere Ehegatte nämlich nicht teilhaben, weil sie zumeist auf persönlichen Beziehungen beruhen und nicht erarbeitet sind.[314] **185**

---

310 BGHZ 82, 149; Palandt, § 1374 BGB, Rn. 4; OLG Karlsruhe, FamRZ 2004, 1028 zur Bewertung einer einmaligen Anzahlung i.R.e. Leasingvertrages. Alle Entscheidungen = **juris**byhemmer.

311 Palandt, § 1374 BGB, Rn. 4 i.V.m. § 1375 BGB, Rn. 6.

312 Palandt, § 1374 BGB, Rn. 4 i.V.m. § 1375 BGB, Rn. 5.

313 Vgl. unten Rn. 193.

314 Vgl. BGHZ 68, 45 = **juris**byhemmer.

Das gilt jedoch nur für die Substanz der Zuwendung. Spätere Gewinne, die auf ihr basieren, erhöhen daher ebenso wie reale Wertsteigerungen zugewendeter Gegenstände den Zugewinn.[315] Dies ergibt sich bereits aus § 1376 I BGB, wonach ins Anfangsvermögen nur der Wert im Zeitpunkt des privilegierten Erwerbs einzustellen ist, während im Endvermögen der tatsächliche Wert zum Stichtag des § 1384 BGB einzustellen ist.[316]

186

> *Bsp.: Ehemann M erbt von seiner Mutter ein Sparbuch. Später wird die Ehe mit F geschieden. Hat F bezüglich des Sparbuchs und der Zinsen einen Anspruch auf Zugewinnausgleich?*
>
> Infolge der Vermögenstrennung (§ 1363 II S. 1 BGB) ist M zunächst Forderungsinhaber und Eigentümer des Sparbuchs geworden (vgl. § 952 BGB). Ihm stehen auch die Zinsen und die Verwaltung des Sparbuchs alleine zu.
>
> Auch nach der Scheidung gehört das Sparbuch weiterhin M, da keine Vergemeinschaftung des Zugewinns stattfindet, sondern vielmehr eine Gütertrennung mit bloß schuldrechtlichem Ausgleichsanspruch besteht. Es kommt also nur ein Ausgleichsanspruch in Geld in Betracht.
>
> Das Sparbuch wurde von Todes wegen erworben, § 1922 I BGB. Solcher Erwerb wird gem. § 1374 II BGB dem Anfangsvermögen zugeschlagen und mindert dadurch den Zugewinn. Grund dafür ist, dass er nicht auf gemeinsamer Arbeit beruht (ebenso wie Schenkungen, Zuwendungen mit Rücksicht auf ein künftiges Erbrecht und zur Ausstattung, vgl. § 1374 II BGB). Hinsichtlich des Sparbuches besteht also kein Ausgleichsanspruch.
>
> Die Zinsen aus dem Sparguthaben sind dagegen ausgleichspflichtig. Zwar beruhen auch diese nicht auf gemeinsamer Arbeit, dennoch werden sie nicht von § 1374 II BGB ausgeklammert. Dem Anfangsvermögen wird lediglich das Geschenk, nicht aber auch Zinsgewinne aus dem Geschenk oder dessen Wertsteigerungen hinzugerechnet.[317]

Gratifikationen/Trinkgelder (-)

187

Nicht zu dem Kreis der in § 1374 II BGB abschließend aufgezählten unentgeltlichen Zuwendungen gehören Gratifikationen und Trinkgelder.

In Betracht kommt hier eine Subsumtion unter den Begriff der „Schenkung", der die gleichen Voraussetzungen wie bei § 516 BGB hat, also Zuwendung und Einigung über die Unentgeltlichkeit. Gratifikationen und Trinkgelder sind aber schon keine Schenkungen i.d.S., da sie zumindest z.T. auch Entgelt für geleistete Dienste und daher nicht unentgeltlich sind. Jedenfalls sind sie aber „den Umständen nach zu den Einkünften zu rechnen", § 1374 II BGB a.E.[318]

§ 1374 II BGB (-) bei unentgeltlichen Zuwendungen zwischen den Ehegatten

188

Nach der ganz h.M.[319] ist § 1374 II BGB auf unentgeltliche Zuwendungen zwischen den Ehegatten (echte Schenkungen und sog. unbenannte Zuwendungen, vgl. dazu unten Rn. 227) nicht anwendbar, weil diese vom Normzweck nicht erfasst sind. Diese erhöhen vielmehr den Zugewinn des Empfängers und finden gegebenenfalls im Rahmen des § 1380 BGB Berücksichtigung (vgl. unten Rn. 199 ff.).

---

315 Eine Ausnahme gilt für Wertsteigerungen, die darauf beruhen, dass das geschenkte Grundstück mit einem Nießbrauch belastet ist, der kontinuierlich – wegen der sinkenden Restlebenserwartung des Begünstigten – an Wert verliert. Dieser Wertzuwachs des Grundstücks unterfällt nicht dem Zugewinnausgleich, da er in der Schenkung bereits angelegt ist, vgl. BGH, Beschluss vom 06.05.2015, XII ZB 306/14 = **Life&Law 10/2015** = jurisbyhemmer.

316 Palandt, § 1374 BGB, Rn. 6, 8.

317 Palandt, § 1374 BGB, Rn. 8; da jedoch die inflationsbedingte (nominale) Wertsteigerung herausgerechnet werden muss (vgl. unten Rn. 195), und diese regelmäßig höher sein wird als die Zinsen auf ein Sparguthaben, wird die Anspruchshöhe wohl 0 € betragen!

318 Palandt, § 1374 BGB, Rn. 14, 18.

319 BGH, NJW 2011, 72 = jurisbyhemmer; Palandt, § 1374 BGB, Rn. 15 m.N.; a.A. MüKo, § 1374 BGB, Rn. 22 m.w.N.; ausführliche Kritik bei Lipp, JuS 1993, 89.

§ 1374 II BGB bei Zuwendungen durch die Schwiegereltern

Zuwendungen seitens der Schwiegereltern können hingegen als Schenkungen dem Anfangsvermögen des beschenkten Schwiegerkindes hinzugerechnet werden. Der Wert dieser Schenkungen ist allerdings zu mindern, wenn die Schwiegereltern beim Scheitern der Ehe einen Rückforderungsanspruch aus § 313 BGB haben sollten.

189

Die Höhe des Rückforderungsanspruchs entspricht dabei der Wertminderung der Schenkung.[320]

§ 1374 II BGB abschließend?

Umstritten ist die Frage, ob § 1374 II BGB abschließend ist.

190

z.B. Spekulations- u. Lottogewinne

Teilweise wird vertreten, dass Vermögenswerte, die allein als Ausgleich für die Schädigung höchstpersönlicher Rechtsgüter erworben wurden (z.B. Schmerzensgeld), dem Anfangsvermögen hinzuzurechnen sind, weil sie in keinem Zusammenhang mit der Zugewinngemeinschaft stehen.[321] Auch bei Spekulationsgewinnen und Lottogewinnen könnte man an eine Analogie zu § 1374 II BGB denken.[322]

h.M.: § 1374 BGB nicht analogiefähige Sonderregelung; ggf. § 1381 BGB

Nach ganz h.M. ist § 1374 II BGB jedoch eine abschließende und nicht analogiefähige Sonderregelung. Dieser Meinung ist zu folgen, da die Gegenansicht im Einzelfall zu erheblicher Rechtsunsicherheit führt.[323] In Härtefällen kann dann eine Anwendung von § 1381 BGB in Betracht kommen.[324]

hemmer-Methode: Die h.M. macht von der abschließenden Wirkung des § 1374 II BGB eine einzige Ausnahme: In erweiternder Auslegung des Begriffs „Erwerb von Todes wegen" wird auch die Lebensversicherungssumme unter § 1374 II BGB subsumiert, obwohl diese dem Begünstigten nicht nach § 1922 BGB, sondern durch rechtsgeschäftlichen Erwerb nach § 159 VVG zufällt.[325]
Ist das geschenkte Vermögen mit einem Nießbrauch belastet, sinkt der Wert der Belastung mit jedem Jahr, um das der Nießbraucher älter wird, da der Nießbrauchwert sich aus dem Jahresnutzungswert des Grundstücks und der Restlebenserwartung des Nießbrauchberechtigten errechnet. Dieses allmähliche Absinken des Nießbrauchwertes ist nach Ansicht der ganz h.M. als unmittelbare Folge der Schenkung ebenfalls nach § 1374 II BGB zu behandeln. Die Folge ist, den jeweiligen Wert des Nießbrauchs in das Anfangs- und das Endvermögen einzustellen und das Absinken des Nießbrauchwertes als Folge des privilegierten Erwerbs ebenfalls dem Anfangsvermögen hinzuzurechnen. Das Problem hieran, ist dass das jährliche Absinken des Wertes auch jeweils gesondert indexiert, d.h. inflationsbereinigt werden muss.[326] Für die Praxis bedeutet diese Rechtsprechung des BGH eine äußerst komplizierte Berechnung, die wohl meist – was auch der BGH selbst so ausspricht – nur durch einen Sachverständigen durchgeführt werden kann. Für die Klausur dürfte sich das Problem damit weniger eignen.

(2) Endvermögen

Endvermögen = Aktivvermögen ⇨ reine Rechengröße

Das Endvermögen eines Ehegatten ist das zum maßgeblichen Zeitpunkt vorhandene Aktivvermögen, §§ 1375 I, 1378 II BGB. Das Endvermögen ist also ebenso wie das Anfangsvermögen keine Vermögensmasse, sondern eine reine Rechengröße. Das Endvermögen kann dabei, genauso wie das Anfangsvermögen, auch negativ sein, § 1375 I S. 2 BGB.

191

320 BGH, FamRZ 2010, 958 = **Life&Law 08/2010** = **juris**byhemmer.
321 Schwab, Rn. 227, 230.
322 Dagegen BGH, FamRZ 1977, 124 = **juris**byhemmer; BGH, Beschluss vom 16. Oktober 2013 - XII ZB 277/12 = **Life&Law 2014, 103** = **juris**byhemmer.
323 St. Rspr., BGHZ 68, 43 ff. = **juris**byhemmer; 80, 384 ff. und h.L., Palandt, § 1374 BGB, Rn. 19.
324 Dazu unten Rn. 208 f.
325 BGH, NJW 1995, 3113; Palandt, § 1374 BGB, Rn. 19 a.E.; nicht unumstr., vgl. Elfring, ZEV 2004, 305, der eine mittelbare Schenkung der Versicherungssumme annimmt; fraglich ist, ob die Entscheidung des BGH, ZEV 2010, 305 = **Life&Law 12/2010, 807 ff.** zur Bewertung der Lebensversicherung im Rahmen des § 2325 BGB sich auch auf § 1374 II BGB auswirken wird, so dass u.U. auch hier nur noch der Rückkaufswert anzusetzen ist. Alle Entscheidungen = **juris**byhemmer.
326 Vgl. BGH, NJW 2007, 2245 ff. = **juris**byhemmer.

(a) Echtes Endvermögen

maßgeblicher Zeitpunkt: Beendigung des Güterstands

Trennung / Scheidung etc.

Entscheidend ist der Zeitpunkt der Beendigung des Güterstandes (§ 1375 I BGB). Häufigster Anwendungsfall des Zugewinnausgleichs ist in der Klausur die Scheidung, sodass diesbezüglich eigentlich der Zeitpunkt der Rechtskraft der Scheidung ausschlaggebend wäre.

Jedoch besagt § 1384 BGB, dass bei der Scheidung für die Bestimmung des Endvermögens der Zeitpunkt der Rechtshängigkeit des Scheidungsantrags maßgeblich ist (§ 124 FamFG i.V.m. §§ 253, 261 ZPO). Dieser Zeitpunkt kann allerdings nicht über eine analoge Anwendung des § 167 ZPO auf die Anhängigkeit vorverlagert werden.[327]

hemmer-Methode: Achtung! § 1384 BGB gilt aber nur dann, wenn gerade die Scheidung den Güterstand beendet. Haben also die Ehegatten zuvor einen Ehevertrag (§§ 1408, 1410 BGB) geschlossen oder auch nur den Versorgungsausgleich ausgeschlossen (§ 1414 S. 2 BGB), dann ist dieser Zeitpunkt entscheidend. Nicht selten versucht Ihnen der Klausurersteller mit dem Scheidungsantrag im Hinblick auf die Berechnung des Endvermögens eine Falle zu stellen.

Das Stichtagsprinzip ist auch dann anzuwenden, wenn es im Einzelfall zu unbilligen Ergebnissen führt.

Bsp.: Stichtag ist der 02.02. An diesem Tag hat der Ehemann 4.000,- € auf seinem Girokonto. Allerdings muss er hiervon am 03.02. 2.500,- € als Unterhalt an seine Ehefrau und Kinder zahlen.

Lösung: Hier sind in das Endvermögen die kompletten 4.000,- € einzustellen, ohne dass diesen eine Verbindlichkeit in Höhe von 2.500,- € gegenüber zu stellen wäre, da die Unterhaltsschuld erst am 03.02., also nach dem Stichtag, fällig wird. Dies mag unbillig sein, da die Ehefrau an den 2.500,- € doppelt partizipiert. Sie erhält diese Summe zum einen als Unterhalt ausgezahlt, zum anderen erhöht sich ihr Zugewinnausgleichsanspruch wegen dieser 2.500,- € ggf. um 1.250,- €. Diese Unbilligkeit ist dem Stichtagsprinzip aber systemimmanent, also vom Gesetzgeber gewollt und somit hinzunehmen.[328]

hemmer-Methode: Zieht man an einem Tag X einen Schlussstrich, erscheint dies immer einem der Beteiligten ungerecht. Der Ehemann wird sich beschweren, warum seine Unterhaltspflicht nicht berücksichtigt wird, die doch einen Tag später von ihm zu erfüllen ist. Die Ehefrau wird sich darüber aufregen, dass die Gehaltszahlung an den Mann, die fünf Tage später eingeht, nicht eingestellt wird, obwohl der Ehemann diesen Lohn doch schon zu einem Großteil verdient hatte. Diese Unbilligkeiten sind im Interesse der Praktikabilität zwingend – irgendwann muss Schluss sein!
Der besser verdienende Ehegatte ist naturgemäß interessiert, den Stichtag so schnell wie möglich herbeizuführen und will deshalb möglichst zeitnah nach der Trennung den Scheidungsantrag einreichen. Er muss allerdings beachten, dass § 1565 II BGB ein Trennungsjahr vorsieht, sodass ein zu früh gestellter Scheidungsantrag als unbegründet zurückgewiesen werden kann.[329]

---

327 Angedeutet bei Palandt, § 1384 BGB, Rn. 5.

328 BGH, NJW 2004, 3339.

329 Ein interessanter Weg wäre die Einreichung des Scheidungsantrags bei einem VG/FG/SG (!). Hier führt nach § 81 VwGO bereits die Einreichung der Klage zur Rechtshängigkeit, eine Zustellung an den Beklagten ist anders als in der ZPO gerade nicht erforderlich. Da die Klage bei einem Gericht des falschen Rechtswegs eingereicht wurde, muss das Gericht nach § 17a II GVG von Amts wegen an das zuständige Gericht des richtigen Rechtswegs verweisen. Da dies einige Zeit dauert, wird bis zu einer Entscheidung des Familiengerichts das Trennungsjahr meist rum sein. Durch die Einreichung der Klage beim VG kann also die Rechtshängigkeit des Scheidungsantrags vor verlagert werden – wenn nicht das Familiengericht bei der Berechnung des Zugewinnausgleichs wegen Rechtsmissbrauchs erst auf den Eingang der Klage bei sich abstellt, anders wohl LSG Schleswig, FamRZ 2004, 1583.

berücksichtigungsfähige Positionen

Grundsätzlich sind genauso wie bei der Ermittlung des Anfangsvermögens alle im Bewertungszeitpunkt vorhandenen vermögenswerten Positionen einzubeziehen.   **192**

Soweit Verbindlichkeiten beide Eheleute als Gesamtschuldner treffen, sind diese grundsätzlich jeweils zur Hälfte im Endvermögen von Mann und Frau zu berücksichtigen. Etwas anderes gilt nur dann, wenn eine von § 426 I BGB abweichende Vereinbarung im Innenverhältnis gilt.

An eine andere Beurteilung ist zudem dann zu denken, wenn feststeht, dass der vom Gläubiger in Anspruch genommene Ehegatte seinen Ausgleichanspruch gegen den anderen aufgrund dessen Vermögenslosigkeit ohnehin nicht durchsetzen kann. In einem solchen Fall ist die volle Verbindlichkeit beim zahlenden Ehegatten anzusetzen.[330]

Die Rechtspositionen, die bei der Ermittlung des Anfangsvermögens unberücksichtigt bleiben, (vgl. oben Rn. 184), dürfen natürlich auch bei der Berechnung des Endvermögens nicht berücksichtigt werden, da sie ansonsten den Zugewinn zu Unrecht erhöhen würden. Durch die Nichtberücksichtigung sowohl beim Anfangs- als auch beim Endvermögen bleiben sie neutral.[331]

Doppelverwertungsverbot

Nach der Rspr. des BGH müssen auch solche Posten unberücksichtigt bleiben, die in die Unterhaltsberechnung eingeflossen sind, da ansonsten eine doppelte Berücksichtigung den Pflichtigen unangemessen benachteiligt, sog Verbot der Doppelverwertung.

Bsp.: *In der Berechnung des monatlichen Einkommens des Ehemannes wird auch eine Abfindung in Höhe von 10.000,- € berücksichtigt. Damit diese Summe nicht zweimal eingestellt wird, lässt sie der BGH beim Zugewinnausgleich außer vor.*[332]

Besonderheiten bei Hausrat

Besonderheiten ergeben sich beim Hausrat: **193**

Der Miteigentumsanteil an Hausrat, der den Ehegatten gemeinsam gehört, wird dem Endvermögen nicht hinzugerechnet, weil insoweit § 1568b BGB vorrangig ist.

Soweit Hausrat allerdings im Alleineigentum eines Ehegatten steht, greifen die Vorschriften über den Zugewinnausgleich ein, da eine Verteilung nach § 1568b BGB gerade nicht stattfindet. Nach § 1568b II BGB ist bei Haushaltsgegenständen, die während der Ehe erworben wurde, allerdings grundsätzlich von gemeinsamen Eigentum auszugehen.

Definition Haushaltsgegenstand

Haushaltsgegenstände sind die beweglichen Gegenstände, die nach den Vermögens- und Lebensverhältnissen der Ehegatten für die Wohnung, die Hauswirtschaft und das Zusammenleben der Familie bestimmt sind.

Bsp.: *Geschirr, Wäsche, Fernseher, Haushaltsgeräte, ggf. auch das Auto, sogar der Wohnwagen, nicht dagegen das, was für die Berufsausübung eines Ehegatten notwendig ist, oder zum persönlichen Alleingebrauch eines Ehegatten gehört.*[333]   **194**

---

330 Vgl. BGH Urteil vom 06.10.2010, XII ZR 10/09, wobei bei der Frage der Vermögenslosigkeit der Zugewinnausgleichsanspruch des nach § 426 I BGB ausgleichspflichtigen Ehegatten zu berücksichtigen ist, so dass nur selten Vermögenslosigkeit in diesem Sinne vorliegen wird.

331 Palandt, § 1375 BGB, Rn. 3 ff.

332 BGH, NJW 2004, 2675; diese Entscheidung ist mit der Rechtsprechung des BGH zu § 1384 BGB und den dort hinzunehmenden Unbilligkeiten, vgl. oben Rn. 191 nicht vollständig in Einklang zu bringen; vgl. auch Brudermüller, NJW 2003, 3233. Eine Ausprägung des Doppelverwertungsverbotes ist es, bei der Bewertung eines Unternehmens den Unternehmerlohn in Abzug zu bringen, da dieser sonst in Zugewinn und Unterhalt einfließen würde, vgl. BGH, FamRZ 2008, 761. Alle Entscheidungen = **juris**byhemmer.

333 Palandt, § 1361a BGB, Rn. 3 ff.; OLG Karlsruhe, NJW 2001, 760 sowie OLG Köln, FamRZ 2002, 322 = **juris**byhemmer zur Einordnung des Pkw als Hausrat.

hemmer-Methode: § 1568b BGB hat Vorrang vor den Vorschriften über den Zugewinnausgleich. Ansonsten könnte die Zuteilung von Hausrat ohne vollen Wertausgleich zu einer Bevorzugung bzw. Benachteiligung von Ehepartnern führen. Bei Alleineigentum gilt im Rückschluss zu § 1568b BGB jedoch der Zugewinnausgleich, da eine entsprechende Doppelbelastung eines Ehegatten nicht entstehen kann.[334]
Deshalb können bei der Bestimmung des Endvermögens Fragen im Hinblick auf die Abgrenzung von Hausrat zu Alleineigentum und Miteigentum auftauchen.

Wertermittlung

Die Wertermittlung des so festgestellten Aktivvermögens erfolgt nach §§ 1376 II - IV, 1384, 1387 BGB.

echte – unechte Wertsteigerungen

Zu berücksichtigen sind bei der Wertermittlung auch echte Wertsteigerungen (z.B., wenn aus Ackerland Bauland wird), nicht aber die sog. unechte Wertsteigerung (sog. scheinbarer Zugewinn), die sich aus dem allgemeinen Kaufkraftschwund des Geldes ergibt, also nur Folge der Inflation ist.[335] Deshalb wird das Anfangsvermögen um den entsprechenden Inflationsfaktor erhöht, sog. Indexierung.[336]

(b) Fiktives Endvermögen

Hinzurechnung

Dem Endvermögen sind gem. § 1375 II, III BGB gewisse Vermögensminderungen, die in den letzten zehn Jahren vor Beendigung des Güterstandes ohne Einverständnis des anderen Ehegatten erfolgt sind, hinzuzurechnen.

Bsp.:

	Mann	Frau
Anfangsvermögen	100.000,- €	100.000,- €
Endvermögen	100.000,- €	200.000,- €
F hat ihrem heimlichen Hausfreund ein Jahr vor der Scheidung ein Sportcoupé geschenkt, das sie für 70.000,- € erworben hatte:		
Diese 70.000,- € sind nach § 1375 II Nr. 1 BGB dem Endvermögen hinzuzurechnen:		
Endvermögen	100.000,- €	270.000,- €
Zugewinn	0	170.000,- €
Ausgleichsanspruch: 170.000,- € : 2 = **85.000,- €**		

Beweislast

Hat ein Ehegatte nach § 1379 I Nr. 1 BGB Auskunft über sein Vermögen im Zeitpunkt der Trennung erteilt, trifft ihn nach § 1375 II S. 2 BGB die Beweislast dafür, dass kein Fall des § 1375 II S. 1 BGB einschlägig ist, wenn sein Endvermögen nach § 1375 I BGB geringer ist als das bei Trennung vorhandene Vermögen.

Besonderheiten ergeben sich dann, wenn infolge der Hinzurechnung der Ausgleichsanspruch höher ist als das Endvermögen des ausgleichspflichtigen Ehegatten.

---

334 BGHZ 89, 137 = **juris**byhemmer; Palandt, § 1372 BGB, Rn. 2, § 1375 BGB, Rn. 5.
335 Wacke, JURA 1979, 618, 624; Henrich, § 11 I 3 g; BGHZ 101, 65 = **juris**byhemmer.
336 Die Berechnungsmethode finden Sie in Palandt, § 1376 BGB, Rn. 25.

Bsp.:

	Mann	Frau
Anfangsvermögen	100.000,- €	100.000,- €
Endvermögen	100.000,- €	200.000,- €

F hat dem Hausfreund ein Grundstück im Wert von 400.000,- € geschenkt. Diese 400.000,- € sind nach § 1375 II Nr. 1 BGB dem Endvermögen hinzuzurechnen:

	Mann	Frau
Endvermögen	**100.000,- €**	**600.000,- €**
Zugewinn	**0 €**	**500.000,- €**

Ausgleichsanspruch des M: 500.000,- € : 2 = __250.000,- €__

§ 1378 II S. 1 BGB beschränkt hier die Höhe der Ausgleichsforderung des M auf den Wert des Aktivvermögens der F. Zweck der Vorschrift ist der Schutz der übrigen Gläubiger des ausgleichspflichtigen Ehegatten. M kann daher nur 200.000,- € fordern. Allerdings ordnet § 1378 II S. 2 BGB seit dem 01.09.2009 an, dass hier nicht vom tatsächlichen Endvermögen, sondern von dem fiktiven Endvermögen einschließlich des Vermögens nach § 1375 II BGB auszugehen ist. Dieses beträgt im Beispielsfall 600.000,- € (200.000,- € tatsächliches und 400.000,- € fiktives Endvermögen), so dass die volle Forderung des M besteht.

hemmer-Methode: Diese Neuregelung ist auf den ersten Blick sinnlos. Die Frau hat nur ein Vermögen von 200.000,- €, hier können keine 250.000,- € realisiert werden. Dies hindert den Mann aber nicht daran, sich einen Titel in voller Höhe zu beschaffen und diesen dann zu verwerten, wenn die Frau wieder zu einem entsprechenden Vermögen gekommen ist. Genau dies wäre nicht der Fall, würde § 1378 II S. 1 BGB greifen: Die Forderung des Mannes wäre dann auf 200.000,- € beschränkt und würde auch nicht wieder aufleben, wenn die Frau später weiteres Vermögen hinzuerwerben würde!
Wegen der 50.000,- €, mit denen er ausfällt, kann sich der Mann daneben unter den Voraussetzungen des § 1390 I BGB an den Beschenkten wenden.[337] Ehegatte und Beschenkter haften dann als Gesamtschuldner, § 1390 I S. 4 BGB.

bb) Ausgleichsanspruch

(1) Entstehen

Ausgleichsforderung nicht höchstpersönlich

Die Ausgleichsforderung (§ 1378 I BGB) entsteht mit der Beendigung des Güterstandes und ist vererblich und übertragbar (§ 1378 III S. 1 BGB).

199

Beschränkung nach § 1378 II BGB

Die Ausgleichsforderung ist der Höhe nach auf das bei Beendigung des Güterstandes vorhandene Vermögen begrenzt, § 1378 II BGB. Nach § 1384 BGB tritt allerdings im Fall der Scheidung auch für diese Begrenzung des Anspruchs die Rechtshängigkeit des Scheidungsantrages an die Stelle der Beendigung des Güterstandes.

hemmer-Methode: § 1384 BGB wurde insoweit zum 01.09.2009 geändert. Bis dahin war im Fall des Endvermögens im Zeitpunkt des Scheidungsantrags zu berechnen, § 1384 BGB. Da diese Vorschrift auf die Begrenzung des § 1378 II BGB nicht zur Anwendung kam, war hier tatsächlich die Beendigung des Güterstandes, d.h. die Rechtskraft des Scheidungsbeschlusses maßgeblich.

---

337 Dazu unten Rn. 236.

Diese Rechtslage lud den Ausgleichspflichtigen geradezu zum Missbrauch ein:

Bsp.: M hat ein Anfangs- und ein Endvermögen von Null. F hat ein Anfangsvermögen von Null, im Moment der Zustellung des Scheidungsantrages ein Vermögen von 100.000,- €. Zwischen der Zustellung des Scheidungsantrages und der Rechtskraft des Scheidungsbeschlusses verprasst F 80.000,- €. M steht nach § 1378 I BGB eigentlich ein Zugewinnausgleichsanspruch in Höhe von 50.000,- € zu, da F im maßgeblichen Zeitpunkt der Rechtshängigkeit des Scheidungsantrages, § 1384 BGB, einen Zugewinn von 100.000,- € erzielt hat, während er keinen Zugewinn erwirtschaften konnte. Der Anspruch ist nach § 1378 II S. 1 BGB allerdings auf 20.000,- € beschränkt, da F im Moment der Beendigung des Güterstandes, hier der Rechtskraft des Scheidungsbeschlusses, kein höheres Vermögen hat. Ein späterer Vermögenserwerb der F ließ den Ausgleichsanspruch des M nicht wieder aufleben!

Indem § 1384 BGB nun sowohl für die Berechnung als auch für die Begrenzung auf den Zeitpunkt der Rechtshängigkeit des Scheidungsantrags abstellt, ist diese Missbrauchsgefahr beseitigt. M steht künftig trotz des Verprassens durch F ein Anspruch über 50.000,- € zu. Diesen Anspruch kann er titulieren und in dem Moment realisieren, wenn F zu Vermögen kommt.

Die Bedeutung des § 1378 II BGB zeigt sich v.a. bei negativem Anfangsvermögen. Hier verhindert § 1378 II BGB, dass ein Ehegatte, der während der Ehe seine Schulden abgebaut hat, über den Zugewinnausgleich wieder in die Schulden zurückfällt.

> Bsp.: *M geht mit Schulden in Höhe von 400.000,- € in die Ehe, sein Endvermögen beträgt 200.000,- €. F hat einen Zugewinn von Null. Der Zugewinn des M beträgt 600.000,- €, die Ausgleichsforderung der F damit 300.000,- €. Nach § 1378 II S. 1 BGB ist diese Forderung allerdings auf 200.000,- € beschränkt!*

(2) Anrechnung von Vorausempfängen, § 1380 BGB

Anrechnung von Vorausempfängen

Unter den Voraussetzungen des § 1380 BGB werden Vorausempfänge auf die Ausgleichsforderung angerechnet. Der Ausgleichsberechtigte soll dadurch so gestellt werden, wie er stünde, falls er die Zuwendung als Leistung (ggf. an Erfüllungs Statt) auf die Ausgleichsforderung erhalten hätte.[338]

Anrechnungspflicht nur bei unentgeltlichen Zuwendungen

Anrechnungspflichtig sind unentgeltliche Zuwendungen des Ausgleichspflichtigen, die unter Anrechnungsbestimmung erfolgt sind.[339]

hemmer-Methode: § 1380 BGB ist nach seinem eindeutigen Wortlaut nur anwendbar, wenn der Schuldner des Zugewinnausgleichs dem Gläubiger eine Zuwendung gemacht hat, nicht aber in den umgekehrten Fällen!

Die Anrechnungsbestimmung ist eine einseitige empfangsbedürftige Willenserklärung, die vor oder gleichzeitig mit der Zuwendung erfolgen muss. Eine spätere Bestimmung erfordert das Einverständnis beider Ehegatten, d.h. eine Anrechnungsvereinbarung.[340] Unter den Voraussetzungen des § 1380 I S. 2 BGB wird die Anrechnungspflichtigkeit vermutet.

hemmer-Methode: Aufgrund des § 1380 I S. 2 BGB sollte man in der Ehe nicht zu geizig beim Schenken sein: Große Geschenke werden auch ohne ausdrückliche Anrechnungsbestimmung im Zweifel angerechnet!

200

---

338 Vgl. MüKo, § 1380 BGB, Rn. 17.

339 Nach Palandt, § 1380 BGB, Rn. 3 erfolgt allerdings keine Anrechnung bei (den seltenen) echten Schenkungen unter Ehegatten. Diese Ansicht ist allerdings eine absolute Mindermeinung! Vgl. auch BGH, NJW 2001, 2254 = jurisbyhemmer, wonach selbstverständlich auch die Zuwendungen anzurechnen sind, die gerade im Hinblick auf eine spätere Scheidung erbracht werden.

340 MüKo, § 1380 BGB, Rn. 4; str., ob Form des Ehevertrags erforderlich.

Bei der Anrechnung ist folgendermaßen zu verfahren:

(a) Berechnungsverfahren

Vorgehensweise bei Anrechnung

Es ist festzustellen, welcher Ehegatte nach §§ 1378 I, 1372 BGB ausgleichspflichtig ist. § 1380 BGB ist nach dem Wortlaut des § 1380 BGB nur dann anzuwenden, wenn der Zuwendungsempfänger der Inhaber der Ausgleichsforderung nach §§ 1378 II, 1372 BGB ist![341] Dann wird in einem ersten Schritt der Wert der Zuwendung zum Zugewinn des Zuwendenden hinzugerechnet, § 1380 II S. 1 BGB.

201

Behandlung d. Zuwendung str.

Die Behandlung der Zuwendung im Vermögen des Empfängers ist umstritten. Sicher ist, dass die Zuwendung dort den rechnerischen Zugewinn nicht erhöhen darf, da sonst das Ergebnis der Rechnung verfälscht würde.

Rspr.:
Ausschluss aus § 1374 II BGB

Nach der Rspr., die unentgeltliche Zuwendungen unter Eheleuten gleich welcher Art (ehebedingte Zuwendungen, echte Schenkungen) aus dem Anwendungsbereich des § 1374 II BGB ausschließt,[342] muss man sie auch aus dem Zugewinn des Beschenkten herausrechnen (bereinigter Zugewinn).[343]

> **Bsp.:** M hat ein Anfangsvermögen von 60.000,- € und ein Endvermögen von 100.000,- €. Während des Güterstandes hat er F 10.000,- € anrechnungspflichtig zugewandt. Das Anfangsvermögen der F beträgt 10.000,- €, ihr Endvermögen (inklusive der Zuwendung) 30.000,- €.

Ohne Anwendung des § 1380 BGB ergäbe sich eine Ausgleichsforderung der F in Höhe von 10.000,- € (Zugewinn M 40.000,- €, F 20.000,- €). Unter Berücksichtigung von § 1380 BGB stellt sich die Berechnung wie folgt dar:

Anfangsvermögen M:	60.000,- €
Endvermögen M:	100.000,- €
Zugewinn M: § 1380 II S. 1 BGB	**50.000,- €** (40.000,- € + 10.000,- €)
Anfangsvermögen F (keine Zurechnung nach § 1374 II BGB):	10.000,- €
Endvermögen F	30.000,- €
Zugewinn F:	**20.000,- €**
Bereinigter Zugewinn F:	**10.000,- €**
Zugewinndifferenz: M/F	**40.000,- €**
Zugewinnausgleichsanspruch der F: 40.000,- € ÷ 2 = **20.000,- €**	

hemmer-Methode: Der Grund für den Abzug der Schenkung vom Zugewinn des Beschenkten ist darin zu sehen, dass die Schenkung für die Ausgleichsforderung neutralisiert werden muss. Sie darf nicht doppelt sowohl im Zugewinn des Zuwendenden wie des Empfängers berücksichtigt werden.

---

341 OLG Frankfurt, NJW 2006, 520 = **juris**byhemmer.

342 Nachweise bei Palandt, § 1374 BGB, Rn. 15; vgl. oben Rn. 188.

343 Palandt, § 1380 BGB, Rn. 10, vgl. auch OLG Karlsruhe, FamRZ 2004, 1033 = **juris**byhemmer.

Strittig ist an diesem ungeschriebenen Rechenschritt, ob die Zuwendung beim Ausgleichsberechtigten auch dann abzuziehen ist, wenn und soweit sie in dessen Vermögen gar nicht mehr vorhanden ist, wenn die Sache also verloren wurde oder sie nur im Wert verloren hat.[344] Hiergegen spricht, dass die Sachgefahr gerade übergegangen ist auf den Zuwendungsempfänger und es sonst – wegen des geringeren Zugewinns beim Empfänger – zu dem unbilligen Ergebnis kommt, dass der Schenker das Risiko dieses Wertverlustes mittragen müsste. Im Übrigen ist der Sinn ungeschriebenen Rechenschrittes weggefallen. Ist der Gegenstand der Zuwendung ersatzlos weggefallen, droht überhaupt keine doppelte Berücksichtigung.

a.A.: | Wendet man dagegen § 1374 II BGB an, so muss man den Voraus-   202
§ 1374 II BGB | empfang auch im Endvermögen des Empfängers – wo er sich ja auch tatsächlich befindet – berücksichtigen.

Zugewinn M wie oben	**50.000,- €**
Anfangsvermögen F (§ 1374 II BGB)	20.000,- €
Endvermögen F (inklusive Zuwendung)	30.000,- €
Zugewinn	**10.000,- €**

Zugewinnausgleichsanspruch der F also auch hier **20.000,- €.**

i.E. kein Unterschied | Die beiden Berechnungsweisen unterscheiden sich insoweit im Ergebnis nicht.

(b) Abzug der Zuwendungen

Abzug von Ausgleichsforderung | Der Wert der Zuwendung wird von der so errechneten Ausgleichs-   203
forderung abgezogen, § 1380 I S. 1 BGB.

Im obigen Beispiel werden also auf den Anspruch der F 10.000,- € angerechnet, § 1380 I S. 1 BGB. Sie hat also nur noch einen Anspruch i.H.v. weiteren 10.000,- €. Es ergibt sich damit das gleiche Ergebnis wie ohne Anwendung des § 1380 BGB!

hemmer-Methode: Merken Sie sich also folgende Berechnungsschritte bei § 1380 BGB:
1. **Addition der Zuwendung zum Zugewinn des Schenkers gem. § 1380 II BGB.**
2. **Abzug der Zuwendung vom Zugewinn des Empfängers, soweit diese noch ungeschmälert im Wert (u.U. auch als Surrogat) vorhanden ist (str.).**
3. **Abzug der Zuwendung von der Ausgleichsforderung des Beschenkten.**

Die Anwendung des § 1380 BGB führt nur dann zu neuen Ergebnissen, wenn der Wert der Zuwendung aus dem Zugewinn des Empfängers nicht bzw. nicht vollständig herausgerechnet werden kann, da andernfalls ein unzulässiger negativer Zugewinn entstehen würde. Daneben wirkt sich § 1380 BGB dann aus, wenn man bei Wertminderung oder Verlust der Sache aus dem Zugewinn des Beschenkten nur den Betrag herausrechnet, der sich noch in seinem Vermögen befindet.[345]

---

344 So Palandt, § 1380 BGB, Rn. 3.
345 Vgl. oben Rn. 201 a.E.

Problem, wenn Vorausempfang höher als Ausgleichsanspruch

Probleme ergeben sich, wenn der Wert des Vorausempfangs die Höhe des so errechneten Ausgleichsanspruchs übersteigt. **204**

Zugewinn M	15.000,- €
Zugewinn F	05.000,- €
Wert des ehezeitlichen Geschenks von M an F	25.000,- €
Der Zugewinnausgleichsanspruch der F beträgt hier unbereinigt **5.000,- €**.	
Gem. § 1380 I, II BGB ergibt sich ein **Zugewinn des M von 40.000,- €** (15.000 + 25.000) und ein **Zugewinn der F von 0 € (5.000 – 25.000)**, da ein negativer Zugewinn nicht möglich ist.	

F hat daher gegen M einen Ausgleichsanspruch i.H.v. **20.000,- €**, § 1378 I BGB. Eine Anrechnung der Zuwendung könnte also nur **teilweise** erfolgen.

Nach zutreffender Ansicht kommt in einem solchen Fall § 1380 BGB dennoch zur Anwendung. Folge ist, dass der Anspruch der F auf Null herabsinkt (20 – 25).[346]

überhöhte Zuwendung

Soweit die wohl überwiegende Meinung der Ansicht ist, § 1380 BGB komme in Fällen der überhöhten Zuwendung nicht zur Anwendung,[347] sind damit folgende Fälle gemeint: **205**

Zugewinn M	60.000,- €
Zugewinn F	80.000,- € €
Wert des ehezeitlichen Geschenks von M an F	20.000,- € €
Der Ausgleichsanspruch des M beträgt ohne Berücksichtigung des § 1380 BGB 10.000,- €.	
Wendet man § 1380 BGB an, ergibt sich ein Zugewinn des M von 80.000,- € sowie ein Zugewinn der F von 60.000,- €, sodass M der F 10.000,- € Ausgleich schuldet, auf den nach § 1380 I S. 1 BGB allerdings 20.000,- € anzurechnen sind, sodass keinerlei Zugewinnausgleichsansprüche bestünden.	

207

Wendet man in diesen Konstellationen § 1380 BGB an, verliert der Zuwendende seinen Ausgleichsanspruch und steht damit schlechter als vorher, sodass es mit der ganz h.M. bei der Zugewinnausgleichsberechnung ohne eine Anrechnung nach § 1380 BGB verbleiben muss.[348]

hemmer-Methode: Dieses Ergebnis ergibt sich allerdings bereits aus dem Wortlaut des § 1380 I BGB, der voraussetzt, dass der Ausgleichspflichtige dem Berechtigten eine Zuwendung gemacht hat. In der umgekehrten Konstellation darf § 1380 I BGB nicht angewendet werden. § 1380 BGB hat allein die Aufgabe einen bestehenden Anspruch zu verringern, er soll aber nicht die Ausgleichsrichtung umkehren und einen neuen Anspruch begründen.[349]

---

346 Palandt, § 1380 BGB, Rn. 15 f.

347 BGH, NJW 1982, 1093, 1991, 2553; MüKo, § 1380 BGB, Rn. 2.

348 BGH, NJW 1982, 1093, 1991, 2553; MüKo, § 1380 BGB, Rn. 2; Palandt, § 1380 BGB, Rn. 16.

349 Palandt, § 1380 BGB, Rn. 16.

(3) Abwehrmöglichkeiten

Abwehr der Ausgleichsforderung

Der ausgleichspflichtige Ehegatte kann sich auf zweierlei Weise gegen die Ausgleichsforderung des anderen wehren.

208

(a) Einrede der groben Unbilligkeit

Einrede gem. § 1381 BGB

§ 1381 BGB gewährt eine peremptorische Einrede gegen den Ausgleichsanspruch. Danach kann die Zahlung verweigert werden, soweit der Ausgleich des Zugewinns nach den Umständen des Einzelfalles grob unbillig wäre.

grobe Unbilligkeit, insb. grobe Pflichtverletzungen

Grobe Unbilligkeit liegt vor, wenn die (vollständige oder teilweise) Gewährung des Ausgleichsanspruchs dem Gerechtigkeitsempfinden in unerträglicher Weise widerspricht.[350]

209

In Betracht kommen hier insbesondere grobe Pflichtverletzungen gegenüber dem anderen Ehegatten, die einen gewissen Vermögensbezug aufweisen, vgl. § 1381 II BGB.[351] Ein solcher Fall wird kaum jemals vorliegen, da insoweit höhere Anforderungen zu stellen sind als im Rahmen des § 1579 BGB.[352]

> **Bsp.:** *Der Zugewinn des Schuldners besteht nahezu nur aus einer Schmerzensgeldforderung, die aus einem schweren Unfall herrührt.[353]*

Allein die Tatsache, dass der maßgebliche Vermögenszuwachs zu einer Zeit erfolgte, zu der die Ehegatten bereits längere Zeit getrennt lebten, rechtfertigt für sich allein betrachtet die Anwendung des § 1381 I BGB nicht.[354] Spätestens drei Jahre nach der Trennung kann sich jeder Ehegatte auch gegen den Willen des anderen scheiden lassen, § 1566 I BGB. Tut er dies nicht, ist das grundsätzlich sein Risiko. Etwas anderes mag in den Fällen gelten, in denen die Trennung bereits sehr lange zurückliegt. Dies kann zumindest in einer Gesamtabwägung mit anderen Umständen zu einer groben Unbilligkeit führen.[355]

hemmer-Methode: Bedenken Sie, dass gegen eine einredebehaftete Forderung nicht aufgerechnet werden kann, § 390 BGB.

210

(b) Antrag auf Stundung der Ausgleichsforderung beim Familiengericht, § 1382 BGB

Stundung, § 1382 BGB

Auf Antrag stundet das Familiengericht die Ausgleichsforderung, wenn die sofortige Leistung zur Unzeit erfolgen würde, § 1382 BGB.

> **Bsp.:** *Bei der Zugewinnausgleichsberechnung wurde ein Gesellschaftsanteil des Pflichtigen mit einem Wert angesetzt, der momentan nicht zu erzielen ist, oder dessen sofortiger Verkauf das Ende der wirtschaftlichen Existenz des Schuldners bedeuten würde.[356]*

---

350 Palandt, § 1381 BGB, Rn. 2.

351 Palandt, § 1381 BGB, Rn. 2 ff.; allerdings sind nach h.M. auch Pflichtverletzungen im nichtwirtschaftlichen Bereich u.U. ausreichend; m.w.N. Palandt, § 1381 BGB, Rn. 10, 157

352 Vgl. Palandt, § 1381 BGB, Rn. 2.

353 OLG Stuttgart, FamRZ 2002, 99 = jurisbyhemmer.

354 BGH, Beschluss vom 16. Oktober 2013 - XII ZB 277/12 = **Life&Law 2014, 103** = jurisbyhemmer.

355 BGH, FamRZ 2002, 606 = jurisbyhemmer.

356 Palandt, § 1382 BGB, Rn. 2.

(c) Antrag auf Übertragung von Vermögensgegenständen, § 1383 BGB

Übertragung von Vermögensgegenständen, § 1383 BGB

Auf Antrag des Gläubigers kann das Familiengericht nach § 1383 BGB anordnen, dass der Schuldner unter Anrechnung auf die Ausgleichsforderung bestimmte Vermögensgegenstände zu übertragen hat, wenn dies zum einen dem Gläubiger zumutbar ist und es zum anderen erforderlich ist, um eine grobe Unbilligkeit auf Seiten des Schuldners zu vermeiden.

(4) Verfügung über Ausgleichsforderung

§ 1378 III S. 3 BGB; Verpflichtung, über Ausgleichsforderung zu verfügen, ist unwirksam

Ein Ehegatte kann sich vor Beendigung des Güterstandes nicht wirksam verpflichten, über die Ausgleichsforderung zu verfügen, § 1378 III S. 3 BGB. Anders, wenn es sich um eine notariell beurkundete Vereinbarung der beiden Ehegatten während eines Verfahrens, das auf Auflösung der Ehe gerichtet ist, § 1378 III S. 2 BGB, handelt.

Einigung vor Scheidung mögl.

So können sich z.B. die Ehegatten schon vor rechtskräftiger Scheidung im Verlauf des Scheidungsverfahrens über den Zugewinnausgleich einigen. Der frühere Streit um die Form einer solchen Vereinbarung[357] ist durch die Neufassung des § 1378 III BGB, der nun notarielle Form vorschreibt, gegenstandslos geworden.

(5) Verjährung

Regelverjährung

Nach der Streichung des § 1378 IV BGB und der Änderung des § 197 BGB zum 01.01.2010 unterfällt der Zugewinnausgleichsanspruch wie alle anderen familienrechtlichen Ansprüche der Regelverjährung nach §§ 195, 199 BGB. → 3 Jahre

Allerdings gelten auch hier die Vorschriften über die Hemmung und den Neubeginn der Verjährung, §§ 203 ff. BGB.

Besondere Bedeutung kommt dabei der Vorschrift des § 207 I S. 1 BGB zu, wonach die Verjährung der Ansprüche zwischen den Ehegatten bis zur Rechtskraft der Scheidung gehemmt ist.

hemmer-Methode: Die Hemmung der Verjährung des Ausgleichsanspruchs hat nur dann Bedeutung, wenn bereits mehrere Jahre vor einer Scheidung der gesetzliche Güterstand durch Vereinbarung der Gütertrennung beendet wurde. Bei Beendigung des Güterstandes durch Scheidung entsteht der Anspruch ja sowieso erst mit Rechtskraft der Scheidungsentscheidung, §§ 1378 III, 1564 S. 2 BGB!

(6) Sicherung des Zugewinns

verschiedene Möglichkeiten zur Sicherung des Zugewinns

Da der ausgleichsberechtigte Ehegatte davor geschützt werden muss, dass der ausgleichsverpflichtete Ehegatte sein Vermögen verschleudert und dadurch den Ausgleichsanspruch vereitelt, sieht das Gesetz mehrere Möglichkeiten zur Sicherung des Zugewinnausgleichs vor:

[211]

[212]

[213]

---

357 Vgl. BGH, NJW 1970, 1183.

Möglichkeiten zur Sicherung des Zugewinnausgleichs:

⇨ Verfügungsverbote der §§ 1365 I S. 2, 1369 BGB; ein einstweiliger Rechtsschutz kommt insbesondere bei § 1365 BGB meist über § 899 BGB, § 49 FamFG in Betracht.[358]

⇨ Berechnungs- und Begrenzungszeitpunkt des § 1384 BGB

⇨ Klage auf vorzeitigen Zugewinnausgleich, §§ 1385 ff. BGB

⇨ Hinzurechnen von weggegebenem Vermögen auf das Endvermögen in den Fällen des § 1375 II BGB

⇨ Ansprüche des Ausgleichsberechtigten gegen den Dritten auf Herausgabe, § 1390 BGB

⇨ Arrest, § 119 II FamFG i.V.m. § 916 I ZPO, hinsichtlich des nach § 1378 III BGB bereits entstandenen Zugewinnausgleichsanspruchs bzw. des künftigen, aber bereits beantragbaren Zugewinnausgleichsanspruchs ab Anhängigkeit des Scheidungsantrags.

---

hemmer-Methode: Die Kenntnis dieser Sicherungsmöglichkeiten ist insbesondere dann wichtig, wenn ein Mandant zum Anwalt kommt und beraten werden will. Hier müssen Sie dann abschätzen, was im konkreten Fall zu empfehlen bzw. gerade nicht zu empfehlen ist. Gleiches gilt für den Entwurf von Eheverträgen, bei denen diese und die folgenden Fragen auch eine wichtige Rolle spielen können.

cc) Modifizierungen des Zugewinnausgleichs und seiner Durchführung

Abdingbarkeit

Die wenigsten Regeln des gesetzlichen Güterrechts sind zwingendes Recht (so z.B. §§ 1377 II S. 1, 1378 II, III, 1379 BGB). **215**

Vereinbarung v. Vorbehaltsgut

Die Ehegatten können z.B. durch wirksamen Ehevertrag einzelne Gegenstände vom Zugewinnausgleich ausnehmen, d.h. ein „Vorbehaltsgut" schaffen, das bei der Berechnung des Zugewinnausgleichs unberücksichtigt bleibt.[359]

Modifizierung d. Auseinandersetzung

Sie können insbesondere auch bei der Auseinandersetzung vertraglich abweichende Regelungen treffen,[360] so z.B. **216**

Modifizierung d. Auseinandersetzung:

⇨ Aufhebung der Verfügungsbeschränkungen der §§ 1365, 1369 BGB

⇨ von der gesetzlichen Regelung abweichende Festsetzung von Anfangs- und Endvermögen (vgl. §§ 1374 ff. BGB)

⇨ abweichende Festsetzung der Ausgleichsforderung (vgl. § 1378 I BGB)

⇨ Zugewinnausgleich nur bei Beendigung der Ehe durch Todesfall

⇨ Ausschluss der Stundungsmöglichkeit (vgl. § 1382 BGB)

⇨ Verzicht auf die Einrede der groben Unbilligkeit (vgl. § 1381 BGB)

---

358 § 899 I BGB verweist ausdrücklich auf die einstweilige Verfügung nach § 935 ZPO. Allerdings handelt es sich bei der Streitigkeit aus § 1365 BGB um eine familienrechtliche Streitigkeit nach §§ 111 Nr. 2, 261 I FamFG. In solchen tritt die einstweilige Anordnung nach §§ 49 ff. FamFG an die Stelle der einstweiligen Verfügung, § 119 I FamFG. Aus diesem Grund ist in § 899 I BGB wohl „einstweilige Anordnung" hineinzulesen.

359 Palandt, § 1378 BGB, Rn. 14.

360 Palandt, § 1378 BGB, Rn. 14.

dd) Verhältnis des Zugewinnausgleichs zu sonstigen Ansprüchen

bzgl. Zugewinnausgleich gilt Ausschließlichkeitsgrds.

Die Regelungen des Zugewinnausgleichs verdrängen als abschließende spezielle Vorschriften grundsätzlich (gesetzliche) schuldrechtliche Rückforderungsansprüche, sog. Ausschließlichkeitsgrundsatz.[361]

217

aber Ausnahmen möglich

Dieser Grundsatz wird jedoch durch eine Reihe von Ausnahmen durchbrochen.[362]

hemmer-Methode: In diesem Bereich befindet sich vieles im Fluss. Die Thematik ist daher sehr examensträchtig. Von Vorteil ist, dass hier beinahe jede Meinung vertretbar ist und auch vertreten wird. Es kommt also nur darauf an, alle möglichen Anspruchsgrundlagen zu prüfen und konsequent zu argumentieren.

(1) Abwicklung beim Abschluss schuldrechtlicher Verträge

Überlagerung durch Vertragsfreiheit

Selbstverständlich können die Eheleute Schuldverträge aller Art miteinander abschließen, aus welchen ihnen Forderungen zustehen können. Familien- und Schuldrecht schließen einander nicht aus, vielmehr wird das Familienrecht von der schuldrechtlichen Vertragsfreiheit überlagert.[363]

218

⇨ *ggf. Abwicklung nach allgemeinen Regeln*

Wurden daher zwischen den Eheleuten z.B. Arbeits-, Gesellschafts- oder Auftragsverhältnisse begründet, so erfolgt deren Abwicklung nach den allgemeinen Regeln.

Ansprüche aus solchen Verträgen sind dann als aktive bzw. passive Berechnungsposten bei der Ermittlung des jeweiligen Endvermögens zu berücksichtigen, § 1375 I S. 1 BGB. Sie stehen also in keinem Konkurrenzverhältnis zum Zugewinnausgleich.[364]

hemmer-Methode: Die Ansprüche zwischen den Ehegatten sind eine sonstige Familiensache i.S.d. §§ 111 Nr. 10, 266 FamFG. Anders als vor dem Inkrafttreten des FamFG besteht keine Zuständigkeit der Prozessgerichte mehr, sondern alle Streitigkeiten zwischen den Ehegatten werden vor den Familiengerichten ausgefochten.

(a) Ansprüche aus Gesellschaft[365]

Die vermögensrechtlichen Beziehungen zwischen Eheleuten können sich ohne weiteres nach Gesellschaftsrecht richten.

219

i.d.R. kein ausdrücklicher Abschluss

Wurde ein solcher Vertrag ausdrücklich abgeschlossen, so ergeben sich regelmäßig keine Probleme.[366]

Problem bei stillschweigendem Abschluss: über Ehe hinausreichender Zweck?

Anders dagegen, wenn keine ausdrücklichen vertraglichen Absprachen vorliegen. Es kommt dann darauf an, ob das Verhalten der Ehegatten den Schluss auf eine stillschweigend vereinbarte Innengesellschaft rechtfertigt, also einen entsprechenden Rechtsbindungswillen ausreichend konkludent zum Ausdruck bringt. Insoweit ist die Abgrenzung eines gewillkürten Gesellschaftszwecks, § 705 BGB, von dem mit der Ehe allgemein verfolgten Zweck erforderlich.

220

361 St. Rspr., zuletzt BGHZ 119, 392, 396, 400; Palandt, § 1372 BGB, Rn. 2 ff.
362 Vgl. Palandt, § 1372 BGB, Rn. 2 f.
363 Vgl. MüKo, § 1363 BGB, Rn. 12.
364 Vgl. Palandt, § 1375 BGB, Rn. 157
365 Vgl. dazu schon Rn. 68.
366 Vgl. Palandt, § 705 BGB, Rn. 39 am Anfang.

Die Annahme einer konkludenten Ehegatteninnengesellschaft kommt daher nur dann in Betracht, wenn ein über den typischen Rahmen der ehelichen Lebensgemeinschaft (Schlagwort: „Tisch und Bett") hinausreichender Zweck verfolgt wird.[367]

Innengesellschaft mögl.

Meist wird in den Fällen der stillschweigenden Vereinbarung eine sogenannte Innengesellschaft vorliegen, da ein Gesamthandsvermögen nicht gebildet wird und eine gemeinsame Vertretung fehlt, die Geschäfte also im Namen eines Gesellschafters abgeschlossen werden, der allerdings intern für Rechnung aller Gesellschafter handelt.[368]

> ***Bsp. 1:*** *Die Ehegatten erbringen Leistungen zur Schaffung eines Familienheims.*

Der BGH hat hier eine Innengesellschaft abgelehnt,[369] wobei eine GbR bei ausdrücklicher Vereinbarung aber grundsätzlich möglich wäre.[370]

> ***Bsp. 2:*** *Die Ehegatten errichten ein Mehrfamilienhaus zum Zweck der Vermietung.*

Hier liegt jedenfalls ein über die eheliche Lebensgemeinschaft hinausreichender Zweck vor.[371]

Abgrenzung schwierig

221

Gerade in diesem Bereich sind exakte Abgrenzungen kaum möglich. So läge es in Bsp. 1 durchaus nahe, die Schaffung gemeinsamer Werte von erheblicher wirtschaftlicher Bedeutung als einen Zweck zu sehen, der die Annahme einer Ehegatteninnengesellschaft rechtfertigt.[372] Tendenziell neigt die Rechtsprechung seit einigen Jahren in Zweifelsfällen wohl auch eher zur Bejahung einer Ehegatteninnengesellschaft.

> **hemmer-Methode:** Regelmäßig geht es darum, durch Fiktion stillschweigend abgeschlossener Gesellschaftsverträge dort, wo das Ehegüterrecht nicht ausreicht[373], ein erwünschtes Ergebnis – Ausgleichsansprüche für Vermögensaufwendungen und Arbeitsleistungen – scheinpositivistisch zu rechtfertigen.
>
> Ob eine solche Leistung im Einzelfall als Quasieinlage im Rahmen einer Innengesellschaft oder als ehebedingte Zuwendung qualifiziert wird, ist rational nachvollziehbar oft nicht zu begründen. Allerdings ist es für die Annahme einer GbR nicht Tatbestandsvoraussetzung, dass das eheliche Güterrecht zu unbilligen Ergebnissen führt – anders als bei der Rückabwicklung über § 313 BGB.[374] Die Ansprüche aus der Gesellschaftsabwicklung sind bei dem einen Ehegatten als Aktiva, bei dem anderen als Passiva im Endvermögen zu berücksichtigen.[375]

Abwicklung nach Auflösung

222

I.R.d. Abwicklung der Innengesellschaft nach ihrer Auflösung (§ 726 BGB) besteht nach Rückerstattung der Einlagen gemäß § 733 BGB ein Anspruch auf Teilhabe am verbleibenden Gewinn, § 734 BGB. Da es bei einer reinen Innengesellschaft an einem gesamthänderisch gebundenen Vermögen fehlt, kommt dieser Anspruch einem reinen Abfindungsanspruch gleich, sodass der Anspruch des ausscheidenden Ehegatten meistens auf § 738 BGB gestützt wird.[376] Hierbei ist gemäß § 722 II BGB von einem gleich hohen Gewinnanteil beider Ehegatten auszugehen.

---

367 Kasuistik bei Palandt, § 705 BGB, Rn. 39.

368 Palandt, § 705 BGB, Rn. 33, 39.

369 BGH, WM 1990, 1585 = **juris**byhemmer.

370 BGH, NJW 1982, 170 = **juris**byhemmer; Palandt, § 705 BGB, Rn. 39.

371 BGH, NJW 1974, 2278 = **juris**byhemmer; Palandt, § 705 BGB, Rn. 39.

372 Vgl. Palandt, § 705 BGB, Rn. 39.

373 Im gesetzlichen Güterstand wird dieses meist zu billigen Ergebnissen führen, sodass ein Rückgriff auf die Innen-GbR nicht angezeigt ist, vgl. BGH, NJW 2003, 2982.

374 Vgl. unten, Rn. 227.

375 BGH, NJW 2003, 2982 = FamRZ 2003, 1454 = **juris**byhemmer.

376 Palandt, § 705 BGB, Rn. 35.

(b) Ansprüche aus Gemeinschaft

bei Miteigentum besteht Gemein-schaftsverhältnis

Sind die Ehegatten Miteigentümer, bspw. an der gemeinsam genutz-ten Eigentumswohnung, so besteht zwischen ihnen ein Gemein-schaftsverhältnis, §§ 1008 ff., 741 ff. BGB. Aus diesem Gemein-schaftsverhältnis folgen Ansprüche gemäß §§ 743, 745 II, 748, 749 BGB.[377]

222a

Strittig ist hieran das Verhältnis zu § 1361b III BGB, den die h.M. im Fall eines freiwilligen Auszugs analog anwendet.[378] Während der BGH dem § 745 II BGB den Vorrang einräumt,[379] will die h.L. nur § 1361b III BGB anwenden.[380]

(c) Stellung von Sicherheiten

Stellung von Sicherheiten

Besonderheiten ergeben sich, wenn ein Ehegatte dem anderen wäh-rend der Ehe durch Stellung von Sicherheiten die Aufnahme von Krediten ermöglicht.

Soweit die Sicherheit nur den Kreditgeber vor einer Vermögensver-schiebung unter den Ehegatten schützen soll, wird die Sicherheit zur Vermeidung des Vorwurfs der Sittenwidrigkeit für den Fall der Scheidung auflösend bedingt sein.[381]

Vorliegen von Auftragsverhältnis?
⇨ *Befreiungsanspruch*

Andernfalls wird (ohne dass besondere Indizien bezüglich still-schweigender Willenserklärungen vorliegen müssen!) vermutet, dass die Übernahme dieser Sicherheiten i.R.e. Auftragsverhält-nisses zwischen den Ehegatten erfolgt ist.

223

Scheitert die Ehe, was sich in der Trennung und Stellung eines Scheidungsantrags anzeigt, kann aus wichtigem Grund gekündigt werden, § 671 III BGB. Der Ehegatte kann dann nach §§ 670, 257 BGB von dem anderen Ehegatten Befreiung von seiner Verbindlich-keit verlangen, wenn vertraglich nichts anderes bestimmt ist.[382]

> *Bsp.:*[383] *M und F leben im gesetzlichen Güterstand. F ist gegenüber ei-nem Kreditinstitut eine Grundschuldverbindlichkeit eingegangen, um dem von M betriebenen Unternehmen Kredite zu verschaffen. Seit 2002 ist ein Scheidungsverfahren anhängig, über das noch nicht entschieden ist. F verlangt Freistellung von der Grundschuldverbindlichkeit.*

Der geltend gemachte Befreiungsanspruch ergibt sich aus den Regeln des Auftragsrechts. Die Kündigung aus wichtigem Grund, § 671 III BGB, ist in dem Freistellungsbegehren zu sehen. F hat daher einen Anspruch auf Freistellung von ihren Verbindlichkeiten gegenüber dem Kreditinstitut, §§ 670, 257 BGB.

> **hemmer-Methode:** Hier zeigt sich ganz deutlich die Beliebigkeit, die in der Abgrenzung der Ausgleichsmöglichkeiten herrscht: Gibt F dem M 100.000,- € in bar zum Ausbau des Familienheims, so lässt sich das als Darlehen, als „Einlage" in eine Innengesellschaft oder als ehebedingte Zuwendung deuten.
> Ermöglicht sie zu dem gleichen Zweck durch Stellung von Sicher-heiten die Aufnahme eines Darlehens, so soll stets ein Auftragsver-hältnis vorliegen.

---

377 Allerdings kann das Verlangen nach einer Teilung in Form der Zwangsversteigerung gemäß §§ 749, 753 BGB nach § 1353 BGB unzulässig sein, wenn es sich um die Ehewohnung handelt und die Ehe noch nicht geschieden ist, AG Hannover, FamRZ 2003, 938 = jurisbyhemmer.

378 Palandt, § 1361b BGB, Rn. 20.

379 BGH, FamRZ 1987, 265 = jurisbyhemmer; BGH, NJW 2000, 3791, vgl. auch OLG Koblenz, FamRZ 2001, 225. = jurisbyhemmer

380 Palandt, § 1361b BGB, Rn. 20 a.E.

381 Zur eventuellen Unwirksamkeit aufgrund Sittenwidrigkeit vgl. **Hemmer/Wüst, Schuldrecht BT II, Rn. 221 f.**

382 Palandt, § 1372 BGB, Rn. 10; OLG Bremen, FamRZ 2006, 1222; kritisch Koch, FamRZ 1994, 537.

383 Nach BGH, FamRZ 1989, 835 ff. = jurisbyhemmer.

(2) Gesamtschuldnerausgleich[384]

Ehe überlagert im Innenverhältnis Gesamtschuldverhältnis

Haben sich die Ehegatten gemeinsam zu einer teilbaren Leistung verpflichtet, dann haften sie als Gesamtschuldner, § 427 BGB. Eine solche Haftung tritt auch unter den Voraussetzungen des § 1357 BGB ein. Probleme ergeben sich dann, wenn nach der Scheidung solche ehebedingten Schulden zurückbezahlt werden sollen. In der „klassischen" Hausfrauenehe kann ein Gesamtschuldnerausgleich während ihres Bestehens bereits deshalb nicht erfolgen, weil gem. §§ 1360 S. 2, 1606 III S. 2 BGB die Haushaltsführung des einen Ehegatten dem finanziellen Beitrag des anderen gleichwertig ist. Es ist also „ein anderes" bestimmt, § 426 I S. 1 BGB a.E., die Ehe überlagert das Gesamtschuld-Innenverhältnis.

224

bis Trennung; danach Wiederaufleben des Anspruchs aus § 426 BGB

Nach der Trennung (nicht erst nach der Scheidung!) besteht jedoch dieses Gegenseitigkeitsverhältnis nicht mehr, sodass der Ausgleichsanspruch des § 426 I S. 1 BGB wieder auflebt und zwar auch dann, wenn der Anspruchsinhaber vor der Zahlung nicht verlangt hat, dass im Falle des Scheiterns der Ehe eine Neuregelung stattfinden solle.[385]

Allerdings können auch nach der Trennung Regelungen zum Unterhalt den Gesamtschuldnerausgleich als anderweitige Bestimmung überlagern, insbesondere wenn im Rahmen der Berechnung des Ehegattenunterhalts die vollständigen (Raten-)Zahlungen auf die Gesamtschuld bereits beim unterhaltsrelevanten Einkommen des Zahlenden berücksichtigt wurden und dadurch seine Unterhaltspflicht geschmälert ist.[386]

Gesamtschuld als Passivposten des Endvermögens

Der Zugewinnausgleich kann insoweit schon deshalb nicht vorrangig sein, weil in der Zugewinngemeinschaft kein Verlustausgleich stattfindet[387] und das Schicksal gemeinschaftlicher Schulden nicht geregelt ist. Zudem wird die Gesamtschuld unter Beachtung der jeweiligen Anteile und potenziellen Ausgleichsansprüche als Passivposten im jeweiligen Endvermögen berücksichtigt. Sie wirkt sich also auf den ermittelten Zugewinn nicht aus.[388]

225

> *Bsp.:[389] M und F leben im gesetzlichen Güterstand. Sie sind Miteigentümer eines Einfamilienhauses, das als Familienheim dient. Zum Zweck der Finanzierung haben sie als Gesamtschuldner einen Bankkredit aufgenommen. Nach der Trennung bleibt F in dem Haus wohnen. Sie trägt auch die Finanzierungskosten. Als es schließlich zur Scheidung kommt, verlangt sie von M hälftigen Ausgleich für die von ihr ab dem Zeitpunkt der Trennung bezahlten Finanzierungskosten.*

Mögliche Anspruchsgrundlage: § 426 I S. 1 BGB:

1. Da die Eheleute als Gesamtschuldner gemäß §§ 421 ff. BGB für den Schuldendienst für das Haus haften, sind sie gemäß §§ 426 I S. 1, 748 f. BGB im Innenverhältnis grundsätzlich zu gleichen Anteilen verpflichtet, jedoch nur, soweit nicht ein anderes bestimmt ist.

Demnach hat ein Gesamtschuldner gegen den/die anderen Gesamtschuldner einen Ausgleichsanspruch nach § 426 I BGB (bzw. auch nach § 426 II BGB, wenn er die Gläubiger zunächst allein befriedigt), sodass alle zu gleichen Anteilen haften.

2. Dies gilt grundsätzlich auch zwischen Eheleuten, unabhängig von deren ehelichem Güterstand.

---

384 Vgl. Palandt, § 426 BGB, Rn. 10 ff.

385 BGH, FamRZ 1995, 216; NJW 2008, 849.

386 BGH, FamRZ 2005, 1236 = **Life&Law 2005, 676** = jurisbyhemmer; NJW 2008, 849.

387 Vgl. oben Rn. 191.

388 Vgl. oben Rn. 192.

389 Nach BGH, FamRZ 1995, 216 (= NJW 1995, 652) = jurisbyhemmer.

Allerdings wird während intakter Ehe die Miteigentumsgemeinschaft der Ehegatten an dem gemeinsam angeschafften Haus durch die eheliche Lebensgemeinschaft überlagert.

Dies hat zur Folge, dass ein Ehegatte, der die monatlichen Lasten allein zahlt, weil er allein oder wesentlich mehr verdient als der andere Ehegatte, im Innenverhältnis während intakter Ehe keinen Ausgleichsanspruch gemäß § 426 I S. 1 BGB gegen den anderen Ehegatten hat, weil „etwas anderes bestimmt ist".

Aber: Mit dem Scheitern der Ehe und der Aufhebung der ehelichen Lebensgemeinschaft entfällt dieser Grund für die alleinige Haftung, sodass der Ausgleichsanspruch des § 426 I S. 1 BGB wieder auflebt.[390]

3. Der Ausgleichsanspruch lebt nach Scheitern der Ehe auch dann wieder auf, wenn der Anspruchsinhaber vor der Zahlung nicht verlangt hat, dass im Falle des Scheiterns der Ehe eine Neuregelung des Schuldendienstes stattfände.[391]

Unabhängig davon, wann der allein zahlende Ehegatte zum ersten Mal geltend gemacht hat, dass er die monatlichen Belastungen nicht mehr allein tragen will, hat er den Ausgleichsanspruch, ohne dass es hierfür zuvor einer besonderen Handlung bedarf.

Das heißt, dass der in § 426 I S. 1 BGB enthaltene Passus „soweit nicht ein anderes bestimmt ist" sofort mit Beendigung der ehelichen Lebensgemeinschaft nicht mehr erfüllt ist. Es ist nämlich für eine anderweitige Bestimmung i.S. dieser Vorschrift nicht erforderlich, dass eine besondere Vereinbarung zwischen den Gesamtschuldnern geschlossen wird. Vielmehr kann sich diese Vereinbarung aus dem Inhalt und Zweck des zwischen den Gesamtschuldnern bestehenden Rechtsverhältnisses oder „aus der Natur der Sache" ergeben, mithin aus der besonderen Gestaltung des tatsächlichen Geschehens.[392]

4. Etwas anderes könnte sich jedoch daraus ergeben, dass nach der Rechtsprechung des BGH ein Ehegatte, der nach dem Scheitern der Ehe aus dem beiden Ehegatten gehörenden und bisher von beiden gemeinsam bewohnten Haus ausgezogen ist, von dem anderen, weiter in dem Haus wohnenden Ehegatten eine Nutzungsentschädigung erst von dem Zeitpunkt an verlangen kann, in dem er eine Neuregelung der Nutzung des Hauses oder ein „Neuregelungsentgelt" verlangt hat.[393]

Wären die Fälle vergleichbar, könnte aus diesem Gesichtspunkt heraus eine den Ausgleichsanspruch auslösende Handlung erforderlich sein. Dies ist aber nicht der Fall:[394]

a) Für die Nutzungsentschädigung gilt Folgendes: Grundsätzlich löst der Umstand, dass ein Miteigentümer ein im Miteigentum stehendes Grundstück allein nutzt, keine Entschädigungsrechte des anderen Teilhabers aus.

Allerdings kann gemäß § 745 II BGB jeder Miteigentümer eine dem Interesse aller Miteigentümer nach billigem Ermessen entsprechende Regelung der Benutzung verlangen, und zwar bei einer nachträglichen Änderung der tatsächlichen Verhältnisse auch entgegen einer vertraglichen Regelung, an der er zuvor mitgewirkt hat. Voraussetzung ist aber eben, dass der Miteigentümer eine solche Regelung aktiv verlangt, vorher kann er keine Rechte aus veränderten Verhältnissen herleiten, auch wenn die Regelungen nicht mehr angemessen sind.

b) Hierzu ist jedoch festzustellen, dass eine dem § 745 II BGB entsprechende Regelung in § 426 BGB gerade nicht enthalten ist.

---

390 BGH, FamRZ 1995, 216, 217; Palandt, § 426 BGB, Rn. 10 = jurisbyhemmer.

391 BGH, FamRZ 1995, 216, 217 = jurisbyhemmer.

392 BGH, FamRZ 1995, 216, 217 = jurisbyhemmer.

393 BGH, NJW 1982, 1753 = jurisbyhemmer.

394 BGH, a.a.O.

Im Rahmen dieser Vorschrift hat vielmehr die „besondere Gestaltung des tatsächlichen Geschehens" - also im vorliegenden Fall die (nicht mehr) bestehende eheliche Lebensgemeinschaft - von vornherein einen unmittelbaren Einfluss auf die Rechtsbeziehungen der Gesamtschuldner untereinander, ohne dass es in irgendeiner Weise auf eine gestaltende Handlung der Gesamtschuldner ankäme.[395]

c) Für eine analoge Anwendung des § 745 II BGB auf die hier vorliegende Fallgestaltung des § 426 BGB besteht damit kein Bedürfnis, da - unabhängig von der Frage, ob eine Regelungslücke besteht - jedenfalls die Interessenlage nicht vergleichbar ist.

Es muss zwar eingeräumt werden, dass eine Mitteilung des bislang allein zahlenden Schuldners an den anderen Schuldner, dass dieser sich künftig am Schuldendienst beteiligen müsse, im Hinblick auf die zukünftige finanzielle Planung wünschenswert wäre. Hieraus kann aber nicht abgeleitet werden, dass eine solche Mitteilung Voraussetzung für den Ausgleichsanspruch sein muss, da ein Ehegatte nicht darauf vertrauen kann, dass der andere Ehegatte die gemeinsamen Schulden auch nach der Trennung allein tragen werde.

Nach Aufhebung der ehelichen Lebensgemeinschaft besteht für einen Ehegatten im Zweifel kein Anlass mehr, dem anderen durch die Übernahme seiner Schuldenverpflichtungen eine Vermögensmehrung zukommen zu lassen.[396] Dies gilt im vorliegenden Fall schon deshalb umso mehr, da F das früher gemeinsam bewohnte Haus nunmehr allein bewohnt.

5. Im vorliegenden Fall wurde zunächst das Gesamtschuldverhältnis durch die eheliche Lebensgemeinschaft überlagert, sodass die Ehe einen anderen Verteilungsmaßstab als den des § 426 I S. 1 BGB rechtfertigte. Mit der Beendigung der ehelichen Lebensgemeinschaft ist dieser Grund jedoch entfallen.

Zu beachten ist insbesondere, dass es für das Wiederaufleben des Ausgleichsanspruches auch nicht - wie dies etwa bei der Berechnung des Zugewinns der Fall ist (vgl. § 1384 BGB) - auf den Tag des Scheidungsantrages ankommt, sondern der Anspruch auch bereits vor Rechtshängigkeit des Scheidungsantrages in Betracht kommt. Entscheidend ist somit nur, ob die Ehe bereits zerrüttet und die eheliche Lebensgemeinschaft aufgehoben ist.

F hat daher einen Anspruch auf hälftigen Ausgleich für die von ihr ab dem Zeitpunkt der Trennung bezahlten Finanzierungskosten.

hemmer-Methode: Verteilungsmaßstab im Innenverhältnis sind dabei die Miteigentumsanteile,[397] sodass der „Alleineigentümer-Ehegatte" im Innenverhältnis nach der Trennung vollumfänglich ausgleichspflichtig ist.[398] Etwas anderes gilt allerdings dann, wenn die finanziellen Belastungen bereits in die Berechnung des Ehegattenunterhalts eingestellt wurden. §§ 1361, 1570 ff. BGB verdrängen insoweit den Gesamtschuldnerausgleich, die Berücksichtigung in der Unterhaltsberechnung stellt eine anderweitige Bestimmung i.S.d. § 426 I BGB dar.[399] Im Rahmen der Unterhaltsberechnung wird aber nicht nur die finanzielle Belastung als Einkommensminderung, sondern auch der Wohnwert als unterhaltsrechtliches Einkommen berücksichtigt.

---

395 BGH, FamRZ 1995, 216, 218 = **juris**byhemmer.

396 BGH, FamRZ 1995, 216, 218 = **juris**byhemmer.

397 Palandt, § 426 BGB, Rn. 10 ff.

398 Palandt, § 426 BGB, Rn. 10 ff.; OLG Frankfurt, FamRZ 2002, 28; OLG Karlsruhe, FamRZ 2006, 489. Alle Entscheidungen = **juris**byhemmer.

399 Palandt, § 426 BGB, Rn. 10 ff.; zu der Frage, wieweit die Nichtgeltendmachung von Unterhalt eine anderweitige Bestimmung darstellt, vgl. BGH, FamRZ 2005, 1236 = **Life&Law 2005, 676** = **juris**byhemmer.

(3) Gesamtgläubigerausgleich

Gesamtgläubigerausgleich insbes. bei gemeinsamer Kontoführung

Ein solcher kommt v.a. dann in Betracht, wenn die Ehegatten ein gemeinsames Konto führen, über das jeder von ihnen allein verfügungsberechtigt ist (so genanntes Oder-Konto). Bezüglich des Anspruchs auf das Guthaben sind sie Gesamtgläubiger. Hat nun einer der Ehegatten mehr als den ihm zustehenden Teil des Guthabens für sich verwendet, so entsteht eine Ausgleichsverpflichtung nach § 430 BGB.

226

> *Bsp.:* M und F führten jahrelang ein gemeinsames Konto bei der Stadtsparkasse, über das jeder allein verfügungsberechtigt war. Als F bereits aus dem gemeinsamen Haus ausgezogen und auch der Scheidungsantrag schon gestellt war, hob sie dennoch den gesamten auf dem Konto befindlichen Betrag von 12.000,- € ab, der dort schon seit einigen Monaten unverändert gelegen hatte.[400]

> Da dieser Betrag nach Rechtshängigkeit des Scheidungsantrags, § 124 FamFG i.V.m. §§ 253, 261 I ZPO, abgehoben wurde, kann er i.R.d. Berechnung des Zugewinnausgleichs wegen § 1384 BGB keine Rolle spielen. Dort ist er vielmehr hälftig in das jeweilige Endvermögen eingegangen.

> Da zwischen M und F jedoch eine Gesamtgläubigerschaft i.S.d. § 428 BGB bestand, hat M gegen F einen Ausgleichsanspruch, weil F mehr als die ihr nach der Vermutungsregel des § 430 BGB zustehende Hälfte des Guthabens für sich verwendet hat.[401] Die bis zur Trennung – auf die Rechtshängigkeit des Scheidungsantrags kommt es nicht an! – zumindest stillschweigend bestehende Abrede der Eheleute, jeder sei zur Abhebung auch eines größeren Betrags berechtigt, entfällt mit der endgültigen Trennung. Zweckbestimmung eines solchen Oder-Kontos ist i.d.R. die gemeinsame Lebensführung. Mit deren Beendigung entfällt dieser Zweck. Folglich steht M ein Anspruch gegen F in Höhe von 6.000,- € zu, § 430 BGB.

hemmer-Methode: Ansprüche auf die andere Hälfte des Kontoguthabens können dagegen nur aus § 280 BGB i.V.m. einer entsprechenden Absprache aus § 823 II BGB i.V.m. § 266 StGB oder aus § 826 BGB hergeleitet werden. Wird das Konto nur auf den Namen eines Ehegatten geführt, kann im Innenverhältnis der Eheleute eine Gemeinschaft nach §§ 741 ff. BGB vorliegen, wenn es sich um gemeinsam verdientes Geld handelt.[402] Bei einem Oder-Depot kommt es anders als bei einem Oder-Konto auf die Eigentumsverhältnisse an den Wertpapieren an, § 430 BGB wird insoweit durch die dingliche Zuordnung der Wertpapiere überlagert.

(4) Ausgleich bei unbenannten Zuwendungen

Zuwendung ohne schuldrechtlichen Vertrag

Im Bereich des Ausschließlichkeitsgrundsatzes verbleiben nach dem bisher Ausgeführten nur die Fälle, in denen einer Zuwendung eines Ehegatten an den anderen kein schuldrechtlicher Vertrag zugrunde liegt.

227

Vermögensgegenstände u. Arbeitsleistung

Solche Zuwendungen kommen vor allem in der Form der Übertragung von Vermögensgegenständen oder von Arbeitsleistungen[403] vor.

---

400 Vgl. zum Ganzen auch ausführlich Palandt, § 426 BGB, Rn. 10 ff.

401 Palandt, § 428 BGB, Rn. 3, § 430 BGB, Rn. 2; BGH, FamRZ 1990, 370, 371 = **juris**byhemmer.

402 BGH, NJW 2002, 3702 = **juris**byhemmer.

403 Zu Arbeitsleistungen als unbenannte Zuwendungen vgl. BGH, NJW 1994, 2545 und dazu JuS 1995, 76; vgl. auch oben Rn. 91. = **juris**byhemmer.

kein Schenkungsrecht, da keine Einigung über Unentgeltlichkeit

Nach der Rspr. kommt eine Rückforderung nach den schenkungsrechtlichen Vorschriften, §§ 528, 530 BGB – für die der Ausschließlichkeitsgrundsatz nicht gilt, vgl. oben (a) – in der Regel bereits deshalb nicht in Betracht, weil es an der für eine echte Schenkung erforderlichen Einigung über die Unentgeltlichkeit fehlt.[404]

228

Zwar liegt objektive Unentgeltlichkeit vor, wenn keine synallagmatische, konditionale oder kausale Verknüpfung mit einer Gegenleistung vorgenommen wurde,[405] das allein reicht jedoch für eine echte Schenkung nicht aus.

⇨ unbenannte Zuwendungen

Es handelt sich dann um eine so genannte ehebedingte oder unbenannte Zuwendung.[406] Sie wird um der Ehe willen (matrimonii causa) und als Beitrag zur Verwirklichung und Ausgestaltung der ehelichen Lebensgemeinschaft erbracht. Es liegt ihr die Vorstellung zugrunde, die eheliche Lebensgemeinschaft werde Bestand haben.

229

spürbares Vermögensopfer?

Der entscheidende Unterschied zur Schenkung liegt nach der Rechtsprechung des BGH darin, dass eine Schenkung ein spürbares Vermögensopfer des Schenkenden voraussetzt. Hieran fehlt es, wenn der Schenkende den konkreten Gegenstand auch nach der Schenkung wie einen eigenen oder besser gemeinsamen weiter benutzen will.[407]

> **Bsp.:** *„Schenkt" der Ehemann seiner Ehefrau ein Cabrio liegt eher eine unbenannte Zuwendung vor, da der Mann ggf. auch mit dem Auto fahren will. Anders sollte dies sein, wenn er ihr Dessous schenkt, da er diese wohl nur selten auch tragen möchte.*

> **hemmer-Methode:** Die ehebedingte Zuwendung ist ab dem Ende der 60er-Jahre aus ideologischen Gründen aus dem Schenkungsbegriff herausgenommen worden, weil die traditionelle Vorstellung, dass Zuwendungen des berufstätigen Ehepartners an den haushaltsführenden Schenkungen seien, dem Gedanken der gleichberechtigt-, partnerschaftlichen Ehe zu widersprechen schien.
> Die Unterscheidungen, welche die Rspr. bezüglich der Rechtsfolgen vornimmt
> - echte Schenkung: §§ 528, 530 BGB; Störung der Geschäftsgrundlage aber nicht ausgeschlossen,
> - ehebedingte Zuwendung: Störung der Geschäftsgrundlage möglich; §§ 528, 530 BGB ausgeschlossen,
> sind dogmatisch nur bedingt überzeugend, im Ergebnis aber weitgehend bedeutungslos: Der Tatbestand des § 530 BGB wird kaum jemals vorliegen, sodass eine Rückabwicklung ob nun Schenkung oder unbenannte Zuwendung nur über § 313 BGB in Betracht kommt. Dieser wird aber bei Eheleuten im gesetzlichen Güterstand in aller Regel daran scheitern, dass das eheliche Güterrecht nicht zu unzumutbaren Ergebnissen führt.
> Im Außenverhältnis, d.h. dort, wo es um den Schutz Dritter gegen beeinträchtigende Schenkungen geht (§§ 2205, 2113 II, 2287, 2325, 2329 BGB, § 4 AnfG, §§ 129 ff. InsO), sind objektiv unentgeltliche ehebedingte Zuwendungen jedenfalls wie echte Schenkungen zu behandeln.
> In einer Klausur sollten Sie sich – auch wenn Sie dogmatische Bedenken haben - zwingend der h.M. anschließen und die Figur der unbenannten, ehebedingten Zuwendung anwenden.

keine Rückforderung nach Bereicherungsrecht

Eine Rückforderung der unbenannten Zuwendung nach Bereicherungsrecht scheidet nach Scheitern der Ehe ebenfalls regelmäßig aus.

230

---

404   Palandt, § 516 BGB, Rn. 10; eine echte Schenkung unter Eheleuten ist natürlich auch nach der Rechtsprechung möglich, aber der Ausnahmefall.

405   Palandt, § 516 BGB, Rn. 8; MüKo, § 516 BGB, Rn. 9, 14 - 16.

406   Vgl. Palandt, § 1372 BGB, Rn. 3, § 516 BGB, Rn. 10, § 313 BGB, Rn. 50 ff., Kollhosser, NJW 1994, 2313.

407   BGH, Urteil vom 03.02.2010, XII ZR 189/06 = **Life&Law 08/2010** = **juris**byhemmer.

§ 812 I S. 2 Alt. 1 BGB ist bereits deshalb nicht einschlägig, weil der besondere familienrechtliche Vertrag („ehebezogenes Rechtsgeschäft eigener Art"), der ihren Behaltensgrund (causa) bildet, regelmäßig nicht auflösend bedingt ist, § 158 II BGB, und daher nach Beendigung der Ehe nicht für die Vergangenheit wegfällt. § 812 I S. 2 Alt. 2 BGB greift für gewöhnlich nicht ein, da der Fortbestand der Ehe nicht als Zweck vereinbart wurde.

hemmer-Methode: Zur Abgrenzung zwischen § 812 I S. 2 Alt. 1 BGB und § 812 I S. 2 Alt. 2 BGB einerseits und der Störung der Geschäftsgrundlage andererseits siehe ausführlich Hemmer/Wüst, Bereicherungsrecht, Rn. 271 ff.[408]

gegen Bereicherungsrecht: Zerrüttungsprinzip

Im Übrigen würde sich bei einer Abwicklung nach Bereicherungsrecht entgegen dem im Scheidungsrecht geltenden Zerrüttungsprinzip (vgl. unten Rn. 278) wegen § 815 BGB die Frage nach einem völligen Rückforderungsausschluss zu Lasten des am Fehlschlagen der Ehe schuldigen Partners stellen. **231**

aber Störung d. GG
⇨ §§ 313 I, III, 346 BGB

Bei einem Scheitern der Ehe kommt dann lediglich ein Ausgleichsanspruch nach den Grundsätzen über die Störung der Geschäftsgrundlage, § 313 BGB, in Betracht.[409] Die Störung der Geschäftsgrundlage gewährt einen Anspruch auf Vertragsanpassung bzw. ein Rücktrittsrecht (wenn das weitere Festhalten am Vertrag und damit eine Vertragsanpassung unzumutbar ist, § 313 I, III BGB). Diese Rechte werden jedoch aufgrund des Ausschließlichkeitsgrundsatzes regelmäßig durch den güterrechtlichen Zugewinnausgleichsanspruch verdrängt.

im Einzelfall trotz Ausschließlichkeit des Zugewinnausgleichs möglich

Allerdings kann dann auf sie zurückgegriffen werden, wenn es die konkreten Umstände des Einzelfalls zwingend gebieten, weil die Aufrechterhaltung des durch die einseitige Zuwendung geschaffenen Vermögensstandes für den ausgleichsfordernden Ehegatten unzumutbar ist.[410] **232**

insbes., wenn Geld unbillig

Das kann zum einen der Fall sein, wenn die Verweisung auf den Ausgleichsanspruch in Geld, § 1378 I BGB, unbillig ist, weil ein schutzwürdiges Interesse gerade an der Rückübertragung des Eigentums an einem zugewendeten Vermögensgegenstand besteht und es unerträglich erscheint, dass der andere Ehegatte auf dem Eigentum besteht, anstatt es gegen Zahlung eines angemessenen Ausgleichs auf den Zuwendenden zurück zu übertragen.

untragbares Ergebnis

Zum anderen kann ein Rückgriff auf die Grundsätze der Störung der Geschäftsgrundlage dann geboten sein, wenn der Zuwendungsempfänger trotz der Zuwendung keinen ausgleichsfähigen positiven Zugewinn aufzuweisen hat, sodass der Zuwendende über den Zugewinn in keiner Weise an seiner Zuwendung partizipiert.[411] Diese Ausnahme vom Vorrang des Zugewinnausgleichs kann jedoch dann nicht angenommen werden, wenn der Zuwendende nach den güterrechtlichen Vorschriften einen Ausgleich in Höhe des halben Werts der Zuwendung erhält. Nach der Wertung des § 1380 I BGB kann hier kein untragbares Ergebnis vorliegen. **233**

Bsp.: Der Zugewinn beider Ehegatten beträgt Null. Allerdings hat F dem M ein Geschenk in Höhe von 20.000,- € gemacht. Über den Zugewinnausgleich erhielte F hiervon nichts zurück. Da dieses Ergebnis unbillig erscheint, ist an einen Anspruch aus § 313 I BGB zu denken.

---

408 Siehe hierzu auch BGH, **Life&Law 2007, 237 f.** = NJW 2007, 992 ff.; BGH, FamRZ 2009, 849 = **Life&Law 2009, 499** = juris*byhemmer*.

409 Ob der BGH hier künftig tatsächlich § 313 BGB zitieren oder aber sich auf § 242 BGB zurückziehen wird, erscheint fraglich. Ausführlich dazu bereits oben, Rn. 70 a.E. Der besondere familienrechtliche Vertrag, dessen Geschäftsgrundlage wegfallen soll, erscheint jedenfalls als bloße Fiktion des BGH; es ist zumindest widersprüchlich, eine Zweckvereinbarung i.S.d. § 812 I S. 2 Alt. 2 BGB zu verneinen und dann doch von einem familienrechtlichen Vertrag auszugehen.

410 Palandt, § 1372 BGB, Rn. 4; BGH, NJW 2003, 230; OLG Karlsruhe, FamRZ 2001, 1075 = juris*byhemmer*.

411 Vgl. OLG Oldenburg, NJW-RR 2008, 596 = juris*byhemmer*.

Bejaht man einen Anspruch aus § 313 BGB in Höhe von 20.000,- €, führt dies im Gegenzug u.U. allerdings dazu, dass F auch einen Zugewinn in dieser Höhe erzielt hat, da der Anspruch als Aktivposten im Endvermögen zu berücksichtigen ist.[412] Sie müsste also über den Zugewinnausgleich wieder 10.000,- € an M zurückzahlen, steht damit aber immer noch besser als ohne Anwendung des § 1380 BGB. Sie bekommt wenigstens die Hälfte des verschenkten Wertes zurück, was der Wertung der §§ 1378, 1380 BGB entspricht.

hemmer-Methode: Die Anwendung des § 313 BGB kommt vor allem im Güterstand der Gütertrennung in Betracht. Eine Beibehaltung der gesetzlichen Ergebnisse, ist hier oft unbillig, da dieses eben gerade keinen Ausgleichsanspruch gibt – was andererseits die Eheleute im Zeitpunkt des Abschlusses des Ehevertrages und der Schenkung wussten bzw. wissen mussten.

Verursachung des Scheiterns der Ehe nicht maßgeblich

234

Ob der Zuwendende das Scheitern der Ehe zu verantworten hat, spielt für die Beurteilung des Ausgleichsanspruchs keine Rolle. Es gibt keinen Rechtssatz des Inhalts, dass zu Lasten desjenigen, der die Geschäftsgrundlage eines Vertrags zerstört, die Verwirkung der von ihm zuvor erbrachten vermögensrechtlichen Leistungen eintritt.[413]

Bsp. 1: M hat F ein wertvolles antikes Meißner Service gekauft, von dem die Familie bei besonderen Anlässen gegessen hat. M meint, F habe ihm dieses Geschenk nicht ausreichend gedankt, da sie ihn ja später sogar mit einem fremden Mann betrogen habe.

Ein Anspruch aus Schenkungswiderruf, §§ 530 I, 531 II, 812 ff. BGB, kommt hier bereits deshalb nicht in Betracht, weil es sich nicht um eine Schenkung, sondern um eine sog. „unbenannte (ehebedingte) Zuwendung" handelt.

Eine solche liegt bei objektiv unentgeltlichen Zuwendungen zwischen Ehegatten im Regelfall vor, weil es an der für §§ 516 ff. BGB erforderlichen subjektiven Einigung über die Unentgeltlichkeit fehlt und die Zuwendung vielmehr meist der ehelichen Lebensgemeinschaft dient, wie beispielsweise im Fall des gemeinsam genutzten Geschirrs.

Ansprüche aus ungerechtfertigter Bereicherung scheiden ebenfalls aus, da weder der Tatbestand des § 812 I S. 2 Alt. 1 BGB, noch derjenige des § 812 I S. 2 Alt. 2 BGB vorliegt.

Es kommen daher grds. die Ausgleichsregeln über die Grundsätze der Störung der Geschäftsgrundlage in Betracht.

Der Zuwendung liegt die Vorstellung zugrunde, die eheliche Lebensgemeinschaft werde Bestand haben. In dieser Vorstellung hat sie ihre Geschäftsgrundlage.

Im gesetzlichen Güterstand steht einem solchen Ausgleich jedoch die Sperrwirkung der güterrechtlichen Vorschriften der §§ 1372 ff. BGB entgegen.

Grundsätzlich erfolgt nämlich eine angemessene Berücksichtigung bereits im Zugewinnausgleich selbst, weil die Zuwendung nach h.M. nicht gem. § 1374 II BGB dem Anfangsvermögen hinzuzurechnen ist und daher das Endvermögen der F erhöht und das des M vermindert, mithin also die Differenz verändert.

Im Rahmen des Zugewinnausgleichs erfolgt dann eine Anrechnung nach §§ 1380 ff. BGB (vgl. oben Rn. 199 ff.).

412 Palandt, § 1375 BGB, Rn. 17.
413 BGHZ 115, 261, 266 = **juris**byhemmer.

Ausnahmen kommen nur in Betracht, wenn infolge des Scheiterns der Ehe die Aufrechterhaltung des durch die einseitige Zuwendung geschaffenen Vermögensstandes schlechthin unzumutbar ist, weil der zuwendende Ehegatte ohne eigene Vermögensmehrungen Leistungen erbracht hat, deren Früchte allein dem anderen geblieben sind.

Ein solcher Fall ist allenfalls dann anzunehmen, wenn sich der zugewendete Wert, obwohl er tatsächlich noch im Vermögen der Zuwendungsempfängerin F vorhanden ist, bei ihrem Zugewinn nicht auswirkt, weil er ihr zum Erhalt des Anfangsvermögens oder zum Ausgleich von Schulden (§ 1374 I HS 2 BGB) gedient hat.

Ob das hier der Fall ist, kann jedoch mangels näherer Angaben im Sachverhalt nicht geklärt werden.

Bsp. 2: *M und F bewohnen ein Einfamilienhaus. Es steht laut Grundbuch im Alleineigentum von M, der das Grundstück zwei Jahre nach der Eheschließung gekauft hatte. Zur Errichtung des Hauses hatten aber beide mit Ersparnissen und die handwerklich begabte F auch mit Arbeitsleistungen in großem Umfang beigetragen. 2006 wird die Ehe geschieden. F verlangt Übertragung hälftigen Miteigentums an dem Haus, jedenfalls stünde ihr ein Ausgleich für ihre eigene Mitwirkung am Hausbau zu.*

235

Eine Berücksichtigung der Leistungen kann grds. nur im Rahmen des Zugewinnausgleichs, §§ 1372 ff. BGB erfolgen. Eine Ausnahme könnte jedoch dann vorliegen, wenn zwischen F und M ein Vertragsverhältnis bestehen würde. Ansprüche aus einem solchen würden nämlich als aktive oder passive Rechnungsposten in den Zugewinnausgleich einfließen.

F könnte einen Anspruch aus §§ 733 II, 726 BGB haben, wenn eine Innengesellschaft bürgerlichen Rechts bestand. Erforderlich wäre ein über die bloße Lebensgemeinschaft hinausgehender Zweck. Bei der Errichtung eines Familienheims kann von einem solchen Zweck regelmäßig nicht ausgegangen werden.[414]

Ein Anspruch aus Schenkungswiderruf, §§ 530 I, 531 II, 812 ff. BGB scheitert jedenfalls schon mangels Vorliegens einer Schenkung, da das Haus als gemeinsame Ehewohnung gedacht waren und die Zuwendungen damit nicht über „Tisch und Bett" hinausgehen.

In Betracht käme ein Anspruch aus § 812 I S. 2 Alt. 2 BGB, wenn der mit dem Hausbau bezweckte Erfolg nicht eingetreten ist. Bezweckter Erfolg könnte hier zunächst die Benutzung des Hauses als Familienheim sein. Dieser Zweck wurde aber erreicht.

Weiterhin könnte der bezweckte Erfolg in der Übertragung des hälftigen Miteigentums liegen. Dann müsste aber eine tatsächliche Einigung über die Zweckbestimmung erfolgt sein. Einseitige Motive und bloße Erwartungen reichen nicht aus. Andererseits ist eine rechtsgeschäftliche Einigung im Sinne einer Bedingung, § 158 BGB, ebenfalls nicht erforderlich, da bei Vorliegen einer solchen bereits § 812 I S. 2 Alt. 1 BGB eingreifen würde.

Zwar kann die Zweckvereinbarung auch stillschweigend erfolgen, wenn der Zuwendungsempfänger die Zweckbestimmung positiv kennt und sie mit Annahme der Leistung billigt.[415] Hier musste sich angesichts des Umfangs der Aufwendungen für M zwar die Verknüpfung mit einem Leistungszweck aufdrängen.

Ein solches Kennenmüssen oder eine bloße Erkennbarkeit der Zweckvorstellung reicht aber gerade nicht aus.[416] Es besteht vielmehr ein lediglich einseitiges Motiv.

Ein Anspruch könnte sich jedoch daraus ergeben, dass mit der Trennung die Geschäftsgrundlage eines zwischen M und F geschlossenen besonderen familienrechtlichen Vertrages entfallen ist.

414 BGH, WM 1990, 1585; BGH, NJW 1992, 427; anders aber BGH, NJW 1992, 906. Alle Entscheidungen = **juris**byhemmer

415 BGHZ 108, 256.

416 BGH, NJW 1992, 427 = **juris**byhemmer.

Im gesetzlichen Güterstand gilt jedoch grds. die Sperrwirkung der güterrechtlichen Vorschriften der §§ 1372 ff. BGB Eine Anwendung der Grundsätze der Störung der Geschäftsgrundlage kommt daher nur dann in Betracht, wenn die güterrechtlichen Vorschriften zu schlechthin untragbaren Ergebnissen führen. Dies ist allerdings nur in extremen Sonderfällen anzunehmen, was vorliegend mangels Sachverhaltsangaben zu den Vermögenswerten nicht geklärt werden kann.

Bsp. 3:[417] *Wie Bsp. 2, aber M hat das Grundstück bereits zwei Jahre vor der Eheschließung erworben. Auch die Errichtung des Hauses erfolgte bereits während der Verlobungszeit.*

Auch hier kommt nur ein Anspruch nach den Grundsätzen über die Störung der Geschäftsgrundlage in Betracht. Anders als in Beispiel 2 kann jedoch die Sperrwirkung der güterrechtlichen Vorschriften der §§ 1372 ff. BGB nicht eingreifen, da die Zeit vor der Eheschließung von ihnen nicht erfasst wird. Das Haus fällt wegen § 946 BGB bereits in das Anfangsvermögen des M, § 1374 I BGB. Ein Ausgleich über die güterrechtlichen Vorschriften kann nicht stattfinden.

Zwischen den späteren Eheleuten kam ein auf das personenrechtliche Dauerrechtsverhältnis der Verlobung bezogener stillschweigender Kooperationsvertrag hinsichtlich des Hausbaus zustande, dessen Geschäftsgrundlage der Bestand der künftigen Ehe war. Ein entsprechender Rechtsbindungswille ist jedenfalls anzunehmen, da es sich nicht um bloße Gefälligkeiten, sondern um Leistungen in erheblichem Ausmaß handelt.[418]

Ein Ausgleichsanspruch ist also dem Grunde nach gegeben. Fraglich ist die Höhe des Anspruchs. Nach BGH a.a.O. darf F nicht besser stehen, als wenn die Leistungen erst nach der Eheschließung erbracht worden wären. Dann hätte nach den güterrechtlichen Vorschriften ein hälftiger Ausgleich stattgefunden. Zu ersetzen ist also die Hälfte der durch die Zuwendungen eingetretenen Wertsteigerungen am Grundstück des M.[419]

hemmer-Methode: Wichtig ist die Einordnung des Zugewinnausgleichs in das Anspruchssystem des BGB und damit das Konkurrenzverhältnis zu anderen Anspruchsgrundlagen.[420]
Verdrängt wird der Zugewinnausgleich durch den Versorgungsausgleich, § 1587 BGB i.V.m. VersAusglG (s.u. Rn. 310) sowie durch § 1568b BGB (s.o. Rn. 193).
Hingegen kommen dann, wenn der Zugewinnausgleich greift, regelmäßig keine weiteren Anspruchsgrundlagen in Betracht (sog. Ausschließlichkeitsprinzip). Etwas anderes gilt nur dann, wenn vertraglich etwas anderes vereinbart wurde.
Vergleichbare Grundsätze gelten im Ergebnis im Verhältnis zwischen Ehegatten und Schwiegereltern, wenn von diesen dem Ehegatten eine Zuwendung gemacht wurde. Zwar hat der BGH in diesem Verhältnis die Figur der unbenannten Zuwendung (weitgehend) aufgegeben und geht nunmehr bei unentgeltlichen Zuwendungen regelmäßig von Schenkungen aus, da bei Zuwendungen zwischen Schwiegereltern und Schwiegerkindern regelmäßig von einem endgültigen und spürbaren Vermögensverlust des Zuwendenden auszugehen ist.[421]
Eine Abwicklung nach § 313 BGB kommt aber auch hier nur dann in Betracht, wenn den Schwiegereltern ein Festhalten an den Ergebnissen der § 1372 ff. BGB unzumutbar ist. Dies kann daran scheitern, dass über § 1378 BGB ihr eigenes Kind an der Zuwendung partizipiert.[422]
Wichtig ist, dass eventuelle vertragliche Ansprüche nicht isoliert neben dem Zugewinnausgleich stehen, sondern diese Ansprüche bei dem Gläubiger-Ehegatten als positives, bei dem anderen Ehegatten als negatives Endvermögen zu berücksichtigen sind.[423]

---

417 Nach BGHZ 115, 261; vgl. auch OLG Köln, FamRZ 2002, 1404. Alle Entscheidungen = **juris**byhemmer.

418 Vgl. oben Rn. 11, 227.

419 OLG Celle, FamRZ 2006, 206 = **juris**byhemmer; krit. zu dieser Begrenzung der Anspruchshöhe Tiedtke, JZ 1992, 1125.

420 Ausführlich dazu Palandt, § 1372 BGB, Rn. 2 ff. m.w.N.

421 Vgl.oben Rn. 229.

422 BGH, FamRZ 2010, 958 = **Life&Law 08/2010** = **juris**byhemmer; Palandt, § 1374 BGB, Rn. 16.

423 Zu der Besonderheit, dass der Anspruch zwischen den Ehegatten bei der Berechnung des Zugewinnausgleichs „vergessen" wurde vgl. BGH, FamRZ 2009, 193 ff.= **Life&Law 04/2009** = **juris**byhemmer.

ee) Ansprüche gegen Dritte

(1) § 1390 BGB

ausnahmsweise Dritter Gegner von Ausgleichsanspruch, § 1390 BGB

Unter den Voraussetzungen des § 1390 BGB kann sich der ausgleichsberechtigte Ehegatte auch an einen Dritten halten. Das ist dann der Fall, wenn der Ausgleichsschuldner eine unentgeltliche Zuwendung an einen Dritten in der Absicht gemacht hat, den Ausgleichsgläubiger zu benachteiligen, § 1390 I Nr. 1 BGB und wenn die Ausgleichsforderung den Wert des Vermögens des Schuldner bei Beendigung des Güterstandes übersteigt, § 1390 I Nr. 2 BGB.

Unerheblich ist dabei, ob der Dritte die Benachteiligungsabsicht kannte oder nicht. Da § 1390 I S. 2 BGB aber eine Rechtsfolgenverweisung auf §§ 818 ff. BGB enthält, kann seine Bösgläubigkeit im Rahmen der §§ 818 III, 819 I, 818 IV BGB entscheidend werden. Bei Bösgläubigkeit ist außerdem ein Anspruch aus § 826 BGB denkbar.

§ 1390 BGB greift – anders als früher – nicht mehr nur dann ein, wenn der Zugewinnausgleichsanspruch an § 1378 II BGB scheitert. Voraussetzung ist lediglich, dass der Anspruch nicht realisierbar ist, weil der Schuldner bei Beendigung des Güterstandes tatsächlich nicht über das entsprechende Vermögen verfügt.

hemmer-Methode: In den Fällen des § 1390 BGB kann der Ausgleichsanspruch nicht an § 1378 II BGB scheitern, da das weggegebene Vermögen nach § 1378 II S. 2 BGB bei der Begrenzung der Ausgleichsforderung mitberücksichtigt wird. § 1390 BGB tritt damit anders als vor der Güterrechtsreform zum 01.09.2009 nicht an die Stelle der Zugewinnausgleichsforderung, sondern daneben. Entsprechend ordnet § 1390 I S. 4 BGB auch die gesamtschuldnerische Haftung von Ehegatten und Dritten an.

weitere Ansprüche gegen Dritte

(2) In Ausnahmefällen kommen Ansprüche gegen Dritte bei Scheitern der Ehe auch unter anderen rechtlichen Gesichtspunkten in Betracht.

Bsp.:[424] M zog 2004 mit seiner Familie in die Erdgeschosswohnung im Haus der damaligen Schwiegermutter S ein. Als Mietzins wurden monatlich 400,- € gezahlt.

2006 erweiterte und modernisierte M die Wohnung mit Zustimmung der S. Mit Beginn der Bauarbeiten wurden die Mietzinszahlungen im Hinblick auf die Schaffung der besseren Familienwohnung einverständlich eingestellt und später auch nicht wieder aufgenommen.

Ende 2013 zog M zu seiner Freundin X. Ein Scheidungsantrag ist gestellt, das Verfahren ist noch anhängig. Nach dem Auszug schloss S mit ihrer Tochter F einen neuen Mietvertrag über die Wohnung ab. Als monatlicher Mietzins wurden 700,- € vereinbart.

S erhebt vor dem Familiengericht Antrag gegen M auf Feststellung, dass sie ihm nichts schuldet, weil M sich ihr gegenüber mehrfach eines Ersatzanspruchs gerühmt hat. M erhebt Widerantrag und beantragt, S wegen der eingetretenen Wertsteigerung zur Zahlung von 70.000,- € zu verpflichten.[425]

236

237

238

---

424 Nach BGH, NJW 1990, 1789 = **juris**byhemmer.

425 Bei beiden Anträgen handelt es sich nach § 266 I Nr. 3 FamFG um eine sog. „sonstige Familiensache", sodass nach §§ 111 Nr. 10, 113 V Nr. 2 FamFG der Begriff „Antrag" an die Stelle des Begriffs „Klage" tritt.

Lösung:

Die Zuständigkeit des Familiengerichts für die Streitigkeit ergibt sich aus § 23a I GVG, §§ 111 Nr. 10, 266 I Nr. 3 FamFG, § 23b GVG, da die Streitigkeit aus dem Mietverhältnis gerade anlässlich der Trennung und der Scheidung der Eheleute entstanden ist.[426] Der negative Feststellungsantrag war ursprünglich zulässig, das erforderliche Feststellungsinteresse, § 113 I FamFG i.V.m. § 256 I ZPO, lag vor, da M im Gegensatz zu S vom Bestehen einer Ausgleichspflicht ausging.

Auch der Widerantrag ist zulässig. Da die Anträge verschieden sind, liegt keine Identität der Streitgegenstände und damit keine anderweitige Rechtshängigkeit, § 113 I FamFG i.V.m. § 261 III Nr. 1 ZPO, vor.[427] Der von § 33 ZPO als besondere Verfahrensvoraussetzung[428] geforderte Zusammenhang ist aufgrund des einheitlichen Lebensvorgangs gegeben.

Mit mündlicher Verhandlung über den Widerantrag ist das Feststellungsinteresse der S entfallen. Erstreitet M einen obsiegenden Beschluss, so steht zugleich fest, dass er gegen S einen Ausgleichsanspruch hat. Wird der Antrag abgewiesen, dann steht fest, dass S nichts schuldet. Der Feststellungsantrag ist also nachträglich unzulässig geworden. S muss sie übereinstimmend zusammen mit M oder einseitig für erledigt erklären.

Ein mietvertraglicher Verwendungsersatzanspruch aus § 539 I S. 1, II BGB scheidet aus, da zum Zeitpunkt der Umbaumaßnahmen kein Mietvertrag mehr vorlag, da es an einer zumindest stillschweigend vereinbarten Entgeltlichkeit der Nutzung fehlt. Die von M erbrachten Bauleistungen sind keine im Voraus erbrachten Gegenleistungen für die Nutzung, weil sie nicht der Wertsteigerung des Hauses, sondern allein der Schaffung einer Familienwohnung dienen.

Ein leihvertraglicher Anspruch auf Verwendungsersatz, §§ 598, 601 II S. 1 BGB i.V.m. §§ 683, 670 BGB scheidet bereits deswegen aus, weil M nicht mit Fremdgeschäftsführungswillen handelte, sondern den Ausbau für sich und seine Familie, nicht aber für S vornehmen wollte.[429] Im Übrigen wäre wegen § 685 BGB erforderlich, dass M bereits bei Durchführung der Baumaßnahmen beabsichtigt hat, von S Ersatz zu verlangen.

Ein Anspruch ergibt sich auch nicht aus der Zweckverfehlungskondiktion, § 812 I S. 2 Alt. 2 BGB, da die Aufwendungen des M nicht zum Zweck der Sicherung des Fortbestands der Ehe gemacht wurden, sondern für die Familie besseren Wohnraum schaffen sollten. Dieser Zweck wurde erreicht.

Es könnte jedoch ein Anspruch aus § 812 I S. 2 Alt. 1 BGB bestehen. Durch den Abschluss des neuen Mietvertrages mit S hat F den bislang bestehenden Leihvertrag beendet. Damit ist der bislang bestehende Rechtsgrund für die Investitionen weggefallen und S wurde Bereicherungsschuldnerin. Der Ausschlusstatbestand des § 814 BGB greift nur in den Fällen des § 812 I S. 1 BGB, nicht jedoch in denen des § 812 I S. 2 BGB ein.

Die Höhe der nach § 818 II BGB zu ersetzenden Bereicherung der S bestimmt sich nach dem Unterschied zwischen dem Ertragswert (erzielbarer Mietzins) nach Vornahme der Umbaumaßnahmen und demjenigen vor diesem Zeitpunkt.[430]

> **hemmer-Methode: Verneint man einen Leihvertrag, lässt sich ein Anspruch allenfalls über § 313 BGB bzw. bei einer entsprechenden Zweckvereinbarung über § 812 I S. 2 Alt. 2 BGB begründen!**

---

426 Bundesgerichtshof, Beschl. v. 05.12.2012, Az.: XII ZB 652/11 = **juris**byhemmer.

427 Zweigliedriger Streitgegenstandsbegriff, h.M. vgl. Thomas/Putzo, Einl. II Rn. 11 ff.

428 Thomas/Putzo, § 33 ZPO, Rn. 1, 7.

429 MüKo, § 683 BGB, Rn. 10, 12.

430 BGH, NJW 1990, 1789, 1790 = **juris**byhemmer.

b) Zugewinn bei Tod eines Ehegatten, § 1371 BGB

Regel: Beendigung des Güterstandes durch Tod

Nach dem gesetzlichen Regelfall wird der Güterstand der Zugewinngemeinschaft durch den Tod eines Ehegatten beendet werden, vgl. § 1353 I S. 1 BGB. Hier kommen für den Zugewinnausgleich zwei Lösungen in Betracht:

239

erbrechtliche Lösung

aa) Die erbrechtliche Lösung, die den Zugewinn über eine Beteiligung am Nachlass abgilt.

Diese erbrechtliche Lösung kommt in zwei Formen vor, die sich wesentlich voneinander unterscheiden:

pauschalierend

⇨ die pauschalierende erbrechtliche Lösung, die den Zugewinnausgleich durch Erhöhung des gesetzlichen Erbteils um $^1/_4$ „verwirklicht", §§ 1931 III, 1371 I BGB

individuell

⇨ die individuelle erbrechtliche Lösung, die eintritt, wenn der überlebende Ehegatte letztwillig zum Erben oder zum Vermächtnisnehmer berufen wurde, arg. e § 1371 II, III BGB

güterrechtliche Lösung

bb) Die güterrechtliche Lösung gem. §§ 1373 ff. BGB (vgl. oben Rn. 176), die eintritt, wenn der überlebende Ehepartner weder gesetzlicher noch testamentarischer Erbe wird und auch nicht Vermächtnisnehmer ist bzw. Erbschaft oder Vermächtnis ausschlägt, § 1371 II, III BGB.[431]

240

aa) Pauschalierende erbrechtliche Lösung

pauschalierend: Erhöhung um $^1/_4$ unabhängig v. Zugewinn

Ist der überlebende Ehegatte gesetzlicher Erbe des Verstorbenen, so wird die Berechnung des tatsächlichen Zugewinns durch die Erhöhung des gesetzlichen Erbteils um $^1/_4$ ersetzt, §§ 1931 III, 1371 I BGB, und zwar unabhängig davon, ob überhaupt ein Zugewinn erzielt wurde (Fiktion des Zugewinns). Eine Erhöhung findet also auch dann statt, wenn überhaupt kein Zugewinn erzielt wurde oder der Überlebende Ausgleichsschuldner wäre!

241

Vereinfachung, deshalb im Einzelfall ungerecht, z.B. bei frühem Tod v. Ehegatten

Sinn dieser Regelung ist in erster Linie die Vereinfachung des Zugewinnausgleichs durch Verzicht auf die Ermittlung des rechnerischen Zugewinns.[432] Diese Regelung führt in atypischen Fällen zu Ungerechtigkeiten, insbesondere zum Nachteil der Abkömmlinge.[433] Stirbt ein Ehegatte bereits nach kurzer Ehedauer – im Extremfall bereits auf der Hochzeitsreise – so führt der nach § 1371 BGB erhöhte Erbteil zwangsläufig zu einer Beteiligung am Anfangsvermögen des Ehegatten, was der Idee der Zugewinngemeinschaft ebenso widerspricht wie der Fall, dass der Ehegatte mit dem höheren Zugewinn überlebt, der normalerweise selbst ausgleichspflichtig wäre, oder wenn ein Ausgleich grob unbillig i.S.d. § 1381 BGB wäre.

242

hemmer-Methode: Gerade diese Unbilligkeit zum Nachteil der Angehörigen kann aber gewollt sein! So ist eine nochmalige Ehe ein probates Mittel, um die Pflichtteilsansprüche der missliebigen Kinder zu reduzieren. Hat der verwitwete M nur ein Kind, mit dem er heillos zerstritten ist, steht diesem nach § 2303 I BGB auch im Fall der Enterbung über den Pflichtteil noch die Hälfte des Vermögens des Erblassers zu. Durch den Erbteil des Ehegatten von $^1/_2$ aus §§ 1931 I S. 1, III, 1371 I BGB reduziert sich der Pflichtteil schlagartig auf nur noch $^1/_4$!

---

431 Vgl. BGHZ 37, 58 = **juris**byhemmer.

432 Im Rahmen des Erbschaftssteuerrechts muss die Berechnung aber dann doch erfolgen, vgl. MüKo, § 1371 BGB, Rn. 7.

433 Vgl. Wacke, JURA 1979, 618, 624.

dingliche Beteiligung am Nachlass

Der Unterschied zum Zugewinnausgleich unter Lebenden liegt neben der pauschalierenden Betrachtungsweise darin, dass der überlebende Ehegatte nicht nur einen schuldrechtlichen Ausgleichsanspruch erhält, sondern dinglich am Nachlass beteiligt ist.

hemmer-Methode: In einer Klausur aus der RA-Perspektive - was ist dem überlebenden Ehegatten zu raten? - ist die dingliche Beteiligung am Nachlass ein nicht zu unterschätzendes Argument!

Neben Abkömmlingen erbt der überlebende Ehegatte dann zu $^1/_2$, neben Verwandten der 2. Ordnung bzw. Großeltern zu $^3/_4$, §§ 1931 I, III, 1371 I BGB.   **243**

Problem, wenn nach § 1931 I S. 2 BGB ohnehin mehr als Hälfte zusteht

Problematisch sind die Fälle, in denen dem überlebenden Ehegatten bereits nach § 1931 I S. 2 BGB mehr als die Hälfte der Erbschaft zusteht:

> *Bsp.: M hinterlässt nur seine Ehefrau sowie die Großeltern väterlicherseits. Die Eltern sind ebenso vorverstorben wie die Großeltern mütterlicherseits. Hier existiert allerdings noch eine Tante.*
>
> F steht nach § 1931 I S. 1 BGB $^1/_2$ zu. Die andere Hälfte wäre nach § 1926 II, III BGB zu einem $^1/_4$ auf die Tante mütterlicherseits und je zu $^1/_8$ auf die Großeltern väterlicherseits zu verteilen. Das $^1/_4$ für die Tante geht nach § 1931 I S. 2 BGB allerdings auf F über, da aus der 3. Ordnung nach § 1931 I, II BGB nur die Großeltern selbst, nicht aber auch deren Abkömmlinge zu Erben berufen sind.

Ehegatte quasi Alleinerbe

Rechnet man hier entsprechend der Reihenfolge im Gesetz – zunächst § 1931 I S. 1 BGB, dann Erhöhung nach § 1931 I S. 2 BGB und zuletzt eine nochmalige Erhöhung nach §§ 1931 III, 1371 I BGB - gelangt man dazu, dass der überlebende Ehegatte alleiniger Erbe wird, wenn den überlebenden Großeltern nicht nach §§ 1926, 1931 I BGB mehr als ein Viertel zukommt.[434]

Nach h.M. dagegen ist gesetzlicher Erbteil i.S.d. § 1371 I BGB nur die hälftige Beteiligung nach § 1931 I S. 1 BGB, die um ein Viertel auf $^3/_4$ erhöht wird. Die dem Ehegatten nach § 1931 I S. 2 BGB zufallenden Anteile berechnen sich also nur nach dem letzten Viertel der Erbschaft, sodass für die Großeltern stets ein Rest bleibt.[435]   **244**

aber nach h.M. kein vollständiger Ausschluss der Großeltern

Für die h.M. spricht, dass der pauschalierte Zugewinnausgleich die Großeltern nicht vollständig von der Beteiligung am Nachlass ausschließen soll. Der überlebende Ehegatte soll nur unter den Voraussetzungen des § 1931 II BGB Alleinerbe sein.

> *Bsp.: M hinterlässt seine Ehefrau F, mit der er im gesetzlichen Güterstand gelebt hat. Als lebende Verwandte sind nur noch ein Großvater mütterlicherseits und ein Onkel, der Bruder seines Vaters, vorhanden.*
>
> Da eine letztwillige Verfügung des M nicht vorliegt, tritt gesetzliche Erbfolge ein. F erhält $^1/_2$ plus $^1/_4$, §§ 1931 I S. 1, 1931 III, 1371 I BGB. Das verbleibende Viertel steht nach § 1926 III, IV BGB zur Hälfte, also letztlich $^1/_8$, dem Großvater und zu einem weiteren $^1/_8$ dem Onkel zu. Nach § 1931 I S. 2 BGB fällt das $^1/_8$ des Onkels aber an F, die also zu $^7/_8$ erbt.
>
> Unter Zugrundelegung der Mindermeinung erhält F zunächst $^1/_2$. Die verbleibende Hälfte steht nach § 1926 III, IV BGB zur Hälfte, also letztlich zu $^1/_4$, dem Großvater und zu einem weiteren $^1/_4$ dem Onkel zu. Das $^1/_4$ des Onkels fällt jedoch an F, die damit $^3/_4$ erhält. Dieser gesetzliche Erbteil wird gem. §§ 1931 III, 1371 I BGB nochmals um $^1/_4$ erhöht. F erbt damit alleine.

---

434 Erman, § 1931 BGB, Rn. 25; rechnerisch können dem überlebenden Ehegatten dann z.B. $^9/_8$ zukommen, vgl. die Beispiele unten Rn. 245.

435 Palandt, § 1931 BGB, Rn. 7.

Variante: Es lebt außerdem noch eine Tante mütterlicherseits. **245**

F erhält $^1/_2$ plus $^1/_4$, §§ 1931 I, 1931 III, 1371 I BGB. Das verbleibende $^1/_4$ steht zur Hälfte, also letztlich zu $^1/_8$, dem Onkel als Abkömmling der vorverstorbenen Großeltern väterlicherseits, zu $^1/_{16}$ dem Großvater und zu $^1/_{16}$ der Tante zu, § 1926 III BGB. Nach § 1931 I S. 2 BGB fallen das $^1/_8$ des Onkels und das $^1/_{16}$ der Tante der F zu, die damit $^{15}/_{16}$ erbt.

Unter Zugrundelegung der Mindermeinung werden dagegen der Hälfte der F die auf Grundlage der zweiten Hälfte berechneten Anteile der Tante und des Onkels, also $^1/_4$ und $^1/_8$, zugeschlagen und dieser Anteil anschließend um $^1/_4$ erhöht. F erhält also rechnerisch $^9/_8$, d.h. (mehr als) die ganze Erbschaft.

bb) Individuelle erbrechtliche Lösung

Erbe aufgrund letztwilliger Verfügung

Wird der überlebende Ehegatte letztwillig zum Erben berufen oder **246** mit einem Vermächtnis bedacht, so gilt der Zugewinnausgleich als mit der letztwilligen Zuwendung abgegolten („individuelle erbrechtliche Lösung"[436]), arg. e § 1371 II, III BGB, und zwar auch dann, wenn der Wert der Teilhabe am Nachlass unter dem rechnerisch ermittelten Zugewinn liegt, ja selbst wenn der Ehegatte nur minimal bedacht wurde (in diesem Fall muss an die Möglichkeit eines Zusatzpflichtteils, § 2305 BGB, bzw. beim Vermächtnis an § 2307 I S. 2 BGB gedacht werden).[437]

cc) Güterrechtliche Lösung

auch Ausschlagung v. Erbschaft möglich

(1) Die güterrechtliche Lösung tritt ein, wenn der überlebende Ehegatte weder gesetzlicher noch testamentarischer Erbe und auch nicht mit einem Vermächtnis bedacht wird.

Ist die (pauschalierende oder individuelle) erbrechtliche Lösung für **247** den überlebenden Ehegatten ungünstig, so kann er die güterrechtliche Lösung herbeiführen, indem er die ihm kraft Gesetzes zugefallene Erbschaft oder das ihm zugedachte Vermächtnis ausschlägt, § 1371 III BGB i.V.m. §§ 1942 ff. BGB bzw. § 2307 I S. 1 BGB i.V.m. § 2180 BGB.

Er kann dann gem. § 1371 II BGB den Zugewinnausgleich nach den güterrechtlichen Vorschriften der §§ 1373 ff. BGB verlangen, da er weder Erbe noch Vermächtnisnehmer wird.

Optionsrecht hinsichtlich der güterrechtlichen Lösung

Der überlebende Ehegatte hat also ein Wahlrecht zwischen erbrechtlicher und güterrechtlicher Lösung des Zugewinnausgleichs, genauer ausgedrückt ein Optionsrecht hinsichtlich der güterrechtlichen Lösung, das durch Ausschlagung ausgeübt wird.[438] Auch der Erblasser kann für die güterrechtliche Lösung optieren, indem er seinen Ehegatten enterbt und damit den Tatbestand des § 1371 II BGB herstellt.[439]

zwei Fälle:

(2) Innerhalb der güterrechtlichen Lösung sind zwei Fälle zu unter- **248** scheiden:

Zugewinn u. Pflichtteil

(a) Der überlebende Ehegatte erhält neben dem Zugewinnausgleich den Pflichtteil, § 2303 I S. 2 BGB. Das ist jedenfalls der Fall, wenn er nach den erbrechtlichen Bestimmungen der §§ 2303 ff. BGB pflichtteilsberechtigt ist.

---

436 MüKo, § 1371 BGB, Rn. 20.

437 Zur Pflichtteilsberechnung vgl. unten Rn. 251 sowie Palandt, § 2303 BGB, Rn. 8, § 2305 BGB, Rn. 4, § 2307 BGB, Rn. 2.

438 MüKo, § 1371 BGB, Rn. 38.

439 MüKo, § 1371 BGB, Rn. 36.

Im Falle der Ausschlagung steht dem Ehegatten nach den erbrechtlichen Bestimmungen ein Pflichtteil regelmäßig nicht zu, weil § 2303 II BGB voraussetzt, dass der Ehegatte durch Verfügung von Todes wegen von der Erbfolge ausgeschlossen ist (Ausnahme: § 2306 I BGB). Da er jedoch an der Ausschlagung ein schutzwürdiges Interesse haben kann, weil er bis zum Tod des Ehegatten mit diesem in Zugewinngemeinschaft gelebt hat, erhält er gem. §§ 2303 II S. 2, 1371 III BGB in Abweichung von den erbrechtlichen Vorschriften bei Ausschlagung immer den Pflichtteil.

Vermächtnis für Ehegatten

Bei Ausschlagung einer letztwilligen Bedenkung in Form eines Vermächtnisses besteht das Pflichtteilsrecht bereits gem. § 2307 I S. 1 BGB. Der Pflichtteilsanspruch bestimmt sich hier nach § 1371 II BGB, d.h. kleiner Pflichtteil + Zugewinnausgleich.[440] Nimmt der überlebende Ehegatte das ihm zugedachte Vermächtnis an, dann kann er nach § 2307 I S. 2 BGB die Ergänzung des zum Pflichtteil fehlenden Betrages verlangen (e contrario § 1371 II BGB geht es hierbei aber um den großen Pflichtteil!).[441]

grds. nur Zugewinnausgleich, Ausnahme: Ausschlagung

(b) Der Ehegatte erhält nur den Zugewinnausgleich, weil ihm nach den erbrechtlichen Bestimmungen – außer wegen Ausschlagung, § 1371 III HS 1 BGB – kein Pflichtteil zusteht, §§ 1933, 2335, 2339 ff., 2346 BGB.

c) Berechnung des Pflichtteils

hemmer-Methode: Für die Berechnung des Zugewinns verweist § 1371 II BGB auf (u.a.) § 1378 BGB. Nicht verwiesen wird auf § 1384 BGB. Diese Vorschrift wird allerdings analog angewandt, wenn bspw. der verstorbene Ehegatte noch einen Scheidungsantrag gestellt hat und der überlebende Ehegatte somit nach § 1933 BGB kein gesetzlicher Erbe wird. Der Zugewinnausgleich wird in diesem Fall bezogen auf die Zustellung des Scheidungsantrags und nicht auf den Todesfall berechnet, was wichtig ist, wenn der überlebende Ehegatte zwischen der Zustellung des Scheidungsantrags und dem Erbfall noch beträchtliches Vermögen erworben hat.[442]

Berechnung v. Pflichtteil
h.M.: bei § 1371 III BGB nur kleiner Pflichtteil

Die ganz h.M.[443] geht davon aus, dass dem Ehegatten im Falle der §§ 1371 II und III BGB nur der unter Zugrundelegung des nicht gemäß § 1371 I BGB erhöhten Erbteils berechnete Pflichtteil (sog. „kleiner Pflichtteil") zusteht (sog. „Einheitstheorie").

a.A.: Wahlrecht

Nach der Gegenansicht[444] hat der Ehegatte ein Wahlrecht: Er kann (bei hohem Vermögenszuwachs während der Ehe) unter Beschränkung auf den „kleinen Pflichtteil" den Zugewinnausgleich wählen und (bei geringem Vermögenszuwachs während der Ehe) durch Verzicht auf den Zugewinnausgleich den unter Zugrundelegung der §§ 1931 III, 1371 I BGB berechneten sog. „großen Pflichtteil" verlangen (sog. Wahltheorie).

dagegen: unbillig

Gegen diese Ansicht spricht, dass der Anwendungsbereich des § 1371 I BGB – wenn auch nur auf der Ebene des Pflichtteilsrechts – wegen der durch ihn ermöglichten groben Ungerechtigkeiten nicht noch erweitert werden darf.

249

250

251

---

440 Vgl. Palandt, § 2307 BGB, Rn. 2.

441 Zur Pflichtteilsberechnung vgl. unten Rn. 25o f. sowie Palandt, § 2307 BGB, Rn. 2.

442 BGH, NJW 2004, 1321 = **juris**byhemmer.

443 BGHZ 42, 182 = **juris**byhemmer; BGH, NJW 1982, 2497; Palandt, § 1371 BGB, Rn. 15.

444 Lange, NJW 1957, 1381.

Außerdem hat der Erblasser, der den überlebenden Ehegatten durch Verfügung von Todes wegen von der Erbfolge ausgeschlossen hat, dadurch zu erkennen gegeben, dass er den pauschalierten Zugewinnausgleich des § 1371 I BGB nicht will. Man darf ihm dann nicht sein Optionsrecht hinsichtlich der Herbeiführung der güterrechtlichen Lösung dem Sinn des Gesetzes zuwider auf der Ebene des Pflichtteilsrechts nehmen. Der Ehegatte soll sich nicht über die letztwillige Verfügung des Erblassers hinwegsetzen können. Vielmehr sollen die Vorteile der erbrechtlichen Lösung nur demjenigen Ehegatten zugutekommen, der auch Erbe wird.

Der Ehegatte, der nicht Erbe wird, kann also neben dem Zugewinnausgleich immer nur den „kleinen Pflichtteil", d.h. die Hälfte des sich nach § 1931 I BGB ergebenden Erbteils, § 2303 I S. 2, II BGB, verlangen. **252**

Bsp.: Der Nachlass des Erblassers – Wert 40.000,- € – besteht in voller Höhe aus Zugewinn. Der Erblasser hat seine Ehefrau enterbt und seine Tochter aus erster Ehe zur Alleinerbin eingesetzt. Was kann die Ehefrau aus dem Nachlass verlangen, wenn sie selbst keinerlei Zugewinn erwirtschaftet hat?

Die Ehefrau kann 20.000,- € als Zugewinnausgleich verlangen, §§ 1371 II, 1378 I BGB. Gem. § 2303 II S. 1 BGB steht ihr auch ein Pflichtteilsanspruch zu. Dieser beläuft sich auf die Hälfte des Wertes des nicht gem. § 1371 I BGB erhöhten Erbteils, §§ 1371 II a.E., 2303 I S. 2 BGB, der neben Abkömmlingen $^1/_4$ beträgt, vgl. § 1931 I S. 1 BGB, also $^1/_8$.

Die Ausgleichsforderung nach §§ 1371 II, 1378 BGB ist bei der Berechnung des Nachlasswertes (§ 2311 BGB) vom Aktivvermögen abzuziehen, da sie eine vorrangige Nachlassverbindlichkeit begründet,[445] sodass der Nachlasswert noch 20.000,- €, der Pflichtteilsanspruch ($^1/_8$) demnach 2500,- € beträgt.

Die Ehefrau kann also von der Erbin 22.500,- € verlangen.

Nach der Wahltheorie könnte sie unter Verzicht auf den Zugewinnausgleich auch den großen Pflichtteil wählen. Dieser beläuft sich auf die Hälfte des um $^1/_4$ erhöhten Erbteils, §§ 2303 I S. 2, 1931 I, III, 1371 I BGB. Beim Nachlasswert ist in diesem Fall von 40.000,- € auszugehen, da keine Zugewinnausgleichsforderung entstanden ist, die als Nachlassverbindlichkeit bei der Berechnung des Pflichtteils vom Nachlasswert abgezogen werden müsste. Sie könnte also ($^1/_4$ + $^1/_4$) : 2 = 10.000,- € verlangen.

Abwandlung 1: Was könnte sie verlangen, wenn kein Zugewinn erzielt wurde?

Die Ehefrau hat hier keinen Zugewinnausgleichsanspruch. Sie kann den kleinen Pflichtteil verlangen, §§ 2303 II, 1371 II BGB a.E. Neben Abkömmlingen beträgt dieser $^1/_8$, hier also 5.000,- €.

Hier käme die Wahltheorie zu einem für die Ehefrau günstigerem Ergebnis. Sie könnte dann als großen Pflichtteil nämlich 10.000,- € verlangen (s.o.).

Abwandlung 2: Was könnte sie verlangen, wenn im Grundfall kein Testament vorläge?

Die Ehefrau könnte es bei §§ 1931 I, III, 1371 I BGB belassen. Ihr gesetzlicher Erbteil von $^1/_4$ erhöht sich dann um ein weiteres $^1/_4$, d.h. sie erhält eine dingliche Beteiligung am Nachlass im Wert von 20.000,- €.

---

445 Palandt, § 2311 BGB, Rn. 4.

Sie kann aber auch die Erbschaft ausschlagen und dadurch für die güter-rechtliche Lösung optieren, § 1371 III BGB. Dann kann sie von der Erbin gem. § 1378 II BGB 20.000,- € als Zugewinnausgleich und ihren Pflicht-teil = $^1/_8$ von 20.000,- € = 2.500,- € verlangen, insgesamt also 22.500,- €. Sie wird deshalb die güterrechtliche Lösung wählen, allerdings steht ihr dann auch nur ein schuldrechtlicher Anspruch gegen die Erbin zu.

hemmer-Methode: Der überlebende Ehegatte muss also innerhalb der Ausschlagungsfrist des § 1944 I BGB die beiden Alternativen verglei-chen. Dazu muss er den Nachlass und die beiderseitigen Anfangs- und Endvermögen feststellen und bewerten, was zu großen praktischen Schwierigkeiten führen kann.

Hat er die Erbschaft oder das Vermächtnis ausgeschlagen und damit für die güterrechtliche Lösung des § 1371 II BGB optiert und stellt sich dann heraus, dass die erbrechtliche Lösung vorteilhafter gewesen wä-re, so kann er seine Option – abgesehen von der Anfechtbarkeit der Ausschlagung[446] - nicht mehr ändern: Hat er die beiden Alternativen fehlerhaft durchgerechnet, so berechtigt ihn das nicht zu einer Anfech-tung gem. §§ 1954 ff., 119 II BGB, da das wirtschaftliche Gewicht der beiden Alternativen keine Eigenschaft des Nachlasses ist.

Hat er seiner Ausschlagungserklärung andere rechtliche Folgen bei-gemessen, so handelt es sich dabei um einen i.R.d. §§ 1954 ff., 119 I BGB unbeachtlichen Rechtsfolgenirrtum.

Den großen Pflichtteil, also die Hälfte des gesetzlichen Erbteils aus §§ 1931, 1371 I BGB erhält der überlebende Ehegatte e contrario § 1371 II BGB nur, wenn er Erbe oder Vermächtnisnehmer wird und trotzdem den Pflichtteil verlangen kann. Dies ist in den Fällen der §§ 2305, 2307 I S. 2 BGB und ggf. des § 2325 BGB[447] der Fall.

Dieser Themenkomplex eignet sich – auch unter dem Aspekt der Haf-tungsfolgen einer fehlerhaften Beratung – gut für eine Klausur aus der Anwaltsperspektive und damit gerade für das 2. Staatsexamen!

gleichzeitiger Tod, § 11 VerschG

253 Bei gleichzeitigem Tod beider Ehegatten (z.B. durch Flugzeugab-sturz; für ein gleichzeitiges Versterben spricht die Kommorientenver-mutung des § 11 VerschG) ist fraglich, ob die Erben des ausgleichs-berechtigten Ehegatten gegen die Erben des ausgleichsverpflichte-ten Ehegatten einen Anspruch auf Zugewinnausgleich haben.

hemmer-Methode: Unstreitig steht den Erben des einen Ehegatten kein Pflichtteilsanspruch gegen die Erben des anderen Ehegatten zu, da ein Pflichtteilsanspruch ein gesetzliches Erbrecht voraussetzt, das im Fall des gleichzeitigen Versterbens allerdings aufgrund der Regelung des § 1923 BGB ausscheidet.

h.M.:
Anspruch nicht entstanden

254 Nach der h.M.[448] soll das nicht der Fall sein: Zwar sei die Aus-gleichsforderung vererblich, § 1378 III S. 1 BGB, es sei jedoch über-haupt kein Ausgleichsanspruch entstanden, der auf die Erben über-gegangen sein könnte:[449]

⇨   § 1371 II BGB müsse ausscheiden, da er das Überleben eines Ehegatten voraussetze

⇨   § 1372 BGB müsse ebenfalls ausscheiden, weil er den Zuge-winnausgleich unter Lebenden betreffe

h.M.:
Vorteil f. Ehegatten, nicht f. Erben gewollt

255 Dies entspreche auch dem Sinn des Gesetzes, das den Ausgleichs-anspruch dem Ehegatten zukommen lassen wolle, nicht aber seinen Erben. Wolle man eine andere Ansicht vertreten, dann müsse man den Ausgleichsanspruch in der Person des Erben erstmals entste-hen lassen, was dem Sinn des Zugewinnausgleichs widerspräche.[450]

---

446   Vgl. **Hemmer/Wüst, Erbrecht, Rn. 180 ff.**

447   Der Pflichtteilsergänzungsanspruch nach § 2325 BGB ist unabhängig davon, ob der überlebende Ehegatte Erbe oder nur Pflichtteilsberechtigter ist, vgl. **Hemmer/Wüst, Erbrecht, Rn. 171 ff.**

448   BGHZ 72, 85 = **juris**byhemmer; MüKo, § 1371 BGB, Rn. 10; Palandt, § 1371 BGB, Rn. 13.

449   BGH, FamRZ 1978, 678 = **juris**byhemmer.

450   BGHZ 72, 85 = **juris**byhemmer.

a.A.:
mit § 1372 BGB vereinbar

Nach der Gegenansicht[451] ist eine Ausgleichsforderung der Erben mit dem Normtext des § 1372 BGB durchaus vereinbar, da die Ehe hier nicht durch den Tod eines Ehegatten beendet wird, sondern durch den Tod beider.

256

Auch das Argument, dass der Ausgleichsanspruch nicht den Erben des Ehegatten, sondern nur diesem selbst zukommen solle, überzeugt nicht, denn die Versagung des Ausgleichsanspruchs kommt nun eben den Erben des anderen Ehegatten – und nur diesen – zugute.

> **hemmer-Methode:** In der Klausur kann der Meinungsstreit offen bleiben, wenn alleinige Erben gemeinsame Kinder sind, §§ 1924, 1930 BGB, da diese dann ja zu gleichen Teilen erben.
> Beachten Sie schließlich noch die Variante, dass die Ausgleichsforderung nicht zur Entstehung gelangt, wenn der Erblasser sie in einem Scheidungsrechtsstreit lediglich rechtshängig gemacht hat, er aber vor Scheidung der Ehe verstorben ist (vgl. § 1378 III S. 1 BGB).[452]
> § 1384 BGB führt nur zu einer Vorverlagerung der Berechnung des Zugewinnausgleichs, aber nicht der Entstehung! Allerdings ist § 1384 BGB auch im Rahmen des § 1371 II, III BGB in einem solchen Fall heranzuziehen, auch wenn er von der Verweisung des § 1371 II BGB nicht erfasst ist. Der Zugewinn wird also bereits im Zeitpunkt der Zustellung des Scheidungsantrags und nicht – wie dies bei § 1371 II BGB der Normalfall ist – im Todeszeitpunkt berechnet.[453]

III. Gütertrennung

keine güterrechtlichen Beziehungen

Bei der Gütertrennung treten im Gegensatz zu allen anderen Güterständen keine spezifisch güterrechtlichen Beziehungen zwischen den Eheleuten ein. Trotzdem greift die Aussage, die Eheleute würden hier in vermögensrechtlicher Hinsicht so behandelt, als wären sie nicht verheiratet,[454] zu kurz. Denn natürlich gelten auch hier die §§ 1353 - 1362 BGB.

257

Die Eheleute können daher z.B. vermögensrechtliche Ansprüche gegeneinander nicht wie gegen beliebige Dritte, sondern nur in den Schranken des § 1353 BGB geltend machen.[455]

1. Voraussetzungen

Gütertrennung tritt ein:

258

vertragliche Gütertrennung

⇨ als vertraglicher Güterstand, durch Ehevertrag, in dem Gütertrennung entweder ausdrücklich vereinbart oder nach den Auslegungsregeln des § 1414 S. 2 BGB als vereinbart vermutet wird

subsidiäre gesetzliche Gütertrennung

⇨ als subsidiärer gesetzlicher Güterstand mit Rechtskraft eines auf vorzeitigen Zugewinnausgleich, § 1388 BGB i.V.m. §§ 1385, 1386 BGB, oder auf Aufhebung der Gütergemeinschaft, §§ 1449, 1470 BGB erkennenden Beschlusses

---

451 M.w.N. Palandt bis 65. Aufl., § 1371 BGB, Rn. 13.
452 BGH, FamRZ 1995, 597 = **juris**byhemmer.
453 BGH, NJW 2004, 1321 = **juris**byhemmer.
454 BayObLGZ 1960, 370.
455 BGHZ 37, 38 = **juris**byhemmer; ausführlich oben Rn. 51.

2. Wirkungen der Gütertrennung:

⇨ Jeder Ehegatte behält sowohl sein in die Ehe mitgebrachtes als auch während des Güterstandes erworbenes Vermögen.   *259*

⇨ Jeder Ehegatte verwaltet sein Vermögen selbst. Die Verfügungsbeschränkungen (§§ 1365, 1369 BGB) gelten nicht.

⇨ Eine Haftung für Schulden des Ehepartners kommt allenfalls unter den Voraussetzungen des § 1357 I S. 2 BGB in Betracht. Gläubigern kommen jedoch die Vermutungen der § 1362 BGB, § 739 ZPO zugute.

⇨ Gemeinschaftliches Vermögen kann nach den allgemeinen Vorschriften als Bruchteils- oder Gesamthandseigentum gebildet werden, §§ 741 ff., 1008 ff. bzw. 705 ff. BGB.

⇨ Beide Ehegatten haben nach den allgemeinen Vorschriften Mitbesitz an der Ehewohnung und am Hausrat. Eine Verpflichtung zur Einräumung von Mitbesitz folgt aus § 1353 BGB.

⇨ Es existieren keine güterrechtlichen Ausgleichsansprüche bei Beendigung des Güterstandes. Eine Rückabwicklung von Vermögensverschiebungen erfolgt nach den allgemeinen Vorschriften.

hemmer-Methode: In der Gütertrennung hat die Rechtsfigur der sog. unbenannten Zuwendung (vgl. oben Rn. 227 ff.) ihren eigentlichen Anwendungsbereich. Anders als bei der Zugewinngemeinschaft können hier Vermögensmehrungen einer Seite nicht kraft Güterrechts ausgeglichen werden. Das führt dann auch dazu, dass der Ausgleich unter dem Gesichtspunkt des Wegfalls der Geschäftsgrundlage anders als bei der Zugewinngemeinschaft nicht auf Extremfälle beschränkt ist.[456]

Bsp.[457] (stark vereinfacht und leicht abgewandelt): Der Kl. nimmt die Bekl., seine geschiedene Ehefrau, auf Vermögensausgleich nach gescheiterter Ehe in Anspruch. Der Kl. und die Bekl. heirateten 1975. Als Güterstand vereinbarten sie die Gütertrennung. Beide hatten zum Zeitpunkt der Heirat kein Vermögen. Aufgrund des im Januar 2012 rechtshängig gewordenen Scheidungsantrags des Kl. wurde die Ehe - rechtskräftig seit 11.11.2012 - geschieden. Die Bekl. war während der Ehe nicht berufstätig. Der Kl. war von Beruf Revisor und von 1975 bis 1987 Betriebsleiter einer Meierei, von der er jedoch wegen Unterschlagung und Untreue fristlos entlassen wurde. In der Folgezeit war er arbeitsunfähig erkrankt und bezog unter anderem zunächst Krankengelder, ab März 1990 Versorgungsbezüge in Form von Renten und Versicherungsleistungen. Am 10.04.1995 kamen die Ehegatten schriftlich überein, dass die Bekl. ab 01.04.1995 die Versorgung des Kl. übernehmen solle, deren Wert sie mit 400,- € monatlich ansetzten, ferner dass die Bekl. die Prämien für die Lebens- und Krankenversicherung zahlen solle; als Gegenleistung trat ihr der Kl. die Versicherungsleistungen ab. In der Folge flossen zwischen März 1995 und April 2012 von den Versorgungsbezügen des Kl. rund 181.612,- € auf das Konto der Bekl. In den Jahren von 1977 bis 1998 wurden auf den Namen der Bekl. mehrere Grundstücke erworben, die zum Zeitpunkt der Trennung der Eheleute im August 2010 noch in ihrem Alleineigentum standen und nach der Feststellung des OLG zum von diesem zugrunde gelegten Stichtag Januar 2012 (Zeitpunkt der Rechtshängigkeit des Scheidungsantrages) einen Gesamtwert von 1.830.000,- € hatten. Im März 2012 hatte der Kl. das vorliegende Verfahren eingeleitet, in dem er gegen die Bekl. Ausgleichsansprüche wegen des von ihr während der Ehe erworbenen Vermögens in Höhe der Hälfte des Zeitwertes zum Zeitpunkt der Trennung geltend machte.   *260*

---

456   Vgl. Palandt, § 313 BGB, Rn. 52.

457   Vgl. BGH, **Life&Law 2000, 18 ff.**, NJW 1999, 2962, vgl. auch BGH, NJW-RR 2005, 1989.

Zur Begründung hatte er vorgetragen, dass der Grunderwerb ausschließ-lich durch seine finanziellen Beiträge ermöglicht worden sei. Lediglich zum Schutz vor seinen Gläubigern seien die Grundstücke ins Alleineigen-tum der Bekl. übertragen worden. Die Bekl. hat demgegenüber geltend gemacht, der weitere Immobilienerwerb sei im Wesentlichen aus den Mieterträgen des Anwesens in S. finanziert worden, welches ihr aus ver-wandtschaftlichen Gründen billiger überlassen worden sei. Sie habe au-ßerdem mit ihren Erträgen aus der Vermietung von Fremdenzimmern zum Familieneinkommen beigetragen. Im Wesentlichen hätte also sie das Immobilienvermögen finanziert.

Ist die Klage begründet?

I. Begründetheit der Klage

Die Klage wäre begründet, wenn tatsächlich ein durchsetzbarer Anspruch auf Ausgleichszahlung bestünde.

II. Anspruch aus §§ 723, 730 ff. BGB

Der Kl. könnte bei Vorliegen einer Innengesellschaft im Fall einer Auflö-sung derselben einen Anspruch aus §§ 723, 730 ff. BGB haben. Dieser Anspruch besteht in Form eines schuldrechtlichen Anspruchs auf Zah-lung des Auseinandersetzungsguthabens, ist also auf Zahlung von Geld gerichtet.[458]

1. Vorliegen einer Innengesellschaft

Zunächst ist also das Vorliegen einer derartigen Innengesellschaft zu prüfen. Bei dieser handelt es sich grundsätzlich um eine normale BGB-Gesellschaft, sodass auch hier ein gemeinsamer Zweck i.S.d. § 705 I BGB verfolgt werden muss. Zu beachten ist aber, dass nach allgemeiner Ansicht Gesellschaftszweck nicht allein das Führen der Ehe sein kann. Die Ehe als solche ist also keine Gesellschaft.[459]

a) Verfolgung eines über die Ehe hinausgehenden Gesellschaftszwecks

Trotzdem ist es möglich, dass Ehegatten eine derartige Gesellschaft gründen. Die Ehe steht der Gründung einer Innengesellschaft nicht per se entgegen.

Voraussetzung ist allerdings, dass ein über den typischen Rahmen der ehelichen Lebensgemeinschaft hinausgehender Zweck verfolgt wird.

Beispiele für solche „besonderen" Zwecke sind etwa Fälle, in denen z.B. durch Einsatz von Vermögenswerten und Arbeitsleistungen gemeinsam ein Vermögen aufgebaut oder berufliche oder gewerbliche Tätigkeiten ausgeübt werden, ausnahmsweise auch der Bau eines Hauses, wenn damit beispielsweise Mieteinnahmen erzielt werden sollen. Ist dagegen ein solcher Zweck nicht gegeben und gilt der Einsatz von Vermögen und Arbeit nur dem Bestreben, die Voraussetzungen für die Verwirklichung der ehelichen Lebensgemeinschaft zu schaffen, etwa durch den Bau ei-nes Familienheims, oder geht die Mitarbeit nicht über den Rahmen des für die Ehegattenmitarbeit Üblichen hinaus, scheidet eine konkludente Ehegatteninnengesellschaft aus.[460]

Zu beachten ist dabei, dass ein Verfolgen eines über den typischen Rahmen der ehelichen Lebensgemeinschaft hinausgehenden Zweckes nicht schon deshalb ausscheidet, weil der mit der gemeinsamen Tätigkeit und Vermögensbildung erstrebte Zweck wesentlich in der Sicherung des Lebensunterhalts besteht.[461] Letztendlich wird nämlich jede Vermögens-bildung darauf hinauslaufen, zumindest auch den Lebensunterhalt zu si-chern.

---

458 BGH, NJW 1974, 2278 = **juris**byhemmer.

459 BGH, NJW-RR 1989, 66, Palandt, § 705 BGB, Rn. 39.

460 BGH, NJW 1995, 3383 ; BGH, NJW 1974, 2278 = **juris**byhemmer; BGH, NJW 1960, 428; Palandt, § 705 BGB, Rn. 39.

461 BGH, NJW-RR 1990, 736. = **juris**byhemmer.

Im vorliegenden Fall könnte die Verfolgung eines derartigen Zweckes durchaus bejaht werden, weil Grundstücke in größerem Umfang erworben wurden und das Vorgehen deutlich auf die Schaffung größerer Vermögenswerte ausgerichtet war. Dass dadurch u.U. auch der Lebensunterhalt gesichert werden sollte, steht wie schon oben erwähnt nicht entgegen. Letztlich lässt sich darüber aber keine abschließende Entscheidung treffen, da der Sachverhalt bzgl. der genauen „Motivation" der Eheleute noch unklar ist. Dies wäre jedoch unschädlich, wenn ein anderes Tatbestandsmerkmal der Innengesellschaft sicher nicht gegeben ist.

b) Gleichgeordnete Tätigkeit der Ehegatten

Weitere Voraussetzung ist nämlich, dass es sich nicht lediglich um untergeordnete, sondern um eine gleichgeordnete Tätigkeit unter beiderseitiger Beteiligung an Gewinn und Verlust handelt.[462] Dabei bedeutet Gleichordnung nicht, dass die Ehegatten gleich hohe oder gleichartige Beträge an Finanzierungsmitteln oder sonstigen Leistungen erbringen müssen. Dies folgt aus § 706 I BGB, nach dem die Gesellschafter nur dann gleiche Beiträge zu leisten haben, wenn sie nichts anderes vereinbaren. Der Akzent liegt somit vielmehr auf der gleichberechtigten Mitarbeit bzw. Beteiligung.

So hat der BGH eine Innengesellschaft auch dann angenommen, wenn ein Ehegatte die Einrichtungen seines Betriebes zur Verfügung stellt und der andere aufgrund seiner Sachkunde die kaufmännische Leitung übernimmt,[463] jedoch hat er es nicht als ausreichend angesehen, wenn der andere Ehepartner lediglich die Geldmittel oder dingliche Sicherheiten stellt, ohne weitergehend an Aufbau und Führung des Geschäfts beteiligt zu sein.[464]

Ob diese Voraussetzungen vorliegend gegeben sind, lässt sich anhand des vom OLG als Vorinstanz festgestellten Sachverhalts auch nicht beurteilen. Hier wird vor allem entscheidend sein, wie sich die Voraussetzungen der Innengesellschaft zu den Voraussetzungen der Rechtsfigur der ehebezogenen Zuwendungen verhalten; wann also von einer Innengesellschaft ausgegangen werden muss und wann von ehebezogenen Zuwendungen gesprochen werden kann.

Im Folgenden sind also die Kriterien darzulegen, die bei der Abgrenzung zu beachten sind, wobei aber eine abschließende Entscheidung wegen der fehlenden Sachverhaltsangaben nicht getroffen werden kann.

hemmer-Methode: Hintergrund dieser (im Examen nur schwer denkbaren) Konstellation ist, dass es sich um eine original BGH-Entscheidung handelt. Der BGH konnte den Fall nicht abschließend entscheiden, da die Vorinstanzen den Sachverhalt in diesem Punkt nicht abschließend ermittelt hatten.

c) Abgrenzung Ehegatteninnengesellschaft von unbenannten Zuwendungen

Eine ehebezogene Zuwendung liegt vor, wenn ein Ehegatte dem anderen einen Vermögenswert um der Ehe willen und als Beitrag zur Verwirklichung und Ausgestaltung, Erhaltung oder Sicherung der ehelichen Lebensgemeinschaft zukommen lässt, wobei er die Vorstellung oder Erwartung hegt, dass die eheliche Lebensgemeinschaft Bestand haben und er innerhalb dieser Gemeinschaft am Vermögenswert und dessen Früchten weiter teilhaben werde.[465]

462   BGH, NJW 1962, 1612; BGH, FamRZ 1968, 589 = **juris**byhemmer, Palandt, § 705 BGB, Rn. 39.

463   BGH, FamRZ 1968, 589 = **juris**byhemmer.

464   BGH, NJW-RR 1988, 260.

465   BGH, NJW-RR 1988, 260.

aa) Abgrenzungskriterium: Mit Vermögensleistung verfolgter Zweck

Somit erfolgt letztlich eine Abgrenzung an dem Merkmal des mit der Vermögensleistung verfolgten Zweckes.[466]

Ehebezogene Zuwendungen sind schon von ihrem begrifflichen Ansatz her auf Fälle zugeschnitten, in denen das Element des Gebens um der persönlichen Bindung der Ehepartner willen im Vordergrund steht. Ihre Zielrichtung beschränkt sich darauf, die eheliche Lebensgemeinschaft zu verwirklichen.

Demgegenüber liegt die Annahme einer Ehegatteninnengesellschaft nahe, wenn in der Ehe durch planvolle und zielstrebige Zusammenarbeit der Ehegatten erhebliche Vermögenswerte (z.B. ein Immobilienvermögen) angesammelt werden, wobei als Ziel nicht so sehr die Verwirklichung der ehelichen Lebensgemeinschaft, als vielmehr die Vermögensbildung als solche im Vordergrund steht, demnach ein eheüberschreitender Zweck verfolgt wird.

bb) Indizienbündel zur Zweckbestimmung

Indizien für die Verfolgung eines solchen eheüberschreitenden Zweckes sind z.B. Planung, Umfang und Dauer der Vermögensbildung, ferner Absprachen über die Verwendung und Wiederanlage erzielter Erträge. An das Erfordernis der gleichgeordneten Mitarbeit dürfen wegen der unterschiedlichen Möglichkeiten der Beteiligung an der Gesellschaft dabei keine zu hohen Anforderungen gestellt werden. Es wird also regelmäßig erfüllt sein, wenn ein Ehegatte für die Gesellschaft einen nennenswerten und für den erstrebten Erfolg bedeutsamen Beitrag geleistet hat.

Weiter sind bei der Abgrenzung auch praktische Erfordernisse zu berücksichtigen, die in solchen Konstellationen eher den Schluss auf eine Innengesellschaft als auf eine ehebezogene Zuwendung rechtfertigen.

In Fällen, in denen sich die Ehegatten nicht nur in den Dienst eines Einzelprojekts gestellt haben, sondern über Jahre hinweg mit unterschiedlichen Mitteln und Leistungen zum Erwerb eines Vermögens beigetragen haben, werden sich ihre jeweiligen Beiträge (Geld-, Sach- oder Arbeitsleistungen) nur unter großen Beweisschwierigkeiten feststellen lassen.

Bei solchen Lebenssachverhalten ist es in der Regel nicht möglich, über Jahre hinweg alle Vermögensverschiebungen zurückzuverfolgen, weil die Ehegatten in den wenigsten Fällen darüber Buch führen.

Hier bietet das Gesellschaftsrecht die besseren Lösungen.[467] Denn nach den §§ 722, 730 ff. BGB ist im Zweifel von einer gleichen Beteiligung der Ehegattengesellschafter an dem erzielten Vermögen auszugehen. Insgesamt gewährleisten die gesellschaftsrechtlichen Regeln eine klarere und praktikablere Auseinandersetzung, als es die schwer vorhersehbare Billigkeitsabwägung nach § 313 I BGB im Rahmen der Störung der GG vermag, die beim Ausgleich von unbenannten Zuwendungen durchzuführen ist.

II. Anspruch aus § 812 I S. 2 Alt. 1 BGB i.V.m. §§ 530 I, 531 II BGB

Da nicht abschließend ein Anspruch aus §§ 723, 730 ff. BGB beurteilt werden konnte, sind auch noch alle weiteren einschlägigen Anspruchsgrundlagen zu prüfen. In Betracht kommt vorliegend auch ein Anspruch aus § 812 I S. 2 Alt. 1 BGB i.V.m. §§ 530 I, 531 II BGB.

---

466 Aus diesem Grund hätte man die Abgrenzung auch im Prüfungspunkt „Verfolgung eines über die Ehe hinausgehenden Gesellschaftszweckes" machen können. Wenn dies hier nicht geschieht, dann letztlich, weil die Sachverhaltsangaben zu dürftig sind, um sich dort endgültig zu entscheiden. Auch erscheint dieses Vorgehen übersichtlicher, weil so die entscheidenden Kriterien isoliert dargestellt werden können und nicht die Gefahr besteht, diese mit den Tatbestandsvoraussetzungen zu verwechseln. Außerdem bringt der BGH auch die „Gleichrangigkeit" ins Spiel, sodass sich wohl keine hundertprozentige Zuordnung zu einem Tatbestandsmerkmal treffen lässt.

467 BGH, NJW 1999, 2962; Hausmann, ZEV 1995, 129.

Fraglich ist zunächst, ob § 531 II BGB eine Rechtsfolgenverweisung oder eine Rechtsgrundverweisung darstellt. Letztlich sprechen die besseren Argumente für die Annahme einer Rechtsgrundverweisung, da die §§ 530 ff. BGB direkt nur den Bestand der Schenkung regeln.[468]

Somit sind hier die Voraussetzungen des § 812 I S. 2 Alt. 1 BGB zu prüfen, da der Widerruf nur ex nunc wirkt, der rechtliche Grund also erst später wegfällt.

Die Bekl. hat im vorliegenden Fall zwar vom Kl. unmittelbar kein Geld erhalten, doch hat sie von ihm die Abtretung einer Forderung, also etwas i.S.v. § 812 I BGB erlangt, da dafür jeder vermögenswerte Vorteil ausreicht.

Dies ist auch durch Leistung des Kl. geschehen, der ihr die entsprechende Forderung abgetreten hat und somit bewusst und zweckgerichtet ihr Vermögen vermehrt hat.

Ein Anspruch aus § 812 I S. 2 Alt. 1 BGB i.V.m. §§ 530 I, 531 II BGB ist vorliegend aber unabhängig von der Frage, ob hier grober Undank oder eine schwere Verfehlung gem. § 530 I BGB in Betracht kommen, nicht gegeben, da schon keine Schenkung vorliegt.

Sollte eine Ehegatteninnengesellschaft vorliegen, so stellen sich die Leistungen des Kl. als Gesellschafterbeiträge i.S.v. § 705 I BGB dar. Es würde also schon an der gem. § 516 I BGB erforderlichen objektiven Unentgeltlichkeit fehlen.

Doch auch wenn man eine Gesellschaft ablehnt, wird keine Schenkung vorliegen. Nach ständiger Rechtsprechung des BGH sind Zuwendungen unter Ehegatten nur ausnahmsweise als Schenkung zu behandeln. Wenn sie als Beitrag zur Verwirklichung der Lebensgemeinschaft dienen, seien sie nämlich vielmehr als sog. unbenannte oder ehebezogene Zuwendungen zu behandeln, die gerade nicht unter das Schenkungsrecht fallen.[469]

Dabei hegt der Zuwendende die Vorstellung oder Erwartung, dass die eheliche Lebensgemeinschaft Bestand haben und er innerhalb dieser Gemeinschaft am Vermögenswert und dessen Früchten weiter teilhaben werde. Darin liegt die Geschäftsgrundlage der Zuwendung.[470]

Somit fehlt es also bei den unbenannten Zuwendungen an der subjektiven Unentgeltlichkeit, also an der Einigung über die Unentgeltlichkeit. Auch ehebezogene Zuwendungen hängen zwar eigentlich nicht von einer Gegenleistung im üblichen schuldrechtlichen Sinne ab, jedoch muss diese Gegenleistung zumindest bei der Ehe nicht geldwerter oder vermögensrechtlicher Art sein.

Die weitere Teilhabe an dem zugewendeten Vermögenswert stellt also ein konkret verfolgtes Motiv dar, das eine Unentgeltlichkeit ausschließt. Eine Schenkung kann also nur dann vorliegen, wenn der Vermögensgegenstand völlig unabhängig vom weiteren Bestand der Ehe weggegeben wurde.

Im vorliegenden Fall lässt sich jedenfalls sicher sagen, dass der Kl. nicht unabhängig vom weiteren Bestand der Ehe seine Leistungen erbracht hat, da es ihm ersichtlich auch darum ging, sein Vermögen vor seinen Gläubigern in Sicherheit zu bringen. Auch wollte er auf jeden Fall auch noch daran teilhaben, obwohl seine Frau nominell Alleineigentümerin wurde.

III. Anspruch aus § 812 I S. 1 Alt. 1 BGB

Ein Anspruch aus § 812 I S. 1 Alt. 1 BGB scheitert bei Bejahung einer Innengesellschaft schon daran, dass die Gesellschaft während ihres Bestandes einen Rechtsgrund darstellt und bei deren Auflösung die gesellschaftsrechtlichen Regelungen über die Auseinandersetzung der Gesellschaft einen speziellen, das Bereicherungsrecht ausschließenden Regelungskomplex darstellen.

---

468 BGHZ 132, 108 = **juris**byhemmer.

469 BGH, FamRZ 1992, 294; BGH, FamRZ 1992, 294. Alle Entscheidungen = **juris**byhemmer.

470 St. Rspr. vgl. BGH, NJW 1997, 2747; BGH, NJW 1999, 2962.

Doch auch bei den unbenannten Zuwendungen ist man sich im Ergebnis einig, dass auch ohne die Annahme einer Schenkung, die als Rechtsgrund zu betrachten wäre, keine Rückabwicklung über Bereicherungsrecht erfolgt. Wie schon oben erwähnt, haben unbenannte Zuwendungen keinen von den Parteien konkret zugewiesenen Rechtsgrund, sondern einen unerwähnten, aber als selbstverständlich vorausgesetzten Rechtsgrund, nämlich den Fortbestand der Ehe. Dieser muss auch als Rechtsgrund i.S.d. § 812 I S. 2 Alt. 1 BGB ausreichen. Fällt dieser Rechtsgrund durch die Beendigung der Ehe weg, so sind nach ständiger Rechtsprechung des BGH die Regeln über den Wegfall der Geschäftsgrundlage das angemessene Instrument, um einen eventuellen Ausgleich zu erzielen.

IV. Anspruch aus § 812 I S. 2 Alt. 2 BGB

Ein Anspruch aus § 812 I S. 2 Alt. 2 BGB könnte bei Nichteintritt des mit der Abtretung bezweckten Erfolges gegeben sein.

Erforderlich für die Zweckkondiktion ist aber eine tatsächliche Einigung über die Zweckbestimmung. Dabei darf die Zweckbestimmung nicht bloß einseitig vom Leistenden erwartet oder erhofft werden und somit lediglich inneres Motiv bleiben. Andererseits ist keine rechtsgeschäftliche Einigung im Sinne einer Bedingung gem. § 158 BGB gemeint. Dabei kann auch eine stillschweigende Einigung i.d.S. zustande kommen, wenn mit der Leistung ein bestimmter Erfolg bezweckt wird und der Empfänger diese erkennt und mit der Annahme die Leistung billigt.

Hier könnte der erstrebte Zweck die Sicherung des Vermögens vor den Gläubigern des Kl. sein. Dieser Zweck ist aber erreicht worden. Auch ist keine andere Zweckbestimmung gegeben, weil Zuwendungen unter Ehegatten ihren Grund in der gemeinsamen Lebensführung haben und in einer noch intakten Ehe nicht mit der erkennbaren Zweckbestimmung erfolgen, damit den Fortbestand der Ehe zu erreichen. Dabei ist zu beachten, dass eine Zweckbestimmung i.S.v. § 812 I S. 2 Alt. 2 BGB mehr ist als eine bloße Geschäftsgrundlage, somit das Verfolgen bestimmter „Zwecke" im Rahmen einer unbenannten Zuwendung hierfür nicht ausreicht.[471]

V. Anspruch aus Störung der Geschäftsgrundlage, § 313 BGB

Weiter kommt auch noch ein Anspruch über die Grundsätze der Störung der Geschäftsgrundlage in Betracht, § 313 BGB.[472]

Dabei ist zu beachten, dass mehrere unbenannte Zuwendungen auch bei gleicher Zweckrichtung nicht zu einer Gesamtleistung werden. Grundsätzlich stellt jede unbenannte Zuwendung für sich einen eigenen Streitgegenstand dar.

hemmer-Methode: Daraus ergeben sich zusätzliche Schwierigkeiten bei der Rückabwicklung, da der Zuwendende jede Zuwendung einzeln geltend machen kann. Im Rahmen der Billigkeitsabwägung bereitet das Probleme, da dort dann nicht klar ist, inwieweit der Zuwendungsempfänger auch bzgl. anderer Vermögensteile mit Ausgleichsansprüchen rechnen muss.[473]

---

471 BGH, FamRZ 1992, 160; siehe hierzu auch BGH, **Life&Law 2007, 237 f.** = NJW 2007, 992 ff.; BGH, FamRZ 2009, 849 = **Life&Law 2009, 499**. Alle Entscheidungen = **juris**byhemmer.

472 Zu der Frage, ob der BGH tatsächlich künftig auf § 313 BGB zurückgreifen oder nicht weiterhin auf § 242 BGB beharren wird, vgl. bereits oben Rn. 70 a.E.

473 BGH, NJW 1994, 2545; BGH, NJW 1982, 2236. Alle Entscheidungen = **juris**byhemmer.

Merken Sie sich auch, dass eine Zuwendung nur dann vorliegt, wenn jemand aus seinem Vermögen einen anderen bereichert (Übertragung oder Belastung von Sachen oder Rechten). Somit ist die Zuwendung von Arbeitskraft nicht möglich.[474] Bei erheblichen Arbeitsleistungen bejaht der BGH in solchen Fällen einen konkludent geschlossenen familienrechtlichen Vertrag, den er auch nach den Grundsätzen der Störung der Geschäftsgrundlage behandelt.[475] Unterschiede in der praktischen Handhabung ergeben sich also kaum.

Wie schon oben dargelegt wurde, kann nicht abschließend beurteilt werden, ob hier eine Ehegatteninnengesellschaft vorgelegen hat, oder ob es sich bei den Vermögensleistungen des Kl. um unbenannte Zuwendungen gehandelt hat. Bei Vorliegen einer Ehegatteninnengesellschaft scheidet allerdings ein Anspruch aus Störung der Geschäftsgrundlage, § 313 BGB, aus. Bei der Annahme einer unbenannten Zuwendung greifen die Grundsätze der Störung der Geschäftsgrundlage aber auch nicht automatisch, sondern sind von hier näher darzulegenden Voraussetzungen abhängig.

1. Messbare Vermögensmehrung noch vorhanden

Ein Anspruch über die Grundsätze der Störung der Geschäftsgrundlage, § 313 BGB, setzt zunächst voraus, dass im Zeitpunkt des Scheiterns der Ehe (hierin liegt die Störung der Geschäftsgrundlage) die Leistungen in Form messbarer Vermögensmehrung beim anderen Ehegatten noch vorhanden sind.

Obere Grenze des Ausgleichsanspruchs nach § 313 I BGB ist dabei nach der bisherigen Rechtsprechung der Betrag, um den das Vermögen des Zuwendungsempfängers bei Trennung der Ehegatten infolge der Leistungen des Zuwendenden noch gemehrt war.[476]

2. Unzumutbarkeit der Beibehaltung der Vermögenslage

Ausgleichsansprüche entsprechend den Grundsätzen der Störung der Geschäftsgrundlage setzen dabei entscheidend voraus, dass die Beibehaltung der durch die Zuwendung herbeigeführten Vermögenslage dem benachteiligten Ehegatten nach den Umständen des Einzelfalls nicht zumutbar ist.[477]

3. Ausnahmecharakter der Störung der Geschäftsgrundlage bei Zugewinngemeinschaft

Eine solche Unzumutbarkeit wird sich in Fällen, in denen das Ehepaar im Güterstand der Zugewinngemeinschaft lebte, nur ausnahmsweise ergeben, da durch den gesetzlichen Zugewinnausgleich gem. §§ 1372 ff. BGB grundsätzlich gerechte und billige Ergebnisse erzielt werden.

Ein Rückgriff auf die Störung der Geschäftsgrundlage kommt bei der Zugewinngemeinschaft daher nur in extremen Ausnahmefällen in Betracht, wo die güterrechtlichen Ausgleichsregelungen nicht ausreichen, um schlechthin unangemessene und untragbare Ergebnisse zu vermeiden.

Für die Prüfung, ob ein solches untragbares Ergebnis vorliegt, muss untersucht werden, ob die Durchführung des Zugewinnausgleichs unter Einbeziehung der Zuwendung eine für den Zuwendenden schlechthin unangemessene und unzumutbare Abwicklung ergibt. Solange der Zuwendende über den Zugewinnausgleich den halben Wert der Zuwendungen erhält, wird die Grenze zur Unangemessenheit kaum je überschritten sein.

---

474 BGH, FamRZ 1994, 1167 = **juris**byhemmer.

475 BGH, FamRZ 1994, 1167 = **juris**byhemmer.

476 BGH, NJW 1999, 2962.

477 BGH, NJW 1999, 2962.

Nach der gesetzlichen Konzeption des Zugewinnausgleichs ist es ja gerade der Regelfall, dass der Zuwendende „lediglich" den halben Wert seiner Zuwendung zurückerhält. Aber auch bei einer geringeren als der hälftigen Beteiligung ist das Ergebnis nicht ohne weiteres unzumutbar, da dies noch in der Bandbreite des „normalen Risikos" bei der Rückabwicklung liegt. Es müssen vielmehr noch weitere Umstände hinzutreten, die die Anwendung der Regeln der Störung der Geschäftsgrundlage i.S.d. § 313 BGB ermöglichen.

Hierbei ist jeweils auf den konkreten Einzelfall abzustellen. Mögliche Beispiele sind Fälle, in denen kein Zugewinnausgleich möglich ist, obwohl das Zugewendete sich noch im Vermögen des anderen befindet, weil die Zuwendungen ihm zur Erhaltung des Anfangsvermögens gedient haben und der Zuwendende andererseits in seinem Auskommen beeinträchtigt ist, da er mit den ihm verbleibenden Mitteln seinen angemessenen Unterhalt nicht bestreiten kann.[478]

Im vorliegenden Fall lebte das Ehepaar in Gütertrennung, sodass nicht diese strengen Anforderungen zu prüfen wären.

4. Geringere Anforderungen bei der Gütertrennung

Geringere Anforderungen gelten aber im Fall der Gütertrennung, da die angemessene Beteiligung beider Ehegatten an dem gemeinsam erarbeiteten Vermögen dem Charakter der ehelichen Lebensgemeinschaft als einer Schicksals- und Risikogemeinschaft entspricht.[479]

Hier besteht auch kein Spannungsverhältnis zum Zugewinnausgleich gem. §§ 1372 ff BGB, da dieser bei der Gütertrennung eben nicht stattfindet. Auch hier ist jedoch im konkreten Einzelfall in Form einer Gesamtabwägung der Umstände zu untersuchen, ob es für den Zuwendenden Teil unzumutbar ist, die dem anderen Teil gemachten Zuwendungen zu belassen.

5. Kriterien für die Abwägung

Art und Höhe dieses Billigkeitsanspruchs hängen von einer Gesamtwürdigung aller Einzelfallumstände ab, z.B. Ehedauer, der Frage, wie lange und mit welchem Erfolg die Zuwendung ihrem Zweck gedient hat, Alter der Ehegatten, Art und Umfang der vom Zuwendungsempfänger innerhalb seines Aufgabenbereichs erbrachten Leistungen, Einsatz eigenen Vermögens, Höhe der noch vorhandenen Vermögensmehrung, dem Zuwendenden verbliebenes Vermögen und anderes.[480]

Der Zuwendende muss dabei nicht nur die Zuwendung, sondern auch die für die Unzumutbarkeit sprechenden Umstände darlegen und beweisen.[481]

hemmer-Methode: Hier wird noch einmal deutlich, warum der BGH in Fällen, in denen erhebliche Vermögenswerte geschaffen wurden, eher zu einem Ausgleich über Gesellschaftsrecht tendiert. Die Regelungen der Störung der Geschäftsgrundlage stellen absolutes Billigkeitsrecht dar und führen zu kaum vorhersehbaren Ergebnissen.
In der Anwaltsklausur im Assessorexamen kann es vorkommen, dass ein Mandant zu Ihnen kommt und unbedingt eine Gütertrennung will, weil ihm dies von Freunden oder seinem Steuerberater empfohlen wurde.

---

478 BGH, FamRZ 1991, 1169; OLG Frankfurt, FamRZ 2001, 158 = **juris**byhemmer.

479 BGH, NJW-RR 1990, 834; OLG Karlsruhe, FamRZ 2001, 1075 = **juris**byhemmer.

480 Vgl. BGH, NJW 1992, 238 = **juris**byhemmer; BGH, NJW 1982. 2236.

481 BGH, NJW-RR 1990, 834.

Ihre Aufgabe ist es dann regelmäßig, die Wünsche des Mandanten zu erkennen und zu analysieren, um ihn dann davon zu überzeugen, dass eine modifizierte Zugewinngemeinschaft[482] viel eher seinen tatsächlichen Wünschen entspricht. Die Gütertrennung ist – außer in ganz wenigen Ausnahmefällen – kein Vorteil für die Ehegatten. Hüten Sie sich deshalb – auch privat – vor einer zu schnellen Entscheidung in diese Richtung!

IV. Gütergemeinschaft

1. Allgemeines

Gütergemeinschaft
⇒ einheitl. Vermögen

↳ Gesamtgut

Die Gütergemeinschaft (§§ 1415 - 1518 BGB) beruht auf dem Gedanken der Verwirklichung der ehelichen Lebensgemeinschaft auch im vermögensrechtlichen Bereich.

261

Wegen ihrer zahlreichen Nachteile kann die Gütergemeinschaft grds. nicht empfohlen werden:

Nachteile im Insolvenzfall, bei Haftung

So zieht z.B. ein Insolvenzverfahren beide Ehegatten in Mitleidenschaft, und nach der Auflösung der Gütergemeinschaft wird das Vermögen ohne Rücksicht auf seine Herkunft unter den Gatten halbiert, § 1476 BGB (Ausnahme: § 1478 BGB).

262

Unter den Voraussetzungen der §§ 1437, 1459 BGB haftet der Ehegatte zudem persönlich für die Schulden des anderen.

hemmer-Methode: Die Begründung der Gütergemeinschaft zwischen Ehegatten mit stark unterschiedlichem Anfangsvermögen kommt einer Schenkung gleich. Auch der Gesetzgeber hat das in § 7 I Nr. 4 ErbStG so gesehen. Dieser Gefahr trägt das Formerfordernis für Eheverträge, § 1410 BGB, Rechnung.
Außer in zutiefst ländlichen und traditionell geprägten Gegenden Deutschlands spielt die Gütergemeinschaft in der Praxis keine Rolle mehr. Gleichwohl sind die verschiedenen Vermögensmassen beliebter Prüfungsstoff auch im mündlichen Teil des Ersten Examens. Gleiches gilt im Hinblick auf die Frage, welche Gesamthandsgemeinschaften im BGB geregelt sind. Schon alleine deshalb sollten Ihnen Grundzüge der Gütergemeinschaft geläufig sein.

2. Die verschiedenen Vermögensmassen

bis zu fünf Vermögensmassen

Bei der Gütergemeinschaft können bis zu fünf Vermögensmassen vorkommen:

263

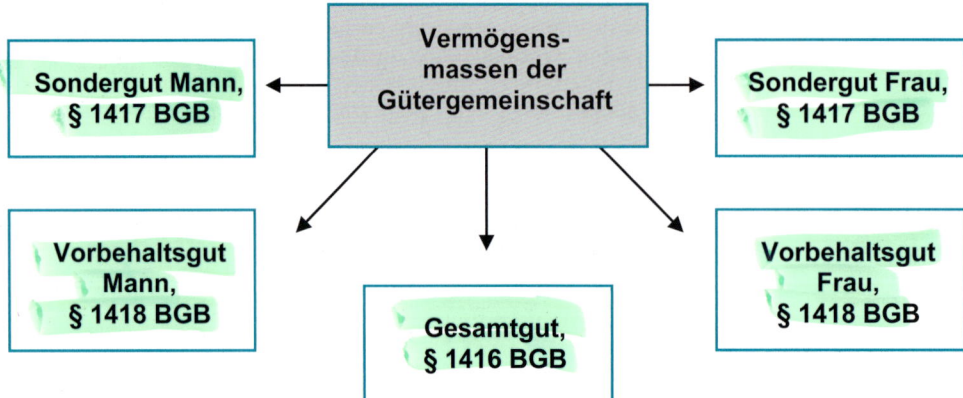

a) Gesamtgut

Gesamtgut entsteht automatisch

Was den Ehegatten bei Eingehung der Gütergemeinschaft gehört und was sie später erwerben, wird grundsätzlich Gesamtgut. Das Gesamtgut entsteht ohne besondere Rechtsübertragung mit der Heirat durch Universalsukzession, § 1416 II BGB, die Vermögen von Mann und Frau verschmelzen ipso iure. Die Eintragung der Gütergemeinschaft ins Grundbuch (vgl. § 47 GBO) stellt also nur eine Grundbuchberichtigung dar.

264

Gesamthandsvermögen

Das Gesamtgut ist Gesamthandsvermögen beider Ehegatten. Es wird – wenn der Ehevertrag nichts anderes bestimmt – auch gemeinschaftlich verwaltet, §§ 1421 S. 2, 1450 ff. BGB.

Exkurs: Gesamthandsgemeinschaften

Das BGB kennt drei Gemeinschaften zur gesamten Hand:

265

Gesamthandsgemeinschaften des BGB		
Personengesell-schaften, §§ 705, 719 BGB (§§ 105 III, 161 II HGB)	**Miterben-gemeinschaft,** § 2033 BGB	**Güter-gemeinschaft,** §§ 1416, 1419 BGB

Die engste Gesamthandsgemeinschaft ist die Gütergemeinschaft, da sie auf Lebenszeit angelegt ist, § 1353 I S. 1 BGB. (Ehe)

keine ideellen Bruchteile an einzelnen Gegenständen

Charakteristisch für das Gesamthandseigentum ist, dass es zwar Anteile an dem gesamthänderisch gebundenen Vermögen als solchem gibt, aber nach heute ganz h.M. keine ideellen Bruchteile an den einzelnen Gegenständen, auch wenn das Gesetz von solchen auszugehen scheint, §§ 719 I, 1419 I, 2033 II BGB. Über seinen Anteil kann der Ehegatte nicht verfügen, § 1419 BGB.

266

> **hemmer-Methode:** Gesamthandsgemeinschaften kann auch im gerichtlichen Verfahren eine besondere Bedeutung zukommen. Es handelt sich bei ihnen nach h.M. zumindest bei Aktivprozessen (d.h. wenn sie klagen) um einen Fall der notwendigen Streitgenossenschaft gem. § 62 I Alt. 2 ZPO,[483] da ihnen die Prozessführungs- und Sachbefugnis nur gemeinsam zusteht, soweit nicht ein anderes geregelt ist, vgl. bspw. § 2039 BGB. Das ist vor allem im Rahmen des Säumnisverfahrens (§§ 330 ff. ZPO) und generell bei Fristen (z.B. §§ 516, 519 II ZPO) von Bedeutung, da die säumigen Streitgenossen in diesem Fall durch die nicht säumigen vertreten werden, § 62 I ZPO. Bei Passivprozessen (d.h. wenn sie verklagt werden) kommt es darauf an, ob nur eine gemeinsame Verfügungsbefugnis besteht (so bei § 719 I BGB und bei § 2059 II BGB ⇨ notwendige Streitgenossenschaft), oder ob eine Einzelverfügungsbefugnis besteht (dann „nur" einfache Streitgenossenschaft).[484] Zu den Wirkungen der Streitgenossenschaft vgl. auch § 61 ZPO, wonach die Prozessrechtsverhältnisse grds. voneinander unabhängig sind.

Exkurs Ende

---

483 Thomas/Putzo, § 62 ZPO, Rn. 13.

484 Thomas/Putzo, § 62 ZPO, Rn. 14, § 60 ZPO, Rn. 2; im Detail ist das aber sehr streitig.

b) Sondergut

Sondergut ist das rechtsgeschäftlich nicht übertragbare Vermögen **267**
beider Ehegatten, § 1417 II BGB, so z.B. Nießbrauch, § 1059 S. 1
BGB, unpfändbares Gehalt und Ansprüche, die der Pfändung nicht
unterworfen sind, §§ 400, 850 ff. ZPO.

Die Verwaltung des Sonderguts obliegt jedem Ehegatten selbst,
§ 1417 III S. 1 BGB, allerdings für Rechnung des Gesamtguts,
§ 1417 III S. 2 BGB; die Erträge des Sonderguts werden also Gesamtgut.

Sondergut entsteht nur unter der Voraussetzung des § 1417 II BGB,
eine vertragliche Schaffung von Sondergut ist nicht möglich.[485]

c) Vorbehaltsgut

Vorbehaltsgut durch Vereinbarung; Eintragung i. Güterrechtsreg.

Vorbehaltsgut ist, was durch Ehevertrag oder durch Bestimmung ei- **268**
nes Dritten in letztwilliger Verfügung oder bei unentgeltlicher Zuwendung zum Vorbehaltsgut erklärt worden ist, sowie Surrogate und
Einkünfte des Vorbehaltsguts, § 1418 II BGB. Vorbehaltsgut entsteht
also immer nur aufgrund von Vereinbarung, nicht aber aufgrund Gesetzes.

Deshalb kann es Dritten gegenüber auch nur dann geltend gemacht
werden, wenn es im Güterrechtsregister eingetragen ist, § 1412
BGB. Im Gegensatz zum Sondervermögen wird das Vorbehaltsgut
für eigene Rechnung des jeweiligen Ehegatten verwaltet, § 1418 III
BGB.

d) Eigentumsverhältnisse

Alleineigentum am Sonder- und Vorbehaltsgut

Am Sonder- und Vorbehaltsgut besteht jeweils Alleineigentum, wo- **269**
hingegen das Gesamtgut den Ehegatten zur gesamten Hand zusteht, § 1419 BGB.

e) Verwaltung

Verwaltungsregelung für das Gesamtgut durch Ehevertrag

Jeder Ehegatte kann über Gegenstände seines Sonder- und Vorbe- **270**
haltsguts frei verfügen. Über seinen Anteil am Gesamtgut kann er
nicht verfügen, und zwar nicht einmal dann, wenn der Ehegatte zustimmt.[486] → § 1419 I

Wer über das Gesamtgut verfügen kann, ergibt sich aus der Verwaltungsregelung.

aa) Bestimmung der Verwaltung

grds. Bestimmung d. Verwaltung

Nach § 1421 BGB soll im Ehevertrag bestimmt werden, wer das Gesamtgut verwaltet. Bei Fehlen einer solchen Bestimmung verwalten
die Ehegatten das Gesamtgut gemeinsam, §§ 1421 S. 2, 1450 ff.
BGB.

485 MüKo, § 1417 BGB, Rn. 3.
486 Die Bindung des Gesamtguts ist also wesentlich stärker als in der Erbengemeinschaft, vgl. § 2033 I S. 1 BGB, und in der Gesellschaft bürgerlichen
Rechts, wo § 719 I BGB durch Zustimmung der übrigen Gesellschafter überwunden werden kann.

bb) Einzelverwaltung, §§ 1422 ff. BGB.

auch bei Einzelverwaltung ggf. Zustimmung notw.

Ist Einzelverwaltung vereinbart, so kann der verwaltende Ehegatte über die einzelnen Gegenstände des Gesamtguts und das Gesamtgut im Ganzen frei verfügen. Er bedarf jedoch unter den Voraussetzungen der §§ 1423 – 1425 BGB der Zustimmung seines Ehegatten. Bei fehlender Zustimmung gelten §§ 1427 und 1428 BGB. § 1428 BGB gibt dem nichtverwaltenden Ehegatten ein Revokationsrecht, das demjenigen des § 1368 BGB entspricht.

271

Problem: gutgläubiger Erwerb?

Ob §§ 1422, 1423 – 1425 BGB durch gutgläubigen Erwerb überwindbar sind, ist streitig.

(+) wenn Eintragung im Güterrechtsregister fehlt

Gutgläubiger Erwerb nach §§ 892, 893, 932 ff. BGB ist jedenfalls möglich, solange keine Eintragung in das Güterrechtsregister erfolgt ist.[487]

(-) bei positiver Kenntnis

Darüber hinaus geht auch nach Eintragung in das Güterrechtsregister nach ganz h.M. der objektbezogene öffentliche Glaube des Grundbuchs dem § 1412 BGB vor. Dem Erwerber schadet daher nur positive Kenntnis.[488]

str. bzgl. grober Fahrlässigkeit

Umstritten ist dagegen, ob die Unkenntnis der Eintragung beim Fahrniserwerb generell grobe Fahrlässigkeit i.S.d. § 932 II BGB begründet.[489] Auf die Streitfrage kommt es jedoch dann nicht an, wenn der Gegenstand dem mitbesitzenden Ehegatten abhanden gekommen ist, § 935 BGB. Bezüglich der Besitzverhältnisse in der Gütergemeinschaft ist § 1422 S. 1 BGB zu beachten, wonach der Ehegatte, der das Gesamtgut verwaltet, berechtigt ist, die zum Gesamtgut gehörenden Sachen in Besitz zu nehmen.

272

Der nichtverwaltungsberechtigte Ehegatte hat dann nur noch mittelbaren Besitz, außer bei den zu seinem persönlichen Gebrauch bestimmten Sachen.[490]

Kondizierung möglich!

Im Übrigen wird die fehlende Zustimmung zum Verpflichtungsgeschäft durch den gutgläubigen Erwerb nicht überwunden. Dieser ist also jedenfalls nicht kondiktionsfest.[491]

Es besteht hier also eine Ausnahme von dem Grundsatz, dass das Bereicherungsrecht den gutgläubigen Erwerb nicht aus den Angeln heben darf. Da auch der Bereicherungsanspruch unter das Revokationsrecht des § 1428 BGB fällt,[492] wird der gutgläubige Erwerb – wenn man ihn zulässt – regelmäßig nicht bestandskräftig sein. Weiteres Argument gegen die Möglichkeit eines Gutglaubenserwerbs bei §§ 1422 ff. BGB ist, dass der Erwerb sowieso nicht kondiktionsfest ist, siehe oben.

hemmer-Methode: Anders als §§ 1365, 1369 BGB (s.o. Rn. 142), die absolute Verfügungsverbote des gesetzlichen Güterstandes kraft Gesetzes enthalten, sind nach h.M. die §§ 1422 ff. BGB Verbote kraft Vereinbarung. Sie beruhen nämlich auf dem Abschluss eines Ehevertrags, §§ 1408, 1410 BGB.[493] Ein gutgläubiger Erwerb ist damit nach der h.M. möglich.
Insoweit liegt ein Wertungswiderspruch zu den Vorschriften des gesetzlichen Güterstandes vor. Dort kann von einem Ehegatten kein Eigentum erworben werden, obwohl er Alleineigentümer ist, während bei der Gütergemeinschaft trotz geringerer Berechtigung der Ehegatten ein gesteigerter Verkehrsschutz stattfindet.

---

487 M.w.N. MüKo, § 1422 BGB, Rn. 22 ff.

488 M.w.N. MüKo, § 1412 BGB, Rn. 10.

489 So die h.M., m.w.N. Palandt, § 1422 BGB, Rn. 5.

490 Vgl. Palandt, § 1422 BGB, Rn. 2.

491 Ganz h.M. Müko, § 1422 BGB, Rn. 25.

492 MüKo, § 1428 BGB, Rn. 2; a.A. Staudinger, § 1428 BGB, Rn. 3.

493 Palandt, § 1422 BGB, Rn. 5.

Haftung mit Gesamtgut u. Vorbe-halts-/Sondergut d. verwaltenden Ehegatten	Das Gesamtgut haftet für sämtliche Verpflichtungen des verwaltenden Ehegatten. Ausnahmen enthalten §§ 1437 I HS 2, 1438 - 1440 BGB. Neben dem Gesamtgut haftet der verwaltende Ehegatte auch persönlich mit seinem Vorbehalts- und Sondergut, § 1437 II BGB.

273

cc) Gemeinschaftliche Verwaltung, §§ 1450 ff. BGB.

Grundsatz: gemeinschaftliche Verfügung d. Ehegatten	Die Ehegatten können grundsätzlich nur gemeinsam über das Gesamtgut verfügen, § 1450 I BGB, sofern nicht einer der Ausnahmefälle der §§ 1454 - 1456 BGB vorliegt. Verfügt ein Ehegatte ohne Zustimmung des anderen, so gilt § 1453 BGB. Dieser entspricht dem § 1427 BGB bei der Einzelverwaltung.
gutgläubiger Erwerb möglich	Ein gutgläubiger Erwerb ist auch hier nach den allgemeinen Grundsätzen möglich.[494] § 1455 Nr. 8 BGB enthält ein dem § 1428 BGB entsprechendes Revokationsrecht.
i.d.R. Haftung aller Vermögensmassen	Das Gesamtgut haftet nach §§ 1459 I, 1460 - 1462 BGB für die Verbindlichkeiten der Ehegatten. Daneben haften die Ehegatten persönlich mit ihrem Vorbehalts- und Sondergut, § 1459 II S. 1 BGB. Verpflichtungsgeschäfte ohne Mitwirkung des anderen Ehegatten verpflichten nur den Handelnden persönlich, begründen aber keine Haftung des Gesamtguts, § 1460 I BGB. Für die Haftung der Eheleute im Innenverhältnis gilt § 1463 BGB.

274

3. Beendigung der Gütergemeinschaft

Beendigung	**Die Gütergemeinschaft endet durch:** ⇨ Aufhebung mittels Ehevertrag, §§ 1408, 1410 BGB ⇨ Aufhebungsbeschluss, § 1479 BGB i.V.m. §§ 1447 - 1449 und §§ 1469, 1470 BGB ⇨ Tod eines Ehegatten, sofern nicht durch Ehevertrag fortgesetzte Gütergemeinschaft, §§ 1483 ff. BGB vereinbart wurde ⇨ Scheidung, Aufhebung der Ehe

275

fortgesetzte Gütergemeinschaft	Wird die Ehe durch Tod eines Ehegatten aufgelöst und sind gemeinschaftliche Abkömmlinge vorhanden, so kann die Gütergemeinschaft zwischen dem überlebenden Ehegatten und den Abkömmlingen fortgesetzt werden, sofern die Eheleute ehevertraglich eine entsprechende Vereinbarung getroffen haben, § 1483 BGB („fortgesetzte Gütergemeinschaft").
	Ist der überlebende Ehegatte Alleinerbe des Verstorbenen, so erwirbt er dessen Anteil durch Anwachsung.[495] Ansonsten wird nach § 1482 S. 1 BGB der Anteil des Verstorbenen am Gesamtgut Teil des Nachlasses. Es entstehen dann zwei ineinander geschachtelte Gesamthandsvermögen, nämlich die zu beendende Gütergemeinschaft und die Erbengemeinschaft.
Auseinandersetzung; Liquidation; Vollbeendigung	Nach der Beendigung der Gütergemeinschaft findet die Auseinandersetzung des Gesamtgutes statt, §§ 1471 ff. BGB. Anstelle der Gütergemeinschaft entsteht eine Liquidationsgemeinschaft, die ebenfalls Gesamthandsgemeinschaft ist, § 1471 II BGB.

276

277

---

494 H.M. MüKo, § 1450 BGB, Rn. 14;, Rn. 4; a.A. Staudinger, § 1450 BGB, Rn. 43.

495 MüKo, § 1482 BGB, Rn. 4.

Die Durchführung der Auseinandersetzung des Gesamtguts richtet sich nach den §§ 1475 - 1481 BGB, wenn nichts anderes vereinbart ist, § 1474 BGB. Ist die Auseinandersetzung beendet, so tritt Vollbeendigung der Gütergemeinschaft ein.

E) Scheidungsrecht

hemmer-Methode: Das Scheidungsrecht wird Ihnen in der Klausur selten in der Fallfrage „Wird die Ehe geschieden werden?" vorgesetzt. Examenstypisch ist eine inzidente Prüfung i.R.d. §§ 1933, 2077 BGB.

I. Ehescheidung, §§ 1564 - 1568 BGB

auf Antrag Scheidung möglich

Eine Ehe kann auf Antrag eines oder beider Ehegatten durch Gestaltungsbeschluss geschieden werden, wenn sie gescheitert ist, §§ 1564, 1565 I S. 1 BGB.

278

Zerrüttungsprinzip

Das Scheitern der Ehe ist einziger Scheidungsgrund[496] („Zerrüttungsprinzip" im Gegensatz zum früheren „Schuldprinzip"). Das Zerrüttungsprinzip ist im Gesetz zu drei Tatbeständen ausgeformt:[497]

hemmer-Methode: Man geht von drei Scheidungstatbeständen aus, weil das Scheitern der Ehe, d.h. der Scheidungsgrund, auf dreifache Weise bewiesen werden kann.[498] Dogmatisch richtig handelt es sich dagegen nur um einen Scheidungstatbestand, § 1565 I S. 1 BGB, der in § 1565 I S. 2 BGB näher umschrieben wird, und um zwei ihn ergänzende Vermutungsregeln für seine Voraussetzungen. Insbesondere ist bei § 1566 I BGB nach der gesetzgeberischen Konzeption Scheidungsgrund die (vermutete) Zerrüttung, nicht aber – was man unter Betonung der Vertragsnatur der Ehe leicht annehmen könnte – ein dem Eheschließungswillen korrespondierender contrarius consensus der Ehegatten im Sinne einer echten Konsensualscheidung.

⇨ Scheidung nach materieller Zerrüttungsprüfung durch das Gericht, § 1565 I S. 2 BGB

⇨ einvernehmliche Scheidung nach einjähriger Trennung, § 1566 I BGB

⇨ einseitige Scheidung nach dreijähriger Trennung, § 1566 II BGB

hemmer-Methode: Der Gedankengang in der Klausur ist deshalb meist folgender: § 1564 BGB (Scheidungsbeschluss) – § 1565 I S. 1 BGB (Voraussetzung: Scheitern; Zerrüttung). Dann fahren Sie regelmäßig mit den meist nicht einschlägigen Zerrüttungsvermutungen des § 1566 BGB fort, um dann – am Ende Ihrer Ausführungen – die materielle Zerrüttung der Ehe als den Scheidungstatbestand zu nennen, der die Scheidung bewirken kann. Nur wenn Sie alle im Sachverhalt angesprochenen Alternativen prüfen („Echoprinzip"), schreiben Sie die gute Klausur. Wenn aber eine der Zerrüttungsvermutungen eingreift, dann sollten Sie nur kurz deren Verhältnis zu § 1565 I S. 2 BGB aufzeigen, da eine ausführliche Prüfung der Zerrüttung dann überflüssig ist.

1. §§ 1565 I S. 2, 1566 II BGB

unwiderlegliche Vermutung, §§ 1565 I S. 2 BGB i.V.m. § 1566 II BGB

§ 1566 II BGB vermutet nach einem dreijährigen Getrenntleben i.S.d. § 1567 BGB das Scheitern der Ehe unwiderleglich und entbindet damit den Ehegatten, der den Scheidungsantrag stellt, davon, gem. § 1565 I S. 2 BGB den Beweis des Scheiterns zu führen.

279

---

496 MüKo, § 1564 BGB, Rn. 15.

497 Anders MüKo, § 1564 BGB, Rn. 16 ff., wo aufgrund stärkerer Differenzierung von vier Scheidungstatbeständen ausgegangen wird.

498 Vgl. Palandt, § 1564 BGB, Rn. 3.

hemmer-Methode: Schwierig kann allerdings die Frage zu beantworten sein, ob überhaupt und ggf. seit wann eine Trennung vorliegt, vgl. dazu nachfolgend Rn. 287 ff.

aber Härteklausel mögl.

Die Scheidung ist auszusprechen, sofern nicht die Voraussetzungen der Härteklausel, § 1568 BGB, vorliegen (dazu unten Rn. 285).

2. §§ 1565 I S. 2, 1566 I BGB

unwiderlegliche Vermutung, §§ 1565 I S. 2, 1566 I BGB

Leben die Ehegatten seit einem Jahr getrennt und beantragen beide die Scheidung oder stimmt der Antragsgegner der Scheidung zumindest zu,[499] so wird das Scheitern der Ehe unwiderleglich vermutet, §§ 1565 I, 1566 I BGB.

280

3. § 1565 I S. 2 BGB

Generalklausel, § 1565 I BGB

Greifen die Scheiternsvermutungen des § 1566 BGB nicht ein, dann ermöglicht die Generalklausel des § 1565 I BGB eine Scheidung, wenn das Scheitern der Ehe durch das Gericht positiv festgestellt wird.

281

zwei Voraussetzungen

Der Begriff des Scheiterns ist in § 1565 I S. 2 BGB legaldefiniert und hat zwei Bestandteile, die kumulativ vorliegen müssen:

- Lebensgemeinschaft (-)

a) Die Lebensgemeinschaft der Ehegatten darf nicht mehr bestehen **(Analyse)**.

282

Das ist dann der Fall, wenn wenigstens einer der Ehegatten nicht mehr willens oder fähig ist, mit dem anderen ein eheliches Leben zu führen.

Die „Lebensgemeinschaft der Ehegatten" ist nicht mit der „häuslichen Gemeinschaft", § 1567 I BGB, identisch. Dem Nichtbestehen einer häuslichen Gemeinschaft kommt im Rahmen der Zerrüttungsprüfung lediglich Indizfunktion zu.[500]

- keine Wiederherstellung zu erwarten

b) Die Wiederherstellung der Lebensgemeinschaft darf nicht mehr zu erwarten sein **(Prognose)**.

283

Entscheidend ist, ob die konkrete Ehe, wie sie von den Ehegatten ursprünglich geplant war, noch eine Chance hat (personaler Zerrüttungsbegriff).[501]

> **Bsp.:** *F schlägt und misshandelt ihren Ehemann M regelmäßig. Dieser entwickelt daraufhin gegenüber F eine unüberwindliche Abneigung und zieht schließlich aus der Ehewohnung aus. Nach zwei Jahren hat M eine neue tiefe Beziehung mit K begründet. Er will sich deshalb – gegen den Willen der F – scheiden lassen.*

> Der Scheidungstatbestand des § 1566 I S. 2 BGB ist nicht einschlägig, da es an der Einvernehmlichkeit fehlt. Auch eine dreijährige Trennung besteht noch nicht, sodass § 1566 II BGB als Scheidungstatbestand ebenfalls nicht eingreift.

---

499 Die Rechtsnatur der Zustimmung ist umstritten (materiell-rechtliche Willenserklärung–Prozesshandlung–Doppelnatur), vgl. MüKo, § 1566 BGB, Rn. 25 m.w.N., was vor allem auf die Beantwortung der Frage nach den Auswirkungen von Willensmängeln durchschlägt.
500 Palandt, § 1565 BGB, Rn 2.
501 Palandt, § 1565 BGB, Rn 3.

Die Beziehung zwischen M und F ist jedoch als endgültig gescheitert anzusehen, eine Wiederversöhnung erscheint infolge der tiefen Abneigung und der neuen Beziehung ausgeschlossen (in der Praxis ist dies eine tatrichterliche und kaum revisible Prognose[502]). Damit ist vom Vorliegen des Scheidungstatbestandes des § 1565 I S. 2 BGB auszugehen.

ein Jahr Getrenntleben

c) Ist das Scheitern der Ehe festgestellt, so ist eine Scheidung in der Regel doch nur möglich, wenn die Ehegatten (im Zeitpunkt der letzten mündlichen Verhandlung) mindestens ein Jahr getrennt gelebt haben, § 1565 II BGB. Diese Vorschrift erschwert die Scheidung für den Fall fehlenden Getrenntlebens und soll vorschnellen Scheidungsentschlüssen entgegenwirken.[503] Es handelt sich insoweit um eine weitere Voraussetzung des Scheidungstatbestandes neben der Zerrüttung.

284

darunter nur bei unzumutbarer Härte

Bei einer Trennungszeit von unter einem Jahr kann eine Ehe demnach nur geschieden werden, wenn als zusätzliche Scheidungsvoraussetzung neben dem Scheitern der Ehe eine unzumutbare Härte vorliegt.

hemmer-Methode: § 1565 II BGB meint nicht die Unzumutbarkeit der ehelichen Lebensgemeinschaft, sondern die Unzumutbarkeit des Ehebandes als solches![504] Eine Pflicht zur Fortsetzung der ehelichen Lebensgemeinschaft scheitert regelmäßig bereits an § 1353 II BGB.
Im Rahmen des § 1565 II BGB kann dann allein maßgeblich sein, ob das „Band der Ehe" eine unzumutbare Belastung für den anderen Ehepartner ist.[505] Hieran sind strenge Anforderungen zu stellen.

Bsp.: Im Fall oben (Rn. 283) lebten M und F diesmal nicht zwei Jahre, sondern nur neun Monate getrennt. Liegen die Voraussetzungen der Scheidung vor?

Fraglich ist, ob das Band der Ehe für M eine unzumutbare Härte darstellt. Dies kann nur dann angenommen werden, wenn es dem M aufgrund eines in der Person der F liegenden Grundes unzumutbar ist, an F als Ehefrau festzuhalten.[506] Dabei können solche Gründe auch nach einer Trennung fortwirken.

Die Schläge stellen sowohl eine körperliche Misshandlung als auch eine unzumutbare Persönlichkeitsverletzung dar. Letzterer Umstand wirkt auch dann noch fort, wenn die Lebensgemeinschaft nicht mehr besteht.

Deshalb ist es hier vertretbar, das Vorliegen der Voraussetzungen des § 1565 II BGB zu bejahen.

hemmer-Methode: Bei der Prüfung des § 1565 II BGB sind alle denkbaren Aspekte heranzuziehen, die sich aus dem Sachverhalt ergeben. Bedenken Sie dabei aber auch, dass die Anforderungen an die Unzumutbarkeit um so höher sein müssen, je kürzer die Trennungszeit ist: Leben M und F also gerade einmal einen Monat getrennt, so ist die Unzumutbarkeit anders zu beurteilen, wie wenn sie bereits elf Monate getrennt leben würden und § 1565 II BGB nach einem weiteren Monat ohnehin nicht mehr anwendbar wäre.

---

502 Palandt, § 1365 BGB, Rn. 3.

503 Palandt, § 1565 BGB, Rn. 6 f.

504 Eine interessante Entscheidung bei OLG Karlsruhe, FamRZ 2000, 1417 = **juris**byhemmer: Erwartet die Ehefrau aus einem ehebrecherischen Verhältnis ein Kind, kann der Ehemann um die Vaterschaftsvermutung nach § 1599 II BGB auszuschließen, auch schon vor Ablauf des Trennungsjahres die Ehescheidung begehren.

505 Palandt, § 1565 BGB, Rn. 9.

506 So zu Recht BGH, NJW 1981, 450 = **juris**byhemmer.

§ 1565 II BGB auch bei einvernehmlicher Scheidung

Die Sperrfrist des § 1565 II BGB ist nach h.M. auch dann zu beachten, wenn die Ehe im Einvernehmen der Ehegatten geschieden werden soll.[507] Die Gegenansicht[508] ist mit dem Zerrüttungsprinzip nicht vereinbar und führt zur reinen Konsensualscheidung.

hemmer-Methode: Beachten Sie: Einem verfrühten Scheidungsantrag ist nach der Rspr. des BGH bei Erfüllung der Scheidungsvoraussetzungen in der Beschwerdeinstanz durch Zurückweisung an das Familiengericht zu entsprechen![509]

4. Härteklausel, § 1568 BGB

zwei Härteklauseln, § 1568 BGB

Die Ehe wird trotz Vorliegens eines Scheidungstatbestandes nicht geschieden, wenn § 1568 BGB eingreift. Die Vorschrift enthält zwei Härteklauseln:

⇨ Kinderschutzklausel, § 1568 I Alt. 1 BGB: Sie enthält eine von Amts wegen (Grund: § 127 FamFG) zu berücksichtigende Einwendung.[510]

⇨ Persönliche Härteklausel, § 1568 I Alt. 2 BGB: Sie ist als Einrede geltend zu machen (§ 127 III FamFG) und nur dann zu berücksichtigen, wenn sie von dem Ehegatten, der die Scheidung ablehnt, im Scheidungsverfahren vorgebracht wurden.[511]

Die Anhäufung unbestimmter Rechtsbegriffe in den Härteklauseln zeigt, dass eine äußerst restriktive Anwendung geboten ist.[512]

Verfahrensrechtlich ist hier § 127 III FamFG zu beachten, wonach das Gericht außergewöhnliche Umstände nach § 1568 BGB nur dann berücksichtigt, wenn sie von dem Ehegatten, der die Scheidung ablehnt, vorgebracht worden sind.

5. Zwingende Natur

kein vertraglicher Verzicht auf künftige Scheidung

§§ 1564 ff. BGB sind zwingendes Recht. Die Ehegatten können also nicht vertraglich auf eine künftige Scheidung, deren Voraussetzungen erst nach der Vereinbarung entstehen, verzichten. Auch ein Ausschluss der Scheidung nur für eine begrenzte Zeit ist nichtig.[513]

anders bzgl. Scheidungsgrund der Vergangenheit

Dagegen kann auf eine bereits entstandene Scheidungsvoraussetzung verzichtet werden mit der Folge, dass sie erlischt. Eine Scheidung ist dann erst wieder möglich, wenn einer der Scheidungstatbestände von neuem erfüllt wird. Die Trennungsfristen müssen vollständig neu ablaufen, die Zeit vor dem Verzicht bleibt außer Betracht.[514]

285

286

---

507 Palandt, § 1565 BGB, Rn. 7.

508 Gernhuber, § 27 II 4.

509 Vgl. dazu BGH, NJW 1997, 1007.

510 Palandt, § 1568 BGB, Rn. 1 ff.

511 MüKo, § 1568 BGB, Rn. 74 ff.

512 MüKo, § 1568 BGB, Rn. 22, 42.

513 Ganz h.M., BGHZ 97, 304 = **juris**byhemmer; Palandt, § 1564 BGB, Rn. 4.

514 BGHZ 97, 304 = **juris**byhemmer; Palandt, § 1564 BGB, Rn. 4; vgl. Sie dazu auch Rn. 290.

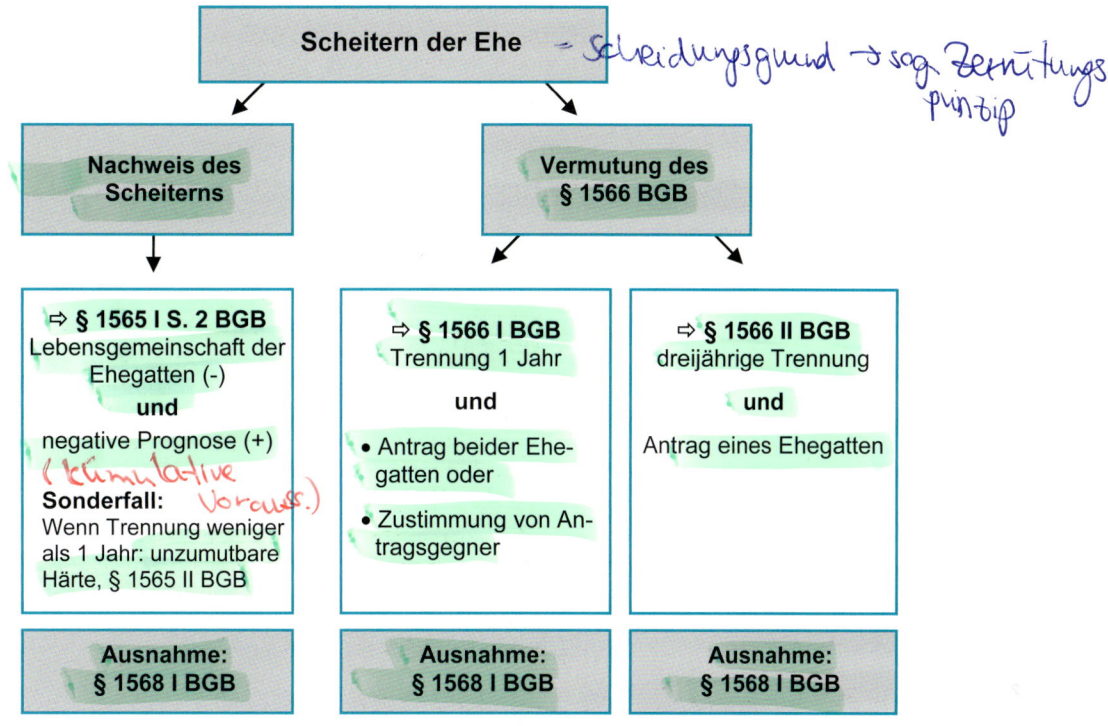

Handschriftliche Notizen: "= Scheidungsgrund → sog. Zerrütungsprinzip" / "(kumulative Voraus.)"

6. Getrenntleben   *Kein Pflichtfachstoff*

<table>
<tr><td>zentraler Begriff:
Getrenntleben</td><td>Aus den bisherigen Ausführungen ergibt sich ohne weiteres, dass das Getrenntleben wegen der daran anknüpfenden Rechtsfolgen (§§ 1565 II, 1566 BGB) neben dem Scheitern der Ehe der zentrale Begriff des Scheidungsrechts ist.[515]</td><td>287</td></tr>
<tr><td></td><td>a) Der Begriff des Getrenntlebens ist in § 1567 I S. 1 BGB legaldefiniert:</td><td></td></tr>
<tr><td>§ 1567 BGB, objektiv Trennung v. „Tisch u. Bett" notw.</td><td>aa) Zwischen den Ehegatten darf keine häusliche Gemeinschaft mehr bestehen, d.h. es müssen die Gemeinsamkeiten in allen Lebensbereichen aufgegeben worden sein (objektives Element).

Ist das der Fall, wird also kein gemeinsamer Haushalt geführt und bestehen keine persönlichen Beziehungen zwischen den Eheleuten, so ist ein Getrenntleben auch innerhalb der (dann nur noch formal) gemeinsamen Wohnung möglich, § 1567 I S. 2 BGB (Grundsatz der „Totaltrennung" in der Wohnung).[516]</td><td>288</td></tr>
<tr><td>zusätzlich Trennungswille notw.</td><td>bb) Zu dem Fehlen der häuslichen Gemeinschaft muss ein innerer Trennungswille zumindest eines Ehegatten hinzutreten (subjektives Element). Es handelt sich dabei nicht um einen rechtsgeschäftlichen, sondern um einen natürlichen Willen, Geschäftsfähigkeit ist nicht erforderlich.[517]</td><td>289</td></tr>
</table>

> **Bsp.:** M hat wegen eines Raubüberfalls eine Freiheitsstrafe von vier Jahren zu verbüßen. Nach drei Jahren will seine Frau F sich scheiden lassen, da sie vor sechs Monaten einen neuen Lebensgefährten gefunden hat.
>
> Eine dreijährige Trennung liegt zumindest dem äußeren Tatbestand („Tisch und Bett") nach vor. Das ist jedoch für § 1567 BGB nicht ausreichend.

515 Vgl. bereits oben Rn. 29 zu den weiteren Folgen der Trennung.
516 Vgl. Palandt, § 1567 BGB, Rn. 3.
517 Palandt, § 1567 BGB, Rn. 5.

Es muss zumindest noch der nach außen erkennbar hervortretende Trennungswille eines der Ehepartner als subjektives Element hinzutreten: Die Trennung muss Ausdruck eines gestörten Gattenverhältnisses sein.[518] Dies ist hier aber selbst auf Seiten der F erst seit sechs Monaten der Fall. Die Voraussetzungen einer Scheidung nach § 1566 II BGB liegen deshalb nicht vor.

kurzes Zusammenleben unschädlich

cc) Ein kurzes Zusammenleben zur Versöhnung, das nicht zu einer wirklichen Aussöhnung führt, wird bei der Berechnung der Trennungszeit nicht berücksichtigt, § 1567 II BGB.

290

hemmer-Methode: Zweck des § 1567 II BGB ist es, den Ehepartnern eine Chance zur Wiederversöhnung zu geben, ohne dass sie befürchten müssen, dass die Berechnung der Trennungszeit wieder bei Null beginnt. Nur bei einer echten Versöhnung muss die Trennungszeit wieder neu begonnen werden. Dabei handelt es sich stets um eine Frage des Einzelfalls. Interessant dazu auch das OLG Celle: „Einmal Sex mit dem Ex" reicht nicht aus für eine Versöhnung.[519] Von wegen „verstaubte Richter"!?

Getrenntleben als Faktum

b) Das Getrenntleben ist ein bloßes Faktum, an welches das Gesetz grundsätzlich unabhängig davon, ob ein Recht zum Getrenntleben besteht (§ 1353 II BGB), Folgen knüpft.

291

Das Recht zum Getrenntleben, § 1353 II BGB, kann jedoch Bedeutung erlangen, wenn es darum geht, die materiellen Voraussetzungen für ein Getrenntleben i.S.d. § 1567 I S. 1 u. 2 BGB erst herzustellen:

> *Bsp.: Die Ehe von M und F ist vollständig zerrüttet, es liegt jedoch kein Härtefall i.S.d. § 1565 II BGB vor. Die Scheidbarkeit der Ehe hängt daher von einem mindestens einjährigen Getrenntleben ab. Wegen beengter finanzieller Verhältnisse ist jedoch kein Ehegatte willens, aus der Wohnung auszuziehen. Eine Regelung, die den Voraussetzungen des § 1567 I S. 2 BGB genügen würde, kommt wegen der Obstruktion eines Ehegatten nicht zustande.*

Hier hat der Ehegatte, der getrennt leben will, einen Anspruch aus § 1361b I S. 1 BGB, wenn für ihn eine schwere Härte vorliegt. Das ist nur dann der Fall, wenn ein Recht zum Getrenntleben besteht, § 1353 II BGB.[520]

Rechtsprobleme unter Getrenntlebenden

c) Zwischen getrennt lebenden Eheleuten bestehen bereits ähnliche Rechtsprobleme wie unter Geschiedenen:

292

aa) Unterhaltsanspruch, § 1361 BGB (vgl. oben Rn. 86 ff.)

Unterhalt u. Sorgerecht

bb) Bei nicht nur vorübergehendem Getrenntleben können sich auch Auswirkungen auf die elterliche Sorge ergeben, wenn ein Antrag nach § 1671 BGB gestellt wird.

hemmer-Methode: Kraft Gesetzes berührt das Getrenntleben die gemeinsame Sorge nicht! Nur auf Antrag wird das Gericht nach § 1671 BGB tätig.

Grds. steht das Vertretungsrecht beiden Elternteilen gemeinsam zu, §§ 1626, 1629 BGB. Gemäß § 1629 III BGB besteht aber während des Getrenntlebens für Unterhaltsansprüche des Kindes gegen den einen Elternteil eine gesetzliche Verfahrensstandschaft des anderen Elternteils.[521]

Verteilung v. Hausrat, § 1361a BGB

cc) Bezüglich der Hausratsgegenstände findet das Verteilungsverfahren gemäß § 1361a BGB statt. Das Verfahren richtet sich nach §§ 200 ff. FamFG.

---

518 Palandt, § 1567 BGB, Rn. 5.

519 OLG Celle, FamRZ 1996, 804; noch weitergehend OLG Köln, FamRZ 2002, 239, wonach selbst regelmäßiger Geschlechtsverkehr grundsätzlich nichts an dem Scheitern der Ehe ändert, wenn nicht die eheliche Lebensgemeinschaft wieder hergestellt wurde. Alle Entscheidungen = **juris**byhemmer.

520 Palandt, § 1361b BGB, Rn. 7.

521 Vgl. unten Rn. 318.

Ehewohnung, § 1361b BGB

dd) Bezüglich der Ehewohnung findet das Verfahren gemäß § 1361b BGB statt.

insbes. § 1362 (-) BGB

ee) Folge des Getrenntlebens ist weiterhin, dass § 1357 BGB und die Eigentumsvermutungen des § 1362 BGB entfallen, §§ 1357 III, 1362 I S. 2 BGB.

str. bzgl. § 1369 BGB

ff) Umstritten ist, ob auch die Verfügungsbeschränkung des § 1369 BGB bei Getrenntleben entfällt. Dies wird teilweise mit der Begründung bejaht, dass hier wegen der Verpflichtung zur Unterhaltszahlung aus § 1361 BGB der Schutzzweck des § 1369 BGB (Erhaltung der materiellen Basis des gemeinsamen Hausstandes) nicht mehr eingreife.

293

Im Hinblick auf die Versöhnungsmöglichkeit und (erst in zweiter Linie) auf die Sicherung des Zugewinnausgleichs ist jedoch die Anwendbarkeit des § 1369 BGB auch bei Getrenntleben zu bejahen.[522]

hemmer-Methode: Für eine Anwendung des § 1369 BGB nach der Trennung spricht zum einen der Wortlaut, denn eine solche Zäsur ist der Vorschrift nicht zu entnehmen, und es kann auch nicht angenommen werden, dass es sich hier um ein redaktionelles Versehen handelt, da z.B. §§ 1375 III, 1362 I S. 2 BGB diesen Fall ausdrücklich regeln. Zum anderen ist es auch nach dem Normzweck gerechtfertigt, § 1369 BGB auch nach der Trennung anzuwenden:
Das letzte Wort über die Ehe ist mit der Trennung noch nicht gefallen, sodass der Bestandsschutz des Hausrats der Familie erst dann obsolet wird, wenn eine rechtskräftige Scheidung vorliegt.

ggf. Zugewinn

gg) Nach dreijährigem Getrenntleben kann Zugewinnausgleich verlangt werden, § 1385 Nr. 1 BGB.

294

hemmer-Methode: Denken Sie in Zusammenhängen! Meist lässt sich am Sachverhalt der Klausur schnell erkennen, dass es um Probleme des Getrenntlebens geht. Wichtig ist es deshalb, dass Sie dann die möglichen Konsequenzen des Getrenntlebens vor Augen haben:
1. Änderungen beim Unterhalt
2. Vorzeitiger Zugewinnausgleich möglich
3. Voraussetzung für die Scheidung, woran auch das Erbrecht Folgen knüpft, vgl. §§ 1933, 2077, 2268, 2279 BGB
4. Sorgerechtsentscheidung und gesetzliche Verfahrensstandschaft.

II. Scheidungsfolgen

An die Scheidung sind eine Vielzahl von rechtlichen Folgen geknüpft:

Folgen der Scheidung					
Name, § 1355 V BGB	Bzgl. Kinder: • Sorgerecht, §§ 1671 ff. BGB • Umgangsrecht, §§ 1626 III, 1684 f. BGB • Unterhalt, §§ 1601 ff. BGB	Zugewinnausgleich, §§ 1372 ff. BGB	Unterhalt, §§ 1569 ff. BGB	Versorgungsausgleich, §§ 1587 ff. BGB	Ehewohnung und Hausrat nach §§ 1568a f. BGB

---

522 Palandt, § 1369 BGB, Rn. 2.

1. Ehewohnung und Haushaltsgegenstände

Zuweisung der Ehewohnung

Die endgültige Zuweisung der zuvor gemeinsamen Ehewohnung regelt § 1568a BGB. Danach kann ein Ehegatte die Überlassung der Wohnung von dem anderen verlangen, wenn er auf deren Nutzung unter Berücksichtigung des Wohls der im Haushalt lebenden Kinder und der Lebensverhältnisse der Ehegatten in stärkerem Maße angewiesen ist als der andere Ehegatte oder die Überlassung aus anderen Gründen der Billigkeit entspricht, § 1568a I BGB.   **294a**

Mit der Überlassung der Wohnung tritt der Ehegatte in das Mietverhältnis ein, § 1568a III BGB.

Haushaltsgegenstände

Die endgültige Verteilung der im gemeinsamen Eigentum stehenden Haushaltsgegenstände richtet sich nach § 1568b BGB.[523] Hierfür gelten die gleichen Maßstäbe wie für die Zuweisung der Ehewohnung, s.o.

2. Scheidungsunterhalt, §§ 1569 - 1586b BGB

Unterhalt bei Bedürftigkeit

Der Unterhaltsanspruch des geschiedenen Ehegatten setzt wie jeder Unterhaltsanspruch Bedürftigkeit des Berechtigten, § 1577 BGB, und Leistungsfähigkeit des Verpflichteten voraus.   **295**

Grundsatz der Eigenverantwortlichkeit

Im Gegensatz zum Trennungsunterhalt, der vom Grundsatz der ehelichen Solidargemeinschaft bestimmt wird, geht der Gesetzgeber nach der Scheidung davon aus, dass jeder Ehegatte für seinen Unterhalt grundsätzlich selbst aufzukommen hat, § 1569 BGB (sog. Grundsatz der Eigenverantwortlichkeit). Der nacheheliche Unterhalt gibt dem geschiedenen Ehegatten also keine Lebensstandardgarantie!

Einschränkung durch nacheheliche Solidarität

Es obliegt dem geschiedenen Ehegatten daher, seinen Unterhalt durch eine angemessene Erwerbstätigkeit selbst zu verdienen (Erwerbsobliegenheit), § 1574 BGB. Nur dann, wenn ein Ehegatte hierzu außerstande ist, hat er unter den abschließenden Voraussetzungen der Anspruchsgrundlagen der §§ 1570, 1573, 1575, 1576 BGB einen Unterhaltsanspruch. Der Grundsatz der Eigenverantwortlichkeit wird insoweit durch den Grundsatz der nachehelichen Solidarität eingeschränkt.   **296**

hemmer-Methode: Nach h.M. sind Trennungs- und Scheidungsunterhalt nicht identisch (Grundsatz der Nichtidentität[524]): Der Trennungsunterhalt beruht auf der bestehenden Ehe und richtet sich maßgeblich nach den ehelichen Lebensverhältnissen, während für den Scheidungsunterhalt der Grundsatz der Eigenverantwortung gilt.[525]
Die Rechtskraft der Scheidung führt zum Erlöschen des Anspruchs aus § 1361 BGB. Hat ein Ehegatte gegen den anderen einen Beschluss[526] auf Trennungsunterhalt erstritten, so kann dieser sich gegen die Zwangsvollstreckung mit einem Vollstreckungsgegenantrag, § 120 FamFG i.V.m. § 767 ZPO, zur Wehr setzen, da der Titel auf Trennungsunterhalt mit Rechtskraft der Scheidung außer Kraft getreten ist. Der Unterhaltsgläubiger muss den Scheidungsunterhalt mittels erneuten Leistungsantrags geltend machen, da es sich wegen der Nichtidentität um verschiedene Streitgegenstände handelt, vgl. unten Rn. 308.

---

523 Vgl. auch OLG Celle, NJW-RR 2009, 1306, wonach Papageien nicht untern den zu verteilenden Hausrat fallen.
524 H.M., BGHZ 78, 130 = **juris**byhemmer und st. Rspr.; Palandt, § 1361 BGB, Rn. 4; § 1569 BGB, Rn. 10.
525 H.M., BGHZ 78, 130 = **juris**byhemmer u. st. Rspr.; Palandt, § 1361 BGB, Rn. 4, § 1569 BGB, Rn. 10; Thomas/Putzo, § 246 FamFG, Rn. 6.
526 Zur Begrifflichkeit vgl. § 116 I FamFG.

Soweit der Trennungsunterhalt nicht durch einen Hauptsachebeschluss, sondern durch eine einstweilige Anordnung nach §§ 119 I, 49 I FamFG tituliert wurde, kann nichts anderes gelten, da eine einstweilige Anordnung nicht weiter gehen kann als die Hauptsache.[527] Aus diesem Grund kann der Schuldner bei Rechtskraft der Scheidung wohl wahlweise einen Aufhebungsantrag nach § 54 I FamFG oder einen Vollstreckungsabwehrantrag nach § 120 FamFG i.V.m. § 767 ZPO stellen. Eine andere Möglichkeit ist es, dass der Richter bereits bei Erlass der einstweiligen Anordnung diese auf die Rechtskraft der Scheidung befristet, vgl. § 56 FamFG.

monatliche Geldrente im Voraus

Der Unterhalt ist durch eine monatlich im Voraus zu zahlende Geldrente zu gewähren, § 1585 I BGB, der Berechtigte kann jedoch unter Umständen eine Kapitalabfindung fordern, § 1585 II BGB.

297

ggf. Sicherheitsleistung

Unter den Voraussetzungen des § 1585a BGB kann der Berechtigte Sicherheitsleistung verlangen.

Bei der Prüfung des Unterhaltsanspruchs ist folgendermaßen zu verfahren:

⇨ Anspruchsgrundlage (Bedürftigkeitsgrund): §§ 1570 - 1573, 1575, 1576 BGB

⇨ Bedürftigkeit, § 1577 I BGB

⇨ Umfang des Anspruchs, § 1578 BGB, Befristung und Begrenzung nach § 1578b BGB

⇨ Leistungsfähigkeit, § 1581 BGB

⇨ kein Ausschluss, §§ 1579, 1585c BGB

⇨ Sonstiges: Fälligkeit, § 1585 BGB

⇨ Ende des Anspruchs, §§ 1586 ff. BGB

⇨ Rangfragen, §§ 1582, 1609; 1584 BGB

⇨ Verzug, § 1585b BGB

⇨ Verjährung, §§ 197 II, 195, 199 BGB

⇨ Auskunftsanspruch, §§ 1580, 1605 BGB

a) Unterhaltstatbestände

aa) Betreuung eines gemeinschaftlichen Kindes, § 1570 BGB (Betreuungsunterhalt)

298

§ 1570 BGB bei gemeinschaftlichen Kindern

Für den Grad der Freistellung von der Erwerbstätigkeit sind Alter, Zahl, Gesundheitszustand usw. der betreuungsbedürftigen Kinder maßgeblich. Der Anspruch endet, wenn das Kind nicht mehr betreuungsbedürftig ist, kann jedoch u.U. wieder aufleben.[528] Nach § 1570 I S. 1 BGB sind Kinder jedenfalls die ersten drei Lebensjahre betreuungsbedürftig. Danach kommt es gemäß § 1570 I S. 2 und 3 BGB immer auf den Einzelfall an: Bestehen im Einzelfall anderweitige Betreuungsmöglichkeiten, ist das individuelle Kind bspw. aufgrund Krankheit oder Behinderung oder schulischer Probleme besonders betreuungsbedürftig? Jede pauschale Beantwortung – etwa anhand des früher vertretenen Altersphasenmodells – verbietet sich![529]

---

527 Thomas/Putzo, § 246 FamFG, Rn. 3; a.A. unter Berufung auf die Rechtslage vor dem Inkrafttreten des FamFG Palandt, § 1569 BGB, Rn. 11.

528 MüKo, § 1570 BGB, Rn. 26.

529 Vgl. m.w.N. BGH, NJW 2009, 1876 = **juris**byhemmer; NJW 2009, 1956.

hemmer-Methode: Bei einem „normal" entwickelten dreijährigen Kind wird demnach von dem betreuenden Elternteil i.d.R. zumindest eine Halbtagestätigkeit erwartet, vorausgesetzt es findet sich ein Kindergartenplatz für das Kind. Der betreuende Elternteil hat damit nicht mehr – wie noch im „alten" Unterhaltsrecht – die Wahl, ob er das Kind ohne unterhaltsrechtliche Nachteile selbst betreut oder einer Fremdbetreuung anvertraut.

sog. Betreuungsunterhalt

Der Betreuungsunterhalt ist im Kindesinteresse privilegiert, vgl. §§ 1577 IV S. 2, 1578 III, 1582 BGB i.V.m. §§ 1609 Nr. 2, 1579 Nr. 1 BGB. Bei Zusammentreffen mehrerer Unterhaltstatbestände (z.B. Kind und Krankheit) hat deshalb § 1570 BGB den Vorrang.[530]

bb) Wegen Alters, Krankheit und Gebrechen, §§ 1571, 1572 BGB: *299*

§§ 1571, 1572 BGB bei Alter, Krankheit u. Gebrechen

Diese Vorschriften beruhen in besonderem Maße auf dem Gedanken der nachehelichen Solidarität.

Einsatzzeitpunkt wichtig

Alter oder Krankheit als solche reichen jedoch nicht aus. Es muss vielmehr gerade zu den im Gesetz bestimmten Einsatzzeitpunkten die Aufnahme einer Erwerbstätigkeit infolge Alters oder Krankheit unzumutbar sein. Spätere Erwerbsunfähigkeit infolge Alters oder Krankheit fällt also nicht mehr in die Risikosphäre des anderen Ehegatten.[531]

> *Bsp.:* F war bereits während der Ehezeit unerkannt krebskrank. Nach der Scheidung tritt die Krankheit offen zutage. Ihr Ehemann M meint, F habe keinen Unterhaltsanspruch.

Dass die Krankheit während der Ehezeit noch nicht erkannt wurde, ist irrelevant, da sie jedenfalls bereits vorhanden war. Anders wäre dies nur dann, wenn vor der Scheidung lediglich die Anlage der Krankheit vorhanden gewesen wäre.[532]

Krankheit muss nicht ehebedingt sein

Wichtig ist bei § 1572 BGB, dass die Krankheit nicht ehebedingt sein muss.[533] Es ist sogar unschädlich, dass sie bereits zum Zeitpunkt der Heirat vorhanden war; auch eine Korrektur über § 1579 BGB[534] findet in diesen Fällen nicht statt.[535]

Kumulativ hinzutreten muss, dass die Fähigkeit zu einer angemessenen Erwerbstätigkeit, § 1574 II BGB, krankheits- oder gebrechlichkeitsbedingt nicht mehr gegeben sein darf. Eine teilweise Berufsunfähigkeit rechtfertigt dagegen einen Unterhaltsanspruch dann nicht, wenn anstelle des alten Berufes eine andere Berufstätigkeit erwartet werden kann.[536]

cc) Unmöglichkeit der Erlangung einer angemessenen Erwerbstätigkeit, § 1573 BGB: *300*

subsidiär: § 1573 BGB

Der Begriff der Angemessenheit einer Erwerbstätigkeit ist in § 1574 II BGB legaldefiniert. § 1573 BGB ist im Verhältnis zu §§ 1570 - 1572 BGB subsidiär, § 1573 I HS 1 BGB. Die Vorschrift verlagert das Arbeitsmarktrisiko auf den unterhaltsverpflichteten Ehegatten.

---

530 Palandt, § 1570 BGB, Rn. 23.

531 Palandt, § 1571 BGB, Rn. 2; § 1572 BGB, Rn. 8.

532 Palandt, § 1572 BGB, Rn. 3, 8.

533 Palandt, § 1572 BGB, Rn. 3.

534 Vgl. unten Rn. 305.

535 Vgl. Palandt, § 1572 BGB, Rn. 3, 13.

536 Palandt, § 1572 BGB, Rn. 17 .

verschiedene Fälle

§ 1573 BGB erfasst folgende Fallgestaltungen:

⇨ § 1573 I BGB

- Der geschiedene Ehegatte findet nach der Scheidung (ggf. auch nach Aufgabe einer nicht angemessenen Erwerbstätigkeit) keine angemessene Erwerbstätigkeit.

- Er muss sich zwecks Aufnahme einer angemessenen Erwerbstätigkeit ausbilden lassen, § 1574 III BGB.

- Er übt eine nicht angemessene Erwerbstätigkeit aus; Einkünfte aus einer solchen Tätigkeit muss er sich jedoch u.U. gem. § 1577 II BGB ganz oder teilweise auf seinen Unterhaltsanspruch anrechnen lassen (vgl. unten Rn. 302).

⇨ § 1573 II BGB

- sog. Aufstockungsunterhalt

⇨ § 1573 III BGB

- sog. Anschlussunterhalt

⇨ § 1573 IV BGB

⇨ Verliert der unterhaltsberechtigte geschiedene Ehegatte eine zunächst gefundene angemessene Erwerbstätigkeit wieder, so hat er erneut einen Unterhaltsanspruch, wenn die Erwerbstätigkeit unter Zugrundelegung eines obj. Maßstabes nicht geeignet war, den Unterhalt dauerhaft (nachhaltig) zu sichern.

---

dd) Ausbildung, Fortbildung, Umschulung, § 1575 BGB

Die Vorschrift soll ehebedingte Nachteile für das berufliche Fortkommen ausgleichen. Ein Unterhaltsanspruch für die Zeit einer nach § 1574 III BGB erwarteten Ausbildung ergibt sich dagegen aus § 1573 I BGB.[537]

ee) Positive Billigkeitsklausel, § 1576 BGB (Auffangtatbestand)

301

hemmer-Methode: Anspruchsgrundlage sind also die §§ 1570 ff. BGB, nicht aber § 1569 BGB selbst (vgl. den Wortlaut: „nach den folgenden Vorschriften"). Schwierigkeiten bestehen deshalb hinsichtlich der Konkurrenzen, wenn die Tatbestände mehrerer Anspruchsgrundlagen vorliegen.[538] Dies ist v.a. im Hinblick auf eine eventuelle Befristung und Begrenzung nach § 1578b BGB relevant, vgl. § 1578b I S. 1 BGB.

b) Umfang des Anspruchs – Bedarf, § 1578 BGB

Prägung ehelicher Lebensverhältnisse

Das Maß des Unterhalts umfasst den gesamten Lebensbedarf, § 1578 I S. 1 BGB. Was unter dem Lebensbedarf zu verstehen ist, richtet sich nach den Umständen, welche die ehelichen Lebensverhältnisse nachhaltig geprägt haben.

302

Maßgebender Zeitpunkt für die prägende Kraft von Umständen ist nach der Rechtsprechung grds. nicht die Trennung der Ehegatten, sondern die Rechtskraft der Scheidungsentscheidung.[539]

---

537 Palandt § 1575 BGB, Rn. 1.

538 Dazu MüKo, § 1569 BGB, Rn. 20.

539 Palandt, § 1578 BGB, Rn. 1. Allerdings hat die Rechtsprechung dies mittlerweile weitgehend aufgelöst, indem sie die stete Wandelbarkeit der ehelichen Lebensverhältnisse in den Mittelpunkt stellt, so dass jedenfalls Einkommensminderungen auch nach der Scheidung in weitem Umfang zu berücksichtigen sind, vgl. Palandt, § 1378 BGB, Rn. 12, s. auch unten Rn. 302b

Dies soll sogar bei langjährigem vorhergehendem Getrenntleben gelten.[540] Nur ganz ausnahmsweise kann zur Bestimmung der prägenden ehelichen Lebensverhältnisse der Zeitpunkt der Trennung der Ehegatten maßgeblich sein, wenn nämlich die Trennung zu einer völligen Umstellung der Lebensverhältnisse geführt hat.[541]

Einkommenssteigerungen nach Scheidung

Einkommenssteigerungen nach der Scheidung sind grundsätzlich nur dann zu berücksichtigen, wenn sie dem Grunde nach bereits in der Ehe angelegt waren und sich im Scheidungszeitpunkt bereits abzeichneten.   **302a**

> **Bsp.:** *Gehaltssteigerungen eines Beamten aufgrund höherer Dienstalterssstufen, Beförderungen im Rahmen der „normalen" Karriereleiter, bspw. von Besoldungsstufe A 12 auf A 13.*

Sonstige Einkommenssteigerungen etwa durch unerwartete Gehaltssprünge bleiben unberücksichtigt.[542]

Soweit einer der Ehegatten erst nach der Scheidung eine neue Erwerbstätigkeit aufnimmt, ist das daraus resultierende Einkommen bei der Bedarfsberechnung grundsätzlich unberücksichtigt zu lassen.[543] Dieses Einkommen spielt dann erst eine Rolle im Rahmen der Bedürftigkeit des Berechtigten.

sog. Hausfrauenrechtsprechung

Etwas anderes gilt nach der Rspr. des BGH aber dann, wenn diese neue Tätigkeit Surrogat für die bisherige Haushaltsführung ist. In einem solchen Fall ist das neue Einkommen als bedarfsprägend heranzuziehen.[544] Dies gebietet die Gleichstellung von Haushaltsführung und Berufstätigkeit nach § 1360 BGB und ist wohl auch verfassungsrechtlich geboten, Art. 3 III, 6 I GG.[545] Die Haushaltsführung erhöht in gleichem Maße den ehelichen Lebensstandard wie die Berufstätigkeit. Es kommt dabei nicht darauf an, ob die Aufnahme der Erwerbstätigkeit einem gemeinsamen Lebensplan der Eheleute entspricht, also nach den oben dargelegten Grundsätzen bereits in der Ehe angelegt war![546]   **302b**

> **Bsp.:** *Der Ehemann hat während der Ehe ein sog. bereinigtes Nettoeinkommen von 4.000,- €. Die Frau nimmt nach der Ehe eine Berufstätigkeit auf und verdient 2.500,- € netto.*

Soweit man allein das Einkommen des Mannes zur Bedarfsberechnung heranzieht, beläuft sich der beiderseitige Bedarf auf jeweils 2.000,- €.[547] Diesen Bedarf deckt die Ehefrau vollständig mit ihrem eigenen Einkommen, sie ist demnach nicht bedürftig, sodass ihr kein Unterhaltsanspruch zusteht, vgl. § 1577 BGB.[548] Berechnet man den Bedarf mit dem BGH aus beider Nettoeinkommen, beläuft sich dieser auf 3.250,- € (6.500 ÷ 2). Die Ehefrau ist dann in Höhe von 750,- € (3.250,- € − 2.500,- €) bedürftig und hat einen entsprechenden Unterhaltsanspruch.

hemmer-Methode: Im Einzelnen ist hier noch vieles umstritten, insbesondere die dogmatische Begründung. Der BGH spricht zwar viele dogmatische Ansätze an, verwirft allerdings fast alle, ohne sich selbst für einen bestimmten zu entscheiden.[549]

---

540 BGH, NJW 1981, 753 = **juris**byhemmer.

541 Vgl. Palandt, § 1578 BGB, Rn. 14.

542 Vgl. auch BGH, NJW 2010, 2582 = **juris**byhemmer.

543 Palandt, § 1578 BGB, Rn. 30 f.; vgl. auch BGH, NJW 2009, 588: Der BGH macht von der Nichtberücksichtigung solchen Einkommens dann eine Ausnahme, wenn damit nur das Hinzukommen neuer Verbindlichkeiten abgefangen wird. = **juris**byhemmer

544 BGH, NJW 2001, 2254 = FamRZ 2001, 986, bspr. in FamRZ 2001, 1061 ff.; vgl. auch OLG Koblenz, NJW 2002, 1885; hierzu auch Borth, „Die Entscheidung des BGH vom 13.06.2001 zum nachehelichen Unterhalt", FamRZ 2001, 1653; Alle Entscheidungen = **juris**byhemmer.

545 BVerfG, NJW 2002, 1185 = **juris**byhemmer.

546 Umfassend auch Palandt, § 1578 BGB, Rn. 30 f. Die gleichen Grundsätze gelten, wenn das gemeinsame Wohnhaus nach der Scheidung veräußert wird. Die Zinseinnahmen treten an die Stelle des bislang prägenden Wohnvorteils!

547 Der Einfachheit wegen erfolgt die Berechnung ohne Berücksichtigung des sog. Erwerbstätigenbonus, vgl. Rn. 304.

548 Dazu sogleich Rn. 303.

549 BGH, NJW 2001, 2254 = FamRZ 2001, 986 = **juris**byhemmer.

Die geänderte Rechtsprechung des BGH zur Hausfrauentätigkeit gilt auch für Alttitel, die über § 238 FamFG abzuändern sind.[550]

Einkommensreduzierungen

Für Einkommensreduzierungen gelten grundsätzlich die gleichen Grundsätze wie für Einkommenssteigerungen. Auch diese sind im Rahmen der Bedarfsermittlung grundsätzlich nur zu berücksichtigen, wenn sie bereits im ehelichen Zusammenleben angelegt waren.

302c

> **Bsp.:** *Der unterhaltspflichtige M wird nach der Scheidung nochmals Vater und ist diesem Kind nach § 1609 Nr. 1 BGB vorrangig unterhaltspflichtig. Der Unterhalt für dieses Kind wird bei der Berechnung des Unterhalts der geschiedenen Ehefrau unabhängig vom Rangverhältnis nicht als Belastung berücksichtigt. Das Rangverhältnis spielt erst eine Rolle, wenn ein Mangelfall vorliegt, der Unterhaltsschuldner also nicht alle Ansprüche ohne Gefährdung seines eigenen Selbstbehalts zu erfüllen.*

hemmer-Methode: In diesem Punkte wollte der BGH seine Rechtsprechung grundsätzlich ändern. Reduzierungen des Einkommens bzw. neu hinzu gekommen Verbindlichkeiten sollten danach grundsätzlich zu berücksichtigen sein. Etwas anders war nur dann vorgesehen, wenn die Reduzierung auf einer vorwerfbaren Verletzung der Erwerbsobliegenheiten beruht.[551] Diese Rechtsprechung begründet der BGH damit, dass das Unterhaltsrecht keine die früheren ehelichen Lebensverhältnisse unverändert fortschreibende Lebensstandardgarantie beinhaltet. Es will den bedürftigen Ehegatten nach der Scheidung wirtschaftlich im Grundsatz nicht besser stellen, als er ohne die Scheidung stünde.[552] Ist neben dem geschiedenen Ehegatten der aktuelle Ehegatte des Unterhaltspflichtigen gleichrangig nach § 1609 Nr. 2 u. 3 BGB unterhaltsberechtigt, führte diese Rechtsprechung des BGH zu einer Dreiteilung. Danach war das zur Verfügung stehende Nettoeinkommen der beiden Unterhaltsberechtigten und des Pflichtigen zu addieren und dann zu dritteln. Der sich so ergebende Betrag sollte der Bedarf von jedem der Drei sein.[553]
Die Rechtsprechung des BGH zur Dreiteilung wurde vom BVerfG als verfassungswidrig verworfen. Nach Sicht des BVerfG liegt eine Verletzung der Gewaltenteilung, Art. 20 II S. 2 GG vor, da die Rechtsprechung des BGH in keiner Weise mehr von Wortlaut „eheliche Lebensverhältnisse" gedeckt ist.[554]
In Reaktion auf diese Vorgaben des BVerfG ist der BGH nunmehr wieder dahin zurückgekehrt zu fragen, ob eine Einkommensreduzierung prägend ist oder nicht. Nicht prägende Reduzierungen durch neue Unterhaltspflichten gegenüber dem neuen Ehegatten oder weiteren Kindern spielen damit grundsätzlich erst auf der Rangebene des § 1609 BGB eine Rolle. Daneben können solche Aspekte auch in die Billigkeitsabwägungen zu Befristung und Bedingung des Unterhaltsanspruchs nach § 1578b BGB einfließen.[555]

§ 1578 BGB abschließend

§ 1578 II, III BGB definiert den Lebensbedarf näher. § 1578 BGB ist insoweit abschließend, § 1360a IV BGB ist also nicht entsprechend anwendbar.[556]

§ 1578b BGB: Befristung und Begrenzung

Nach § 1578b I, II BGB kann ein Unterhaltsanspruch auf einen angemessenen Lebensbedarf – unabhängig vom ehelichen Bedarf – herabgesetzt bzw. zeitlich befristet werden. Nach dem Wortlaut des § 1578b BGB gilt dies für alle nachehelichen Unterhaltsansprüche. Eine Befristung des Betreuungsunterhalts nach § 1578b II BGB scheidet aber schon deswegen aus, weil § 1570 BGB insoweit eine Sonderregelung für die Billigkeitsabwägung enthält.[557]

302d

---

550 M.w.N. BGH, NJW 2003, 1796 = **juris**byhemmer.

551 Dies ist der Fall, wenn der Pflichtige in einer neuen Ehe die Hausmannrolle einnimmt, obwohl die neue Ehefrau gegenüber der Exfrau nach §§ 1582, 1609 BGB nachrangig ist.

552 M.w.N. BGH, NJW 2008, 1663 = **juris**byhemmer.

553 Vgl. BGH, NJW 2008, 3213 ; NJW 2009, 145; NJW 2009, 588; NJW 2009, 1271; alle Entscheidungen = **juris**byhemmer .

554 BVerfG, Beschluss vom 25.01.2011, 1 BvR 918/10 = **Life&Law 03/2011**.

555 BGH, FamRZ 2011, 875 = **juris**byhemmer.

556 MüKo, § 1360a BGB, Rn. 21.

557 BGH, NJW 2009, 1876 [1879]; NJW 2009, 1956 [1959]; vgl. auch Palandt, § 1578b BGB, Rn. 5.

Nach Vollendung des dritten Lebensjahres steht dem betreuenden Elternteil nur noch Betreuungsunterhalt nach Billigkeit zu, § 1570 I S. 2 BGB. Im Rahmen dieser Billigkeitsabwägung sind aber bereits alle kind- und elternbezogenen Umstände des Einzelfalles zu berücksichtigen. Wenn sie zu dem Ergebnis führt, dass der Betreuungsunterhalt über die Vollendung des dritten Lebensjahres hinaus wenigstens teilweise fortdauert, können dieselben Gründe nicht zu einer Befristung im Rahmen der Billigkeit nach § 1578b BGB führen. Möglich ist allerdings eine Begrenzung nach § 1578b I BGB.

Für die Befristung und Begrenzung ist in erster Linie maßgeblich, ob dem Unterhaltsberechtigten ehebedingte Nachteile entstanden sind. Hierbei sind entscheidende Kriterien: Die Dauer der Pflege und der Erziehung gemeinsamer Kinde, die Gestaltung der Haushaltsführung während der Ehe, die Dauer der Ehe, vgl. § 1578b I S. 3 BGB, aber auch die Frage, wieweit der Unterhaltsberechtigte auch ohne den Unterhalt in der Lage ist, für sich selbst zu sorgen. Diese Aspekte müssen in eine Gesamtabwägung eingestellt werden.[558]

c) Bedürftigkeit, § 1577 BGB

Minderung v. Unterhaltsanspruch, § 1577 I BGB

§ 1577 I BGB enthält den Grundsatz, dass eigene Einkünfte und eigenes Vermögen den Unterhaltsanspruch mindern oder sogar ausschließen.

303

aa) Anrechnung von Einkünften, § 1577 I, II BGB

bei tatsächlichen Einkünften

Alle Einkünfte des unterhaltsberechtigten Ehegatten aus zumutbaren[559] Anstrengungen mindern die Bedürftigkeit und damit den Unterhaltsanspruch.[560]

hemmer-Methode: Da sie regelmäßig aber auch schon in die Bedarfsermittlung einfließen, s.o., reduziert sich der Unterhaltsanspruch nur um etwa die Hälfte dieser Einkünfte!

ggf. bei fiktiven Einkünften

Bei Unterlassung einer angemessenen Erwerbstätigkeit werden fiktive Einkünfte angerechnet.[561]

Sonderfall NeLG bzgl. Lebenspartner

Lebt der Unterhaltsberechtigte in einer nichtehelichen Lebensgemeinschaft, so mindern alle tatsächlichen Zuwendungen des Dritten den Anspruch. Darüber hinaus sind, wenn dem Lebensgefährten Unterkunft gewährt wird, fiktive Mieteinnahmen anzurechnen; werden im Haushalt des Lebensgefährten unterhaltswerte Leistungen erbracht, so ist entsprechend § 850h II ZPO ein fiktives Arbeitseinkommen anzusetzen, wenn der nichteheliche Partner finanziell leistungsfähig ist.[562]

hemmer-Methode: Dieses fiktive Einkommen aus der nichtehelichen Lebensgemeinschaft ist wichtig, solange diese Gemeinschaft noch nicht so verfestigt ist, dass es für eine Verwirkung des Unterhaltsanspruchs nach § 1579 Nr. 2 BGB reicht.

---

558 M.w.N. BGH, Beschluss vom 15.07.2015, XII ZB 369/14 = **juris**byhemmer.

559 Zur Reichweite der Zumutbarkeit vgl. BVerfG, FamRZ 2003, 661 = **juris**byhemmer.

560 Palandt, § 1577 BGB, Rn. 7.

561 Palandt, § 1577 BGB, Rn. 7; str. ist, ob diese Einkünfte in Fortsetzung der „Hausfrauenrechtsprechung" (vgl. oben Rn. 302b) als prägend anzusetzen sind; vgl. OLG Oldenburg, FamRZ 2002, 1488; krit. Anmerkung hierzu bei Born, FamRZ 2002, 1603 = **juris**byhemmer

562 Palandt, § 1577 BGB, Rn. 14 f., wobei der BGH in Fortsetzung der Hausfrauenrechtsprechung prägendes Einkommen annimmt; BGH, NJW 2004, 2303 = FamRZ 2004, 1173 m. Anm. Born, krit. bspr. vor Gerhardt, FamRZ 2004, 1546, er kritisiert hieran nicht zu Unrecht, dass fiktives Einkommen aus einer Beziehung mit einem neuen Partner kaum als prägend für die vorherige Ehe angesehen werden kann; a.A. auch OLG München, NJW-RR 2006, 290 = **juris**byhemmer.

anrechnungsfreie Einkünfte,
§ 1577 II BGB

§ 1577 II BGB behandelt eine Ausnahme von der Anrechenbarkeit. Die Vorschrift ist aus sich heraus unverständlich. Sie ist so auszulegen, dass nur solche Einkünfte anrechnungsfrei sind, die der Unterhaltsberechtigte aus überobligationsmäßigen, d.h. gem. § 1574 II BGB nicht angemessenen oder wegen Vorliegens eines Unterhaltstatbestandes der §§ 1570 - 1572 BGB nicht zu erwartenden Erwerbstätigkeit bezieht.[563] Solche Einkünfte bleiben anrechnungsfrei, wenn der Verpflichtete nicht den gesamten Unterhaltsbedarf (§ 1578 BGB) des Berechtigten deckt.[564]

Darüber hinausgehendes Einkommen aus überobligationsmäßiger Tätigkeit wird meist zu $^1/_3$ angerechnet.[565]

Der Verpflichtete, der nicht willens oder fähig (§ 1581 BGB) ist, den vollen Unterhaltsbedarf seines geschiedenen Ehegatten zu befriedigen, soll aus einer überobligationsmäßigen Erwerbstätigkeit, zu deren Aufnahme der Unterhaltsberechtigte gezwungen war, um seine Existenz zu sichern, nicht auch noch Vorteile ziehen.

Eine Ausnahme kann gemäß § 1577 II S. 2 BGB dann gemacht werden, wenn das Einkommen aus der überobligationsmäßigen Tätigkeit und der tatsächlich geleistete Unterhalt zusammen den geschuldeten Unterhalt übersteigen.[566]

bb) Anrechnung von Vermögen, § 1577 I, III BGB:

Anrechnung v. Vermögen

Soweit es zumutbar ist, muss der Unterhaltsberechtigte auch den Vermögensstamm verwerten, § 1577 I, III BGB[567] (Nur das minderjährige, unverheiratete Kind genießt grundsätzlich das Privileg, seinen Vermögensstamm nicht verwerten zu müssen, §§ 1602 II, 1603 II BGB). Eine Vermögensverwertungspflicht besteht nicht, wenn diese Verwertung unwirtschaftlich oder bspw. deshalb unbillig ist, weil der Unterhaltsverpflichtete den geschuldeten Unterhalt ohne weiteres aus seinem laufenden Einkommen aufbringen kann, während der berechtigte nur über ein relativ kleines Vermögen verfügt.[568] Grundsätzlich wird dem Unterhaltsberechtigten ein Schonvermögen zu belassen sein, damit er bei Krankheit oder sonstigen Notfällen über eine Rücklage verfügt.

d) Leistungsfähigkeit des Verpflichteten, § 1581 BGB

Pflichtiger muss leistungsfähig sein;
Mindestselbstbehalt

Der Grundsatz des § 1578 BGB gilt nur, wenn der Unterhaltsverpflichtete insoweit auch voll leistungsfähig ist. Ist das nicht der Fall, so ist die Unterhaltshöhe im Wege einer Billigkeitsabwägung festzustellen. Dem Unterhaltspflichtigen ist jedenfalls ein sog. Mindestselbstbehalt zur Deckung seines Eigenbedarfs zu belassen.[569]

304

> **hemmer-Methode: Die Unterhaltsbemessung ist im Ersten Staatsexamen ohnehin kein geeignetes Klausurthema, im Zweiten Staatsexamen wird sie ebenfalls nicht häufig sein, da im Examen i.d.R. die Lösung juristischer Probleme im Vordergrund steht. Referendare sollten jedoch beachten, dass die Höhe des Unterhalts für die Bestimmtheit des Klageantrags wichtig ist (§ 119 I FamFG, § 253 ZPO).**

---

563 Palandt, § 1577 BGB, Rn. 21.

564 Der BGH, FamRZ 2003, 518 = NJW 2003, 1181 bewertet das nach § 1577 II BGB anzurechnende Einkommen in Fortsetzung seiner Surrogatsrechtsprechung als prägend. Das nach § 1577 II BGB nicht anzusetzende Einkommen wird weder beim Bedarf noch bei der Bedürftigkeit berücksichtigt. Die Frage, ob Einkommen überobligatorisch ist, muss nach Ansicht des BGH im jeweiligen Einzelfall geprüft und festgestellt werden, pauschale Lösungen verbieten sich auch hier, vgl. BGH, FamRZ 2005, 1154. Alle Entscheidungen = **juris**byhemmer.

565 M.w.N. OLG Stuttgart, FamRZ 2004, 1294 = **juris**byhemmer.

566 Vgl. Palandt, § 1577 BGB, Rn. 26 ff.

567 Vgl. Palandt, § 1577 BGB, Rn. 12.

568 BGH, FamRZ 1986, 441 = **juris**byhemmer.

569 Vgl. Palandt, § 1581 BGB, Rn. 14 ff.

Die Praxis bedient sich bei der Bemessung des Unterhalts nach §§ 1578, 1581 BGB weitgehend sog. Unterhaltstabellen.
Faustregel: Dem unterhaltspflichtigen Ehegatten sollen regelmäßig $^4/_7$ seines bereinigten Nettoeinkommens verbleiben, da ihm $^1/_7$ seines Einkommens als sog. Erwerbstätigenbonus als Anreiz zugutekommt.[570]

e) Ausschluss des Unterhaltsanspruchs

Ausschluss, § 1579 BGB

Auch bei Vorliegen einer Bedürftigkeit kann der Unterhaltsanspruch in folgenden Fällen ganz oder teilweise entfallen: **305**

Sonderregelung gegenüber § 242 BGB

aa) Kein Unterhaltsanspruch besteht, soweit dessen Inanspruchnahme auch unter Wahrung der Belange eines gemeinschaftlichen Kindes grob unbillig wäre, § 1579 BGB (Härteklausel). § 1579 BGB verdrängt in seinem Anwendungsbereich § 242 BGB. Wichtig ist insbesondere das Verhältnis der Nr. 8 (Auffangtatbestand) zu den Nrn. 1 bis 7: Ein für diese nicht ausreichender Grund erfüllt auch nicht den Auffangtatbestand.[571] Der praxisrelevanteste Fall der Verwirkung dürfte § 1579 Nr. 2 BGB sein, die neue verfestigte Lebensgemeinschaft.[572]

bei Verzicht

bb) Ein Anspruch besteht auch dann nicht, wenn für die Zeit nach der Scheidung ein Unterhaltsverzicht vereinbart wurde, § 1585c BGB. Dieser ist nach § 1585c BGB formbedürftig.   **306**

Der Verzicht kann auch schon vor der Eheschließung erfolgen.[573]

Wird dann aber in einem Vertrag gleichzeitig sowohl auf Scheidungsunterhalt als auch auf Trennungsunterhalt verzichtet, so kann sich unter Umständen aus §§ 1361 IV, 1360a III, 1614, 139 BGB eine Gesamtnichtigkeit des Verzichts ergeben, da auf den Trennungsunterhalt nicht im Voraus verzichtet werden kann.

Die Reichweite eines Unterhaltsverzichts wird insbesondere durch § 138 I BGB beschränkt. Sittenwidrigkeit in diesem Sinne kommt vor allen Dingen dann in Betracht, wenn der Unterhaltsverzicht unter Ausnutzung einer besonderen Schwächesituation eines der Vertragspartner geschlossen wird.   **306a**

Eine solche Notlage liegt in der Regel vor, wenn der Mann seine schwangere Verlobte nur bei Erklärung eines Unterhaltsverzichts ehelicht.[574] Sittenwidrigkeit wird z.T. auch dann bejaht, wenn der Unterhaltsverzicht zwangsläufig dazu führt, dass einer der Ehegatten von der Sozialhilfe abhängig wird.[575]

hemmer-Methode: Hier gelten die gleichen Grundsätze wie zur Sittenwidrigkeit von Eheverträgen, vgl. oben Rn. 133a ff.

auch bei § 1568 BGB (-)

cc) Ein Unterhaltsanspruch besteht auch unter den Voraussetzungen des § 1586 BGB nicht mehr, wenn der Berechtigte eine neue Ehe bzw. Lebenspartnerschaft eingeht bzw. verstirbt.

---

570 Vgl. Palandt, § 1578 BGB, Rn. 48 ff. Bei den süddeutschen Oberlandesgerichten beträgt der Bonus nicht $^1/_7$, sondern nur $^1/_{10}$ des Einkommens.

571 Palandt, § 1579 BGB, Rn. 33.

572 Vgl. hierzu OLG Bamberg, FamRZ 2008, 2037 = **juris**byhemmer, wonach es hierfür vorwiegend mehr auf die innere Bindung der Partner zueinander und weniger auf eine äußere wirtschaftliche Verflechtung ankommt. Diese innere Bindung wird allerdings häufig ohne objektive äußere Indizien nur schwer beweisbar sein.

573 Palandt, § 1585c BGB, Rn. 3.

574 BVerfG, FamRZ 2001, 343 = **juris**byhemmer = NJW 2001, 957 im Anschluss daran BVerfG, NJW 2001, 2248 = FamRZ 2001, 985; im konkreten Fall kam noch eine Freistellung von den Unterhaltsansprüchen des Kindes hinzu; vgl. zu dieser Problematik auch Palandt, § 1585c BGB, Rn. 16 ff. sowie OLG Celle, FamRZ 2004, 1489 = **juris**byhemmer.

575 OLG Naumburg, FamRZ 2002, 456 = **juris**byhemmer.

> **hemmer-Methode:** Nach § 1586b BGB erlischt der Unterhaltsanspruch nicht mit dem Tod des Verpflichteten! Der Unterhaltsanspruch ist allerdings auf den fiktiven Pflichtteil des Ehegatten beschränkt.[576] Maßgeblich ist allerdings allein der kleine Ehegattenpflichtteil.[577]

f) Verjährung

regelmäßige Verjährung

307 Der Unterhaltsanspruch unterliegt der regelmäßigen dreijährigen Verjährungsfrist, §§ 195, 199 BGB. Der Verjährung unterliegen dabei nur die Raten, nicht aber das Stammrecht. Die regelmäßige Verjährung gilt in Ausnahme zu § 197 I Nr. 3 BGB nach § 197 II BGB auch wenn die Unterhaltsansprüche rechtskräftig festgestellt sind.

g) Unterhalt für die Vergangenheit

grds. kein Unterhalt f. Vergangenheit; Ausnahme bei Verzug

308 Ist der Unterhaltsverpflichtete seiner Verpflichtung nicht nachgekommen, so hat der Berechtigte grundsätzlich keinen Anspruch auf den rückständigen Unterhalt, § 1585b BGB. Etwas anderes gilt nach § 1585b I BGB für sog. Sonderbedarf.

Ein Anspruch auf rückständigen Unterhalt besteht im Übrigen nur unter den Voraussetzungen der §§ 1585b II, 1613 I BGB. Danach muss der Verpflichtete entweder zum Zweck der Unterhaltsberechnung zur Auskunft aufgefordert worden sein, er mit der Unterhaltszahlung in Verzug gesetzt worden sein oder der Unterhaltsanspruch rechtshängig geworden sein.

Bei der Begründung des Verzugs kann aber es zu Schwierigkeiten kommen.

> **Bsp.:** *M und F leben getrennt. F hat die Scheidung eingereicht. Da M keinen Unterhalt zahlt, setzt F ihn mittels Mahnung vom 12. Januar in Verzug. Auch nach der Scheidung, die am 15. Juli rechtskräftig wird, zahlt M den nachehelichen Unterhalt, zu dem er im Scheidungsverbundbeschluss verpflichtet wurde, nicht.*
>
> *Ein halbes Jahr nach Rechtskraft der Scheidung verlangt F von M Unterhalt für die Vergangenheit ab dem Zeitpunkt der Mahnung.*

Ein Anspruch auf den rückständigen Unterhalt bis zur Rechtskraft der Scheidung besteht hier gem. §§ 1361 IV, 1360a III, 1613 I, 286 ff. BGB, da F den M mit der Mahnung in Verzug gebracht hat.

Fraglich ist allerdings, ob auch für die Zeit nach Rechtskraft der Scheidung ein Anspruch auf rückständigen Unterhalt besteht.

Nachehelicher Unterhalt kann für die Vergangenheit gem. § 1585b BGB verlangt werden. Dann müsste M in Verzug gewesen sein, was in Folge der Mahnung am 12. Januar der Fall gewesen sein könnte.

Nach h.M.[578] ist dies aber nicht der Fall, da sich in Folge des Grundsatzes der Nichtidentität von Trennungs- und nachehelichem Unterhalt die Mahnung ausschließlich auf den Trennungsunterhalt beschränkte und für den nachehelichen Unterhalt keine Wirkung entfalten konnte. Diese Ansicht ist dogmatisch konsequent, da nur eine bereits bestehende und fällige Schuld gemahnt werden kann.

Das Mahnsurrogat des § 286 II Nr. 1 BGB greift nicht bereits deshalb, weil der Unterhaltsanspruch monatlich im Voraus zu erfüllen ist, § 1585 I S. 2 BGB, da § 1585b BGB andernfalls fast nie ein Hindernis wäre.[579]

---

576 Vgl. BGHZ 146, 114 = **juris**byhemmer, wonach Pflichtteil im Sinne des § 1586b BGB auch die fiktiven Pflichtteilsergänzungsansprüche nach § 2325 BGB sind.

577 BGH, FamRZ 2003, 521 = **juris**byhemmer; vgl. hierzu oben Rn. 250.

578 BGH, FamRZ 1992, 920 = **juris**byhemmer; teilw. a.A. die Lit. u. die Instanzgerichte mit weniger dogmatischen, dafür aber gewichtigen pragmatischen Argumenten, vgl. Palandt, § 1585b BGB, Rn. 2 m.w.N.

579 A.A. OLG Bamberg, FamRZ 1990, 1235 = **juris**byhemmer; vgl. auch Bentert, FamRZ 1993, 890.

§ 286 II Nr. 1 BGB ist hingegen dann anwendbar, wenn die Parteien den Unterhalt vertraglich geregelt haben oder der Unterhalt gerichtlich entschieden worden ist.[580] Ansonsten würde der Unterhaltsberechtigte – der ja alles Erforderliche getan hat – in ungerechtfertigter Weise benachteiligt.

F kann deshalb Unterhalt für die Vergangenheit nicht nur für die Zeit bis zur Rechtskraft des Scheidungsbeschlusses beanspruchen, sondern auch für die Zeit danach, da aufgrund der rechtskräftigen Verpflichtung des B zu nachehelichem Unterhalt eine Mahnung gem. § 286 II Nr. 1 BGB entbehrlich ist.

h) Unterhalt für die Zukunft

str. bei Unterhalt f. Zukunft

Umstritten ist, ob der Unterhaltsanspruch bereits im Voraus erfüllbar (vgl. §§ 271, 387 BGB a.E.) ist mit der Folge, dass der Unterhaltsschuldner Forderungen gegen den Unterhaltsberechtigten mit dessen künftigen Unterhaltsansprüchen aufrechnen kann, § 389 BGB.

bzgl. Scheidungsunterhalt keine Vorschriften

In den §§ 1569 ff. BGB findet sich keine Regelung. Bei anderen Unterhaltstatbeständen ist aber geregelt, dass der Unterhaltsschuldner dann auf eigene Gefahr handelt, wenn er für mehr als drei Monate im Voraus leistet, vgl. § 1614 II BGB i.V.m. §§ 760, 1361 IV, 1360a III BGB.

aber nach BGH auch keine Analogie, nur § 271 II BGB

Der BGH[581] lehnt allerdings mangels vergleichbarer Interessenlage und wegen der starken Unterschiede in der Ausgestaltung der ehelichen und der nachehelichen Unterhaltspflicht eine Analogie ab, und löst das Problem über die allgemeine Regel des § 271 II BGB.

Diese Vorschrift ist eine Schutzbestimmung zugunsten des Schuldners, die nach allgemeiner Meinung dann nicht eingreift, wenn sich aus den Umständen etwas anderes ergibt. Das ist dann der Fall, wenn die Leistungszeit nicht nur im Interesse des Schuldners hinausgeschoben ist, sondern auch der Gläubiger ein rechtlich geschütztes Interesse daran hat, die Leistung nicht vorzeitig entgegennehmen zu müssen.[582] Ein solches Interesse besteht hier, da die monatliche Vorauszahlung dem Zweck der Sicherung des laufenden Lebensbedarfs dient.

Erfüllbarkeit f. sechs Monate im Voraus

Dies rechtfertigt nach dem BGH aber nicht den vollen Ausschluss der Erfüllbarkeit für die Zukunft, sondern führt unter Abwägung aller Gesichtspunkte dazu, dass Erfüllbarkeit und damit Aufrechenbarkeit für sechs Monate im Voraus bestehen soll.[583]

hemmer-Methode: Ein verfahrensrechtliches Problem ergibt sich bei Unterhaltsansprüchen ferner, wenn der Unterhaltsberechtigte wegen der Nichtleistung von Unterhalt durch den Verpflichteten Sozialhilfe empfangen hat.[584] Nach dem Sozialrecht geht der Unterhaltsanspruch des Sozialhilfeempfängers gegen den Ehegatten oder Verwandten dann auf den Träger der Sozialhilfe über (gesetzlicher Forderungsübergang!). Dies kann sich auf die Verfahrensführungsbefugnis bzw. Aktivlegitimation des klagenden Unterhaltsberechtigten auswirken. Bezüglich der Unterhaltsansprüche für die Vergangenheit fehlt ihm dann nämlich aufgrund des gesetzlichen Forderungsüberganges die Verfahrensführungsbefugnis bzw. Aktivlegitimation, bezüglich gegenwärtiger Unterhaltansprüche (ab Rechtshängigkeit) gilt § 113 I FamFG i.V.m. § 265 ZPO, wogegen bezüglich zukünftiger Unterhaltsansprüche keinerlei Einschränkungen der Verfahrensführungsbefugnis bzw. Aktivlegitimation bestehen!

580 Vgl. Palandt, § 286, Rn. 22.
581 NJW 1993, 2105.
582 BGH, NJW 1993, 2105; vgl. auch Palandt, § 271 BGB, Rn. 11.
583 Palandt, § 1585 BGB, Rn. 2 f.
584 Vgl. Sie dazu die Kommentierung bei Palandt, Einf. vor § 1601 BGB, Rn. 30.

Allerdings erlaubt das Sozialrecht auch die Rückübertragung des übergegangenen Unterhaltsanspruches auf den Sozialhilfeempfänger, sodass dieser in einem solchen Fall wieder vollumfänglich selbst verfahrensführungsbefugt und aktivlegitimiert ist.
Im Assessorexamen müssen Ihnen diese Problematik und ihre Auswirkungen auf die Zulässigkeit und Begründetheit der Klage bekannt sein!

3. Versorgungsausgleich

Versorgungsausgleich bzgl. Anwartschaften

Versorgungsanwartschaften, die ein Ehegatte während der Ehe erworben hat, werden nach Grundsätzen verteilt, die denen des Zugewinnausgleichs ähnlich sind, § 1587 BGB i.V.m. VersAusglG.

310

grds. zwingend

Die gesetzlichen Regelungen über den Versorgungsausgleich sind grundsätzlich zwingend. Die Parteien können allerdings durch notariellen (Ehe-)Vertrag eine abweichende Vereinbarung treffen, vgl. § 1408 II BGB, §§ 6 ff. VersAusglG.

4. Folgen der Scheidung im Hinblick auf gemeinsame Kinder

a) Sorgerecht

gemeinsames Sorgerecht

aa) Die Scheidung der Eltern ist kein (zwingender) Anknüpfungspunkt für eine Sorgerechtsregelung. Beantragen die Eltern im Falle der Scheidung keine Sorgerechtsregelung, so bleibt das gemeinsame Sorgerecht (§ 1626 I S. 1 BGB) einfach weiterbestehen.

311

Ausgestaltung

Die gemeinsame elterliche Sorge nach Trennung und Scheidung ist jedoch besonders ausgestaltet, das gemeinsame Sorgerecht wandelt sich also aufgrund des Getrenntlebens der Eltern in seiner Struktur:

312

§ 1687 BGB unterscheidet zwischen „Grundsatzentscheidungen" und „Alltagsentscheidungen". Für Grundsatzentscheidungen[585] (§ 1687 I S. 1 BGB) ist das gegenseitige Einvernehmen der Eltern erforderlich.

(1) Gemäß § 1687 I S. 2 kann der Elternteil Angelegenheiten des täglichen Lebens (vgl. Definition in § 1687 I S. 3 BGB) alleine entscheiden, bei dem sich das Kind mit Einwilligung des anderen Elternteils oder auf Grund einer gerichtlichen Entscheidung gewöhnlich aufhält (sog. Residenz- oder Eingliederungsmodell).

(2) Gemäß § 1687 I S. 4 BGB besteht eine Alleinentscheidungsbefugnis des anderen Elternteils nur in Angelegenheiten der tatsächlichen Betreuung (z.B. Ernährung, Bettruhe, Fernsehkonsum), soweit sich das Kind bei ihm gerade aufhält.

hemmer-Methode: § 1687 I S. 2 sowie S. 4 BGB geben dem betreuenden Elternteil auch eine entsprechende Vertretungsmacht.[586]
Beachten Sie auch, dass über die beiden Fälle hinaus bei Gefahr im Verzug gem. §§ 1687 I S. 5, 1629 I S. 4 BGB ein alleiniges Vertretungsrecht bei notwendigen Maßnahmen besteht.

585 Vgl. hierzu die Bspe. bei Palandt, § 1687 BGB, Rn. 6 f.
586 Vgl. Palandt, § 1687 BGB, Rn. 9.

alleiniges Sorgerecht

bb) Das Familiengericht kann die elterliche Sorge gem. § 1671 I BGB auf Antrag auch einem Elternteil ganz oder zum Teil allein übertragen, wenn die Eltern nicht nur vorübergehend getrennt leben und die Voraussetzung des § 1671 II Nr. 1 BGB – Zustimmung des anderen Elternteils und kein Widerspruch des Kindes, falls es das vierzehnte Lebensjahr vollendet hat – oder die Voraussetzung des § 1671 II Nr. 2 BGB – dem Wohl des Kindes am besten entsprechend – vorliegen, und kein Fall des § 1671 III BGB gegeben ist.

313

Nach § 1671 BGB kann die elterliche Sorge unter Berücksichtigung des Grundsatzes des geringst möglichen Eingriffs in das elterliche Sorgerecht ganz oder auch nur zum Teil (z.B. Regelung des Umgangs, Regelung von schulischen Angelegenheiten, Aufenthalt etc.) übertragen werden.

hemmer-Methode: In der Praxis wird meist „nur" um das Aufenthaltsbestimmungsrecht als Teilaspekt des Sorgerechts gestritten. Letztlich geht es also um die Frage, bei wem die Kinder leben – und oft damit auch um die Frage, wer von dem anderen Ehegatten Barunterhalt für die Kinder verlangen kann.

Kindeswohl

cc) Liegt die Zustimmung des anderen Elternteils zur Übertragung des Sorgerechts nicht vor, ist für das Familiengericht das Kindeswohl entscheidend, § 1671 II Nr. 2 BGB. Voraussetzung für die Übertragung des alleinigen Sorgerechts auf ein Elternteil ist, dass dies dem Kindeswohl am besten entspricht. Dies kann – außer in Fällen der völligen Ungeeignetheit eines Elternteils zur Erziehung[587] – vor allem dann der Fall sein, wenn jegliche Kommunikation zwischen Vater und Mutter und damit eine gemeinsame Sorge unmöglich ist.[588]

314

hemmer-Methode: Da nach Art. 6 II GG beiden Elternteilen grundsätzlich ein Sorgerecht zusteht, muss bei einer Entscheidung nach § 1671 II BGB der Verhältnismäßigkeitsgrundsatz berücksichtigt werden. Eine vollständige Sorgerechtsübertragung ist nicht erforderlich, wenn die gemeinsame Sorge nur auf einem Teilgebiet, bspw. der Vermögenssorge oder dem Aufenthaltsbestimmungsrecht, untunlich ist.[589]
Soweit die Eltern sich nur in einer einzigen Frage, bspw. der Schulwahl, nicht einig werden, ergeht keine Sorgerechtsübertragung, sondern eine Entscheidung nach § 1628 BGB.

Die Entscheidung, auf welchen Elternteil die Sorge übertragen wird, ist anhand bestimmter Orientierungshilfen, nämlich dem Förderungsprinzip, dem Kontinuitätsgrundsatz und den Bindungen des Kindes zu treffen. Dabei haben beide Elternteile grundsätzlich die gleichen Rechte, die Mutter genießt also keinen natürlichen Vorzug vor dem Vater.[590]

Förderungsprinzip

⇨ Das sog. Förderungsprinzip bedeutet, dass der bestmögliche Aufbau der Persönlichkeit des Kindes bei der Zuweisung des Sorgerechts maßgeblich ist. Es ist deshalb insbesondere danach zu fragen, ob bei einem der Elternteile eine Erziehungsunfähigkeit anzunehmen oder ob negative Einflüsse auf die Prägung der kindlichen Persönlichkeit zu erwarten sind.

---

587 Vgl. bspw. OLG Brandenburg, FamRZ 2002, 120 (ein Elternteil Alkoholiker) = **juris**byhemmer.

588 OLG Celle, FamRZ 2003, 1488 = **juris**byhemmer.

589 BVerfG, FamRZ 2004, 1015 = **juris**byhemmer.

590 Palandt, § 1671 BGB, Rn. 16.; dabei ist jedoch stets das Förderungsprinzip zu beachten; es ist also jedenfalls davon auszugehen, dass Säuglinge zumindest während der Stillzeit zur Mutter gehören. Strittig ist, ob im Rahmen der Abwägung auch zu berücksichtigen ist, dass § 1671 BGB den normativen Regelfall darstellen soll; dagegen BGH, NJW 2000, 203 = **juris**byhemmer.

Dabei kann das Gericht jedoch nicht seine eigenen Vorstellungen über geeignete Erziehungsmethoden zum Maßstab der Entscheidung machen, sondern ist auf eine Missbrauchskontrolle beschränkt. Die erzieherische Eignung manifestiert sich insbesondere auch durch die Bereitschaft, das Kind zu sich zu nehmen und die Verantwortung für Erziehung und Versorgung zu übernehmen.[591]

Kontinuitätsgrundsatz

⇨ Der Kontinuitätsgrundsatz besagt, dass das Kind nicht aus seiner gewohnten Umgebung herausgerissen werden soll. Es ist deshalb danach zu fragen, bei welchem Elternteil Einheitlichkeit und Gleichmäßigkeit der Erziehung am wenigsten gestört werden.[592] Entscheidend ist das v.a. dann, wenn beide Elternteile unter Zugrundelegung des Förderungsprinzips annähernd gleich geeignet sind. Der Kontinuitätsgrundsatz ist jedoch nicht über zu bewerten. Er ist insbesondere dann unbeachtlich, wenn der eine Elternteil über einen längeren Zeitraum jeglichen Kontakt zu dem anderen Elternteil verhindert hat.[593]

Bindungen des Kindes

⇨ Vor der Entscheidung ist das Kind nach Maßgabe des § 159 FamFG persönlich anzuhören. Der vom Kind geäußerte Wille ist jedoch nicht zwingend zu berücksichtigen, sondern es ist nach dem Alter und den Motiven des Kindes zu fragen. Ist das Kind über vierzehn Jahre alt, kann es einer beantragten Sorgerechtsregelung gem. § 1671 II Nr. 1 BGB widersprechen. Ferner sind das Jugendamt und die Eltern des Kindes anzuhören, vgl. §§ 160, 162 FamFG.

hemmer-Methode: In der Praxis erlangt das sog. Wechselmodell, bei dem die Kinder von beiden Eltern in gleichem Umfang betreut werden, immer größere Bedeutung. Nach ganz h.M. kann dieses aber nur im Einvernehmen beider Elternteile angeordnet werden.[594]

b) Umgangsrecht[595]

Das Umgangsrecht steht jedem Elternteil unabhängig von seiner Sorgeberechtigung und seinem Status zu. Gem. § 1684 I BGB haben beide Elternteile – gleichgültig, ob sie miteinander verheiratet sind oder nicht – nicht nur ein Recht auf Umgang mit dem Kind, sondern auch eine Pflicht hierzu.

316

hemmer-Methode: Vereitelt oder erschwert der eine Elternteil das Umgangsrecht des andern Elternteils kommt neben unterhaltsrechtlichen Konsequenzen, § 1579 BGB, und neben einer möglichen Entziehung bzw. Übertragung des Sorgerechts, § 1571 BGB, auch ein Schadensersatzanspruch in Betracht, da nach Ansicht des BGH hier ein gesetzliches Schuldverhältnis besteht.[596] Diese Begründung ist insoweit angreifbar, da der Wortlaut des § 1584 BGB ein Schuldverhältnis nur zwischen jeweiligem Elternteil und Kind, nicht aber auch zwischen den Eltern nahe legt.[597]

Das Familiengericht kann gem. § 1684 III BGB aber nach wie vor eine Umgangsregelung treffen, wenn das Kindeswohl es erfordert.[598]

---

591 Palandt, § 1671 BGB, Rn. 21, 27 ff. m.w. Einzelheiten.

592 Palandt, § 1671 BGB, Rn. 28.

593 Palandt, § 1671 BGB, Rn. 30 (sog. „ertrotzte" Kontinuität).

594 M.w.N. OLG Brandenburg, Beschluss vom 03.07.2015, 10 UF 173/14. Diese Rechtslage verletzt nach Ansicht des BVerfG auch nicht Art. 6 II GG, vgl. Beschluss vom 24.06.2015, 1 BvR 486/15 = **juris**byhemmer.

595 Vgl. hierzu auch FamRZ 1998, 329 ff.

596 BGH, FamRZ 2002, 1099 = **juris**byhemmer.

597 Vgl. hierzu Schwab, FamRZ 2002, 1297 sowie Weychardt, FamRZ 2003, 927.

598 Vgl. hierzu auch BVerfG, NJW 2002, 1863 = FamRZ 2002, 809 = **juris**byhemmer.

Ferner ist in den §§ 1626 III S. 2, 1685 BGB der zum Kindeswohl wichtige Umgang mit weiteren Bezugspersonen neben den Eltern, insbesondere den Großeltern, im Gesetz festgeschrieben. Kein Umgangsrecht steht allerdings dem biologischen Vater als solchem zu. Allerdings kann er im Einzelfall unter § 1685 II BGB fallen.

c) Kindesunterhalt[599]

Regelung v. Kindesunterhalt in Scheidungsbeschluss

Im Scheidungsbeschluss kann auch der Kindesunterhalt für gemeinschaftliche Kinder mit geregelt werden, §§ 1601 ff. BGB, §§ 111 Nr. 8, 231 I Nr. 1, 137 II Nr. 2 FamFG.

317

Hauptproblem: Aufteilung

Es stellt sich dann insbesondere die Frage, wie der Kindesunterhalt zwischen den geschiedenen Ehegatten aufgeteilt wird.

grds. gleichrangige Verpflichtung d. Eltern

Das Kind ist gem. §§ 1601, 1602 II BGB seinen Eltern gegenüber zum Unterhalt berechtigt, wobei Vater und Mutter gleichrangig verpflichtet sind, § 1606 III BGB. Der Unterhalt ist grundsätzlich in Form einer im Voraus zu entrichtenden Geldrente zu leisten, § 1612 I, II BGB. § 1606 III S. 2 BGB stellt klar, dass Barunterhalt und Kindesbetreuung bei minderjährigen unverheirateten gleichwertig sind. Bei volljährigen Kindern kann § 1606 III S. 2 BGB angesichts seines eindeutigen Wortlauts allerdings nicht angewendet werden. Folge ist die Barunterhaltspflicht beider Elternteile.[600]

Geht man davon aus, dass ein Elternteil allein die elterliche Sorge übertragen bekommt und damit auch allein für die Kindesbetreuung zuständig ist, § 1671 BGB, so bedeutet das für den anderen Ehegatten, dass er barunterhaltpflichtig ist und dafür in der Regel erwerbstätig sein muss (§ 1612 I BGB).

gesetzl. Verfahrensstandschaft bei mj. Kindern, § 1629 III BGB

Den Unterhaltsanspruch des minderjährigen Kindes kann ein Ehegatte während des Scheidungsverfahrens nur in gesetzlicher Verfahrensstandschaft einfordern, § 1629 III BGB.[601] Nach Rechtskraft des Scheidungsbeschlusses besteht die Verfahrensstandschaft dagegen nicht mehr.[602]

318

Bsp. 1: F stellt zusammen mit dem Scheidungsantrag im eigenen Namen einen Antrag gegen ihren Ehegatten M auf Kindesunterhalt.

Da noch kein rechtskräftiger Scheidungsbeschluss vorliegt, kann bzw. muss F infolge der zwingenden Verfahrensstandschaft gem. § 1629 III BGB als Beteiligter den fremden Anspruch geltend machen (und nicht als Vertreterin des Kind auftreten).

Bsp. 2: F stellt diesmal nach Rechtskraft des Scheidungsbeschlusses im eigenen Namen Antrag auf Kindesunterhalt.

Hier greift § 1629 III BGB nicht ein, der Antrag ist deshalb mangels Verfahrensführungsbefugnis[603] als unzulässig abzuweisen. F könnte zulässigerweise nur im Namen des Kindes den Unterhalt als dessen gesetzlicher Vertreter gerichtlich geltend machen, §§ 1629 I, 1671 BGB. Probleme könnte hierbei die Gesamtvertretung beider Elternteile nach § 1629 I S. 2 BGB bereiten, da konsequenterweise der Vater den Antrag gegen sich selbst mit unterzeichnen und erheben müsste. Aus diesem Grund macht § 1629 II S. 2 BGB für diesen Fall eine Ausnahme von der Gesamtvertretung: Der Elternteil, in dessen Obhut sich das Kind befindet, ist alleinvertretungsberechtigt.[604]

599 Ausführlich Rn. 371 ff.

600 BGH, NJW 2002, 2026.

601 Vgl. Gießler, FamRZ 1994, 800.

602 OLG Brandenburg, FamRZ 2001, 1712 = jurisbyhemmer; Palandt, § 1629 III BGB, Rn. 35.

603 Vgl. Thomas/Putzo, vor § 253 ZPO, Rn. 22 und § 51 ZPO, Rn. 19 ff.

604 Probleme tauchen dann auf, wenn sich das Kind in der Obhut beider Elternteile befindet; OLG Zweibrücken, FamRZ 2001, 290. = jurisbyhemmer

hemmer-Methode: Wurde Antrag auf Kindesunterhalt aber noch während des Scheidungsverfahrens erhoben, dauert die Verfahrensstandschaft über den Eintritt der Rechtkraft der Ehescheidung hinaus bis zum Abschluss des Unterhaltsverfahrens fort, z.B. bei Abtrennung des Unterhaltsverfahrens aus dem Entscheidungsverbund.[605] In diesem Fall wird die im eigenen Namen des Elternteils erhobene Klage also nicht mangels Verfahrensführungsbefugnis unzulässig, bzw. es ist kein Beteiligtenwechsel erforderlich.

Es kann auch vorkommen, dass das unterhaltsberechtigte Kind bei Rechtshängigkeit des Antrags noch minderjährig, dagegen im Zeitpunkt der letzten mündlichen Verhandlung bereits volljährig ist. Dann gelten weder § 1629 III BGB noch §§ 1629, 1671 BGB, d.h. die Verfahrensführungsbefugnis fällt automatisch an das Kind zurück. Der Antrag des Elternteils in Verfahrensstandschaft für das Kind wird unzulässig. Zur Vermeidung einer Antragsabweisung muss ein gewillkürter Beteiligtenwechsel durchgeführt werden.[606]

5. Namensrecht

Die geschiedenen Ehegatten behalten nach § 1355 II S. 1 BGB ihren Ehenamen. Der Ehegatte, der bei der Eheschließung nach § 1355 I BGB den Namen des anderen als Ehenamen angenommen hat, kann nach § 1355 V S. 2 BGB allerdings durch Erklärung gegenüber dem Standesamt seinen früheren Namen wieder annehmen. *318a*

Verpflichtet ist er hierzu aber nach Treu und Glauben nur unter ganz besonderen Umständen.[607]

Heiratet ein geschiedener Ehegatte, der den Namen seines ersten Ehegatten angenommen und nach der Scheidung fortgeführt hatte, erneut, kann er nach § 1355 II BGB auch seinen früheren Ehenamen zum Ehenamen in der neue Ehe bestimmen.

Bsp.: Frau Maier heiratet 1980 mit 20 Jahren Herr von und zu Protz. 1995 lässt sie sich scheiden, behält nach § 1355 V S. 1 BGB den Ehenamen. 2004 heiratet sie erneut, einen Herrn Schuster. Nach § 1355 II BGB kommen als Ehenamen Maier, Schuster und von und zu Protz in Betracht.

hemmer-Methode: Die Möglichkeit, den ersten Ehenamen in der zweiten Ehe zu übernehmen, ist aufgrund des allgemeinen Persönlichkeitsrechts, Art. 2 I, 1 I GG, zwingend.[608] Frau Maier hieß in obigem Beispiel die letzten 24 Jahre und damit über die Hälfte ihres Lebens von und zu Protz. Es ist ihr nicht zumutbar, wieder den Namen Maier zu führen – auch wenn dieses Ergebnis gerade dem Adel nicht schmeckt, da nun auch zwei Bürgerliche einen Adligen Namen führen können! Eine Reaktion auf diese Möglichkeit ist der Versuch, den nachehelichen Namen bereits in einem Ehevertrag zu regeln.[609]

605 BGH, FamRZ 1990, 283 = **juris**byhemmer; Palandt, § 1629 BGB, Rn. 35: Voraussetzung ist allerdings, dass der beantragende Elternteil (auch) sorgeberechtigt ist.
606 BGH, Beschluss vom 19.06.2014, XII ZB 39/11 = **juris**byhemmer.
607 BGH, NJW-RR 2005, 1521; zur Zulässigkeit einer ehevertraglichen Vereinbarung, in der sich eine Ehegatte verpflichtet, nach einer Scheidung wieder seinen alten Namen anzunehmen BGH, NJW 2008, 1528. Alle Entscheidungen = **juris**byhemmer.
608 BVerfG, NJW 2004, 1155 = **juris**byhemmer.
609 Vgl. hierzu Everts, „Vereinbarung zur nachehelichen Namensführung", NVwZ 2005, 249.

---

§ 4 DIE LEBENSPARTNERSCHAFT

A) Allgemeines

Entstehungsgeschichte

Das „Gesetz zur Beendigung der Diskriminierung der gleichge-schlechtlichen Lebenspartnerschaft", kurz Lebenspartnerschaftsge-setz (LPartG) ist am 01.08.2001 in Kraft getreten. Eine abstrakte Normenkontrolle gegen dieses Gesetz nach Art. 93 I Nr. 2 GG wur-de vom BVerfG abgelehnt, das Gesetz ist verfassungsgemäß.[610]

318a

Verfassungsgemäßheit

hemmer-Methode: Das LPartG ist eines der umstrittensten Reformvor-haben der damaligen rot-grünen Koalition gewesen. Seine Kritiker se-hen in diesem Gesetz einen Verstoß gegen Art. 6 I GG, da das „Beson-dere" an dem Schutz der Ehe verloren gehe, wenn andere Lebensge-meinschaften gleich geschützt würden.[611] Das BVerfG erteilt solchen Versuchen, in Art. 6 I GG ein Abstandsgebot hineinzulesen eine Absa-ge. Art. 6 I GG verlange nur einen besonderen und keinen einzigartigen Schutz. Besonders bleibe der Schutz der Ehe aber auch dann, wenn eine von einer Vielzahl anderer Lebensformen der Ehe angenähert wird.
Nach der neueren Rechtsprechung des BVerfG ist eine Besserstellung der Ehe aufgrund des Diskriminierungsverbotes des Art. 3 I GG aber nur gerechtfertigt, wenn sich hierfür ein sachlicher Grund finden lässt.[612]

B) Die Eingehung einer Lebenspartnerschaft

Eingehungsvoraussetzungen

Die Eingehung einer Lebenspartnerschaft setzt nach § 1 LPartG voraus

318b

⇨ die Erklärung zweier Personen gleichen Geschlechts vor der zu-ständigen Behörde, eine Lebenspartnerschaft eingehen zu wol-len

⇨ das Nichteingreifen eines Partnerschaftsverbots nach § 1 II LPartG

C) Rechtsfolgen einer bestehenden Lebenspartnerschaft

Rechtsfolgen entsprechend Eherecht

Die Rechtsfolge einer Lebenspartnerschaft ähneln in weiten Teilen denen der Ehe, auch wenn der Gesetzgeber – schon um den Vor-wurf einer tatsächlichen Ehe zwischen Homosexuellen zu vermeiden – andere Begrifflichkeiten verwendet. So entspricht (weitgehend)

318c

vergleichbare Regelungen

⇨ § 2 LPartG - § 1353 BGB

⇨ § 3 LPartG - § 1355 BGB

⇨ § 4 LPartG - § 1359 BGB

---

610 BVerfG, NJW 2002, 2543 = **juris**byhemmer.

611 M.w.N. Diederichsen, „Homosexuelle – von Gesetzes wegen?", NJW 2000, 1841.

612 Vgl. BVerfG, NJW 2010, 2783 = **Life&Law 11/2010** = **juris**byhemmer zur verfassungswidrigen Ungleichbehandlung von Ehe und Lebenspartner-schaft im Erbschaftssteuerrecht. Zum Einkommensteuerrecht vgl. BVerfG, Beschluss vom 07.05.2013, 2 BvR 909/06 u.a. = **juris**byhemmer.

⇨ § 8 I LPartG - § 1363 BGB

⇨ § 10 LPartG - §§ 1931 ff., 2265 BGB

⇨ §§ 12 – 14 LPartG - §§ 1361 ff. BGB

Zum Teil wird ~~verweist~~ das LPartG auch direkt auf Vorschriften des Familienrechts:

Verweisungen

⇨ § 5 LPartG – §§ 1360a, 1360b, BGB

⇨ § 6 LPartG -§§ 1363 II, 1364 ff BGB

⇨ § 8 II LPartG - § 1357BGB

Hat einer der Partner der Lebenspartnerschaft das alleinige Sorgerecht über ein Kind, kann sein Lebenspartner nach Maßgabe des § 9 LPartG in Angelegenheiten des täglichen Lebens mitentscheiden. Nach § 9 VI, VII LPartG ist auch eine Adoption durch Lebenspartner möglich.

Erbrecht

Das Erbrecht des Lebenspartners richtet sich nach § 10 LPartG, der dem Ehegattenerbrecht nach §§ 1931 ff. BGB angeglichen ist. Nach § 10 IV LPartG können Lebenspartner auch ein gemeinschaftliches Testament errichten.

hemmer-Methode: Im Rahmen des Lebenspartnerschaftsrechts können Sie sich weitgehend auf eine Gesetzeslektüre beschränken. Vergleichen Sie die Vorschriften des LPartG mit den Vorschriften des Familienrechts im BGB und übertragen Sie Ihr Wissen!

D) Aufhebung einer Lebenspartnerschaft[613]

Aufhebung entspricht Scheidung

Eine Lebenspartnerschaft kann wie eine Ehe nur durch ein gerichtlichen Beschluss aufgehoben werden, § 15 I LPartG.

318d

Die Voraussetzungen für eine Aufhebung nach § 15 II – IV LPartG entsprechen denen der §§ 1565 ff. BGB. (Scheidung)

E) Rechtsfolgen der Aufhebung

Die Rechtsfolgen der Aufhebung einer Lebenspartnerschaft richten sich nach §§ 16 – 19 LPartG und ähneln denen einer Ehescheidung.

318e

I. Unterhalt

nachpartnerschaftlicher Unterhalt

Für den „nachpartnerschaftlichen" Unterhalt verweist § 16 LPartG auf die §§ 1569 ff., 1609 BGB.

---

613 Umfassend hierzu Kaiser, „Entpartnerung-Aufhebung der eingetragenen Lebenspartnerschaft", FamRZ 2002, 867.

Hausrat

II. Hausrat und gemeinsame Wohnung

Die § 17 LPartG regelt die Verteilung des gemeinsamen Hausrats sowie die Zuweisung der gemeinsamen Wohnung. Dabei wird auf §§ 1568a f. BGB verwiesen.

III. Versorgungsausgleich

Gemäß § 20 LPartG findet bei Aufhebung der Lebenspartnerschaft ein Versorgungsausgleich vergleichbar dem VersAusglG statt.

§ 5 DIE NICHTEHELICHE LEBENSGEMEINSCHAFT (NELG)

A) Allgemeines

NeLG gesetzlich nicht geregelt

NeLG ist die Verbindung zweier Personen zwecks gemeinsamer Lebensführung ohne Trauschein.[614] In Ermangelung einer gesetzlichen Regelung wirft die NeLG eine Vielzahl rechtlicher Probleme auf.

hemmer-Methode: Herkömmlicherweise war weitere Voraussetzung für eine nichteheliche Lebensgemeinschaft die Geschlechtsverschiedenheit der Partner. Daran dürfte angesichts der Einführung des Lebenspartnerschaftsgesetzes wohl nicht mehr festzuhalten sein.[615]

grds. keine Analogie zu Vorschriften der Ehe

Vorschriften des Eherechts finden grundsätzlich keine entsprechende Anwendung. Ausnahmen kommen allenfalls dann in Betracht, wenn die Vorschriften nicht speziell auf die Ehe zugeschnitten sind, sondern auf jede Form einer engen Lebensgemeinschaft passen.[616]

insbes. (-) bei §§ 1357, 1363, 1369 BGB

Keine entsprechende Anwendung finden insbesondere die §§ 1357, 1365, 1369 BGB. Dagegen wird ein eingeschränkter Haftungsmaßstab analog § 1359 BGB bejaht,[617] womit auch hier das Problem der gestörten Gesamtschuld begründet werden kann (vgl. unten Rn. 362 a.E.).

h.M.: auch § 1362 BGB analog (-)

Eine analoge Anwendung der Eigentumsvermutung des § 1362 BGB und der Gewahrsamsfiktion des § 739 ZPO wird von e.A. aus Gründen der Rechtssicherheit abgelehnt, obwohl es aus der Sicht des Gläubigers keinen Unterschied macht, ob die Zusammenlebenden einen Trauschein haben oder nicht.[618] Die Gegenansicht hingegen bejaht eine analoge Anwendung der § 1362 BGB, § 739 ZPO, da diese Vorschriften andernfalls eine verfassungswidrige Schlechterstellung der Eheleute darstellen würden, Art. 6 I GG.[619] Der BGH hat sich gegen eine analoge Anwendung gewandt, da es an der Planwidrigkeit einer etwaigen Regelungslücke fehle. Der Gesetzgeber habe mehrfach eine Änderung dieser Vorschrift erwogen, ohne dies jemals wirklich durchzuführen.[620]

hemmer-Methode: Denken Sie bei der NeLG stets daran die Frage aufzuwerfen, ob Vorschriften über die Ehe analog anzuwenden sind – auch dann wenn Sie die Anwendbarkeit im Ergebnis ablehnen. Zeigen Sie so, dass Sie nicht nur eine Spielart „drauf" haben. Vergessen Sie aber dann nicht, noch weitere Rechtsinstitute zu prüfen: Beim Abschluss von Verträgen sind dies insbesondere konkludente Bevollmächtigungen, Duldungs- und Anscheinsvollmacht, Vertrag zugunsten Dritter und das Geschäft für den, den es angeht. Im Bereich der Sekundäransprüche kommt v.a. der Vertrag mit Schutzwirkung zugunsten Dritter in Betracht. Gerade bei der NeLG können Sie punkten, indem Sie zeigen, dass Sie das schuldrechtliche Instrumentarium sicher beherrschen.

kein Schutz durch Art. 6 GG, aber Art. 2 I, 1 I GG

Die NeLG steht auch nicht unter dem besonderen Schutz des Art. 6 GG. Sie wird vielmehr vom allgemeinen Persönlichkeitsrecht des Art. 2 I GG i.V.m. Art. 1 I GG erfasst und als solche von der Verfassung akzeptiert.[621]

319

---

614 Palandt, vor § 1297 BGB, Rn. 11.

615 MüKo, Nach § 1302 BGB, Rn. 4; Palandt, vor § 1297 BGB, Rn. 11 stellt allerdings immer noch auf eine geschlechtsverschiedene Beziehung ab.

616 Palandt, vor § 1297 BGB, Rn. 13.

617 Palandt, vor § 1297 BGB, Rn. 25; zur diligentia quam in suis (sc. rebus adhibere solet) ausführlich **Hemmer/Wüst, Deliktsrecht, Rn. 101a ff.**

618 Stein/Jonas, § 739 ZPO, Rn. 11.

619 MüKo, § 739 ZPO, Rn. 19; Thomas/Putzo, § 739 ZPO, Rn. 7; Thran, NJW 1995, 1458 ff.

620 BGH, **Life&Law 2007, 237 f.** = NJW 2007, 992 ff.; Palandt, vor § 1297 BGB, Rn. 28, § 1362 BGB, Rn. 1.

621 Vgl. BVerfG, NJW 1981, 1201.

B) Außenverhältnis

I. Mietrecht

wichtig: Mietrecht

320

Im Komplex der Rechtbeziehungen zu Dritten ist die Behandlung von Mietverhältnissen besonders wichtig.

gemeinsamer Mietvertrag, § 427 BGB

Mieten nichteheliche Partner zusammen eine Wohnung, so sind sie beide Vertragspartner des Vermieters, § 427 BGB.

(Ges - S)

ansonsten muss f. Aufnahme v. Partner Erlaubnis d. Vermieters vorliegen

Mietet dagegen nur ein Partner die Wohnung an und will er den anderen aufnehmen, dann hat der Vermieter gem. §§ 540, 553 BGB hierzu grundsätzlich die Erlaubnis zu erteilen.[622]

hemmer-Methode: § 540 BGB regelt die Erlaubnispflichtigkeit der Aufnahme Dritter in die Wohnung, § 553 BGB gibt dem Mieter einen Anspruch auf Erteilung dieser Erlaubnis. Im Rahmen des § 540 BGB ist umstritten, inwieweit bspw. Ehegatten Dritte im Sinne dieser Vorschrift sind. Nach e.A. ist § 540 BGB auf die Aufnahme des Ehegatten in die Wohnung nicht anwendbar, es besteht keine Erlaubnis-, sondern nur eine Anzeigepflicht.[623]

> **Bsp.:** *A lebt in einem katholischen Wohnheim mit 20 Wohnungen. Er möchte seine Freundin B, mit welcher er bereits seit drei Jahren zusammen ist, in seine Wohnung mit einziehen lassen. Der Vermieter (eine GmbH, deren Geschäftsanteile von der Kirche gehalten werden) beruft sich darauf, dass die NeLG im Widerspruch zur katholischen Morallehre stehe. Außerdem mache sich der Vermieter, der die Gelegenheit zu unsittlichen Taten liefere, strafbar.*

Anspruch i.d.R. (+), außer wenn unzumutbar

Ein Anspruch des A auf Erlaubnis der Aufnahme der B in die Wohnung könnte sich aus § 553 I BGB ergeben. Ein besonderes Interesse im Sinne dieser Vorschrift ist bei Vorliegen einer NeLG regelmäßig anzunehmen. Die Erlaubniserteilung muss für den Vermieter jedoch auch zumutbar sein, vgl. §§ 553 II BGB.[624] Unzumutbarkeit setzt jedenfalls persönliche Betroffenheit voraus. Die katholische Kirche (als Inhaberin der Geschäftsanteile der GmbH) könnte hier aber unglaubhaft wirken, wenn sie sich in Widerspruch zu ihrer eigenen Morallehre setzt, indem sie als Vermieterin eine NeLG zulässt. Es kann hier also, was stets von einer Gesamtwürdigung aller Umstände abhängt, im Einzelfall durchaus Unzumutbarkeit vorliegen.[625]

Wird die NeLG aufgelöst, so kann der Partner, der Partei des Mietvertrags ist, den anderen aus der Wohnung weisen.[626]

bei Tod v. Partner § 563 II BGB

Stirbt der Partner einer NeLG, der Partei des Mietvertrags ist, so tritt der Überlebende unter den Voraussetzungen des § 563 II S. 3 u. 4 BGB in den Mietvertrag ein. Allerdings kann diese Vorschrift nicht auf jeden Lebensgefährten angewendet werden. Vielmehr ist eine besonders enge Lebensgemeinschaft vorauszusetzen.[627] Hierunter versteht die Rechtsprechung eine

⇨ auf Dauer angelegte Lebensgemeinschaft

⇨ keine weiter bestehende Lebensgemeinschaft (oder Ehe) gleicher Art

---

622 Vgl. BGH, FamRZ 1990, 727; Palandt, § 553 BGB, Rn. 5; diese Wertung kann ohne weiteres auch auf dingliche Wohnrechte übertragen werden, § 1093 II BGB ist auf den nichtehelichen Partner entsprechend anwendbar.

623 Palandt, § 540 BGB, Rn. 5.

624 Vgl. dazu Palandt, § 553 BGB, Rn. 5 f.

625 Vgl. OLG Hamm, NJW 1992, 513; das Verbot der Diskriminierung nach § 19 I AGG greift hier schon deshalb nicht ein, weil der Vermieter über zu wenige Wohnungen verfügt, § 19 V AGG

626 Str. Palandt, vor § 1297 BGB, Rn. 20.

627 M.w.N. Palandt, § 563 BGB, Rn. 15.

⇨ innere Bindung mit gegenseitigem Einstehen füreinander.[628]

hemmer-Methode: Wichtige Indizien sind: Dauer des Zusammenlebens, Versorgung von Kindern und Angehörigen, Verfügungsbefugnis über Einkommen und Vermögensgegenstände des Partners.[629]

Vertrag mit Schutzwirkung

Ist bei einer NeLG nur ein Partner Mieter, so wird der in die Wohnung aufgenommene Partner wegen der wechselseitigen Fürsorgepflicht vom Schutzbereich des Mietvertrags erfasst.[630]

hemmer-Methode: Bedenkt man, dass selbst Hausangestellte des Mieters in den Schutzbereich des Mietvertrags fallen,[631] so kann für den Partner einer NeLG nichts anderes gelten. Da aber Besuch und Gäste nicht in den Schutzbereich fallen, kann im Einzelfall ein Abgrenzungsproblem zur NeLG auftauchen.

II. Tod des Lebensgefährten

kein gemeinschaftliches Testament möglich

Beim Tod des Lebensgefährten hat der überlebende Teil kein gesetzliches Erbrecht. Auch die Errichtung eines gemeinsamen Testamentes gem. §§ 2265 ff. BGB ist den Partnern einer NeLG nicht möglich. Demnach bleibt für sie nur der Weg der Erbeinsetzung durch Testament oder durch Erbvertrag. Im Rahmen des § 1969 BGB („Dreißigster") wird der nichteheliche Partner jedoch zu den Familienangehörigen gerechnet.[632]

321

hemmer-Methode: Beachten Sie, dass bei einem gemeinschaftlichen Testament selbst bei nachträglicher Ehe keine Heilung eintritt, da zuvor nicht schwebende Unwirksamkeit, sondern Nichtigkeit vorliegt, vgl. § 141 BGB. Fraglich ist allerdings, ob und inwieweit eine Umdeutung in zwei Einzeltestamente möglich ist, § 140 BGB.[633] Dies wird von der h.M. bei wechselbezüglichen Verfügungen i.S.d. § 2270 BGB grds. verneint, da bei diesen gerade ein Wille zur Einheitlichkeit gegeben ist. Sie sollen nach dem Willen der Testierenden i.d.R. nur gemeinsam gelten oder gar nicht.[634]

III. Schadensersatz

§ 844 II BGB analog (-)

Wird der haushaltsführende Partner verletzt oder getötet, so finden §§ 842, 844 II BGB nach h.M. keine entsprechende Anwendung, da diese Vorschriften auf einer gesetzlichen Unterhaltspflicht basieren.[635]

322

aber Schockschaden mögl.

Fraglich ist jedoch, ob der Partner einer NeLG im Falle des Todes oder der Verletzung des anderen einen ersatzfähigen Schockschaden erleiden kann. Die Frage wird wegen des Näheverhältnisses der Betroffenen zu bejahen sein.[636]

hemmer-Methode: Der Schockschaden ist im Rahmen der Kausalität insbesondere in Abgrenzung zum allgemeinen Lebensrisiko ein beliebtes Klausurthema. Arbeiten Sie diesen Bereich anhand von Hemmer/Wüst, Schadensersatzrecht III, Rn. 72 ff. nochmals durch.

---

628 BGH, NJW 1993, 999 = **juris**byhemmer; Palandt, § 563 BGB, Rn. 15.

629 Palandt, § 563 BGB, Rn. 15.

630 Palandt, vor § 1297 BGB, Rn. 20.

631 Palandt, § 328 BGB, Rn. 28.

632 Vgl. Palandt, vor § 1297 BGB, Rn. 7, 13, § 1969 BGB, Rn. 1 m.w.N.

633 Vgl. Palandt, § 2265 BGB, Rn. 3.

634 Vgl. Palandt, § 2265 BGB, Rn. 3; BayObLG, ZErb 2003, 237 = **juris**byhemmer.

635 Vgl. m.N. Palandt, vor § 1297 BGB, Rn. 26.; umfassend hierzu OLG Nürnberg, FamRZ 2005, 2069 = **Life&Law 05/2006** = **juris**byhemmer.

636 Palandt, vor § 249 BGB, Rn. 40.

C) Innenverhältnis

Partnerschaftsverträge mögl.

Das Innenverhältnis ist grundsätzlich privatautonomer Regelung durch die Parteien zugänglich (sog. Partnerschaftsverträge).[637]

323

Grenzen

Vertragliche Vereinbarungen finden jedoch dort ihre Grenze, wo sie den engsten persönlichen Freiheitsbereich, insbesondere den der höchstpersönlichen ehelichen Herstellungspflichten des § 1353 I S. 2 BGB, der einer vertraglichen Regelung nicht zugänglich ist, berühren. Eine vertragliche Verpflichtung zu sexueller Treue oder ein vertraglicher Ausschluss der Trennung wird also an § 138 I BGB scheitern. Ebenso wenig können die Partner verbindlich und schadensersatzbewehrt den Gebrauch empfängnisverhütender Mittel vereinbaren.[638] Auch ein echtes Vertragsstrafversprechen (§ 343 II BGB) für diese rechtsgeschäftlicher Regelung nicht zugänglichen Fälle ist entsprechend § 344 BGB unwirksam.[639]

Umfassende Regelungen der vermögensrechtlichen Beziehungen (vertragliche Unterhaltsvereinbarungen u.Ä.) können an § 138 I BGB scheitern, wenn sie zu einer unverhältnismäßigen wirtschaftlichen Abhängigkeit für die Zukunft führen (Knebelung).[640]

Problem:
Abwicklung nach Beendigung von NeLG

Solange die NeLG besteht, werden hier in der Regel keine Schwierigkeiten auftreten. Problematisch ist lediglich die Frage der Abwicklung nach der Beendigung der NeLG. Es stellt sich dann das Problem, ob für während des Bestehens der NeLG geleistete Dienste und erbrachte Zuwendungen nach ihrer Auflösung ein Ausgleich gefordert werden kann.

§§ 1372 ff. BGB analog (-)
§§ 1298 ff. BGB ebenfalls (-)

Eine analoge Anwendung der §§ 1372 ff. BGB, d.h. eine Einordnung der NeLG als „faktische Ehe", kommt wegen des entgegenstehenden Willens der Partner, welche die rechtliche Bindung durch die Ehe gerade nicht wollten, ebenso wenig in Betracht wie eine Anwendung der §§ 1298 ff. BGB, die das Vertrauen auf die spätere Eheschließung schützen, welche hier ebenfalls nicht gewollt ist.[641]

hemmer-Methode: Es bestehen also ähnliche Probleme wie im Verhältnis von Ehegatten zueinander (vgl. oben Rn. 60 ff., 218 ff.) und im Eltern-Kind-Verhältnis (vgl. unten Rn. 356).
Als denkbare Ausgleichsansprüche bieten sich die Rückforderung von Darlehen, Rückgewähransprüche bei Schenkungen,[642] Auftragsverhältnisse, Innengesellschaften, Bruchteilsgemeinschaft, Bereicherungsrecht, Gesamtschuldner- bzw. Gesamtgläubigerschaft und die Störung der Geschäftsgrundlage, § 313 BGB, an.

konkludent abgeschlossene Innengesellschaft i.d.R. (-)

Die Annahme einer stillschweigend begründeten Innengesellschaft wird häufig am fehlenden Rechtsbindungswillen scheitern. Ein solcher ist nur dann anzunehmen, wenn ein über das bloße Zusammenleben hinausreichender Zweck verfolgt wurde.[643]

325

keine Vermögensgemeinschaft

Es gibt demnach keine stillschweigende güterstandsähnliche allgemeine Vermögensgemeinschaft zwischen den Partnern einer NeLG, welche zu einer umfassenden Rückabwicklung gem. §§ 726, 730 ff. BGB führen würde.

---

637 Palandt, vor § 1297 BGB, Rn. 27.

638 BGHZ 97, 372; eine Schadensersatzpflicht kann sich dann aber aus § 826 BGB ergeben, wenn der Partner arglistig getäuscht wird, vgl. Palandt, vor § 1297 BGB, Rn. 25 = **juris**byhemmer.

639 Palandt, vor § 1297 BGB, Rn. 25.

640 Vgl. OLG Hamm, FamRZ 1988, 618 = **juris**byhemmer.

641 Palandt, vor § 1297 BGB, Rn. 32.

642 OLG Hamm, FamRZ 2001, 546 = **juris**byhemmer: Auch bei der NeLG ist zu beachten, dass die Zuwendungen des täglichen Lebens keine Geschenke i.S.d. § 516 BGB darstellen. Dies gilt erst recht für die Leistungen zum gemeinsamen Haushalt!

643 Vgl. Palandt, § 705 BGB, Rn. 46.

Ein gesellschaftsrechtlicher Ausgleich für Arbeits- und Vermögensleistungen, die im Interesse der NeLG erbracht wurden, findet also grundsätzlich nicht statt.[644]

ausnahmsweise Gesellschaftsrecht

326 Dagegen erfolgt eine Rückabwicklung nach den gesellschaftlichen Regeln, wenn die Parteien mit dem Erwerb eines Vermögensgegenstandes einen Wert schaffen wollten, der nach ihrer Vorstellung wirtschaftlich beiden zusammen gehören sollte.[645] Es besteht auch dann zwischen ihnen eine Innengesellschaft,[646] wenn der Vermögensgegenstand im Eigentum nur eines von ihnen steht.

hemmer-Methode: Ein über die Lebensgemeinschaft hinausgehender Zweck kann damit bei einer NeLG schneller bejaht werden als bei einer Ehe, da hier gerade keine Umgehung der gesetzlichen Regelungen über den Zugewinnausgleich droht.[647]

ggf. Gemeinschaftsrecht

327 Gegebenenfalls kommen auch Ansprüche aus Gemeinschaft in Betracht, §§ 749, 1006, 742 BGB, da insbesondere bei Haushaltsgegenständen davon ausgegangen werden kann, dass sie nach den allgemeinen Grundsätzen des Geschäfts für den, den es angeht, zu Miteigentum erworben wurden.[648]

327a Ist weder eine Lösung über Gesellschafts- noch über Gemeinschaftsrecht möglich, erscheint aber die Verneinung jeglicher Ansprüche als grob unbillig, ist (wie bei Eheleuten) an einen Anspruch aus § 313 I BGB zu denken.[649] Durch die Trennung kann die Geschäftsgrundlage für die unbenannte Zuwendung weggefallen sein.[650]

**hemmer-Methode: Die vorstehend dargestellten Ansprüche kommen auch gegenüber den Eltern des ehemaligen Lebensgefährten in Betracht, bspw. wenn während der Zeit der nichtehelichen Lebensgemeinschaft Geld und Arbeitszeit in eine diesen gehörende Immobilie investiert wurde.
Vergleichen Sie zur Abwicklung der NeLG ausführlich auch Hemmer/Wüst, Bereicherungsrecht, Rn. 269, 286 ff.[651]**

Bsp.:[652] M und F lebten ein halbes Jahr unverheiratet zusammen. Nach der Trennung verlangt F von M Ausgleich in Geld dafür, dass sie den gemeinsamen Haushalt geführt hat, wobei sie diese Leistungen im Hinblick auf ein Heiratsversprechen des M erbracht habe. M seinerseits hat der F während der Zeit des Zusammenlebens ein Haushaltsgeld gezahlt, mit dem er gegen etwaige Forderungen der F aufrechnen will.

F könnte gegen M einen Anspruch auf Lohnzahlung aus Dienstvertrag haben, §§ 611, 612 I BGB. Ein ausdrücklicher Dienstvertrag wurde zwischen M und F nicht geschlossen.

Der Annahme eines stillschweigenden Vertrages steht entgegen, dass ein Dienstvertrag ein Austauschverhältnis zwischen Dienstleistung und Vergütung zum Inhalt hat, ein solches Austauschverhältnis hier aber gerade nicht gewollt war. F erbrachte ihre Leistungen vielmehr im Hinblick auf das gemeinschaftliche Zusammenleben und nicht als Dienstleistung zugunsten des M. Gegen die Annahme eines Dienstvertrages spricht weiterhin, dass sich die Tätigkeit der F im Rahmen des für die Haushaltsführung Erforderlichen hielt.

---

644 H.M. BGHZ 77, 55; 84, 388 = juris*byhemmer*; Palandt, § 705 BGB, Rn. 46 ff.

645 BGH, NJW 1997, 3377 = **Life&Law 1998, 72 ff** = juris*byhemmer*.

646 Dazu bereits oben Rn. 219.

647 BGH, NJW 1997, 3377 = **Life&Law 1998, 72 ff** = juris*byhemmer*.

648 OLG Hamm, FamRZ 2003, 529 = juris*byhemmer* für die Anschaffung eines Wohnmobils.

649 BGH, Urteil vom 04.03.2015, XII ZR 46/13 = juris*byhemmer*.

650 Vgl. oben Rn. 70, 217 ff., 270 ff.

651 Vgl. auch Krause, JUS 1989, 455 und Heilmann, JA 1990, 116.

652 Nach OLG München, FamRZ 1980, 240 = juris*byhemmer*.

Ebenso scheiden Ausgleichsansprüche aufgrund eheanaloger Betrachtung der NeLG aus. Zwar könnte man wegen der großen Ähnlichkeit des Zusammenlebens in einer NeLG und in der Ehe an eine analoge Anwendung des Eherechts denken mit der Folge, dass den Haushaltsführenden ein Anspruch auf Zugewinnausgleich, §§ 1372, 1378 I BGB, auf Versorgungsausgleich, § 1587 BGB, ebenso wie Unterhaltsansprüche, § 1569 BGB, zustünden.

Einer eheanalogen Anwendung der NeLG steht jedoch die Wertung des Art. 6 I GG entgegen, wonach nur die Ehe als Institution besonderen Schutz genießt und sich diejenigen, die sich diesem Schutz freiwillig entziehen, indem sie nicht heiraten, nicht auf die Vorschriften des Eherechts berufen können.

Im Übrigen würde sich auch die schwierige Abgrenzungsfrage stellen, wann im Einzelfall eine „faktische Ehe" vorliegt.

Ersatzansprüche wegen Rücktritts vom Verlöbnis, § 1298 I S. 1 BGB, scheiden ebenfalls aus, da die Leistungen der F der bereits bestehenden Lebensgemeinschaft dienen und daher nicht in Erwartung der künftigen Ehe gemacht wurden.

Die Anwendung von Gesellschaftsrecht ist zwar nicht grundsätzlich ausgeschlossen, kommt jedoch nur dann in Betracht, wenn im konkreten Einzelfall ein über das bloße Zusammenleben hinausreichender gemeinsamer Zweck vorliegt. Mindestvoraussetzung hierfür ist, dass die Partner die Absicht verfolgt haben, einen wirtschaftlich gemeinschaftlichen Wert zu schaffen, den sie für die Dauer ihrer Partnerschaft gemeinsam nutzen und der ihnen nach ihrer (laienhaften) Vorstellung auch gemeinsam gehören soll.[653]

Hier ist nicht anzunehmen, dass der von M in der Zeit des Zusammenlebens mit F gemachte Verdienst Gesellschaftsvermögen in diesem Sinne werden sollte. Das Einkommen stand vielmehr allein M zur Verfügung, der F davon ein Haushaltsgeld gezahlt hat.[654]

Ein Anspruch aus § 812 I S. 2 Alt. 1 BGB kommt ebenfalls nicht in Betracht. Rechtsgrund für die Leistungen der F war die bestehende Lebensgemeinschaft (subjektiver Rechtsgrundbegriff). Dieser Rechtsgrund ist jedoch nicht für die Vergangenheit weggefallen, da keine auflösende Bedingung vereinbart war.

Auch ein Bereicherungsanspruch wegen Zweckverfehlung, § 812 I S. 2 Alt. 2 BGB scheidet regelmäßig aus, da hierfür der Fortbestand der Beziehung bzw. im konkreten Fall die Eingehung der Ehe als Zweck der Leistungen vereinbart und nicht nur vorausgesetzt worden sein müsste.

Denkbar ist allerdings ein Anspruch aus § 313 BGB, soweit man in der Beziehung bzw. deren Fortbestand die Geschäftsgrundlage für die Zuwendungen sieht.

Ein solcher Anspruch ist von der Rechtsprechung lange Zeit grundsätzlich verneint worden. Nach dieser Rechtsprechung liegt beim Zusammenschluss zu einer neLG kein Vertrag vor, wenn die Partner einer neLG ihre Beziehungen nicht besonders regeln. Diese Rechtsprechung hat der BGH mittlerweile aufgegeben. § 313 BGB kann bei der Beendigung einer nichtehelichen Lebensgemeinschaft genauso herangezogen werden wie bei Scheidung einer Ehe. Auch das Argument, der leistende Partner einer neLG habe deren Scheitern bewusst in Kauf genommen und nicht auf deren Bestand vertrauen dürfen, vermag nach Ansicht des BGH nicht länger zu überzeugen. Jeder Partner weiß zwar, dass die neLG jederzeit beendet werden kann. Seiner Zuwendung wird aber regelmäßig die Erwartung zugrunde liegen, dass die Gemeinschaft von Bestand sein werde. Soweit er hierauf tatsächlich und für den Empfänger der Leistung erkennbar vertraut hat, ist dies schutzwürdig und kann zu Ausgleichsansprüchen führen.

653   BGH, NJW 1997, 3377 = **Life&Law 1998, 72 ff.**; Palandt, § 705 BGB, Rn. 46.

654   Darüber hinaus könnte die Deklarierung des kompletten künftigen Einkommens gegen § 311b II BGB verstoßen, vgl. MüKo, § 310 BGB a.F., Rn. 2.

Ein Anspruch aus § 313 I BGB ist somit bei Beendigung der neLG denkbar. Voraussetzung ist aber, dass tatsächlich der Fortbestand der Beziehung die Grundlage für die Zuwendung war. Daran fehlt es im vorliegenden Fall. Es wurden nur gegenseitige Leistungen im Rahmen des täglichen Zusammenlebens erbracht. Solche Leistungen erfolgen aber nicht im Hinblick auf den Fortbestand der Beziehung, also nicht zukunftsgerichtet, sondern für das hier und heute. Ein Anspruch aus § 313 I BGB scheidet damit im vorliegenden Fall aus.

hemmer-Methode: Anders kann das bei größeren Zuwendungen, typischerweise für einen Hausbau sein. Diese sind gerade zukunftsgerichtet und basieren auf dem Vertrauen in den Fortbestand der Beziehung.

Dass nur das Vertrauen von Ehegatten in die lebenslange Dauer (vgl. § 1353 I S. 1 BGB) ihrer Verbindung rechtlich geschützt ist, vermag mit Blick auf die hohe Scheidungsquote eine unterschiedliche Behandlung nicht mehr überzeugend zu begründen. Ansprüche aus § 313 BGB bestehen aber weder bei der neLG noch bei der Ehe für die Kosten der täglichen Lebensführung. Diese werden gerade nicht im Hinblick auf den Fortbestand der Beziehung, sondern völlig unabhängig hiervon beglichen!

Kein Fall des § 313 BGB liegt vor, wenn die Beziehung durch den Tod des Zuwendenden endet. In diesem Fall hat sich dessen Vorstellung von einem Fortbestand der Beziehung realisiert, da es naturgemäß keinen Fortbestand über den Tod hinaus gib, die Geschäftsgrundlage ist nicht gestört.[655]

über Trennungszeitpunkt hinausgehender Kredit

Einen Ausgleichsanspruch gewährt die Rechtsprechung auch in den Fällen, in denen im Zeitpunkt der Auflösung der NeLG der eine Teil noch aus einem über den Trennungszeitpunkt hinausgehenden Kredit verpflichtet ist, der für einen Vermögensgegenstand aufgenommen wurde, dessen wirtschaftliche Nutzung nach der Trennung allein dem anderen Teil noch zugute kommt, was insbesondere bei Kfz-Käufen häufig der Fall ist. Zahlt derjenige, der das Kfz nicht nutzt, nach der Trennung den Kredit zurück, so hat er nach der Rspr. auch ohne entsprechende Abrede einen Erstattungsanspruch gegen seinen Partner gem. §§ 670, 683 BGB.[656]

328

hemmer-Methode: Sind beide Partner der NeLG Gesamtschuldner ergibt sich dieses Ergebnis aus § 426 BGB. Die alleinige wirtschaftliche Nutzung durch einen der Partner rechtfertigt die von § 426 I BGB abweichende Verteilung der Schuld im Innenverhältnis.[657]

---

655 Vgl. BGHZ 183, 242 = **juris**byhemmer.

656 Vgl. BGH, NJW 1981, 1502 = **juris**byhemmer.

657 OLG Hamm, FamRZ 2001, 95 = **juris**byhemmer.

§ 6 VERWANDTSCHAFTSRECHT

Zu den Begriffen Verwandtschaft und Schwägerschaft vgl. bereits oben Rn. 2 ff.

329

A) Abstammung

I. Mutter

„Mutter eines Kindes ist die Frau, die es geboren hat" – § 1591 BGB.[658]

330

Mutter ist nur die gebärende Frau

Im Zeitalter von Embryonenspenden und Leihmutterschaft sah sich der Gesetzgeber gezwungen, positiv zu regeln, wer Mutter des Kindes ist. Der Gesetzgeber schloss sich der bisher h.M. an, nach der – auch wenn genetische Mutter und gebärende Frau nicht identisch sind – Mutter im Rechtssinne nur die gebärende Frau ist[659] (vgl. unten Rn. 352). Die genetische Mutter erlangt daher keine Rechtsposition, insbesondere keinen Anspruch auf Herausgabe des Kindes. Die psychosoziale und körperliche Bindung zwischen austragender und gebärender Mutter und dem Kind soll vor Eingriffsmöglichkeiten der genetischen Mutter geschützt werden. Insoweit wird das Verbot der Leihmutterschaft durch das Embryonenschutzgesetz (§ 1 I EschG) im BGB fortgesetzt. Ein solches Verbot besteht in anderen Ländern nicht.[660]

II. Vater

drei Vaterschaftsalternativen

Vater eines Kindes ist gem. § 1592 BGB der Mann,

331

⇨ der zum Zeitpunkt der Geburt mit der Mutter des Kindes verheiratet ist,

⇨ der die Vaterschaft anerkannt hat oder

⇨ dessen Vaterschaft nach § 1600d BGB gerichtlich festgestellt ist.[661]

hemmer-Methode für Rechtshistoriker: „Pater est quem nuptiae demonstrant" – dieser alte römische Rechtsgrundsatz gilt insoweit auch noch heute.

1. § 1592 Nr. 1 BGB

Vaterschaft aufgrund Verheiratung

§ 1592 Nr. 1 BGB regelt, dass Vater eines Kindes der Mann ist, der zum Zeitpunkt der Geburt mit der Mutter des Kindes verheiratet ist. Gem. § 1593 S. 1 BGB gilt § 1592 Nr. 1 BGB entsprechend, wenn die Ehe durch Tod aufgelöst wurde und innerhalb von dreihundert Tagen (vgl. aber § 1593 S. 2 BGB) nach der Auflösung ein Kind geboren wird.

332

---

658 „Mater semper certa est".

659 Palandt, vor § 1591 BGB, Rn. 19, § 1591 BGB, Rn. 2 m.w.N.

660 Vgl. FamRZ 1997, 862 ff.

661 Zur Feststellung der nichtehelichen Vaterschaft nach neuem Recht vgl. Wieser, NJW 1998, 2023.

Wird von einer Frau, die nach dem Tod ihres Ehemannes (schnell) eine weitere Ehe geschlossen hat, ein Kind geboren, das sowohl nach § 1593 S. 1 und S. 2 BGB Kind des früheren Ehemannes als nach § 1592 Nr. 1 BGB Kind des neuen Ehemann wäre, so ist es nur als Kind des neuen Ehemanns anzusehen (§ 1593 S. 3 BGB). Wird die Vaterschaft angefochten und wird rechtskräftig festgestellt, dass der neue Ehemann nicht Vater des Kindes ist, so ist es Kind des früheren Ehemanns (§ 1593 S. 4 BGB).

hemmer-Methode: Anders als früher (§ 1591 BGB a.F.) gibt es aber keine Vaterschaftszurechnung bei in der Ehe gezeugten, aber nach Rechtskraft der Scheidung geborenen Kindern mehr. Grund für diese Änderung war, dass der bisherige Ehemann meist nicht der Vater dieser Kinder war. Damit soll das unnötige und teure Ehelichkeitsanfechtungsverfahren vermieden werden.

Die Vermutung der §§ 1592 Nr. 1, 1593 BGB entfällt, wenn das Kind nach Anhängigkeit eines Scheidungsantrages geboren wird und ein Dritter binnen eines Jahres nach der Rechtskraft der Scheidungsentscheidung die Vaterschaft anerkennt, § 1599 II BGB.

2. § 1592 Nr. 2 BGB

Vaterschaft aufgrund Anerkennung

Vater eines Kindes ist der Mann, der die Vaterschaft anerkannt hat, §§ 1592 Nr. 2, 1594 ff. BGB.

333

Die Vaterschaftsanerkennung ist ein einseitiges, zustimmungs- und formbedürftiges Rechtsgeschäft. Die Erklärung kann bereits vor der Geburt des Kindes abgegeben werden, § 1594 IV BGB. Sie ist bedingungs- und zeitbestimmungsfeindlich, § 1594 III BGB, höchstpersönlich, § 1596 IV BGB und formbedürftig, § 1597 BGB (vgl. aber § 59 II Nr. 8 SGB VIII).

Eine Anerkennung der Vaterschaft ist nicht wirksam, solange die Vaterschaft eines anderen Mannes besteht (§ 1594 II BGB).

Zur Anerkennung der Vaterschaft ist die Zustimmung der Mutter, erforderlich, § 1595 I BGB. Die Zustimmung des Kindes ist nur unter den Voraussetzungen des § 1595 II BGB notwendig.

Rechtswirkungen der Anerkennung

Die Rechtswirkungen der Anerkennung können im Regelfall erst ab dem Zeitpunkt geltend gemacht werden, zu dem die Anerkennung wirksam wird (§ 1594 I BGB).

Widerrufsrecht des anerkennenden Vater

Gem. § 1597 III BGB kann der Mann die Anerkennung widerrufen, wenn sie ein Jahr nach der Beurkundung noch nicht wirksam geworden ist. Der Widerruf erfolgt in derselben Form wie die Anerkennung.

Zustimmungsersetzung

Eine Ersetzung der Zustimmung der Mutter i.R.d. freiwilligen Anerkennung der Vaterschaft ist nicht möglich. Der Vater muss in diesem Fall die Vaterschaftsfeststellungsklage erheben.[662]

3. § 1592 Nr. 3 BGB

Vaterschaft aufgrund gerichtlicher Feststellung

Vater eines Kindes ist gem. § 1592 Nr. 3 BGB der Mann, dessen Vaterschaft nach § 1600d BGB gerichtlich festgestellt ist.

334

Besteht keine Vaterschaft nach §§ 1592 Nr. 1 u. 2, 1593 BGB, so ist die Vaterschaft gerichtlich festzustellen, vgl. § 1600d I BGB.

---

662 Palandt, § 1595 BGB, Rn. 3.

Zuständig ist hierfür das Familiengericht, § 1600e I BGB. Dieses entscheidet über die Feststellung der Vaterschaft auf Grund einer

⇨ Klage des Mannes gegen das Kind oder

⇨ Klage der Mutter oder des Kindes gegen den Mann.

Ist die Person, gegen welche die Klage zu richten wäre, verstorben, so entscheidet das Familiengericht auf Antrag der Person, die nach § 1600e I BGB klagebefugt wäre (§ 1600e II BGB).

Im gerichtlichen Vaterschaftsfeststellungsverfahren wird als Vater vermutet, wer der Mutter während der Empfängniszeit beigewohnt hat, es sei denn, es bestehen schwerwiegende Zweifel an der Vaterschaft (§ 1600d II BGB). Als Empfängniszeit gilt gem. § 1600d III BGB die Zeit von dem 300. bis zum 181. Tag vor der Geburt des Kindes mit Einschluss der genannten Tage. Steht eine andere Zeit als Empfängniszeit fest, gilt diese.

hemmer-Methode: Soweit diese Vermutung im Einzelfall nicht weiterhilft bzw. um diese Vermutung zu widerlegen, wird in der Praxis meist ein genetisches Gutachten erstellt, um die Vaterschaft eindeutig festzustellen. Der genetische Vater wird durch gerichtliche Feststellung zum juristischen Vater. Dies gilt im Übrigen auch im Fall der Samenspende – der Spender ist biologischer Vater, dessen juristische Vaterschaft nach § 1592 Nr. 3 BGB festzustellen ist.[663] Ist der mögliche Vater bereits verstorben, kann es sein, dass eine Vaterschaftsfeststellung nur mit einer Exhumierung möglich ist. Nach Auffassung des BGH tritt in einem solchen Fall das postmortale Persönlichkeitsrecht regelmäßig hinter das Recht des Kindes auf Kenntnis der eigenen Abstammung zurück.[664]

III. Anfechtung der Vaterschaft

Anfechtung der Vaterschaft

Gem. § 1599 I BGB gelten die §§ 1592 Nr. 1 u. 2 und 1593 BGB nicht, wenn aufgrund einer Anfechtung rechtskräftig festgestellt ist, dass der Mann nicht der Vater des Kindes ist.

335

Die besonderen Bestimmungen der §§ 1599 ff. BGB treten in diesem Fall an die Stelle der allgemeinen Regeln über die Nichtigkeit und Anfechtbarkeit von Rechtsgeschäften.

Das Vaterschaftsanfechtungsverfahren ersetzt das frühere Ehelichkeitsanfechtungsverfahren und gilt sowohl für eheliche wie auch für nichteheliche Kinder.

1. Anfechtungsberechtigung, § 1600 I BGB

Anfechtungsberechtigung

336

Anfechtungsberechtigt ist nach § 1600 I Nr. 1 BGB der Mann, dessen Vaterschaft nach §§ 1592 Nr. 1 u. 2, 1593 BGB besteht, nach § 1600 I Nr. 3 BGB die Mutter und nach § 1600 I Nr. 4 BGB das Kind. Nach § 1600 I Nr. 2 BGB kann auch der vermeintliche biologische Vater anfechten, wenn zwischen dem „juristischen" Vater i.S.d. §§ 1592 Nr. 1, 1593 BGB und dem Kind keine sozial-familiäre Beziehung i.S.d. § 1600 III BGB besteht, vgl. § 1600 II BGB.

hemmer-Methode: Hintergrund der Einführung der §§ 1600 I Nr. 2, II, III BGB ist ein Urteil des BVerfG, das im (früher geltenden) Ausschluss des Anfechtungsrechts des biologischen Vaters eine Verletzung des Elternrechts aus Art. 6 I GG sah.[665]

663   Palandt, vor. § 1591 BGB, Rn. 17.

664   BGH, Beschluss vom 29.10.2014, XII ZB 20/14 = **juris**byhemmer.

665   BVerfG, FamRZ 2003, 816 ff. = **juris**byhemmer.

beschränkte Anfechtbarkeit bei künstlicher Befruchtung

Nach § 1600 IV BGB ist allerdings eine Anfechtung durch die Mutter oder den nach § 1593 Nr. 1 „vermuteten" Vater ausgeschlossen, wenn das Kind durch eine Samenspende eines Dritten gezeugt wurde.[666]

2. Anfechtungsfrist, § 1600b BGB

Die Vaterschaft kann binnen zwei Jahren gerichtlich angefochten werden. Die Frist beginnt mit dem Zeitpunkt, in dem der Berechtigte von Umständen erfährt, die gegen die Vaterschaft sprechen (§ 1600b I BGB). Die Frist beginnt nicht vor der Geburt des Kindes und nicht, bevor die Anerkennung wirksam geworden ist (§ 1600b II S. 1 BGB).

Ein Kind, dessen gesetzlicher Vertreter die Vaterschaft nicht rechtzeitig angefochten hat, kann ab Volljährigkeit selbst anfechten, § 1600b III BGB. In diesem Fall beginnt die Frist nicht vor Eintritt der Volljährigkeit und nicht vor dem Zeitpunkt, in dem das Kind von den Umständen erfährt, die gegen die Vaterschaft sprechen.

Gem. § 1600b V BGB beginnt die Frist des § 1600b I S. 1 BGB erneut zu laufen, wenn das Kind von Umständen Kenntnis erlangt, auf Grund derer die Folgen der Vaterschaft für es unzumutbar werden.

Der Beschluss, das der Vaterschaftsanfechtungsklage stattgibt, wirkt für und gegen alle, vgl. § 184 II FamFG.

hemmer-Methode: An die Schlüssigkeit einer Anfechtungsklage des Vaters werden allerdings sehr hohe Anforderungen gestellt. Der Vater muss konkrete Anhaltspunkte vortragen, die gegen seine Vaterschaft sprechen. Dies wurde in der Vergangenheit vielfach über einen geheimen DNA-Test zu belegen versucht. Dieses Beweismittel ist nach h.M. allerdings nicht verwertbar, da die Verwertung eine Verletzung des allgemeinen Persönlichkeitsrechts des Kindes nach Art. 2 I, 1 I GG darstellen würde.[667] Mittlerweile ist ein solches Vorgehen sogar unter Strafe gestellt. Allerdings besteht mittlerweile nach § 1598a BGB ein Anspruch auf Einwilligung in die Erstellung eines Abstammungsgutachtens. Mit diesem Gutachten kann eine mögliche Anfechtung nach § 1599 BGB vorbereitet werden.

3. Rechte des Scheinvaters

Der Rechtsgrund für die Unterhaltsleistungen des Scheinvaters, zu denen dieser bisher verpflichtet war, §§ 1601 ff. BGB, fällt mit Rechtskraft des der Vaterschaftsanfechtung stattgebenden Beschlusses rückwirkend weg. Gegen einen Unterhaltstitel, den das Kind gegen den Scheinvater erwirkt hat, kann dieser mit dem Vollstreckungsgegenantrag, § 120 I FamFG i.V.m. § 767 ZPO, vorgehen.

Der Scheinvater kann nach der Anfechtung wegen des geleisteten Unterhalts

⇨ (1) bei dem wirklichen Vater Regress nehmen, sobald dessen Vaterschaft feststeht, § 1607 III BGB (cessio legis). Im Rahmen des Regressverfahrens kann ggf. die Sperre des § 1600d IV BGB inzident überwunden werden.[668] Zu den übergangenen Unterhaltsprüchen gehören nach der Rechtsprechung des BGH auch die Kosten der Vaterschaftsanfechtung.[669]

337

666 Vgl. hierzu Wanitzek, FamRZ 2003, 731.

667 BVerfGE 117, 202 = **Life&Law 2007, 255**; BGH, FamRZ 2005, 340. Alle Entscheidungen = **juris**byhemmer.

668 BGH, FamRZ 2008, 1424 = **juris**byhemmer.

669 Vgl. oben Rn. 79 ff.

Wie bei jeder cessio legis kommen konkurrierende Ansprüche aus GoA (§§ 670, 677, 679, 683 BGB) und aus ungerechtfertigter Bereicherung (Rückgriffskondiktion, § 812 I S. 1 Alt. 2 BGB) nicht in Betracht, soweit der Forderungsübergang stattfindet: Die Forderung erlischt nicht, sodass für den Schuldner weder ein Geschäft geführt wird noch eine Bereicherung bei ihm eintritt.

Da der Anspruch jedoch nur insoweit übergehen kann, als er gegen den wirklichen Vater bestand, kommen solche Ansprüche nicht in Betracht, soweit der Scheinvater mehr geleistet hat, als der wirkliche Vater hätte leisten müssen (§ 1603 I BGB).[670]

Deliktische Ansprüche gegen den Kindsvater wegen Ehestörung kommen nicht in Betracht, vgl. oben Rn. 77 ff.

⇨ (2) einen Bereicherungsanspruch gegen das Kind geltend machen. Dieser Anspruch wird jedoch regelmäßig infolge Wegfalls der Bereicherung, § 818 III BGB, ausgeschlossen sein, weil das Kind sich mangels eigenen Vermögens durch den Verbrauch der Unterhaltsmittel nichts erspart hat.

⇨ (3) unter Umständen gegen die Mutter einen Anspruch aus § 823 II BGB i.V.m. § 263 StGB und aus § 826 BGB haben, wenn sie ihn arglistig über die Abstammung des Kindes getäuscht hat.[671]

IV. Anspruch des Kindes auf Nennung des Erzeugers

Ansprüche des Kindes auf Nennung des Erzeugers

Das nichteheliche Kind hat gegen seine Mutter einen Anspruch auf Benennung des Erzeugers aus § 1618a BGB, da sein durch Art. 6 V GG sowie Art. 2 II GG i.V.m. Art. 1 I GG geschütztes Interesse an der Kenntnis seiner Abstammung insoweit dem Recht der Mutter am Schutz ihrer Intimsphäre regelmäßig vorgeht.[672] Das im Rahmen einer Samenspende gezeugte Kind hat darüber hinausgehend auch gegen den behandelnden Arzt einen Anspruch auf Benennung des Samenspenders – und zwar auch dann, wenn der Arzt sich im Vertrag mit diesem zur Geheimhaltung verpflichtet hat.[673]

337a

hemmer-Methode: Einen vergleichbaren Anspruch des juristischen Vaters gegen die Mutter auf Nennung des wirklichen Erzeugers zur Vorbereitung des Unterhaltsregresses nach § 1607 III BGB verneint das BVerfG dagegen grundsätzlich. Hier stehen dem allgemeinen Persönlichkeitsrecht der Mutter nur pekuniäre Intereessen des Vaters gegenüber, die im Rahmen einer Abwägung regelmäßig zurückstehen müssen.[674]

V. Besondere Vorschriften für das Kind und seine nicht miteinander verheirateten Eltern, § 1615a BGB

Besteht für ein Kind keine Vaterschaft nach §§ 1592 Nr. 1, 1593 BGB und haben die Eltern das Kind auch nicht während der Ehe gezeugt oder nach seiner Geburt die Ehe miteinander geschlossen, gelten gem. § 1615a BGB die allgemeinen Vorschriften, soweit sich nichts anderes aus den Vorschriften der §§ 1615l – 1615o BGB ergibt.

338

---

670 MüKo, § 1607 BGB, Rn. 18 m.w.N.

671 Vgl. BGHZ 80, 235, 238 ff. = jurisbyhemmer; Palandt, vor § 1591 BGB, Rn. 5.

672 BVerfG, Beschluss vom 18.01.1988, 1 BvR 1589/87 = jurisbyhemmer; Palandt, vor § 1591 BGB, Rn. 2.

673 BGH, Urteil vom 12.01.2015, XII ZR 201/13, OLG Hamm, Urteil vom 06.02.2013, 14 U 7/12 = **Life&Law 04/2012** = jurisbyhemmer.

674 BVerfG, Beschluss vom 24.02.2015, 1 BvR 472/14 = **Life&Law 08/2015** = jurisbyhemmer; anders noch OLG Oldenburg, FamRZ 1994, 651 = jurisbyhemmer; OLG Bamberg, FamRZ 2004, 562 = jurisbyhemmer; OLG Schleswig, FamRZ 2009, 1924, 1925 = jurisbyhemmer, vgl. auch oben Rn. 80.

hemmer-Methode: Nach § 1615l BGB schuldet der Vater eines nicht-ehelichen Kindes der Mutter mindestens bis zu drei Jahren Unterhalt![675] Der Anspruch verdrängt nach h.M. den Anspruch aus § 1361 BGB gegen den Ehemann, wenn die Ehefrau wegen eines Kindes von einem Dritten ihrer Erwerbstätigkeit nicht mehr nachgehen kann.[676]

Rn. 339 - 352 weggefallen[677]

VI. Annahme als Kind (Adoption), §§ 1741 ff. BGB

Verwandtschaft durch Adoption; juristische Verwandtschaft

1. Ein Verwandtschaftsverhältnis kann nicht nur auf natürliche Weise durch Abstammung (leibliche Verwandtschaft), sondern auch künstlich durch Annahme als Kind (Adoption) hergestellt werden (juristische Verwandtschaft; Verwandtschaft im Rechtssinne).

353

Status d. ehelichen Kindes

Der Adoptierte erhält den Status eines gemeinschaftlichen Kindes des Annehmenden, §§ 1754, 1767 II BGB.

hemmer-Methode: Die historischen Ursprünge der Adoption liegen im Erbrecht. Durch den familienrechtlichen Vorgang sollte demjenigen, der keinen Intestaterben hatte, ein solcher geschaffen werden. Während die Adoption also ursprünglich den Zweck hatte, dem Kinder- bzw. Sohneslosen auf künstlichem Wege Nachkommen zu verschaffen, dient sie heute vornehmlich fürsorgerischen Zwecken, vgl. §§ 1741 I, 1767 I BGB. Trotzdem wird Sie Ihnen auch heute fast ausnahmslos in erbrechtlichen Klausuren begegnen, da sie isoliert für eine Klausur „nichts hergibt".

Dekretsystem/Hoheitsakt

Die Annahme als Kind wird auf Antrag des Annehmenden durch Hoheitsakt (Ausspruch des Vormundschaftsgerichts) bewirkt, § 1752 I BGB, sog. Dekretsystem.

Das Gesetz unterscheidet zwischen der Adoption Minderjähriger, §§ 1741 - 1766 BGB, und der Adoption Volljähriger, §§ 1767, 1772 BGB.

2. Adoption Minderjähriger, §§ 1741 - 1766 BGB:

bei Mj. Volladoption; Verwandtschaft mit allen

Hier gilt der Grundsatz der Volladoption, d.h. mit der Annahme erlischt regelmäßig das Verwandtschaftsverhältnis des Kindes und seiner Abkömmlinge zu den bisherigen Verwandten, § 1755 I S. 1 BGB (Ausnahmen: §§ 1755 II, 1756 I BGB). Das Kind erlangt im Verhältnis zum Annehmenden die Rechtsstellung eines gemeinschaftlichen Kindes, § 1754 I BGB und wird damit auch mit den Verwandten des Annehmenden verwandt.

354

Nach § 1747 S. 1 BGB ist zur Adoption eines Kindes die Einwilligung „der Eltern" erforderlich. Ob der Vater mit der Mutter verheiratet ist oder nicht, spielt keine Rolle, beide Elternteile müssen zustimmen.

hemmer-Methode: Bei der Adoption von Verwandten können diese infolge § 1756 I BGB gleichzeitig Erben verschiedener Ordnungen sein. Adoptiert bspw. der Großvater das Enkelkind, obwohl das (vermittelnde) Kind noch am Leben ist, dann erlischt nach § 1756 I BGB nur das Verwandtschaftsverhältnis zwischen Kind und Enkelkind. Die Stellung als Enkelkind bleibt von der Adoption unberührt.[678]

---

675 Vgl. z.B. OLG Köln, FamRZ 2002, 634 = **juris**byhemmer; maßgeblich für die Unterhaltshöhe ist das Einkommen der Mutter, das sie ohne die Geburt des Kindes gehabt hätte, vgl. BGH, FamRZ 2008, 1789.

676 OLG Bremen, NJW 2004, 1601 = **juris**byhemmer.

677 Die Randnummern 339 ff., die sich mit der künstlichen Befruchtung und der Frage, wer Mutter ist, auseinandersetzten, wurden gestrichen, da dies durch § 1591 BGB nun eindeutig die Frau ist, die das Kind zur Welt bringt, und nicht die Frau, deren Eizelle befruchtet wurde.

678 Vgl. Palandt, § 1925 BGB, Rn. 5.

Deutsche Staatsangehörigkeit

Dem Kind wird überdies die deutsche Staatsangehörigkeit des Annehmenden vermittelt, § 6 StAG.

3. Adoption Volljähriger, §§ 1767 - 1772 BGB:

bei Volljährigen Teiladoption; Verwandtschaft nur zu Annehmenden

Es handelt sich um eine sog. Teiladoption mit gegenüber § 1754 BGB eingeschränkten Wirkungen, § 1770 BGB. Ein Verwandtschaftsverhältnis wird nur zum Annehmenden, nicht aber zu dessen Verwandten begründet und die alten Verwandtschaftsverhältnisse bleiben bestehen (vgl. aber § 1772 BGB).

355

Aufhebung

4. Unter den Voraussetzungen der §§ 1759 ff. BGB bzw. § 1771 BGB kann das Annahmeverhältnis mit Wirkung ex nunc, § 1764 I BGB, wieder aufgehoben werden.

> **hemmer-Methode:** Da der nichteheliche Vater seit der Kindschaftsrechtsreform aufgrund der §§ 1626a ff. BGB n.F. auch die Möglichkeit hat, das Sorgerecht zu erlangen, besteht auch für die Adoption des nichtehelichen Kindes durch den eigenen Vater keine Notwendigkeit mehr.

B) Rechtsstellung des Kindes

I. Übersicht

Staatsangehörigkeit	§ 4 I RuStAG
Wohnsitz	§ 11 BGB
Name	§§ 1616 ff. BGB
Unterhaltsanspruch	§§ 1601 ff. BGB
Beistands-/ Rücksichtspflicht	§ 1618a BGB
Dienstleistungspflicht	§ 1619 BGB
Ausstattung	§§ 1624 f. BGB
elterliche Sorge	§§ 1626 ff. BGB
Umgangsrecht	§§ 1584 ff. BGB

II. Dienstleistungspflicht

Dienstpflicht d. Kindes in Haus u. Geschäft

Gem. § 1619 BGB ist ein Kind verpflichtet, in einer seinen Kräften und seiner Lebensstellung entsprechenden Weise den Eltern in ihrem Hauswesen und Geschäft Dienste zu leisten, wenn es dem elterlichen Hausstand angehört und von den Eltern erzogen oder unterhalten wird. Das Kind ist also aufgrund eines „familienrechtlichen Verhältnisses" zur Dienstleistung verpflichtet i.S.d. § 845 S. 1 BGB.

356

Entgeltanspruch grds. (-)

Entgelt kann nicht verlangt werden,[679] jedoch dürfen die Dienste nicht die Ausbildung des Kindes beeinträchtigen.[680]

---

679   BGH, FamRZ 1965, 431 = **juris**byhemmer.
680   BGH, FamRZ 1960, 359.

aber Vertrag mögl.	§ 1619 BGB schließt jedoch nicht aus, dass Eltern und Kind einen Dienst-, Arbeits- oder Gesellschaftsvertrag schließen, was auch stillschweigend möglich ist.[681] Wird von dem Kind ein stillschweigender Vertragsabschluss behauptet, so neigen die Arbeitsgerichte dazu, § 612 BGB als Anspruchsgrundlage für ein Entgelt heranzuziehen.[682]

Es kommt aber auch ein Bereicherungsanspruch in Betracht, wenn dem Kind unverbindlich eine Gegenleistung (z.B. spätere Geschäftsübernahme) in Aussicht gestellt wurde und die Erwartung sich nicht erfüllt (conditio ob rem, § 812 I S. 2 Alt. 2 BGB).[683]

hemmer-Methode: Man greift hier also auf dieselben Rechtsinstitute zurück, wie bei der Ehegattenmitarbeit (vgl. oben Rn. 60 ff.) und der NeLG (vgl. oben Rn. 324 ff.), nur der Akzent verschiebt sich, da im Eltern-Kind-Verhältnis eine dem arbeitsrechtlichen Direktionsrecht entsprechende Unterordnung leichter angenommen werden kann und auch eine konkludente Zweckvereinbarung näher liegt.

Ersatzanspruch gem. § 845 BGB	Bei Tötung, Verletzung oder Freiheitsentziehung des Kindes durch einen Dritten haben die Eltern, für die das Kind gem. § 1619 BGB Dienste leistete, einen Ersatzanspruch gegen den Dritten, § 845 BGB.[684]	*357*

hemmer-Methode: Probleme können aber bei dieser Variante dann bestehen, wenn die Eltern mit dem Kind gleichzeitig einen Ausbildungsvertrag geschlossen haben oder ein normaler Arbeitsvertrag zwischen Eltern und Kind den § 1619 BGB überlagert, vgl. Hemmer/Wüst, Deliktsrecht, Rn. 294.

Hilfspflicht der Eltern gegenüber ihren Kindern	Umgekehrt haben Kinder in extremen Notsituationen einen auf § 1618a BGB gestützten Anspruch auf Mithilfe ihrer Eltern im Hauswesen oder Gewerbe, der ebenfalls eine gesetzliche Verpflichtung i.S.d. § 845 BGB darstellt.[685]	*358*

C) Elterliche Sorge

I. Allgemeine Sorgerechtsgrundsätze

1. Allgemeines

elterliche Sorge bei Minderj.	Das minderjährige Kind steht unter elterlicher Sorge, § 1626 I S. 1 BGB.	*359*
im Verhältnis zu Dritten absolutes Recht	**a)** Die elterliche Sorge verleiht den Eltern zwar kein Herrschaftsrecht über das Kind, sie wirkt jedoch im Verhältnis zu Dritten wie ein absolutes Recht und genießt damit den Schutz des § 823 I BGB. Die Eltern können Dritten den Umgang mit dem Kind verbieten, § 1632 II BGB (beachten Sie aber §§ 1684 f. BGB), und dieses Verbot mit der quasi-negatorischen Unterlassungsklage, §§ 12, 862, 823, 1004 BGB durchsetzen.	

---

681 Palandt, § 1619 BGB, Rn. 3.

682 Vgl. BAG, AP Nr. 22, 23, 24 zu § 612 BGB = **juris**byhemmer.

683 Vgl. BGH, FamRZ 1966, 25; 65, 317.

684 Vgl. BGH, NJW 1969, 2005 = **juris**byhemmer.

685 Str., vgl. Palandt, § 1618 BGB, Rn. 3 m.w.N.

Bsp.:[686] *Ein 37-jähriger, verheirateter Vater von zwei Kindern unterhält intime Beziehungen zu einem sechzehnjährigen Mädchen, das noch zur Schule geht. Die Eltern des Mädchens verklagen den Mann auf Unterlassung.*

Das OLG hat im vorliegenden Fall den Unterlassungsanspruch der Eltern analog § 1004 BGB für begründet erachtet, und zwar bereits deshalb, weil die Eltern den Umgang ihrer Tochter mit dem verheirateten Mann für schädlich halten.

Da nämlich die Eltern die elterliche Sorge in eigener Verantwortung ausüben, § 1627 S. 1 BGB, darf das Gericht die Ermessensentscheidung der Eltern nicht auf Sachgerechtigkeit und Angemessenheit überprüfen, solange wie hier keine Anhaltspunkte für einen etwaigen Missbrauch des Sorgerechts vorliegen.

ggf. Schadensersatz nach § 823 I BGB

360 Die Verletzung des elterlichen Sorgerechts kann schadensersatzpflichtig machen, § 823 I BGB.[687] Allerdings liegen nur wenige Schäden innerhalb des Schutzzwecks der Norm. Zu bejahen wäre z.B. die Ersatzfähigkeit von Detektivkosten im Falle einer Kindesentführung.

aber auch Sorgepflicht d. Eltern

361 **b)** Umgekehrt korrespondiert mit dem elterlichen Sorgerecht auch die Sorgepflicht, deren Verletzung die Eltern dem Kind gegenüber schadensersatzpflichtig macht.

§ 1664 BGB nach h.M. Anspruchsgrundlage

§ 1664 BGB ist nach h.M. nicht nur Sorgfaltsmaßstab, sondern auch Anspruchsgrundlage für diesen Schadenersatzanspruch.[688] Nach der Gegenansicht ist Anspruchsgrundlage eine kindschaftsrechtliche Parallele zu § 280 BGB, § 1664 BGB ist (wie § 276 BGB) lediglich Sorgfaltsmaßstab.[689]

Erfasst sind jedenfalls nur solche Schäden, die speziell mit der elterlichen Sorge zusammenhängen, so z.B. nicht ein Unfall im Straßenverkehr.[690]

Haftung der Eltern diligentia quam in suis

Für Schadenszufügungen, die mit der Ausübung der elterlichen Gewalt zusammenhängen, haften die Eltern gem. § 1664 BGB i.V.m. § 277 BGB nur für Vorsatz und grobe Fahrlässigkeit. Dieser Verschuldensmaßstab gilt nicht für die Verletzung der (objektiv zu bestimmenden) Aufsichtspflicht gegenüber dem Kind und im Rahmen der Haftung der Eltern gegenüber Dritten wegen Aufsichtspflichtverletzung, § 832 BGB, d.h. insoweit besteht auch eine Haftung bei nur einfacher Fahrlässigkeit.[691]

hemmer-Methode: Das Haftungsprivileg des § 1664 I BGB kann nicht im Wege der Analogie auf andere Personen, die nicht Inhaber der elterlichen Sorge sind, wie z.B. das Kindermädchen, ausgedehnt werden.[692]

bei Mitverschulden §§ 254 II S. 2, 278, 1626 ff., 1664 BGB beachten

Probleme können sich sowohl bei der Zurechnung des elterlichen Mitverschuldens über §§ 254 II S. 2, 278, 1626 ff., 1664 BGB ergeben als auch bei der Anwendung der Grundsätze des gestörten Gesamtschuldnerausgleichs.

---

686 Nach OLG Frankfurt, NJW 1979, 2052 = **juris**byhemmer.

687 Palandt, § 1626 BGB, Rn. 2.

688 M.w.N. Palandt, § 1664 BGB, Rn. 1.

689 Staudinger, § 1664 BGB, Rn. 6.

690 Vgl. dazu ausführlich **Hemmer/Wüst, Schadensersatzrecht III, Rn. 15 ff.**

691 Vgl. Palandt, § 1664 BGB, Rn. 2.

692 BGH, NJW 1996, 53 m. Anm. Hohloch, JuS 1996, 360 f. = **juris**byhemmer.

hemmer-Methode: Das gestörte Gesamtschuldverhältnis ist ein examensrelevantes Problem. Lesen Sie dazu im Zusammenhang mit § 1664 BGB unbedingt Hemmer/Wüst, Schadensersatzrecht III, Rn. 15 ff., 267 ff.![693]

bei Heranziehung Dritter ggf. § 278 BGB

362

Soweit die Ausübung der elterlichen Sorge Dritten überlassen wird (z.B. Kindermädchen), haften die Eltern für diese gem. § 278 BGB. Nur wenn die Heranziehung Dritter unbedingt erforderlich ist (z.B. Arzt, Rechtsanwalt), wird lediglich für Auswahl und Überwachung gemäß § 1664 BGB gehaftet.[694]

Bsp. 1: Verletzt die Hausangestellte das Kind grob fahrlässig, so haften die Eltern dafür gem. § 278 S. 1 BGB wie für eigenes Verschulden. Da sie gem. §§ 1664 I, 277 BGB bei eigenem Verschulden für grobe Fahrlässigkeit haftbar wären, haften sie hier auch für die Hausangestellte.

Bsp. 2: Verletzt der behandelnde Arzt das Kind grob fahrlässig, so haften die Eltern gem. § 1664 BGB nur für die Auswahl und Überwachung des Arztes, sofern die Heranziehung des Arztes notwendig war. Im Rahmen der Personensorge obliegt es den Eltern nur, einen geeigneten Arzt zu beauftragen, nicht aber ärztliche Behandlungen selbst durchzuführen. § 278 BGB greift somit bei der Behandlung durch den Arzt nicht ein. Die Eltern haften nicht für dessen grobe Fahrlässigkeit.

beide Elternteile Gesamtschuldner, § 1664 II BGB

I.S.d. § 1664 BGB haftet jeder Elternteil nur für eigenes Verschulden. Sind beide Eltern für den Schaden verantwortlich, so haften sie als Gesamtschuldner, § 1664 II BGB.

c) Die elterliche Sorge umfasst grundsätzlich zwei Funktionsbereiche:

Personen- u. Vermögenssorge

363

Personensorge, §§ 1626 I S. 2 Alt. 1, 1631 - 1633 BGB, und Vermögenssorge, §§ 1626 I S. 2 Alt. 2, 1638 - 1646, 1649, 1683, 1698 - 1698b BGB.

Personensorge bzgl. persönlichen Angelegenheiten d. Kindes

Die Personensorge umfasst alle persönlichen Angelegenheiten des Kindes. Die Aufzählung in § 1631 I BGB ist nicht abschließend.[695] §§ 1631a ff. BGB enthalten spezielle Regelungen. Neben §§ 1631 - 1634 BGB ist auch das RelKErzG zu beachten. Nach § 1631 II BGB sind entwürdigende Erziehungsmaßnahmen, insbesondere körperliche und seelische Misshandlungen, unzulässig.

hemmer-Methode: Das Recht der Personensorge erfasst auch medizinische Behandlungen. In diesem Kontext wurde in § 1631d BGB nunmehr ausdrücklich die Frage der Beschneidung eines männlichen Kindes geregelt, nachdem zuvor das LG Köln eine solche Beschneidung als strafbare Körperverletzung gewertet hatte.[696]

Vermögenssorge auch als BMV i.S.d. § 868 BGB

Die Vermögenssorge schließt alle Maßnahmen ein, die dazu dienen, das Vermögen des Kindes zu erhalten, zu verwerten und zu vermehren.[697] Sie erlangt u.a. auch im Sachenrecht Bedeutung, da sie ein gesetzliches Besitzmittlungsverhältnis im Sinne des § 868 BGB darstellt, aufgrund dessen die Eltern unmittelbare Fremdbesitzer der zum Kindesvermögen gehörigen Gegenstände sind. Dieses Besitzmittlungsverhältnis kann Grundlage einer Übereignung von Gegenständen von den Eltern an das Kind gem. § 930 BGB sein.[698]

---

693 Hierzu auch Schwab, JuS 1989, S. 1 BGB.

694 Palandt, § 1664 BGB, Rn. 2.

695 Palandt, § 1626 BGB, Rn. 9.

696 LG Köln, FamRZ 2012, 1421 = **juris**byhemmer.

697 Palandt, § 1626 BGB, Rn. 18.

698 BGH, NJW 1989, 2542; vgl. auch oben Rn. 53 zum gesetzlichen Besitzmittlungsverhältnis der ehelichen Lebensgemeinschaft.

Zwischen Personensorge und Vermögenssorge muss genau abgegrenzt werden, vgl. §§ 1666 ff., 1680, 1683 BGB.[699] Eine weitere Unterteilung ist möglich, vgl. § 1626 I BGB.[700]

sowohl tatsächliche Sorge als auch Vertretung

In diesen beiden Bereichen steht den Eltern jeweils die tatsächliche Sorge, § 1626 I BGB, und die Vertretung des Kindes, § 1629 BGB, zu.[701]

Abgrenzung schwierig

Die Unterscheidung zwischen tatsächlicher Sorge und Vertretung ist insbesondere im Bereich der Personensorge oft schwierig vorzunehmen: So gehört z.B. die Entscheidung über den schulischen Werdegang zur tatsächlichen Sorge, die Anmeldung an einer Schule aber zur Vertretung nach außen, es handelt sich also um zwei Seiten einer Medaille, so wie im Gesellschaftsrecht Geschäftsführungsbefugnis und Vertretungsmacht, §§ 709, 714 BGB, §§ 114, 125 HGB. Eine exakte Unterscheidung ist aber meist erforderlich, vgl. §§ 1633, 1666, 1673 II S. 2 BGB.[702]

grds. gemeinsame Sorge

Die Eltern üben die Sorge grundsätzlich gemeinsam im gegenseitigen Einverständnis aus, § 1627 S. 1 BGB. Wenn sie sich nicht einigen können, kann das Familiengericht einem Elternteil die Entscheidung übertragen, § 1628 BGB.[703]

364

aber alleiniges Sorgerecht mögl.

Unter bestimmten Voraussetzungen hat ein Elternteil allein das Sorgerecht:

⇨ Die Gemeinsamkeit der elterlichen Sorge endet bei Gefahr in Verzug. Jeder Elternteil ist in diesem Fall allein sorgeberechtigt, § 1629 I S. 4 BGB.

⇨ Das Sorgerecht eines Elternteils ist nach § 1638 BGB ausgeschlossen.

⇨ Unter den Voraussetzungen der §§ 1673, 1674[704] BGB ruht die elterliche Sorge. Der andere Elternteil übt dann die elterliche Sorge alleine aus, §§ 1675, 1678 I BGB.

⇨ Ist die elterliche Sorge eines Elternteils durch Tod oder Todeserklärung (vgl. § 9 VerschG) erloschen, § 1677 BGB, so steht sie dem anderen Elternteil allein zu, §§ 1680, 1681 BGB.

⇨ Wurde einem Elternteil durch das Familiengericht das Sorgerecht ganz oder teilweise entzogen, §§ 1666, 1666a BGB, so übt der andere die elterliche Sorge insoweit allein aus.

hemmer-Methode: Die gemeinsame Sorge besteht nach § 1671 BGB grundsätzlich über die Trennung bzw. Scheidung der Eltern hinaus. Allerdings hat nach § 1687 BGB der Elternteil, in dessen Obhut sich das Kind befindet, das Recht, Angelegenheiten des täglichen Lebens eigenständig zu entscheiden. Nur bei Angelegenheiten von erheblicher Bedeutung ist Einvernehmen beider Elternteile erforderlich.[705]

699 Palandt, § 1626 BGB, Rn. 9.

700 Palandt, § 1626 BGB, Rn. 9.

701 Vgl. Palandt, § 1626 BGB, Rn. 9.

702 Palandt, § 1626 BGB, Rn. 9.

703 BVerfG, NJW 2003, 1031 = FamRZ 2003, 511. Das Gericht darf aber keine eigene Entscheidung treffen!

704 Vgl. BGH, FamRZ 2005, 29 = **juris**byhemmer zu der (verneinten) Frage, ob die elterliche Sorge bei Strafhaft des Vaters ruht.

705 Vgl. oben Rn. 311.

2. Vertretung des Kindes

Vertretung durch Eltern als Gesamt-vertreter

a) Grundsätzlich sind die Eltern Gesamtvertreter, §§ 1626 I, 1629 I S. 2 BGB. Ein Elternteil kann jedoch den anderen analog § 125 II S. 2 HGB ermächtigen, allein für das Kind zu handeln. Bei Geschäften des täglichen Lebens ist von einer stillschweigenden Ermächtigung auszugehen.[706] Auch in Notfällen kann ein Elternteil alleine handeln (§ 1629 I S. 4 BGB).[707]

365

ggf. §§ 177 ff. BGB

Handelt ein Elternteil ohne die erforderliche Mitwirkung des anderen, so gelten die §§ 177 ff. BGB entsprechend.

zu beachten: Surrogation nach § 1646 BGB

Handeln die Eltern nicht im Namen des Kindes, so kommt ein Rechtserwerb des Kindes nach den allgemeinen Vorschriften i.V.m. § 164 BGB nicht in Betracht. Es greift dann jedoch zum Schutz des Kindesvermögens die Surrogationsvorschrift des § 1646 BGB (Mittelsurrogation).

366

Wissenszurechnung, § 166 BGB

Wissenszurechnung erfolgt nach § 166 BGB, Verschuldenszurechnung im Rahmen einer schuldrechtlichen Sonderverbindung nach § 278 BGB. Die Eltern sind jedoch keine Verrichtungsgehilfen des Kindes i.S.d. § 831 BGB.

bei Empfangsvertretung ist Einzel-vertretung ausreichend

b) Einzelvertretung findet nach den allgemeinen Grundsätzen der Gesamtvertretung stets bei der Empfangsvertretung statt, § 1629 I S. 2 BGB Darüber hinaus hat ein Elternteil Einzelvertretungsmacht, wenn dies gesetzlich angeordnet ist, vgl. § 1629 II S. 2 BGB,[708] ihm die elterliche Sorge allein zusteht[709] oder ihm die Entscheidung nach § 1628 I BGB übertragen ist, § 1629 I S. 3 BGB.

hemmer-Methode: Hängt die Wirksamkeit eines von dem Kind geschlossenen Vertrags von der Genehmigung der Eltern ab, §§ 108 I, 184 I BGB, so reicht es aus, wenn ein Elternteil die Genehmigung verweigert, weil dann die erforderliche Genehmigung beider Elternteile nicht mehr erreicht werden kann.

3. Ausschluss und Schranken der Vertretungsmacht

Grenzen bei Pflegschaft sowie bei § 1795 BGB

Die elterliche Sorge erstreckt sich nicht auf die Angelegenheiten des Kindes, für die ein Pfleger bestellt ist, § 1630 I BGB. Wegen des möglichen Interessenwiderstreits sind die Eltern auch in den Fällen von der Vertretung des Kindes ausgeschlossen, in denen gem. § 1795 BGB ein Vormund von der Vertretung des Mündels ausgeschlossen ist, § 1629 II S. 1 BGB.

367

Unzulässiges In-Sich-Geschäft

Klausurrelevant ist v.a. § 1795 II BGB i.V.m. § 181 BGB. Danach ist ein In-Sich-Geschäft ausgeschlossen. Ausnahmsweise ist es in teleologischer Reduktion des § 181 BGB jedoch dann zulässig, wenn das Geschäft für den Minderjährigen lediglich rechtlich vorteilhaft ist, i.d.R. eine Schenkung.

Gesamtbetrachtungslehre

Ob eine Schenkung tatsächlich rechtlich vorteilhaft ist, war nach der früheren Rechtsprechung des BGH aber durch eine Gesamtbetrachtung des schuldrechtlichen und des dinglichen Vertrages zu bestimmen[710].

---

706 Palandt, § 1629 BGB, Rn. 9.

707 Palandt, § 1626 BGB, Rn. 18.

708 OLG München, FamRZ 2003, 248 = juris*by*hemmer: Betreuen beide Eltern trotz Trennung das Kind in gleichem Umfang, sog. Wechselmodell, hat keiner der Elternteile ein Einzelvertretungsrecht.

709 Vgl. oben Rn. 364.

710 Vgl. BGHZ 78, 28 [34] = NJW 1981, 111 ff. = juris*by*hemmer.

Ist also nicht das schuldrechtliche, aber das dingliche Geschäft für den Minderjährigen nachteilig, so ist damit die Schenkung insgesamt als nicht lediglich rechtlich vorteilhaft zu beurteilen. Die Folge hieraus ist, dass die Schenkung unwirksam ist und es somit an einer wirksamen Verbindlichkeit fehlt.

> **Bsp.:** *Das verschenkte Grundstück ist vermietet. Der Erwerb eines vermieteten Grundstücks ist nicht lediglich rechtlich vorteilhaft, da der Erwerber nach Maßgabe der §§ 578 I, 566 ff. BGB in das bestehende Mietverhältnis eintritt.*[711]

Dieser Rechtsprechung, die nur im Ergebnis überzeugt, wurde aber stets zu Recht vorgeworfen, dass sie mit der Gesamtbetrachtung von Verpflichtung und Verfügung das Abstraktionsprinzip in gefährlicher Art und Weise vernachlässige. Die Gegenansicht hat die Zulässigkeit eines Insichgeschäfts gem. § 181 BGB a.E. teleologisch eingeschränkt und ein Insichgeschäft in Erfüllung einer Verbindlichkeit nur zugelassen, wenn und soweit das Erfüllungsgeschäft für den Minderjährigen **im Ergebnis** lediglich rechtlich vorteilhaft ist. Dem folgt nun auch der BGH.[712]

auch Ausschluss möglich

Weiterhin sind die Eltern von der Vertretung ausgeschlossen, wenn ihnen die Vertretungsmacht für einzelne Angelegenheiten vom Familiengericht entzogen worden ist, § 1629 II S. 3 BGB i.V.m. § 1796 BGB.

Weitere Beschränkungen des Vertretungsrechts: *368*

1. keine Vertretung bei selbstständigem Betrieb eines Erwerbsgeschäfts, Dienst- und Arbeitsverhältnis, §§ 112, 113 BGB

2. keine Schenkung in Vertretung des Kindes, § 1641 BGB

3. höchstpersönliche Rechtsgeschäfte z.B. § 125 FamFG, §§ 1411 I S. 3, 1595, 2064, 2274, 2347 BGB

4. Beschränkung der Vermögenssorge, § 1638 BGB

5. Erfordernis familiengerichtlicher Genehmigung, § 1643 BGB i.V.m. §§ 1821, 1822 Nrn. 1, 3, 5, 8 bis 11 BGB – abgesichert durch Ausschluss der Umgehungsmöglichkeit in § 1644 BGB. Dabei ist zu beachten, dass der Begriff der „Genehmigung" anders als in § 184 BGB gebraucht wird und „Zustimmung" i.S.d. § 182 BGB meint.

   - Einseitige Rechtsgeschäfte ohne vorherige Genehmigung des FamG sind nichtig, §§ 1643 III, 1831 BGB.

   - Verträge ohne vorherige Genehmigung des FamG sind schwebend unwirksam. Mit Mitteilung der familiengerichtlichen Genehmigung werden sie wirksam, §§ 1643 III, 1828 - 1830 BGB.

---

hemmer-Methode: Der Bereich der elterlichen Vertretungsmacht eignet sich besonders gut für Klausuren, da er sich nach dem Baukastenprinzip – ein Problem mehr – ohne Schwierigkeiten überall einfügen lässt. Das Erfordernis vormundschaftlicher Genehmigung ist dann die klausurrelevanteste Beschränkung des elterlichen Vertretungsrechts. Wichtig ist es vor allem, in der Klausur streng zwischen der Frage zu trennen, wer das Kind vertreten kann, und ob zusätzlich die Genehmigung des Familiengerichts notwendig ist.

---

711 BGH, NJW 2005, 415 = **Life&Law 2005, 203**; vgl. auch BGH, NJW 2010, 3643 f = **Life&Law 02/2011** für eine Eigentumswohnung als Schenkungsgegenstand. Alle Entscheidungen = **juris**byhemmer.

712 Vgl. BGH, **Life&Law 02/2011, 139 ff.** = NJW 2010, 3643 f. = **juris**byhemmer; ausführlich hierzu **Hemmer/Wüst, BGB AT I, Rn. 123.**

Bedeutung des FamG: Überwachung

Das Familiengericht überwacht in gewissem Maße die Ausübung der elterlichen Gewalt. So schreitet es z.B. bei Missbrauch des Sorgerechts ein (§§ 1666, 1666a BGB) und entscheidet über die Zulässigkeit von besonders bedeutsamen Rechtsgeschäften für das Kind (§ 1643 BGB). Für Angelegenheiten, an deren Besorgung die Eltern oder der Vormund verhindert sind, bestellt das Vormundschaftsgericht einen Pfleger, § 1909 I BGB.

369

II. Elterliche Sorge für Kinder, deren Eltern nicht miteinander verheiratet sind

1. § 1626a BGB

gemeinsame elterliche Sorge

Sind die Eltern bei der Geburt des Kindes nicht miteinander verheiratet, so steht ihnen die elterliche Sorge gem. § 1626a I BGB gemeinsam zu, wenn sie

370a

⇨ Nr. 1: erklären, dass sie die Sorge gemeinsam übernehmen wollen (Sorgeerklärungen),

⇨ Nr. 2: einander heiraten,[713] oder

⇨ Nr. 3: ihnen das Familiengericht die gemeinsame Sorge überträgt. Voraussetzung hierfür ist nach § 1626a II BGB, dass die gemeinsame Sorge dem Kindeswohl nicht widerspricht.

elterliche Sorge bei der Mutter

Liegen die Voraussetzungen des § 1626a I BGB nicht vor, hat die Mutter die elterliche Sorge (§ 1626a III BGB).

2. Gemeinsame Sorge aufgrund Sorgerechtserklärungen

a) Sorgeerklärung beider Eltern

370b

Voraussetzungen der elterlichen Sorge

⇨ Hierzu ist erforderlich, dass der Vater im Rahmen des § 1592 Nr. 2 oder Nr. 3 BGB feststeht.

⇨ Nicht erforderlich ist, dass die Eltern zusammen leben oder das die Eltern des Kindes keinen anderen (Ehe-)Partner haben dürfen.

b) Die anderen Voraussetzungen für die Sorgeerklärung ergeben sich aus den §§ 1626b - 1626e BGB.

370c

⇨ Eine Sorgeerklärung kann nicht unter einer Bedingung oder einer Zeitbestimmung abgegeben werden (§ 1626b I BGB).

⇨ Die Abgabe vor der Geburt des Kindes ist zulässig (§ 1626b II BGB).

⇨ keine gerichtliche Entscheidung i.S.d. §§ 1671, 1672 BGB oder Änderung einer solchen Entscheidung nach § 1669 I BGB (§ 1626b III BGB)

⇨ Höchstpersönlichkeit (§ 1626c I BGB).

⇨ Bei beschränkt geschäftsfähigen Elternteilen vgl. § 1626c II BGB.

⇨ öffentliche Beurkundung (§ 1626d BGB); beachten Sie aber § 59 I Nr. 8 SGB VIII, §§ 1 ff. BUrkG, § 20 I BnotO.

---

713 Wobei Voraussetzung ist, dass die Mutter im Zeitpunkt der Heirat noch das Sorgerecht hat, vgl. BGH, FamRZ 2005, 1469 = **juris**byhemmer.

3. Aufhebung der gemeinsamen elterlichen Sorge

Hierfür gelten die Ausführungen zu § 1671 BGB in Rn. 314.

370d

4. Beistandschaft

Beistandschaft

Die Beistandschaft durch das Jugendamt tritt gem. § 1712 BGB nur auf Antrag ein, der Antrag kann sich dabei auf einzelne Aufgaben beschränken. Antragsberechtigt ist der Elternteil, dem für die beantragte Aufgabe die Alleinsorge zusteht, § 1713 I BGB. Gemeinsame Sorge schließt die Beistandschaft aus. Die Beistandschaft endet, wenn der Antragsteller dies schriftlich verlangt, die Alleinsorge verliert oder die Aufgabe erfüllt ist, § 1715 BGB.

III. Änderungen bzgl. der elterlichen Sorge

§ 1696 BGB

Das Vormundschaftsgericht und das Familiengericht haben ihre Anordnungen zu ändern, wenn dies aus triftigen, das Wohl des Kindes nachhaltig berührenden Gründen angezeigt ist (§ 1696 I BGB).

370f

hemmer-Methode: Dem Elternteil, dem kein Sorgerecht zusteht, verbleibt aber grundsätzlich das Umgangsrecht bzw. die entsprechende Umgangspflicht, § 1584 BGB.[714]

D) Unterhaltspflichten

I. Gesetzliche Unterhaltspflichten

Unterhalt

> **Überblick über die gesetzlichen Unterhaltspflichten:[715]**
> ⇨ zw. Verwandten gerader Linie: §§ 1601 - 1615o BGB
> ⇨ zw. Ehegatten:
> - bei Zusammenleben: §§ 1360, 1360a BGB (oben Rn. 87)
> - bei Getrenntleben: § 1361 BGB (oben Rn. 88)
> - nach Scheidung der Ehe: §§ 1569 ff. BGB (oben Rn. 295)
> ⇨ zw. dem Vater und der Mutter eines nichtehelichen Kindes: §§ 1615a, 1615l - 1615o BGB

371

Weitere unterhaltsrechtliche Bestimmungen enthalten §§ 1371 IV, 1751 IV, 1755 I a.E., 1963, 1969 BGB.

1. Verwandtenunterhalt

Verwandte gerader Linie

Zwischen Verwandten in gerader Linie, § 1589 S. 1 BGB, besteht eine Unterhaltspflicht, § 1601 BGB. Kraft dieser Unterhaltspflicht hat der Berechtigte gegen den Verpflichteten einen Unterhaltsanspruch, wenn weitere Voraussetzungen hinzutreten.

372

---

714 Ausführlich oben Rn. 316.

715 Begriffserläuterungen zur unterhaltsrechtlichen Fachterminologie finden Sie im MüKo, vor § 1601 BGB, Rn. 45 - 60.

!!

hemmer-Methode: § 1601 BGB regelt nicht den Kindes-, sondern allgemein den Verwandtenunterhalt, sodass auch Ansprüche der Eltern gegen ihre Kinder bestehen können. Dies wird gerade in Zeiten teurer Pflegeheime und knapper (Pflegeversicherungs-)Kassen immer praxisrelevanter![716]

Prüfungsschritte

Bei der Prüfung des Unterhaltsanspruchs ist folgendermaßen vorzugehen:

Prüfung des Unterhaltsanspruchs:

⇨ Bedürftigkeit, § 1602 BGB

⇨ Unterhaltsverpflichteter, §§ 1606, 1608 BGB

⇨ Umfang und Inhalt des Anspruchs, §§ 1610, 1612 BGB

⇨ Leistungsfähigkeit des Unterhaltsverpflichteten, § 1603 BGB

⇨ Ersatzhaftung bei fehlender Leistungsfähigkeit, § 1607 BGB

⇨ Kindergeldverrechnung, § 1612b

⇨ kein Ausschluss, § 1611 BGB

---

a) Bedürftigkeit des Unterhaltsberechtigten, § 1602 I BGB

Bedarf über eigener Leistungsfähigkeit

Bedürftig und daher unterhaltsberechtigt ist, wessen Unterhaltsbedarf seine Leistungsfähigkeit übersteigt.

373

Die Bedürftigkeit ergibt sich also aus dem Vergleich zwischen dem Bedarf des Berechtigten und seiner eigenen Leistungsfähigkeit. Umstände, die einen Bedarf begründen, wirken unterhaltserhöhend, Umstände, welche die Leistungsfähigkeit erhöhen, wirken unterhaltsmindernd.

Erwerbsfähigkeit u. Vermögen

Die Leistungsfähigkeit beruht auf der Erwerbsfähigkeit und dem Vermögen.

ggf. auch fiktive Einkünfte anrechenbar

Wenn eine objektive Erwerbsmöglichkeit vorliegt, dann ist der Anspruchssteller auch dann leistungsfähig, wenn er sie nicht wahrnimmt; es werden ihm insoweit fiktive Einkünfte angerechnet.[717] Er muss beweisen, dass er sich erfolglos um eine Arbeit bemüht hat. Analog § 850h ZPO ist auch verschleiertes Einkommen zu berücksichtigen. Zur Beantwortung der Frage, ob eine Erwerbstätigkeit verlangt werden kann, kann auf die Gedanken der §§ 1570 ff. BGB. zurückgegriffen werden.[718]

Hat der Berechtigte Einkünfte aus einem Erwerb, der seine Erwerbsobliegenheit übersteigt, so ist grundsätzlich nach dem Rechtsgedanken des § 1577 II BGB vorzugehen.[719]

Ausbildungskosten bei Kindern

Zur Bedürftigkeit gehört systematisch auch die Frage, ob ein Kind im Verhältnis zu seinen unterhaltspflichtigen Eltern von einer Erwerbstätigkeit freigestellt ist, damit es sich einer Ausbildung unterziehen kann, auch wenn das Gesetz diese Frage erst beim Umfang des Anspruchs behandelt, § 1610 II BGB.[720]

---

716 Zusammenfassend hierzu Herr, FamRZ 2005, 1021.

717 Ein aktuelles Problem stellt die Frage dar, ob der Unterhaltsanspruch im Freiwilligen sozialen Jahr grundsätzlich fortbesteht, oder ob dem Unterhaltsberechtigten vorgehalten werden kann, er könne auch „normal" arbeiten gehen. Für eine fortdauernde Unterhaltspflicht OLG Hamm, Beschluss vom 08.01.2015, 1 WF 296/14 = **juris**byhemmer.

718 Palandt, § 1602 BGB, Rn. 7, 12; vgl. oben Rn. 298 ff.

719 Palandt, § 1602 BGB, Rn. 7; zu § 1577 II BGB vgl. oben Rn. 302.

720 Palandt, § 1602 BGB, Rn. 12.

Dieses Problem tritt insbesondere dann auf, wenn das bereits volljährige Kind einen Beruf erlernen will. Dabei gilt im Grundsatz, dass Ausbildungskosten nur für einen Beruf, also grundsätzlich nicht für mehrere Ausbildungen zu zahlen sind.[721]

Abgrenzung v. Weiterbildung u. Zweitausbildung

Im Rahmen eines einheitlichen Ausbildungsweges kann bei engem zeitlichem und sachlichem Zusammenhang aber auch eine Weiterbildung bzw. eine gestufte Ausbildung (Abitur - Lehre - Studium) zum angemessenen Unterhalt gehören.[722] Diese bestehende Verpflichtung ist deshalb häufig von einer nicht zu erstattenden Zweitausbildung genau abzugrenzen.[723] Noch nicht eindeutig geklärt ist insoweit die Frage, ob nach Abschluss eines Bachelor-Studiengangs auch für den sich anschließenden Master-Studiengang eine Unterhaltspflicht besteht. Während einerseits der Studienabschluss mit dem Grad eines Bachelors für den Berufseinstieg als angemessen angesehen wird, wird andererseits die Auffassung vertreten, dass es sich bei den Studiengängen mit Bachelor- und Masterabschluss um einen einheitlichen Ausbildungsgang handelt, sofern das unterhaltsberechtigte Kind mit dem Bachelor-Abschluss die Zugangsvoraussetzungen für den Master-Studiengang erfüllt.[724]

hemmer-Methode: Die Abgrenzung von Weiterbildung und Zweitausbildung ist ein besonders examensrelevantes Klausurproblem des Familienrechts. Hier müssen Sie nämlich stets im Einzelfall genau prüfen, welche der beiden Alternativen vorliegt. Ein pauschales Lernen führt hier jedenfalls nicht zum Erfolg. Wichtiger ist indessen, dass Sie sich die Abgrenzungskriterien genau einprägen und auf den jeweiligen Fall anwenden.

Kurz zusammengefasst müssen nach der Rechtsprechung folgende Voraussetzungen bei einer Weiterbildung bzw. bei einem Lehre-, Studiums- Wechsel erfüllt sein:[725]

⇨ enger sachlicher Zusammenhang

⇨ enger zeitlicher Zusammenhang (gebotene Zielstrebigkeit beim Wechsel, keine längere Berufstätigkeit im erlernten Beruf)

⇨ negativ ist nicht mehr notwendig, dass der Studienentschluss von vornherein vorlag[726]

⇨ aufgrund der höheren Belastungen für die Eltern besonders sorgfältige Prüfung der finanziellen Angemessenheit des Studiums.[727]

b) Umfang und Inhalt des Unterhaltsanspruchs

§§ 1610, 1612 BGB

Umfang und Inhalt des Unterhaltsanspruchs richten sich nach §§ 1610, 1612 BGB.

---

721 Palandt, § 1610 BGB, Rn. 20, 29 ff.

722 Palandt, § 1610 BGB, Rn. 30 f.

723 Vgl. OLG Hamm NJW-RR 2010, 1589 = **juris**byhemmer.

724 Vgl. zum Meinungsstand OLG Celle, Beschluss vom 02.02.2010, 15 WF 17/10; OLG Brandenburg, Beschluss vom 18.01.2011, 10 UF 161/10 = **juris**byhemmer.

725 Ausführlich zum Ganzen Palandt, § 1610 BGB, Rn. 29 ff.

726 Anders kann dies sein, wenn über die Realschule ein Fachhochschulstudium folgt; dort müssen die Eltern nicht zwangsläufig mit einem Studium (anders als beim Abitur) rechnen, vgl. Palandt, § 1610 BGB, Rn. 29 ff. Dies ist Ausfluss des sog. „Gegenseitigkeitsprinzips", vgl. Palandt, § 1610 BGB, Rn. 22 f.

727 Vgl. allgemein zum Unterhaltsanspruch eines Studenten Grieger, **Life&Law 2011, 912**.

angemessener Unterhalt; Düsseldorfer Tabelle

Der Umfang des Unterhaltsanspruchs bemisst sich nach dem sozialen Maßstab der Lebensstellung des Bedürftigen (angemessener Unterhalt), § 1610 I BGB. Die Praxis richtet sich dabei in der Regel nach Unterhaltstabellen (z.B. Düsseldorfer Tabelle[728]). Der Anspruch geht auf Zahlung einer monatlich im Voraus zu entrichtenden Geldrente, § 1612 I S. 1, III S. 1 BGB, ggf. zuzüglich Mehr- und Sonderbedarf, § 1610 II BGB.[729] Allerdings haben die Eltern unter den Voraussetzungen des § 1612 II BGB die Möglichkeit, Natural- anstelle von Barunterhalt zu leisten.[730]

374

> **hemmer-Methode:** Nach § 1612a BGB besteht die Möglichkeit, Unterhaltsansprüche nicht nur auf einen bestimmten Geldbetrag, sondern auch auf einen bestimmten Prozentsatz des Mindestunterhalts zu titulieren. Dieses Vorgehen hat den Vorteil, dass der Titel automatisch an die Veränderungen des Mindestunterhalts angepasst wird.

c) Leistungsfähigkeit des In-Anspruch-Genommenen, § 1603 BGB

Leistungsfähigkeit notw.; ggf. fiktive Einkünfte zu berücksichtigen

Leistungsfähig und daher unterhaltspflichtig ist grundsätzlich, wessen Leistungsfähigkeit seinen eigenen Unterhaltsbedarf (Selbstbehalt; Eigenbedarf) übersteigt.[731] Auch hier sind gegebenenfalls fiktive Einkünfte anzurechnen, wenn der Verpflichtete seiner Erwerbsobliegenheit nicht nachkommt. Auch verschleiertes Arbeitseinkommen i.S.d. § 850h ZPO wirkt sich auf die Leistungsfähigkeit aus. Hat der Verpflichtete Vermögen, ist dieses grundsätzlich zu verwerten.[732] Gegenüber minderjährigen, unverheirateten Kindern geltend hier noch weiter verschärfte Anforderungen an die Leistungsunfähigkeit, § 1603 II BGB.

375

> **Formel:** Anspruch = Bedarf – mangelnde Leistungsfähigkeit des Verpflichteten; diese ist nach unterschiedlichen Kriterien abgestuft, § 1603 I, II BGB.

d) Vorrang anderer Unterhaltspflichtiger

Vorrang Dritter

Dem In-Anspruch-Genommenen darf kein anderer Unterhaltspflichtiger vorgehen.

376

§ 1608 BGB

aa) Vorrangig haftet nach § 1608 S. 1 BGB der Ehegatte des Unterhaltsberechtigten, wenn nicht ein Ausnahmefall nach § 1608 S. 2 BGB oder nach § 1608 S. 3 BGB i.V.m. § 1607 II BGB vorliegt.

Nach dem Ehegatten haften Deszendenten, und zwar die näheren Verwandten vor den entfernteren, § 1606 I HS 1, II BGB.

Nach den Deszendenten haften die Aszendenten, und zwar wieder nach der Nähe ihrer Verwandtschaft, § 1606 I a.E., II BGB. Eine Unterhaltspflicht der Großeltern kommt damit nur dann in Betracht, wenn beide Eltern leistungsunfähig sind.[733]

---

728 Palandt, § 1610 BGB, Rn. 3 ff.

729 Mehrbedarf in diesem Sinne sind bspw. die Kindergartenbeiträge, vgl. BGH, FamRZ 2009, 962 = **juris**byhemmer. Dies bedeutet aber, dass diese Kosten von beiden Eltern anteilig nach § 1606 III BGB zu tragen sind.

730 Vgl. auch unten Rn. 379.

731 Vgl. BGH, NJW 2003, 1660 = **juris**byhemmer zur Frage des Eigenbedarfs des unterhaltspflichtigen Kindes gegenüber seinen Eltern.

732 BGH, NJW 2004, 2306 = FamRZ 2004, 1184.

733 OLG Jena, FamRZ 2006, 569 = **juris**byhemmer.

gleichnahe Verwandte als Teil-schuldner

bb) Mehrere gleichnahe Verwandte haften nicht als Gesamtschuldner, sondern nur als Teilschuldner (pro rata), § 1606 III BGB.

Ersatzhaftung gem. § 1607 BGB

cc) Kommt der eigentlich gem. §§ 1606, 1608 BGB Verpflichtete seiner Unterhaltsverpflichtung nicht vollumfänglich nach, so tritt die Ersatzhaftung gem. § 1607 BGB ein.   **377**

Zahlt der erstrangig verpflichtete Verwandte deshalb nicht, weil er nicht ausreichend leistungsfähig ist, § 1603 BGB, dann hat der nachrangig Verpflichtete für die von ihm geleisteten Unterhaltszahlungen selbst dann keinen Ersatzanspruch, wenn der andere nachträglich wieder leistungsfähig wird, weil er selbst insoweit vorrangig Verpflichteter war.[734]

Wird der nachrangig Verpflichtete dagegen unter den Voraussetzungen des § 1607 II BGB in Anspruch genommen, dann findet eine cessio legis statt, § 1607 II S. 2 BGB. Daneben kommen Ansprüche aus GoA oder Rückgriffskondiktion nicht in Betracht, weil ihre Tatbestandsvoraussetzungen wegen des Forderungsübergangs nicht vorliegen.[735]

Rangfolge der Berechtigten, § 1609 BGB

dd) Sind mehrere unterhaltsberechtigt, so bestimmt sich ihre Rangfolge nach § 1609 BGB.   **378**

> **hemmer-Methode: Nach § 94 SGB XII[736] geht der Unterhaltsanspruch auf den Sozialhilfeträger über, wenn der nach §§ 1601 ff. BGB Unterhaltspflichtige mit dem Sozialhilfeempfänger im ersten Grad verwandt ist.[737]**
> **Da der Nachrang der Sozialhilfe dann nicht eingreift, wenn ein bürgerlich-rechtlicher Unterhaltsanspruch nicht sofort realisiert werden kann, kommen beide Ansprüche nebeneinander in Betracht. Weiter als im ersten Grad Verwandte tun also gut daran, dem Sozialamt den Vortritt zu lassen![738]**

2. Unterhaltsanspruch der Kinder gegenüber ihren Eltern

a) Einordnung

Unterhaltsanspruch ggü. Eltern

Dieser Unterhaltsanspruch ist ein Unterfall des Verwandtenunterhalts, für den das Gesetz einige Sondervorschriften enthält.   **379**

§§ 1602 II, 1603 II BGB privilegieren das minderjährige, unverheiratete Kind, weil es grds. den Stamm seines Vermögens nicht verwerten muss. Unter den Voraussetzungen des § 1603 II S. 2 BGB ist das volljährige Kinde dem minderjährigen gleichgestellt. Eine weitere Privilegierung enthält § 1611 II BGB.

Anspruchsinhalt: Natural- u. Barunterhalt mögl.

§ 1612 II BGB modifiziert den Anspruchsinhalt. Die Vorschrift kann vor allem im Rahmen der Rückgriffsproblematik Bedeutung erlangen. Haben die Eltern sich zulässigerweise für die Gewährung von Naturalunterhalt entschieden, während das unterhaltsberechtigte Kind sich gegen den Willen der Eltern außerhalb des Elternhauses aufhält und sich von dritter Seite unterhalten lässt, dann hat der Dritte keine Ansprüche gegen die Eltern aus §§ 670, 679, 683, 812 BGB, da ansonsten das Kind den Eltern auf diesem Wege die Gewährung von Barunterhalt aufzwingen könnte.

---

734 MüKo, § 1607 BGB, Rn. 4.

735 Palandt, § 1607 BGB, Rn. 9 m.w.N.; ausführlich oben Rn. 337.

736 Sartorius, Nr. 410.

737 Vgl. Künkel, FamRZ 1994, 540; Palandt, Einf. vor § 1601 BGB, Rn. 30.

738 Vgl. Adlerstein/Wagenitz, FamRZ 1990, 1169, 1172.

b) Aufteilung

Aufteilung vor allem nach Scheidung wichtig

Nach der Scheidung stellt sich vor allem die Frage, wie der Kindesunterhalt zwischen den geschiedenen Ehegatten aufgeteilt wird.

380

grds. gleichrangige Haftung d. Eltern

Das Kind ist regelmäßig nach § 1602 II BGB seinen Eltern gegenüber zum Unterhalt berechtigt, wobei nach § 1606 II S. 1 BGB Vater und Mutter gleichrangig für den Unterhalt haften.[739]

Nach § 1612 BGB ist Unterhalt grds. in Form einer im Voraus zu entrichtenden Geldrente zu leisten. § 1606 III S. 2 BGB, der im Rahmen des Unterhaltsrechts den Gedanken des § 1360 S. 2 BGB folgerichtig zu Ende führt, stellt aber klar, dass Barunterhalt und Kindesbetreuung grds. gleichwertig gegenüberstehen.

Für den anderen Ehegatten bedeutet dies, dass er allein barunterhaltspflichtig ist und dafür regelmäßig erwerbstätig sein muss. Der betreuende Elternteil muss sich nur am Mehr- und Sonderbedarf anteilig nach § 1606 III BGB beteiligen.

hemmer-Methode: Nach dem eindeutigen Wortlaut des § 1606 III S. 2 BGB gilt diese Vorschrift aber nur bei minderjährigen Kindern. Gegenüber volljährigen Kindern sind beide Elternteile auch dann barunterhaltspflichtig, wenn diese noch keinen eigenständigen Haushalt gegründet haben.[740]

c) Regress

Regress

Hat ein Elternteil die Unterhaltsverpflichtung des anderen miterfüllt, so stellt sich die Frage nach der Regressmöglichkeit.

381

kein Gesamtschuldnerausgleich, da Teilschuldner; aber familienrechtlicher Ausgleichsanspruch

Ein Gesamtschuldnerausgleich, § 426 I BGB, kommt bereits deswegen nicht in Betracht, weil die Eltern als gleichnahe Verwandte i.S.d. § 1606 III S. 1 BGB nur als Teilschuldner haften. Nach ganz herrschender Meinung hat der Elternteil, der eine Unterhaltsverbindlichkeit des anderen Elternteils gegenüber dem Kind erfüllt, einen als familienrechtlichen Ausgleichsanspruch bezeichneten Ersatzanspruch gegen den anderen Elternteil. Die dogmatische Ableitung dieses Anspruchs ist umstritten.[741] Nach einer Ansicht ist § 1606 III BGB unmittelbar als Anspruchsgrundlage heranzuziehen,[742] während die wohl h.M mit § 242 BGB arbeitet.[743] Wegen der vorrangigen Wertung des § 1606 III BGB kommen Ansprüche aus GoA und aus Rückgriffskondiktion nicht in Betracht.

zwei Voraussetzungen

Der familienrechtliche Ausgleichsanspruch hat zwei Voraussetzungen:

382

⇨ Der unterhaltsleistende Elternteil hat mit seiner Leistung an das Kind im Innenverhältnis eine dem anderen Elternteil obliegende Verpflichtung erfüllt.

⇨ Die Unterhaltsleistung wurde in der Absicht erbracht, von dem anderen Elternteil Ersatz zu verlangen (entsprechend §§ 685 I, 1360b BGB).

---

739 Zum Unterhaltsregress gegen den anderen Elternteil (GoA/besonderer familienrechtlicher Ausgleichsanspruch) vgl. unten Rn. 381.

740 BGH, NJW 2002, 2026 = **juris**byhemmer: Konsequenz ist, dass der Unterhaltsanspruch sich nach dem addierten Einkommen beider Elternteile berechnet. Jeder Elternteil haftet dann nach § 1606 III S. 1 BGB pro rata. Der betreuende Elternteil kann unter den Voraussetzungen des § 1612 II BGB seine Barunterhaltspflicht durch Naturalunterhalt ersetzen.

741 Vgl. Palandt, § 1606 BGB, Rn. 18; ausführlich Roth, FamRZ 1994, 793.

742 Gernhuber, § 46 II 7.

743 Vgl. BGH, NJW 1994, 2234 = **juris**byhemmer; Hohloch, JuS 1994, 984.

hemmer-Methode: Die Tatbestandsvoraussetzungen des familienrechtlichen Ausgleichsanspruchs entsprechen also insoweit denen der GoA, obwohl man die Bezeichnung als solche vermeidet.

bzgl. Vergangenheit § 1613 BGB entspr.

Für die Vergangenheit kann der familienrechtliche Ausgleichsanspruch nur unter den entsprechend anzuwendenden Voraussetzungen des § 1613 I BGB geltend gemacht werden (Gedanke des Schuldnerschutzes).

d) Besondere Vorschriften für das Kind und seine nicht miteinander verheirateten Eltern

§§ 1615a, 1615l - 1615o BGB

Für sog. „nichteheliche" Kinder gelten gem. § 1615a BGB grundsätzlich die allgemeinen Vorschriften, soweit sich aus den §§ 1615l - 1615o BGB nichts anderes ergibt.

383

e) Unterhalt für die Vergangenheit

Für die Vergangenheit kann Unterhalt nur unter den Voraussetzungen des § 1613 BGB gefordert werden.

Unterhalt wird gem. § 1613 I S. 2 BGB[744] ab dem Ersten des Monats geschuldet, in welchen

⇨ Zugang des Auskunftsverlangens,

⇨ Verzugseintritt oder

⇨ Rechtshängigkeit fallen, vgl. § 1613 I S. 1 BGB.

§ 1613 II BGB erweitert die Möglichkeit, Unterhalt für die Vergangenheit zu fordern noch über die Voraussetzungen des § 1613 I BGB[745] hinaus. Relevant ist hier in der Praxis v.a. die Abgrenzung zwischen einem Sonderbedarf nach § 1613 II Nr. 1 BGB und einem sog. Mehrbedarf. Sonderbedarf sind dabei unregelmäßig und nicht vorhersehbar anfallende zusätzliche Kosten.[746] Während Sonderbedarf grundsätzlich für die Vergangenheit geltend gemacht werden kann, gilt dies für Mehrbedarf nur unter den Voraussetzungen des § 1613 I BGB.

3. Freistellungsansprüche gegen Dritte wegen zu gewährenden Unterhalts

Freistellungsanspruch?

Problematisch ist, ob die nach §§ 1601 ff. BGB unterhaltsverpflichteten Eltern u.U. im Wege der Naturalrestitution, § 249 I BGB (bzw. nach dem Rechtsgedanken des § 257 S. 1 BGB), Freistellung von der Unterhaltsverbindlichkeit verlangen können.[747]

384

> **Bsp.:** *M und F sind verheiratet und haben zwei Kinder im Alter von sieben und drei Jahren. Insbesondere in Anbetracht ihrer finanziellen Situation beschließen sie, keine weiteren Kinder mehr zu haben. F lässt deshalb von Arzt A eine Sterilisation vornehmen. Eineinhalb Jahre nach der Sterilisation wird sie erneut schwanger.*

Die unterhaltsverpflichteten Eltern könnten einen Schadensersatzanspruch wegen einer Pflichtverletzung des Behandlungsvertrages i.S.d. § 280 BGB haben. Auch M könnte insoweit einen direkten vertraglichen Anspruch haben, § 1357 I S. 2 BGB, vgl. oben Rn. 118.

---

744 Vgl. Weber, NJW 1998, 1992, 1998.

745 Vgl. dazu Weber, NJW 1998, 1992, 1998 f.

746 BGH, FamRZ 2009, 962 = **juris**byhemmer.

747 Ausführlich K. Boing, JA 1995, 425 ff.; Roth, NJW 1995, 2399 f.; vgl. auch Palandt, § 823 BGB, Rn. 141 ff.

Das Vorliegen einer schuldhaften Pflichtverletzung sei unterstellt. Fraglich ist, ob den Eltern überhaupt ein Schaden entstanden ist.

Das Kind als solches ist unter Zugrundelegung der Wertmaßstäbe des Grundgesetzes jedenfalls kein Schaden. Sehr streitig ist jedoch, ob die Unterhaltspflicht nach §§ 1601 ff. BGB einen Vermögensschaden i.S.d. § 251 I BGB darstellt.

Das wird z.T. mit dem Argument verneint, zwischen dem Kind als Wert und seinen Kosten als Schaden könne nicht unterschieden werden. Außerdem komme wegen Art. 1, 2 GG eine Qualifizierung des Kindes als Schadensquelle nicht in Betracht.[748]

Nach st. Rspr. des BGH dagegen[749] ist die Unterhaltsbelastung der Eltern ein Vermögensschaden i.S.d. §§ 249 ff. BGB. Maßgeblich sei allein das Außenverhältnis zwischen den Eltern und dem Arzt, dessen Fehlverhalten für die Unterhaltspflicht ursächlich sei, das planwidrige Kind werde insoweit nicht mit einem Makel belegt. Diese Ansicht ist vorzugswürdig, weil auch § 844 II BGB beweist, dass eine Unterhaltsbelastung ein Schaden sein kann. Im Übrigen kommt die Ersatzleistung des Arztes ja auch dem Kind zugute.

Diese BGH-Rspr. hat auch der 1. Senat des BVerfG bestätigt.[750]

Die Unterhaltsbelastung der Eltern ist also ein Vermögensschaden. Dieser Schaden fällt auch in den Schutzbereich des Behandlungsvertrages, da ja die Schwangerschaft gerade verhindert werden sollte.

Ersatzfähig ist zumindest der Mindestunterhalt nach § 1612a BGB.

Ein Schadensersatzanspruch lässt sich möglicherweise auch auf § 823 I BGB stützen. Zwar ist das Recht an der Familienplanung kein absolutes Recht im Sinne dieser Vorschrift, es ist jedoch die Herbeiführung einer Schwangerschaft eine Körper- bzw. Gesundheitsverletzung der Mutter.[751] Zum Schaden gelten die obigen Ausführungen entsprechend. Da die Unterhaltsbelastung jedoch unmittelbar allein mit der Existenz des Kindes zusammenhängt, nicht aber mit der infolge Schwangerschaft und Geburt erlittenen Körper- und Gesundheitsverletzungen, stellt sie einen entfernten Folgeschaden dar, der nicht mehr vom Schutzbereich des § 823 I BGB erfasst wird.[752]

M hat jedoch wegen der in Zusammenhang mit Schwangerschaft und Geburt erlittenen Belastungen einen Schadensersatzanspruch, §§ 823 I, 253 II BGB.

Abwandlung: M will das ungeplante dritte Kind abtreiben lassen. Der Schwangerschaftsabbruch, den Arzt A vornehmen soll, misslingt.

Die obigen Ausführungen gelten dann entsprechend, wenn der Schwangerschaftsabbruch rechtmäßig gewesen wäre; anders dagegen bei einem lediglich nicht strafbaren Schwangerschaftsabbruch.[753]

II. Vertragliche Unterhaltspflichten

vertraglicher Unterhaltsanspruch; ggf. Form beachten

Unterhaltspflichten können auch durch Vertrag übernommen werden. Wenn es sich dabei um Schenkungs- oder Leibrentenversprechen handelt, sind die Verträge nach § 518 I BGB bzw. § 761 BGB formbedürftig.

385

---

748 BVerfG, 2. Senat, NJW 1993, 1751 Leitsatz Nr. 14, 1764.

749 Bestätigt in BGH, NJW 1994, 788, 790 ff. sowie BGH, NJW 2000, 1782 = **juris**byhemmer = **Life&Law 2000, 605** (dort allerdings mit einer Einschränkung über den Schutzzweck des jeweiligen Behandlungsvertrags).

750 BVerfG, NJW 1998, 519 = **juris**byhemmer.

751 MüKo, § 823 BGB, Rn. 62, RGRK, § 823 BGB, Anh. II Rn. 236.

752 BGH, NJW 1980, 1452, 1453 = **juris**byhemmer; MüKo, § 823 BGB, Rn. 40, Boing, a.a.O., S. 430 ff.

753 Vgl. BGH, NJW 1995, 1609 = **juris**byhemmer.

konkludenter Abschluss mögl.

Solche Unterhaltsverträge können auch konkludent zustande kommen.

> **Bsp.:** *M lebt seit acht Jahren mit F zusammen. Sie haben ein vierjähriges gemeinsames Kind, das in ihrem Haushalt lebt und von M unterhalten wird. Eine Feststellung der Vaterschaft des M ist nicht erfolgt. Nachdem F sich von M getrennt hat, fordert diese weiter Unterhalt für das Kind.*
>
> Solange die Vaterschaft nicht freiwillig anerkannt wurde oder gerichtlich festgestellt ist, § 1600d BGB, hat das Kind keinen gesetzlichen Unterhaltsanspruch aus §§ 1601 ff. BGB.
>
> Es ist jedoch davon auszugehen, dass M mit F einen konkludenten Unterhaltsvertrag zugunsten des Kindes abgeschlossen hat, § 328 I BGB. Die vertragliche Unterhaltspflicht endet auch nicht mit der Trennung.[754]

Der BGH nimmt eine entsprechende vertragliche Unterhaltspflicht an, wenn ein Mann die Einwilligung zu einer heterologen künstlichen Befruchtung einer Frau mit dem Ziel erteilt, die Vaterstellung für das zu zeugende Kind einzunehmen. Durch diese Vereinbarung ergibt sich für den Mann gegenüber dem Kind die Pflicht, für dessen Unterhalt wie ein rechtlicher Vater einzustehen.[755]

aber oft Rechtsbindungswille (-)

Ansonsten kann aus einer freiwilligen Gewährung von Unterhalt, z.B. bei Aufnahme von Verschwägerten in den Haushalt, nur in Ausnahmefällen auf einen Rechtsbindungswillen bezüglich einer auf die Zukunft gerichteten Verpflichtung geschlossen werden.[756]

386

---

754 Vgl. Palandt, vor § 1601 BGB, Rn. 22.

755 BGH, Urteil vom 23.09.2015, XII ZR 99/14 = **juris**byhemmer.

756 MüKo, vor § 1601 BGB, Rn. 10.

§ 7 VORMUNDSCHAFT, RECHTLICHE BETREUUNG, PFLEGSCHAFT

A) Vormundschaft, §§ 1773 - 1895 BGB

Vormundschaft bei Mj.

Vormundschaft bezeichnet die rechtlich umfassend geregelte Sorge für einen Minderjährigen, dessen Eltern nicht kraft Sorgerechts als gesetzliche Vertreter fungieren, vgl. §§ 1773, 1793 BGB.

387

Rechte u. Pflichten wie Eltern

Der Vormund hat grundsätzlich die gleichen Rechte und Pflichten wie sie den Eltern aufgrund der elterlichen Sorge zustehen, § 1793 BGB. Ihm steht also die Personensorge, §§ 1800, 1631 - 1633 BGB, und die Vermögenssorge, §§ 1802 - 1831 BGB, sowie das Vertretungsrecht in beiden Bereichen zu.

Bestellung durch Familiengericht

Der Vormund wird unter den Voraussetzungen des § 1773 BGB durch das Familiengericht bestellt, § 1789 BGB. Der bestellte Vormund erhält eine Bestallungsurkunde, § 1791 BGB. Diese hat jedoch keine materiell-rechtliche Wirkung, schafft also keinen Rechtsschein i.S.d. §§ 172, 174 BGB. Der materielle Umfang der Vormundschaft bestimmt sich vielmehr allein aus dem Bestellungsakt, § 1789 BGB.[757]

Einschränkungen besonders wichtig

Klausurwichtig sind lediglich die Einschränkungen der Vermögenssorge und der Vertretungsmacht des Vormunds:

Ausschluss des Vertretungsrechts

Ausschluss nach §§ 1794 - 1796 BGB

Unter den Voraussetzungen der §§ 1794, 1795, 1796 BGB kann der Vormund den Mündel nicht vertreten:

388

a) § 1794 BGB findet eine Parallele in § 1630 BGB. Handelt der Vormund als gesetzlicher Vertreter innerhalb des Wirkungskreises des Pflegers, so finden §§ 177 ff. BGB. Anwendung.

b) § 1795 I, II BGB regeln Fälle von Interessenkollisionen. § 1795 I Nr. 1, II BGB greifen jedoch aufgrund teleologischer Reduktion dann nicht, wenn das Rechtsgeschäft dem Mündel lediglich einen rechtlichen Vorteil i.S.d. § 107 BGB bringt.[758]

389

ggf. §§ 177 ff. BGB

Nimmt der Vormund entgegen dem Vertretungsverbot des § 1795 I S. 1 u. 2, II BGB ein Rechtsgeschäft vor, so greifen §§ 177 ff. BGB ein. Verträge sind also schwebend unwirksam und können durch den Ergänzungspfleger, § 1909 I S. 1 BGB, oder durch den volljährig gewordenen Mündel genehmigt werden.

hemmer-Methode: Beachten Sie: Eine Genehmigung des Familiengerichts kann dagegen das Geschäft nicht wirksam machen.[759]

c) Dem Vormund kann die Vertretungsmacht für einzelne Angelegenheiten oder einen Kreis von Angelegenheiten durch das Familiengericht entzogen werden, § 1796 BGB.

390

keine Schenkungen

d) Der Vormund kann auch nicht in Vertretung des Mündels Schenkungen machen, § 1804 BGB. Die Vorschrift entspricht § 1641 BGB. Eine entgegen § 1804 BGB vorgenommene Schenkung ist schlechthin nichtig, § 134 BGB.[760]

---

757 MüKo, § 1791 BGB, Rn. 1.

758 MüKo, § 1795 BGB, Rn. 19.

759 Palandt, § 1795 BGB, Rn. 14.

760 Palandt, § 1804 BGB, Rn. 1.

Genehmigung durch Familiengericht

e) Darüber hinaus muss eine Reihe von Geschäften durch das Familiengericht genehmigt werden. Der Begriff der Genehmigung ist nicht i.S.d. § 184 BGB gebraucht, sondern meint die Zustimmung i.S.d. § 182 BGB. Man spricht dann zweckmäßigerweise von der Vorgenehmigung, wenn man eine Einwilligung i.S.d. § 183 BGB meint, und von der Nachgenehmigung, wenn man eine Genehmigung i.S.d. § 184 BGB meint.

hemmer-Methode: Stellen Sie in der Klausur die Terminologie klar. Einen derart leicht verdienten Punkt sollte man nicht verschenken!

aa) Bei den genehmigungsbedürftigen Rechtsgeschäften ist zu differenzieren:

genehmigungsbedürftige Geschäfte: Innengenehmigung bzgl. rechtl. „Dürfens"

(1) Sollvorschriften (z.B. §§ 1810, 1811, 1823 BGB) beschränken nur das rechtliche Dürfen des Vormunds, nicht aber sein rechtliches Können. Handelt der Vormund also ohne die Genehmigung des Familiengerichts, die hier eine reine Innengenehmigung ist, so wird dadurch die Wirksamkeit der von ihm getätigten Rechtsgeschäfte nicht berührt. Sein Verhalten kann lediglich die Rechtsfolgen der §§ 1833, 1837 BGB auslösen.

391

Außengenehmigung bzgl. rechtl. „Könnens"

(2) Anders verhält es sich, wenn eine Außengenehmigung erforderlich ist. Hier ist das rechtliche Können des Vormunds eingeschränkt.

§§ 1812, 1821 BGB

Klausurrelevant sind hier die §§ 1812, 1821, 1822 BGB. § 1812 BGB ist dabei ein Auffangtatbestand, der immer dann zu prüfen ist, wenn nicht bereits spezielle Genehmigungserfordernisse eingreifen. Aufgrund der Weite des Verfügungsbegriffs – so ist z.B. jede Einziehung einer Forderung eine Verfügung über die Forderung! – wird § 1812 BGB regelmäßig einschlägig sein. Es ist dann aber stets an den Ausnahmetatbestand des § 1813 BGB zu denken.

hemmer-Methode: Die Unterscheidung zwischen rechtlichem Können und rechtlichem Dürfen ist ein Klassiker des Vertretungsrechts, der im Recht der rechtsgeschäftlichen Vertretungsmacht unter dem Begriff „Abstraktheit der Vollmacht" behandelt wird. Wichtig und klausurrelevant sind vor allem die Durchbrechungen über die Figur des „Missbrauchs der Vertretungsmacht". Lesen Sie dazu Hemmer/Wüst, BGB AT I, Rn. 284a.

fehlende Außengenehmigung: schwebende Unwirksamkeit

bb) Handelt der Vormund ohne die erforderliche Außengenehmigung (Vorgenehmigung), so ist ein Vertrag zunächst schwebend unwirksam, § 1829 I S. 1 BGB.

392

Erteilung und Verweigerung der Genehmigung (Nachgenehmigung) werden dem Geschäftsgegner gegenüber erst wirksam, wenn sie ihm durch den Vormund mitgeteilt werden, § 1829 I S. 2 BGB. Diese Mitteilung ist eine empfangsbedürftige Willenserklärung des Vormunds.[761]

hemmer-Methode: Hier versteckt sich eine beliebte Falle! Die Erklärung der Genehmigung gegenüber dem Vormund, § 1828 BGB, macht das schwebend unwirksame Geschäft noch nicht wirksam. Der Vormund kann auch jetzt noch nach pflichtgemäßem Ermessen entscheiden, ob er das Geschäft wirksam werden lassen will oder nicht, der Rechtsgedanke des § 162 BGB findet keine Anwendung.[762] Wurde die Genehmigung im Voraus erteilt, bedarf es keiner Mitteilung an den Geschäftsgegner. Das Geschäft ist von Anfang an wirksam.

---

761 MüKo, § 1829 BGB, Rn. 12.
762 MüKo, § 1829 BGB, Rn. 8 f.

cc) Einseitige Rechtsgeschäfte sind ohne Vorgenehmigung unheilbar nichtig, § 1831 BGB.

bei einseitigen Rechtsgeschäften Vorgenehmigung notw.; anders, wenn amtsempfangsbedürftig

Anders verhält es sich zum Teil bei amtsempfangsbedürftigen (§ 130 III BGB) einseitigen Rechtsgeschäften: Bei der dem NachlassG gegenüber vorzunehmenden Ausschlagung einer Erbschaft (§ 1945 I BGB) ist eine Nachgenehmigung innerhalb der Frist des § 1944 I BGB möglich.[763]

B) Rechtliche Betreuung, §§ 1896 ff. BGB

I. Allgemeines

Betreuung bei Volljährigen

Die Betreuung ist an die Stelle der Vormundschaft über Volljährige getreten. Ihre Voraussetzungen sind in § 1896 BGB, die Bestellung des Betreuers ist in § 1897 BGB geregelt.

Erforderlichkeitsprinzip

Ein Betreuer darf nur für Aufgabenkreise bestellt werden, in denen die Betreuung erforderlich ist, § 1896 II S. 1 BGB (Erforderlichkeitsprinzip). Gem. § 1896 II S. 2 BGB ist die Betreuung überdies subsidiär.

insoweit gesetzlicher Vertreter, § 1902 BGB

Der Betreuer ist innerhalb des übertragenen Aufgabenkreises gesetzlicher Vertreter des Betreuten, § 1902 BGB. Beschränkungen seiner Vertretungsmacht ergeben sich aus den Verweisungen des § 1908i I BGB auf das Vormundschaftsrecht.

ansonsten §§ 177 ff. BGB

Schließt der Betreuer außerhalb seines Aufgabenkreises ein Rechtsgeschäft für den Betreuten ab, so finden §§ 177 ff. BGB Anwendung.

Betreuter bleibt grds. geschäftsfähig

Die Anordnung der Betreuung berührt als solche die Geschäftsfähigkeit des Betreuten nicht. Dieser kann allenfalls nach § 104 Nr. 2 BGB geschäftsunfähig sein. Da die Geschäftsfähigkeit des Betreuten demnach die Regel ist, muss derjenige, der sich auf eine Geschäftsunfähigkeit nach § 104 Nr. 2 BGB beruft, diese beweisen.

Einwilligungsvorbehalt durch Betreuungsgericht mögl.

Das Betreuungsgericht kann jedoch unter den Voraussetzungen des § 1903 BGB einen Einwilligungsvorbehalt anordnen. Über die Verweisung des § 1903 I S. 2 BGB gelten dann, soweit der Einwilligungsvorbehalt reicht, die Bestimmungen über Rechtsgeschäfte beschränkt Geschäftsfähiger entsprechend. § 1903 III S. 1 BGB enthält eine dem § 107 BGB entsprechende Regelung, die durch § 1903 III S. 2 BGB erweitert wird.

II. Genehmigung des Betreuers bei Geschäftsunfähigkeit des Betreuten

Problem, wenn Betreuter geschäftsunfähig u. Genehmigung d. Betreuers erfolgt

Problematisch ist der Fall, dass der unter Einwilligungsvorbehalt stehende Betreute im Zeitpunkt der Abgabe einer Willenserklärung geschäftsunfähig war, §§ 104 Nr. 2, 105 I BGB, und der Betreuer die Willenserklärung in Unkenntnis ihrer Nichtigkeit genehmigt.

§§ 108 I, 184 BGB (-), da keine schwebende Unwirksamkeit

Die Wirkung der §§ 108 I, 184 BGB kann hier nicht eintreten, die Einwilligung kann nur die schwebende Unwirksamkeit überwinden, die Folge des Einwilligungsvorbehalts ist. Es stellt sich dann die Frage, ob die Genehmigung nach § 140 BGB in eine Eigenvornahme des Betreuers gem. § 1902 BGB umgedeutet werden kann.

393

394

395

---

763 Palandt, § 1831 BGB, Rn. 2.

Umdeutung i.d.R. (-), da keine Erklärung ggü. Geschäftsgegner

Die Umdeutung wird meist bereits daran scheitern, dass die Genehmigung nicht dem Geschäftsgegner, sondern dem Betreuten gegenüber erklärt wird und daher dem Geschäftsgegner überhaupt nicht zugeht.

Geht sie ihm aber zu – der Betreute kann insoweit Bote sein –, so ist nach h.M eine Umdeutung doch ausgeschlossen, da die Genehmigung einer fremden Willenserklärung gegenüber der Abgabe einer eigenen ein „Weniger" darstellt.[764]

hemmer-Methode: Diese Fallgestaltung kann gut als Einstieg in das Eigentümer-Besitzer-Verhältnis und die Rückabwicklung fehlgeschlagener Austauschverhältnisse nach Bereicherungsrecht Verwendung finden!
Sie bietet daher die Gelegenheit, familienrechtliche Kenntnisse im Rahmen einer Klausur aus dem allgemeinen Vermögensrecht mit abzuprüfen.
Es treten dann die klassischen Problemkreise der Herausgabe von Nutzungen (§ 988 BGB analog bzw. teleologische Reduktion des § 993 I BGB a.E.[765]) und der Nichtanwendung der Saldotheorie auf.

C) Pflegschaft, §§ 1909 ff. BGB

Pflegschaft bzgl. beschränktem Bereich

Die Pflegschaft bezieht sich – anders als die Vormundschaft – lediglich auf einen beschränkten Bereich, nämlich die Sorge für einzelne persönliche oder vermögensrechtliche Angelegenheiten. Sie tritt ein, soweit die eigentlich sorgeberechtigten Eltern an der Wahrnehmung der Sorge gehindert sind, § 1909 BGB. Dies ist bspw. der Fall, soweit nach §§ 1629 II, 1795 BGB ein Vertretungsverbot besteht oder die Eltern nach § 1638 BGB von der Vermögenssorge teilweise ausgeschlossen sind.

§ 1915 BGB verweist in weitem Umfang auf das Vormundschaftsrecht.

396

---

764   Palandt, § 1903 BGB, Rn. 12.; Zimmermann, NJW 1991, 540; a.A. Jürgens/Kröger u.a., Das neue Betreuungsrecht, 2. Aufl. 1992, Rn. 185 f.

765   Vgl. **Hemmer/Wüst, SachenR II, Rn. 242 ff.**; **Hemmer/Wüst, BerR, Rn. 37 ff.**

§ 8 GRUNDZÜGE DES FAMILIENVERFAHRENSRECHTS

A) Wesentliches für das Referendarexamen

Bedeutung im Examen

Im Ersten Staatsexamen sind vor allem in der mündlichen Prüfung Grundkenntnisse des Verfahrensrechts in familienrechtlichen Streitigkeiten ratsam. Im Assessorexamen schließlich ist es in einigen Bundesländern[766] von eminenter Bedeutung. **397**

Überblick über das Verfahrensrecht

Deshalb soll an dieser Stelle zuerst ein kurzer Überblick über die Zuständigkeiten und das anzuwendende Verfahrensrecht gegeben werden.

Familiensachen, Familiengericht

Die Familiensachen sind in § 111 FamFG erschöpfend aufgezählt. Für sie ist eine besondere Abteilung beim Amtsgericht, das so genannte Familiengericht, zuständig, § 23b I GVG. Bei der Zuweisung an das Familiengericht handelt es sich nach h.M. nicht um einen Fall der funktionellen Zuständigkeit, sondern um eine gesetzlich geregelte Geschäftsverteilung.[767] Konsequenz ist, dass das Amtsgericht als Prozessgericht von Amts wegen und nicht nur auf Antrag die Sache an das Familiengericht abgibt, wenn eine Familiensache bei einem „normalen" Amtsgericht anhängig gemacht wird, § 17a VI GVG. **398**

Amtsgericht als Familiengericht

Die Begründung der sachlichen Zuständigkeit des Amtsgerichts als Familiengericht beruht jedoch nicht auf § 23b I GVG, sondern stets auf § 23a I Nr. 1 GVG i.V.m. § 111 FamFG

Der Instanzenzug in Familiensachen geht vom Familiengericht an das OLG (Familiensenat, § 119 Nr. 1a GVG).

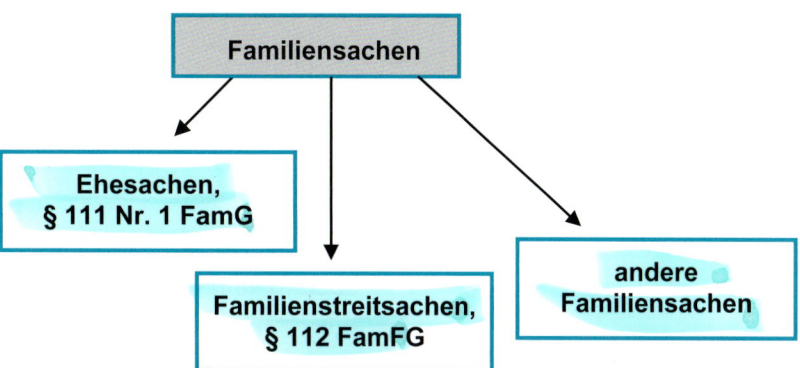

1. Ehesachen

Ehesachen
⇨ abgewandeltes ZPO-Verfahren

Sie sind in § 121 FamFG abschließend aufgezählt. Es gilt ein stark abgewandeltes ZPO-Verfahren, § 113 I, IV FamFG (allgemeine Vorschriften für Ehesachen), §§ 133 ff. FamFG (besondere Vorschriften für die Scheidungs- und Folgesachen). **399**

---

766 V.a. Baden-Württemberg und Bayern.

767 Thomas/Putzo, § 23b GVG, Rn. 2.

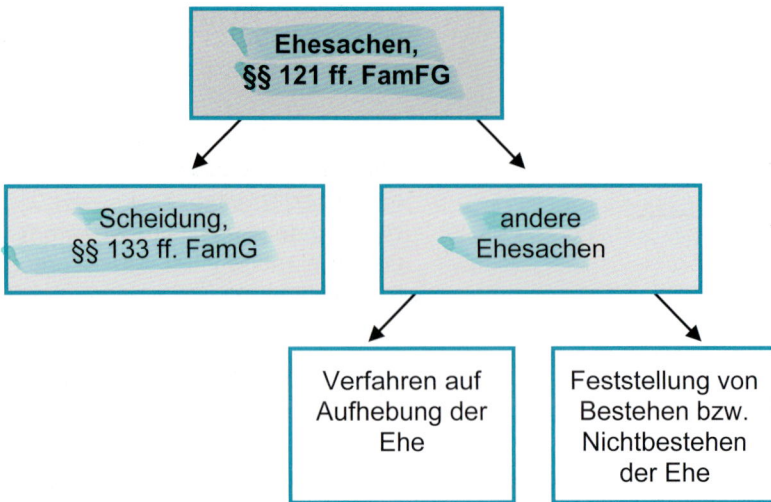

Ehesachen,
§§ 121 ff. FamFG

Scheidung,
§§ 133 ff. FamG

andere
Ehesachen

Verfahren auf
Aufhebung der
Ehe

Feststellung von
Bestehen bzw.
Nichtbestehen
der Ehe

Untersuchungsgrundsatz, § 127 Fa-mFG

Bei Verfahren in Ehesachen gilt grds. der eingeschränkte Untersuchungsgrundsatz, § 127 I FamFG. In bestimmten Ehesachen (Scheidung; Aufhebung) gilt jedoch gem. § 127 II, III FamFG ein auf ehefreundliche Tatsachen beschränkter Untersuchungsgrundsatz. Die Beschaffung des Verfahrensstoffs unterliegt also grundsätzlich nicht dem Beibringungsgrundsatz.

400

beschränkter Dispositionsgrds., § 113 IV FamFG

Aufgrund des öffentlichen Interesses an familienrechtlichen Statusfragen sind die Parteien in Ehesachen grds. auch in ihrer Dispositionsfreiheit über den Streitgegenstand beschränkt:

401

a) § 113 IV FamFG:

⇨ Nr. 6: Ein Anerkenntnis des Beklagten hat in Ehesachen nie die Wirkung des § 307 ZPO, sondern ist nur bei der freien Beweiswürdigung zu berücksichtigen; ebenso verhält es sich mit einem Geständnis (§ 288 ZPO) und § 138 III ZPO.

⇨ Ein „Antragsverzicht", § 306 ZPO, ist dagegen grundsätzlich wirksam.

b) Ein Verfahrensvergleich über den Streitgegenstand der Ehesache kann das Verfahren nicht unmittelbar beenden, sondern nur dazu führen, dass er durch Rücknahme der Klage bzw. des Antrags oder durch Rechtsmittelverzicht beendet wird.

c) Im Interesse der Aufrechterhaltung der Ehe muss das Gericht in bestimmten Fällen von Amts wegen das Verfahren aussetzen, § 136 FamFG.

d) Ein Versäumnisbeschluss gegen den Beklagten bzw. Antragsgegner ist unzulässig, § 130 II FamFG.

e) Die Zurückweisung von Angriffs- und Verteidigungsmitteln richtet sich nicht nach den allgemeinen Vorschriften der §§ 296 f. ZPO, sondern nach § 115 FamFG.

Scheidungsverfahren, §§ 133 ff. FamFG

Weitere Besonderheiten gelten im Scheidungsverfahren, §§ 133 ff. FamFG:

Antragsverfahren, Antrags- und Zwangsverbund

§ 137 FamFG schafft einen Antragsverbund („wenn eine Entscheidung für den Fall der Scheidung zu treffen ist") der Scheidungssache mit bestimmten anderen Familiensachen, die zur Folgesache werden. Voraussetzung ist allerdings, dass der Antrag zwei Wochen vor der ersten mündlichen Verhandlung zur Scheidungssache anhängig gemacht wird.

402

§ 137 I S. 3 FamFG schafft einen Zwangsverbund ("bedarf es keines Antrags") der Scheidungssache mit dem Versorgungsausgleich in den Fällen der §§ 6 - 19, 28 VersAusglG.

Wird dem Scheidungsantrag stattgegeben, so ist grds. gleichzeitig über die Folgesachen zu entscheiden, § 142 FamFG (grds. der Entscheidungskonzentration). Jedenfalls darf über Folgesachen nicht vor der Hauptsache entschieden werden. Zudem werden Entscheidungen in Folgesachen nicht vor der Rechtskraft des Scheidungsbeschlusses wirksam, § 148 FamFG.

2. Andere Familiensachen

„andere" Familiensachen: Differenzierung zwischen Familienstreitsachen und übrigen Familiensachen

Die anderen Familiensachen des § 111 FamFG lassen sich in Familienstreitsachen, für die weitgehend die Regeln des Normalprozesses der ZPO gelten, vgl. § 113 FamFG, und in andere Familiensachen einteilen.

403

a) Familienstreitsachen

Familienstreitsachen sind die Sachen nach § 112 FamFG. Sie folgen vorbehaltlich besonderer Regelungen im FamFG den Allgemeinen Vorschriften der ZPO sowie den Vorschriften über das Verfahren vor den Landgerichten, vgl. § 113 I FamFG. Wichtig ist insbesondere, dass §§ 138 III, 288, 296, 307, 308, 331 ff. ZPO hier Anwendung finden.

404

hemmer-Methode: Ein Fall der Familien(streit)sachen sind die sonstigen Familiensachen nach §§ 111 Nr. 10, 266 FamFG. Hierzu gehören insbesondere alle Streitigkeiten, die auf allgemeine, d.h. nicht güterrechtliche, vermögensrechtliche Ansprüche eines Ehegatten gegen den anderen gerichtet sind, z.B. Ansprüche aus Gesellschaftsrecht bzw. § 313 BGB.[768] Ein weiterer Fall ist der Ehestörungsantrag analog §§ 823, 1004 BGB, mit der vom Ehegatten die Unterlassung von Störungen des räumlich- gegenständlichen Bereichs der Ehe verlangt wird. Diese Streitigkeiten mussten bis zum 31.08.2009 bei den „normalen" Prozessgerichten ausgetragen werden. Durch § 111 Nr. 10 FamFG werden diese Streitigkeiten nunmehr alle vor dem Familiengericht ausgefochten. Aufgrund dieser Zuständigkeitskonzentration spricht man vom „großen Familiengericht".

b) Sonstige Familiensachen

Für die übrigen, nicht in § 112 FamFG erwähnten Familiensachen i.S.d. § 111 FamFG gelten die Vorschriften des FamFG und nicht die der ZPO. So gilt insbesondere der Amtsermittlungsgrundsatz des § 26 FamFG.

405-407

B) Die Familienrechtsklausur im Assessorexamen

Assessorexamen: häufig familienrechtliche Klausur

Häufig findet sich in familienrechtlichen Klausuren des Assessorexamens ein umfangreicher und schwieriger prozessualer Teil.[769] Grund dafür ist, dass das FamFG eine Reihe von Besonderheiten gegenüber dem herkömmlichen ZPO-Verfahren beinhaltet.

408

---

768 Zur Frage, wieweit Streitigkeiten aus einem Mietvertrag unter § 266 FamFG fallen, vgl. Bundesgerichtshof, Beschl. v. 05.12.2012, Az.: XII ZB 652/11 = **juris**byhemmer.

769 Dies gilt zwar in erster Linie für das Zweite Staatsexamen, gleichwohl sind auch Klausuren des Ersten Staatsexamens bekannt, die neben einem ausführlichen materiell-rechtlichen Teil des Familienrechts einen umfangreichen prozessualen Teil enthalten haben, so z.B. in Bayern, Termin 92 II.

typische Fallgruppen

Bei der Familienrechtsklausur gibt es verschiedene häufig wiederkehrende Fallgruppen bzw. Klausurtypen, innerhalb derer der grobe Aufbau i.d.R. sehr ähnlich ist. Die Kenntnis der typischen Aufbaufragen ist dabei für das erfolgreiche Bestehen dieser Klausurvarianten meist besonders wichtig.

409

Fallgruppen in diesem Sinne sind:

Fallgruppen:

I.   Scheidungsantrag inkl. der Folgesachen

II.   Leistungsantrag:

     ⇨ auf Kindes- oder Ehegattenunterhalt

     ⇨ auf Zugewinnausgleich

     ⇨ Rückforderung von zuviel geleistetem Unterhalt

III. Erhebung eines Stufenantrags:

     ⇨ bei Zugewinnausgleich

     ⇨ bei Unterhaltsansprüchen

IV. Antrag auf einstweilige Anordnung

V.   § 120 FamFG i.V.m. § 767 ZPO bzw. §§ 238 f. FamFG gegen Unterhaltstitel, insbesondere gegen Verfahrensvergleich; negativer Feststellungsantrag gegen einstweilige Anordnung

VI. Materiell-rechtliches Gutachten mit prozessualer Zusatzfrage

---

I. Scheidungsantrag inkl. der Folgesachen

Ausgangsfall: A beantragt durch ihren Anwalt R die Scheidung vom ebenfalls anwaltschaftlich vertretenen B. Beide haben ein gemeinsames minderjähriges Kind (K) um dessen Sorgerecht man sich streitet. Außerdem verlangt A gleichzeitig Unterhalt für die Zeit nach der Scheidung für sich und in ihrem Namen auch für K. Ein konkret beziffferter Zugewinnausgleich wird unter Vorlage eines Vermögensverzeichnisses ebenfalls beantragt.

Aufgabe: Fertigen Sie gutachtlich die Entscheidung des Gerichts.

1. Fallgruppe: Scheidungsantrag u. Folgesachen

Beantragt ein Ehegatte die Scheidung, so ergeben sich damit in der Praxis auch meist Folgefragen wie die Übertragung des Sorgerechts für das gemeinschaftliche Kind, Übertragung oder Überleitung von Versorgungsausgleichsansprüchen, Festlegung von Unterhaltsansprüchen im Hinblick auf die Ehegatten und deren Kinder sowie die Bestimmung, ob und wer Zugewinnausgleichsforderungen gegen den Partner besitzt.

410

Die Aufgabe des Klausurbearbeiters wird es dann i.d.R. sein, wie ein Richter den vor ihm liegenden Fall mit allen aufgeworfenen Folgefragen praxisgerecht zu lösen. Dabei sind alle angesprochenen Punkte in einer sinnvollen Reihenfolge nacheinander abzuhandeln.

Grobgliederung der Scheidungsklausur

Scheidungsantrag

1. Sorgerecht
2. Ggf. Umgangsrecht
3. Festlegung des Kindesunterhalts
4. Festlegung des Scheidungsunterhalts
5. Versorgungsausgleich
6. Zugewinnausgleich

---

hemmer-Methode: Die Scheidung mit gemeinschaftlichen Kindern stellt in der Examensklausur den Regelfall dar! Bedenken Sie, dass man Ihnen eine Klausur stellen will, mit der Sie mehrere Stunden lang beschäftigt sind. Schon aus diesem Grunde wird der Ersteller versuchen, so viele Probleme wie möglich in der Klausur unterzubringen. Außerdem stellt dieser Klausurtyp einen Rundumschlag durch das materielle und prozessuale Familienrecht dar, was eine Vielzahl von Kriterien für die Notengebung eröffnet. Da der Versorgungsausgleich in den meisten Bundesländern als Pflichtstoff für das Zweite Examen nicht mehr enthalten ist, wird dieser Prüfungspunkt zukünftig jedoch gar keine oder allenfalls eine geringe Bedeutung haben.

Im Zweiten Examen kann aber statt eines Gutachtens selbstverständlich auch der Entscheidungsentwurf gefordert werden. Dann beginnen Sie in der Lösung mit der Tenorierung, nachfolgend sind die Entscheidungsgründe und ggf. noch eine Kostenentscheidung zu treffen sowie die Vollstreckbarkeit als auch ein Streitwertbeschluss zu bestimmen.

Am groben Lösungsaufbau ändert sich dadurch aber ansonsten nichts. Sollte ein Tatbestand verlangt sein, so sind die einzelnen Scheidungs- und Verbundverfahren dabei nicht nur aus Gründen der Übersichtlichkeit, sondern vor allem wegen der neben den Eheleuten am Verfahren Beteiligten (Jugendamt, Vermieter, Kinder über vierzehn Jahre), denen nur die sie betreffenden Verbundverfahren als Beschlussauszüge zuzustellen sind, zu nennen und für jedes Verfahren gesondert mit Tatbestand und Entscheidungsgründen abzuhandeln.

1. Der Scheidungsantrag

vorab:
Zulässigkeit u. Begründetheit d. Scheidungsantrags

Wie in der Praxis ist auch in der Klausurlösung mit Zulässigkeit und Begründetheit des Scheidungsantrags zu beginnen, weil nur im Falle einer Scheidung auch über die Folgesachen zu entscheiden ist, §§ 137 I, II S. 1, 142 I FamFG. Schon aus diesem Grunde wird der Scheidungsantrag in aller Regel zulässig und begründet sein. *411*

Prüfungsschema für den Scheidungsantrag:

1. Zulässigkeit des Scheidungsantrags
   a) Sachliche Zuständigkeit des Amtsgerichts als Familiengericht, §§ 23a I Nr. 1, 23b I GVG i.V.m. §§ 111 Nr. 1, 121 Nr. 1 FamFG, örtliche Zuständigkeit, § 122 FamFG
   b) Ordnungsgemäße Antragstellung (§§ 124, 133 FamFG), insbesondere Vertretung durch Rechtsanwalt, § 114 I FamFG
   c) Sonstige Zulässigkeitsvoraussetzungen
2. Begründetheit des Scheidungsantrags
   a) §§ 1566 I, 1567 BGB
   b) § 1566 II BGB
   c) § 1565 I, II BGB

---

hemmer-Methode: Genauigkeit im Detail! Im Geltungsbereich des FamFG werden keine Klagen erhoben, sondern Anträge gestellt! Hierzu und zu den anderen begrifflichen Besonderheiten sollten Sie § 113 V FamFG lesen.

a) Zulässigkeit

Zulässigkeit

Bei der Zulässigkeit des Scheidungsantrags stellen sich vor allem drei Fragen, die Sie ansprechen müssen: Sind sachliche und örtliche Zuständigkeit des Gerichts gegeben und liegt eine ordnungsgemäße Antragstellung vor. *412*

aa) Sachliche Zuständigkeit

sachl. Zuständigkeit des Amtsgerichts, § 23a GVG

§ 23a I Nr. 1 GVG i.V.m. §§ 111 Nr. 1, 121 FamFG regelt die sachliche Zuständigkeit der Amtsgerichte im Hinblick auf sog. „Ehesachen". Die Scheidung ist eine Ehesache in diesem Sinne.

413

gesetzliche Geschäftsverteilung: Familiengericht, § 23b GVG

Innerhalb des Amtsgerichts zuständig ist das Familiengericht als Teil des Amtsgerichts, § 23b I GVG. Diese Regelung will garantieren, dass innerhalb des Amtsgerichts die verschiedenen Streitfragen vor den gleichen Richter kommen und auch nur solche Richter mit Familiensachen befasst werden, die auf diesem Gebiet eine gewisse Erfahrung haben. Am besten zitiert man in der Klausur die sachliche Zuständigkeit folgendermaßen:

414

> „Sachlich zuständig für den Scheidungsantrag ist das Amtsgericht nach § 23a I Nr. 1 GVG i.V.m. §§ 111 Nr. 1, 121 Nr. 1 FamFG, nach Geschäftsverteilung zuständig ist hierbei das Familiengericht gem. § 23b I GVG".

hemmer-Methode: § 23b GVG betrifft nicht die sachliche Zuständigkeit, sondern nur die funktionelle Zuständigkeit innerhalb des Amtsgerichts. Konsequenterweise erfolgen Abgaben zwischen Prozessgericht und Familiengericht nach § 17a VI GVG von Amts wegen und nicht entsprechend § 281 ZPO nur auf Antrag.[770]
Die sachliche Zuständigkeit des Amtsgerichts nach § 23a I Nr. 1 GVG war bis zur Einführung des FamFG eine ausschließliche, was im Hinblick auf eine Zuständigkeitsbegründung durch Prorogation und rügelose Einlassung zur Sache, §§ 38 ff, 40 II ZPO, wichtig ist. Die Ausschließlichkeit war für Ehesachen in § 606 ZPO, für sonstige Familiensachen in § 621 I ZPO geregelt. In §§ 111, 121 FamFG findet sich keine entsprechende Formulierung. Allerdings lässt sich der Gesetzesbegründung nicht entnehmen, dass hier eine Änderung beabsichtigt war. Die Ausschließlichkeit wird man nun wohl direkt § 23a I GVG entnehmen müssen.

bb) Örtliche Zuständigkeit

bzgl. örtl. Zuständigkeit gilt § 122 FamFG
⇨ Reihenfolge beachten

Dieser Punkt kann in der Scheidungsklausur bereits die erste Hürde darstellen. Bei Ehesachen richtet sich die örtliche Zuständigkeit nach § 122 FamFG. Die Vorschrift begründet einen ausschließlichen Gerichtsstand in Ehesachen. Dabei sind die verschiedenen Tatbestände des § 122 FamFG streng nach der vom Gesetzgeber vorgegebenen Rangfolge durchzuprüfen, also Nr. 1 vor Nr. 2, diese wiederum vor Nr. 3 … !

415

maßgebl.: Zeitpunkt d. Rechtshängigkeit

Wichtig ist, dass maßgeblich für die Bestimmung der örtlichen Zuständigkeit der Zeitpunkt der Rechtshängigkeit ist, arg. § 261 III Nr. 2 ZPO i.V.m. § 113 I FamFG.

Formulierung

Soweit der Sachverhalt keine besonderen Probleme aufweist, fassen Sie sich auch hier möglichst kurz, z.B.:

> „Die ausschließliche örtliche Zuständigkeit des Amtsgerichts (Familiengericht) Würzburg ist gemäß § 122 Nr. 1 FamFG gegeben, da A zusammen mit K, dem gemeinsamen minderjährigen Kind, im Bezirk Würzburg ihren gewöhnlichen Aufenthalt hatte."

hemmer-Methode: Passen Sie bei diesem Punkt genau auf! Häufig will man Sie gerade hier aufs Glatteis führen, in dem man die Ehegatten über die örtliche Zuständigkeit des Gerichts streiten lässt. Im Prinzip kann aber bei der Fallbearbeitung dann nichts schief gehen, wenn Sie sich bei der Prüfung sklavisch genau an die gesetzliche Reihenfolge der Tatbestände halten und prüfen, welcher Sachverhalt zur Zeit der Rechtshängigkeit vorgelegen hat. Das heißt für Sie also nichts anderes, als „der Reihe nach alle Tatbestände abzuklappern!".

---

770 BGH, FamRZ 2004, 869 = jurisbyhemmer.

cc) Ordnungsgemäße Antragstellung

(1) Inhalt der Antragsschrift

Die Antragsschrift muss neben den Angaben der § 113 I FamFG i.V.m. § 253 II ZPO diejenigen des § 133 FamFG enthalten.

416

(2) Ordnungsgemäße Vertretung

bzgl. Antragstellung § 114 I FamFG beachten

Nach § 114 I FamFG müssen die Ehegatten bei der Scheidung anwaltschaftlich vertreten sein, insbesondere muss der Scheidungsantrag durch einen vor dem Gericht zugelassenen Rechtsanwalt erhoben werden. Dabei bedarf es einer speziell auf das Verfahren gerichteten Vollmacht, § 114 V FamFG. Ist einer der Parteien Rechtsanwalt, so kommt das Selbstvertretungsrecht des § 78 IV ZPO in Betracht.[771]

417

einverständliche Scheidung

Ein bloß einseitiger Anwaltszwang besteht bei einer einverständlichen Scheidung, da die Zustimmung zur Scheidung nach § 114 IV Nr. 3 FamFG nicht dem Anwaltszwang unterliegt.

Scheidung aber auch ohne anwaltschaftliche Vertretung des Antragsgegners möglich

Darüber hinaus ist es dem Antragsgegner entgegen dem Wortlaut des § 114 I FamFG grundsätzlich freigestellt, ob er sich anwaltschaftlich vertreten lässt, weil er auch ohne Anwalt nach §§ 127 f. FamFG gehört wird. Eine Scheidung kann gleichwohl erfolgen (Sonderfall der einseitigen mündlichen Verhandlung mit streitigem Beschluss), allerdings nicht auf dem Wege des Versäumnisbeschlusses, § 130 II FamFG. Jedoch kann der Antragsgegner dann nicht wirksam Verfahrenshandlungen vornehmen, insbesondere keinen Verfahrensvergleich etwa zur Beilegung von Folgesachen schließen. Das Gericht kann in derartigen Fällen einen Rechtsanwalt beiordnen, § 138 FamFG. Sind Antragsteller und Antragsgegner anwaltschaftlich vertreten, genügt meist die folgende kurze Feststellung:

> *„Die gemäß § 114 I FamFG erforderliche anwaltschaftliche Vertretung der Parteien liegt vor. Insbesondere ist der Antrag ordnungsgemäß durch einen Rechtsanwalt gestellt worden, §§ 124, 113 I FamFG, § 253 ZPO.“*

hemmer-Methode: Wie Sie sehen, ist der Einstieg in die Scheidungsklausur gar nicht so schwer zu bewältigen. Über die genannten Prüfungspunkte hinaus können selbstverständlich auch noch allgemeine Fragen der ZPO eine Rolle spielen, da in Ehesachen und Familienstreitsachen i.S.d. § 112 FamFG die Vorschriften der ZPO über das Verfahren vor dem Landgericht zur Anwendung kommen, § 113 I FamFG. Beachten Sie aber, dass die §§ 121 ff. FamFG einige Sondervorschriften enthalten: Nach § 125 I FamFG ist auch ein Minderjähriger i.d.R. verfahrensfähig, und wegen der Regelung der §§ 113 IV, 127 FamFG ist der Verhandlungsgrundsatz eingeschränkt.

b) Begründetheit des Scheidungsantrags

Begründetheit ⇨ Prüfung d. Scheidungsvoraussetzungen

Nach der Zulässigkeit des Scheidungsantrags ist dessen Begründetheit zu prüfen. Dabei kann man, entsprechend den obigen Ausführungen (vgl. hemmer-Methode zu Rn. 278), derart vorgehen, dass man versucht, möglichst alle vom Antragsteller angesprochenen Scheidungsgründe durchzuprüfen und denjenigen zuletzt nennt, der tatsächlich einschlägig ist. Um zu den Folgeentscheidungen zu kommen, wird der Scheidungsantrag auch in den allermeisten Fällen erfolgreich sein – wenn auch nicht immer aus den Gründen, die die Beteiligten selbst für maßgeblich halten.

418

---

771 Nicht unumstritten, da in § 114 IV FamFG nur auf § 78 III ZPO, nicht aber auch auf § 78 IV ZPO verwiesen wird.

hemmer-Methode: Beachten Sie, dass man speziell im Zweiten Examen „eine der Praxis entsprechende Leistung" zu erbringen hat. Dies führt nach Auffassung einiger Prüfer dazu, dass man i.R.d. Begründetheit nur noch den tatsächlich einschlägigen Scheidungsgrund zu nennen hat und die restlichen hilfsgutachtlich prüfen muss.

Gleichwohl finden sich speziell in der Familiengerichtspraxis häufig Beschlüsse, die in der Entscheidung auf alle von den Parteien aufgeworfenen Fragen eingehen, auch wenn sie im Ergebnis nicht entscheidungserheblich sind. In der Klausur sind daher wohl beide Vorgehensweisen zulässig.

Stark verkürzt könnte Ihre Begründetheit wie folgt aussehen (Urteilsstil):   **419**

„Der Scheidungsantrag ist begründet, da die Ehe der Parteien zerrüttet ist, § 1565 BGB. Zwar greift vorliegend nicht die unwiderlegliche Vermutung des § 1566 I BGB ... (ausführen). Auch war die unwiderlegliche Vermutung des § 1566 II BGB nicht einschlägig ... (ausführen). Jedoch liegen nach Überzeugung des Gerichts die Voraussetzungen des § 1565 I S. 2, II BGB vor, sodass die Ehe zu scheiden war ... (ausführen)."

Daran anschließend setzen Sie mit der Prüfung der Folgesachen fort.

2. Sorgerechtsentscheidung als Folgesache

bei Kindern: Sorgerechtsentscheidung im Zwangsverbund

Nach der Scheidung ist eine der wichtigsten Fragen, welcher der Ehegatten das Sorgerecht für das gemeinsame Kind erteilt bekommt. Seit der Reform des Kindschaftsrechts gilt der Grundsatz, dass nach der Trennung/Scheidung der Eltern weiterhin ein gemeinsames Sorgerecht besteht, vgl. § 1671 BGB, sodass ohne Antrag keine Sorgerechtsentscheidung ergeht.   **420**

Wird jedoch ein Antrag gem. § 1671 I BGB seitens eines Elternteils rechtzeitig gestellt, so liegt eine Folgesache (Antragsverbund) i.S.d. §§ 137 III, 151 Nr. 1 FamFG vor. Allerdings kann auch ein Antrag auf Trennung gem. § 140 II Nr. 3 FamFG gestellt werden.

Prüfungsschema für die Sorgerechtsentscheidung:

1. Antragsverbund (§ 137 III FamFG)
2. Sachliche Zuständigkeit, § 23a I Nr. 1 GVG, §§ 111 Nr. 2, 151 Nr. 1 FamFG, und örtliche Zuständigkeit, § 152 FamFG
3. Übertragungsentscheidung, § 1671 BGB
   a) Förderungsprinzip
   b) Kontinuitätsprinzip
   c) Bindungen des Kindes

---

a) Verfahren

teilw. Anwendung v. FGG-Verfahren

Kindschaftssachen sind keine Familienstreitsachen i.S.d. § 112 FamFG, sodass allein die Regeln des FamFG und nicht die Vorschriften der ZPO gelten. Insbesondere tritt der Amtsermittlungsgrundsatz nach § 26 FamFG an die Stelle des Beibringungsgrundsatzes der ZPO!   **421**

> **hemmer-Methode: Trennen Sie also grundsätzlich zwischen den sog. Familienstreitsachen (vor allem Ehesachen, Unterhalt und Zugewinnausgleich) und den sonstigen Familiensachen (insbesondere Sorgerecht, Umgangsrecht und Versorgungsausgleich).**

b) Zuständigkeit für die Entscheidung

sachl. u. örtl. Zuständigkeit
⇨ Gericht d. Hauptsache

422

Die sachliche Zuständigkeit des Gerichts für die Sorgerechtsentscheidung ergibt sich dabei aus § 23a I Nr. 1 GVG i.V.m. §§ 111 Nr. 2, 151 Nr. 1 FamFG.

Die örtliche Zuständigkeit bestimmt sich nach § 152 FamFG. Zuständig ist im Verbund damit das Gericht der Ehesache, § 152 I FamFG (vgl. oben). Häufig ist auch dieser Prüfungspunkt nur kurz zu problematisieren:

Exkurs

423

Beachten Sie bei § 152 I FamFG, dass der Begriff der Anhängigkeit nicht identisch mit dem Begriff der Rechtshängigkeit ist. Anhängig ist ein Scheidungsantrag mit Einreichen bei Gericht, § 124 I FamFG, rechtshängig dagegen erst mit Zustellung (§ 113 I FamFG i.V.m. § 253 ZPO).

Exkurs Ende

c) Übertragungsentscheidung

bzgl. Übertragung: Kindeswohl = Förderungs- u. Kontinuitätsgrds. prüfen

424

Nunmehr müssen Sie in einem eigenen Prüfungspunkt ausführen, welchem Elternteil für welches Kind das Sorgerecht übertragen wird. Die Voraussetzungen sind in § 1671 II BGB geregelt.[772]

Besondere Beachtung müssen Sie dabei den im Sachverhalt vorgegebenen Informationen, insbesondere den Anhörungen des Jugendamtes und der Eltern schenken. Häufig kann es vorkommen, dass Jugendämter verschiedener Städte divergierende Stellungnahmen abgeben. Mit diesen müssen Sie sich dann dezidiert auseinandersetzen.

3. Umgangsrecht als Folgeentscheidung

ausnahmsweise auch Umgangsregelung

425

Die Umgangsentscheidung ist Antragsfolgesache, vgl. §§ 137 III, 151 Nr. 2 FamFG. Ausführungen in der Klausur sind deshalb ausschließlich dann angebracht, wenn die Ehegatten dies beantragen. Ist dies nicht der Fall, genügt ein kurzer Hinweis im Hilfsgutachten am Ende der Klausur, dass keine Umgangsregelung zu treffen war (§§ 1626 III, 1684 BGB).

> **Prüfungsschema für Umgangsregelung:**
>
> 1. Antragsverbund, § 137 III FamFG
> 2. Sachliche Zuständigkeit nach § 23a I Nr. 1 GVG i.V.m. §§ 111 Nr. 2, 151 Nr. 2 FamFG, und örtliche Zuständigkeit, § 152 FamFG
> 3. Regelungsentscheidung, § 1684 III, IV BGB, trotz Vermutung des § 1626 III S. 1 BGB

---

772 Vgl. oben, Rn. 314 ff.

a) Verfahren

FamFG-Verfahren

Auch hier richtet sich das Verfahren nach dem FamFG, da es sich nicht um eine Familienstreitsache handelt. Auch hier bestimmt demnach der Amtsermittlungsgrundsatz des § 26 FamFG das Verfahren.

426

b) Zuständigkeit für die Entscheidung

Zuständigkeit

Sachlich zuständig ist nach § 23a I Nr. 1 GVG i.V.m. §§ 111 Nr. 2, 151 Nr. 2 FamFG das Amtsgericht (Familiengericht, § 23b I GVG). Die örtliche Zuständigkeit richtet sich wiederum nach § 152 FamFG, sodass nach § 152 I FamFG im Verbund ausschließlich das Gericht der Ehesache örtlich zuständig ist.

427

c) Umgangsregelung

Echoprinzip bei Entscheidung beachten

Ferner müssen Sie ausführen, warum eine Umgangsregelung zum Wohle des Kindes notwendig war.[773] Verwerten Sie dabei alle im Sachverhalt dienlichen Hinweise (Echoprinzip).

428

4. Unterhalt des Kindes

auf Antrag auch Unterhaltsentscheidung bzgl. der Kinder

Über Folgesachen ist beim Antragsverbund nur dann zu entscheiden, wenn der Scheidungsantrag erfolgreich ist und ein Ehegatte dies rechtzeitig beantragt hat.[774] Nach § 137 II Nr. 2 FamFG kann auch der Kindesunterhalt als Folgesache geltend gemacht werden.

429

Prüfungsschema für Kindesunterhalt

1. Antragsverbund, § 137 II FamFG

2. Zulässigkeit

   a) Zuständigkeit (§§ 23a I Nr. 1, 23b I GVG i.V.m. §§ 111 Nr. 8, 231 I Nr. 1 FamFG)

   b) Sonstige Zulässigkeitsvoraussetzungen (z.B. § 1629 II, III BGB, § 113 I FamFG i.V.m. § 258 ZPO)

3. Begründetheit

   a) Materiell-rechtlicher Anspruch nach §§ 1601 ff. BGB

   b) oder ggf. zulässiges Anerkenntnis, § 113 I FamFG i.V.m. § 307 ZPO

---

a) Zulässigkeit

zuständig auch hier Gericht der Ehescheidung

Die sachliche Zuständigkeit des Amtsgerichts ergibt sich aus § 23a I Nr. 1 GVG i.V.m. §§ 111 Nr. 8, 231 I Nr. 1 FamFG, die des Familiengerichts aus § 23b I GVG. Die örtliche Zuständigkeit folgt bei gemeinschaftlichen Kindern aus § 232 I Nr. 1 FamFG, sodass das Gericht der Ehescheidung zuständig ist.

430

hemmer-Methode: Beachten Sie § 232 I Nr. 2 FamFG, der einen ausschließlichen Gerichtsstand bezüglich Verfahren über Unterhaltspflichten gegenüber minderjährigen Kindern begründet. Diese Zuständigkeit soll aber wohl nur greifen, wenn nicht bereits § 232 I Nr. 1 FamFG einschlägig ist.

---

773 Vergleichen Sie hierzu die Ausführungen oben, Rn. 316.

774 Vgl. § 137 II FamFG, wonach die Folgesache zwei Wochen vor der mündlichen Verhandlung in der Scheidungssache geltend gemacht werden müssen. Hierzu auch OLG Oldenburg, FamRZ 2010, 2015 sowie OLG Hamm, FamRZ 2010, 2091; alle Entscheidungen = jurisbyhemmer.

wichtig:
Verfahrensstandschaft d.
§ 1629 III BGB bei Minderjährigen

Neben den Fragen der Zuständigkeit spielt speziell beim Kindesunterhalt die gesetzliche Verfahrensstandschaft[775] des § 1629 III BGB eine wichtige Rolle.[776] Der antragstellende Elternteil kann danach während der Trennung bzw. Anhängigkeit einer Ehesache die Ansprüche des minderjährigen Kindes nur im eigenen Namen geltend machen (zwingende Verfahrensstandschaft). Ein Antrag im Namen des Kindes würde mangels Prozess- bzw. Verfahrensführungsbefugnis als unzulässig abgewiesen.

Häufig kann es vorkommen, dass ein Kind bei Rechtshängigkeit des Antrags noch minderjährig ist, aber z.Zt. der Entscheidung volljährig. Die Verfahrensstandschaft endet dann mit der Volljährigkeit des Kindes und es muss ein gewillkürter Beteiligtenwechsel durchgeführt werden.[777] Der Antrag des Kindes muss nach § 140 I FamFG von dem Verbund abgetrennt werden, da jeder außer den Ehegatten selbst Dritter ist.

hemmer-Methode: Gerade dann, wenn für mehrere Kinder Unterhalt begehrt wird, ist eine beliebte Klausurvariante, dass man dann bei einem Kind der Antrag als unzulässig abweisen muss, während über den anderen Antrag im Rahmen der Begründetheit zu entscheiden ist.

Rechtsschutzbedürfnis beachten

Liegt über den Unterhalt bereits ein Verfahrensvergleich vor, fehlt einem Antrag das Rechtsschutzbedürfnis, da der Vergleich nach § 120 FamFG i.V.m. § 794 I Nr. 1 ZPO Vollstreckungstitel ist und der Antragsteller damit eine einfachere Möglichkeit hat, seine Ansprüche durchzusetzen. Anders aber selbstverständlich dann, wenn kein Verfahrensvergleich, sondern nur ein normaler Vergleich vorliegt (vgl. § 779 BGB). Hat der Antragsgegner bislang freiwillig den Unterhalt gezahlt, so fehlt dem Antrag ebenfalls nicht das Rechtsschutzbedürfnis, da insoweit für die Zukunft keine gesicherte Position besteht. Bei Unterhaltsansprüchen besteht nicht nur ein Anspruch auf Zahlung, sondern auch auf Titulierung!

431

b) Begründetheit

Begründetheit, §§ 1601 ff. BGB

Der Antrag ist dann begründet, wenn der Unterhaltsanspruch des Kindes gegen den beklagten Elternteil besteht, §§ 1601 ff. BGB.[778] Der Antragsgegner kann den Anspruch aber auch anerkennen (§ 113 I FamFG i.V.m. § 307 ZPO), da der Kindesunterhalt nach § 112 FamFG eine Familienstreitsache ist.

432

hemmer-Methode: Im Bereich des FamFG gilt grundsätzlich gerade nicht die Dispositionsbefugnis der Parteien als Bestandteil der sog. Parteimaxime. Stattdessen liegt die Verfahrensherrschaft beim Gericht, sodass ein Anerkenntnis nicht möglich ist.

Auch eine Anwendung des § 113 IV Nr. 6 FamFG kommt nicht in Betracht, da dieser nur für Ehesachen i.S.d. § 121 FamFG gilt. Das Vorliegen eines Anerkenntnisses ist aber in jedem Fall eine Frage der Begründetheit, weshalb die Klage trotz Vorliegens eines Anerkenntnisses auch dann als unzulässig abzuweisen ist, wenn eine Zulässigkeitsvoraussetzung nicht vorliegt, also insbesondere die Verfahrensstandschaft des § 1629 III BGB nicht (mehr) einschlägig ist.[779]

---

775 Nach § 113 V Nr. 1 FamFG müsste man eigentlich von „Verfahrensstandschaft" sprechen, ob sich dieser Begriff einbürgern wird, bleibt aber abzuwarten.

776 Zur Einordnung der Vorschrift lesen die Ausführungen oben unter Rn. 292, 318.

777 BGH, Beschluss vom 19.06.2014, XII ZB 39/11 = **juris**byhemmer.

778 Zu den Voraussetzungen vgl. oben Rn. 373, aber auch Rn. 317.

779 Im Übrigen hat das Anerkenntnis noch Auswirkungen im Hinblick auf die Kostentragung, vgl. § 93 ZPO.

Versäumnisbeschluss möglich

Ist der Antragsgegner säumig i.S.d. § 113 I FamFG i.V.m. §§ 331, 333 ZPO kann über den Kindesunterhalt auch im Rahmen des Scheidungsverbundbeschlusses durch einen Versäumnisbeschluss entschieden werden, vgl. § 142 I S. 2 FamFG.

Ein Versäumnisbeschluss wäre nur dann ausgeschlossen, wenn nicht der Beibringungs-, sondern der Amtsermittlungsgrundsatz gelten würde. Dies ist aber nur im Rahmen von Ehesachen, vgl. § 127 FamFG, und bei Familiensachen, die keine Familienstreitsachen sind, §§ 26, 113 I FamFG, der Fall.

hemmer-Methode: Im Zusammenhang mit dem Versäumnisbeschluss ist die Vorschrift des § 148 FamFG von besonderer Bedeutung: Entscheidungen in den Folgesachen werden frühestens mit der Rechtskraft des Scheidungsausspruchs wirksam. Die Versäumnisentscheidung über den (Kindes)Unterhalt, die nach § 142 I FamFG einheitlich mit dem Scheidungsbeschluss ergeht, ist demnach mit Ablauf der Einspruchsfrist von zwei Wochen gemäß § 113 I FamFG i.V.m. § 339 ZPO rechtskräftig, aber erst mit Ablauf der Beschwerdefrist von einem Monat für die Scheidungsentscheidung nach § 63 I FamFG wirksam!

5. Ehegattenunterhalt

auch auf Antrag: Ehegattenunterhalt

Gleichzeitig mit der Scheidung wird einer der Ehegatten regelmäßig Scheidungsunterhalt vom anderen Ehegatten verlangen. Auch hierbei handelt es sich um eine Folgesache i.S.d. § 137 II Nr. 2 FamFG, über die auf Antrag im Verbund zu entscheiden ist. Da ein Folgeantrag im Scheidungsverbund nach § 137 II S. 1 FamFG für den Fall der Scheidung gestellt wird, handelt es sich zwingend um nachehelichen Unterhalt nach §§ 1569 ff. BGB und nicht um Trennungsunterhalt nach § 1361 BGB.

433

Im Wesentlichen kann für die Folgesache Ehegattenunterhalt auf die Ausführungen zum Kindesunterhalt verwiesen werden. Die Begründetheit der geltend gemachten Ansprüche richtet sich nach §§ 1569 ff. BGB.[780] Auch hier kann der Antragsgegner anerkennen. Ebenso ist eine Entscheidung durch Versäumnisentscheidung möglich.

Prüfungsschema für Ehegattenunterhalt

1. Antragsverbund, § 137 II S. 1 FamFG

2. Zulässigkeit

   a) Sachliche Zuständigkeit (§§ 23a I Nr. 1, 23b GVG, § 111 Nr. 8, 231 I FamFG) und örtliche Zuständigkeit (§ 232 I Nr. 1 FamFG)

   b) Sonstige Zulässigkeitsvoraussetzungen (z.B. § 258 ZPO)

3. Begründetheit

   a) Materiell-rechtlicher Anspruch nach §§ 1569 ff. BGB oder

   b) ggf. zulässiges Anerkenntnis, § 113 I FamFG i.V.m. § 307 ZPO

---

780 Vgl. oben Rn. 295.

6. Versorgungsausgleich

im Zwangsverbund: Versorgungs-ausgleich

In der Praxis müsste nunmehr über den Versorgungsausgleich entschieden werden. Der Versorgungsausgleich ist nach der Kindschaftsrechtsreform die einzige Folgesache, über die (teilweise) noch im Zwangsverbund – also ohne Antrag – zu entscheiden ist, vgl. § 137 II S. 2 FamFG. Dabei handelt es sich um ein Verfahren, bei dem der Amtsermittlungsgrundsatz nach § 26 FamFG gilt, da es sich nicht um eine Familienstreitsache handelt, § 112 FamFG. Die Begründetheit richtet sich nach dem Versorgungsausgleichsgesetz. Der Versorgungsausgleich ist allerdings nicht mehr Examensstoff, sodass eine weitere Darstellung der wesentlichen Probleme nicht erfolgt.[781]

434

7. Zugewinnausgleich

bzgl. Zugewinn wiederum Antragsverbund

Wird für den Fall der Scheidung zugleich die Durchführung eines Zugewinnausgleichs beantragt, so ist über diesen als Folgesache ebenfalls im Antragsverbund zu entscheiden (§ 137 II Nr. 4 FamFG). Es gilt uneingeschränkt der Verhandlungsgrundsatz, § 113 I FamFG.

435

Die sachliche Zuständigkeit des Amtsgerichts ergibt sich aus § 23a I Nr. 1 GVG i.V.m. §§ 111 Nr. 9, 261 I FamFG, die Zuständigkeit des Familiengerichts aus § 23b I GVG. Die örtliche Zuständigkeit richtet sich ausschließlich nach § 262 I FamFG. Zuständig ist damit bei Vorliegen eines Scheidungsantrags das Gericht der Ehesache. Die Begründetheit richtet sich nach den §§ 1363 ff. BGB.

Prüfungsschema für Zugewinnausgleich:

1. Antragsverbund, § 137 II FamFG
2. Zulässigkeit
   a) Sachliche Zuständigkeit (§§ 23a I Nr. 1, 23b I GVG i.V.m. §§ 111 Nr. 9, 261 I FamFG) und örtliche Zuständigkeit (§ 262 I FamFG)
   b) Sonstige Zulässigkeitsvoraussetzungen
3. Begründetheit
4. Bestimmen des Zugewinnausgleichs, §§ 1363 ff. BGB

---

8. Weitere Entscheidungen

Achtung: keine Folgesachen

Häufig wird man noch einen der Ehepartner weitere Anträge für den Fall der Scheidung stellen lassen, die aber keine Folgesachen i.S.d. § 137 II FamFG darstellen und deshalb abzutrennen sind.

436

⇨ *Abtrennung*

Dies gilt insbesondere für den Fall, dass Ansprüche wegen rückständigen Trennungsunterhalts geltend gemacht werden oder wenn bei Gütertrennung um die Abwicklung von unbenannten Zuwendungen und damit um sonstige Familiensachen i.S.d. § 266 FamFG gestritten wird: Hier müssen die Ehegatten erneut in einem eigenen Verfahren streiten.

---

781 Vgl. schon oben Rn. 310.

> **hemmer-Methode:** Bei der Rückabwicklung von unbenannten Zuwendungen nach § 313 BGB handelt es sich um sonstige Familiensachen i.S.d. § 266 I Nr. 3 FamFG. Zuständig sind demnach die Familiengerichte. Dies ist eine der Neuerungen des FamFG, da bislang die Prozessgerichte zuständig waren.

II. Leistungsanträge im Familienrecht

2. Fallgruppe: separate Klage auf Unterhalt

Familiensachen wie Unterhaltsansprüche der Kinder und der Ehegatten können ebenso wie der Zugewinnausgleich nach der Scheidung in einem separaten Verfahren geltend gemacht werden. Im Scheidungsverbund ergehen diese Entscheidungen nämlich nur dann, wenn ein Ehegatte dies rechtzeitig (bis zum Schluss der mündlichen Verhandlung in erster Instanz) beantragt hat (§ 137 II FamFG).   437

sonstige Leistungsansprüche

Gleiches gilt für alle weiteren Ansprüche der Ehegatten untereinander, die ohnehin nicht im Verbund geltend gemacht werden können, z.B. für Ansprüche auf (rückständigen) Trennungsunterhalt oder bei Gütertrennung die Abwicklung von unbenannten Zuwendungen oder die Abwicklung von Leistungen, die vor der Ehe erbracht wurden und damit nicht unter den Zugewinnausgleich fallen.   438

Klagen kann schließlich auch derjenige Ehegatte, der Unterhalt an seinen Partner geleistet hat und diesen wieder zurückverlangt. Dies wird insbesondere dann anzunehmen sein, wenn der Verpflichtete nachträglich Umstände herausfindet, die zu einem Unterhaltsausschluss bzw. zu einer Unterhaltsreduzierung geführt hätten.

1. Zulässigkeit des Leistungsantrags

Zulässigkeit

Zunächst gilt es, die sachliche und örtliche Zuständigkeit zu bestimmen.   439

a) Sachliche Zuständigkeit

sachliche Zuständigkeit

Die sachliche Zuständigkeit der Amtsgerichte im Bereich des Familienrechts ergibt sich - unabhängig vom Streitwert - aus § 23a I Nr. 1 GVG i.V.m. § 111 FamFG. Klausurrelevant sind dabei besonders § 111 Nr. 8 FamFG (bei gesetzlichen Unterhaltsansprüchen) und § 111 Nr. 9 FamFG (bei güterrechtlichen Ansprüchen).   440

Amtsgericht, § 23a GVG, ggf. kraft Zusammenhangs

Über diese Fälle hinaus ist das Amtsgericht kraft Sachzusammenhangs auch für die Rückabwicklung der unter § 23a GVG fallenden Ansprüche zuständig (also bei Ansprüchen aus §§ 812 ff. BGB). Eine direkte Anwendung des § 23a GVG kommt jedenfalls wegen des klaren Wortlauts nicht in Betracht. Andererseits ist es nicht sachgerecht, wenn man die Gewährung dieser Ansprüche dem Familiengericht zuweist, nicht aber die Rückabwicklung.[782]   441

Familiengerichte sind nur beim Amtsgericht

Die Zuständigkeit des Familiengerichts nach § 23b GVG ist folglich auch **nur dann** zu prüfen, wenn überhaupt die sachliche Zuständigkeit des Amtsgerichts eröffnet ist; Familiengerichte sind nämlich nur bei den Amtsgerichten zu bilden. Ist der Rechtsstreit also streitwertabhängig und liegt demzufolge die sachliche Zuständigkeit bei den Landgerichten, so ist die Frage der Zuständigkeit des Familiengerichts obsolet.   442

---

782 Zur Zuständigkeit kraft Sachzusammenhangs vgl. Thomas/Putzo, § 111 FamFG, Rn. 2 ff.

b) Örtliche Zuständigkeit

ggf. Problem: örtl. Zuständigkeit

Besondere Schwierigkeiten kann bei der Leistungsklage die Frage der örtlichen Zuständigkeit aufwerfen.

443

verschiedene Zeiträume differenzieren

Wie bereits oben[783] festgestellt, ist bei den übrigen Familiensachen neben einem Scheidungsverfahren nach Anhängigkeit und bis zur Rechtskraft einer Ehesache (insbes. der Scheidung) ausschließlich das Gericht der Ehesache örtlich zuständig, vgl. bspw. §§ 232 I Nr. 1, 262 I, 267 I FamFG. Anhängigkeit im Sinne dieser Vorschriften liegt bereits mit Einreichen des Scheidungsantrags vor, nicht erst mit dessen Zustellung, § 124 FamFG.

444

Vor Anhängigkeit bzw. nach Rechtskraft der Ehesache sind bei Familienstreitsachen i.d.R. die allgemeinen Zuständigkeitsregeln der ZPO einschlägig, vgl. bspw. §§ 232 III S. 1, 262 II, 267 II FamFG. Eine wichtige speziellere Vorschrift hierzu ist § 232 I Nr. 2 FamFG, der einen ausschließlichen Gerichtsstand für Unterhaltsklagen minderjähriger Kinder beim Gericht des gewöhnlichen Aufenthalts des Kindes vorsieht.

hemmer-Methode: Achten Sie deshalb besonders bei Unterhaltsansprüchen und Zugewinnausgleichsansprüchen darauf, ob eine Ehesache zuvor anhängig, nachfolgend rechtshängig oder schon rechtskräftig ist.

„Da die Ehe von A und B bereits rechtskräftig geschieden wurde, ist im Hinblick auf den Unterhaltsanspruch der B das Amtsgericht München örtlich zuständig, §§ 12, 13, 232 III S. 1 FamFG. Eine Zuständigkeit nach § 232 I Nr. 1 FamFG kann jedenfalls nach Rechtskraft der Scheidung nicht mehr angenommen werden."

Die allgemeinen Vorschriften sind auch dann maßgeblich, wenn die konkrete Familiensache nicht in § 232 I FamFG genannt ist, bspw. der Elternunterhalt.

445

hemmer-Methode: Zeigen Sie so, dass Ihnen das Problem geläufig ist und Sie nur deshalb die allgemeinen Vorschriften anwenden, weil es sich so aus dem Gesetz ergibt. Punkten Sie also damit, dass Sie zeigen, dass Sie sich in einem anderen Fall auch anders hätten entscheiden können.

c) Sonstige Zulässigkeitsvoraussetzungen

aa) Anwaltschaftliche Vertretung

Anwaltszwang

Grundsätzlich besteht vor dem Amtsgericht kein Anwaltszwang. Von diesem Grundsatz macht § 114 I FamFG eine Ausnahme für Ehesachen und Folgesachen sowie für Familienstreitsachen.

446

Ausnahmen hiervon regelt wiederum § 114 IV FamFG.

447

hemmer-Methode: Den Anwaltszwang sprechen Sie auf Antragstellerseite bereits unter dem Punkt „Wirksame Antragstellung" an. Die Postulationsfähigkeit ist eine Verfahrenshandlungsvoraussetzung und keine eigene Zulässigkeitsvoraussetzung. Erscheint der Antragsgegner trotz Anwaltszwangs ohne Anwalt, ist er säumig, sodass nach § 113 I FamFG, § 333 ZPO ein Versäumnisbeschluss gegen ihn ergehen kann, soweit dieses nicht bspw. nach § 130 II FamFG in Ehesachen ausgeschlossen ist.

---

[783] Innerhalb eines Scheidungsantrags, vgl. Rn. 423.

bb) Fehlendes Rechtsschutzbedürfnis

Rechtsschutzbedürfnis beachten

Bei Unterhaltsansprüchen wird i.d.R. zu fragen sein, ob nicht zwischen den Parteien ein Verfahrensvergleich vorliegt, welcher der Klage das Rechtsschutzbedürfnis nimmt, da somit bereits ein vollstreckbarer Titel vorliegt, § 794 I Nr. 1 ZPO.

448

hemmer-Methode: Um das Ganze etwas schwieriger zu machen, kann der Klausurersteller die Prüfung eines Leistungsantrags mit einer bereits erlassenen Versäumnisentscheidung in der gleichen Sache verbinden. Dann müssen Sie vor der Zulässigkeit des Antrags prüfen, ob ein Einspruch noch möglich ist. Prüfungsschritte sind dabei:[784]
a) Zulässigkeit des Einspruchs:
● Statthaftigkeit des Einspruchs
● Rechtzeitigkeit
● Form
● kein Verzicht
b) Zulässigkeit des Antrags
c) Begründetheit des Antrags
Prüfen Sie niemals die „Begründetheit des Einspruchs"! Eine solche gibt es nicht, sodass dies als schwerer Fehler gewertet wird! Wegen § 342 ZPO hat der Einspruch im Säumnisverfahren bloße „Transportfunktion"!

cc) Sonstige Zulässigkeitsvoraussetzungen

ansonsten allgem. Voraussetzungen

Bei den sonstigen Zulässigkeitsvoraussetzungen ergeben sich kaum Abweichungen zu den normalen Klagen vor den Zivilgerichten.[785]

449

2. Begründetheit des Leistungsantrags

bzgl. Begründetheit: materielles Familienrecht

Diese ist begründet, wenn der beantragten Verpflichtung stattzugeben ist, also der geltend gemachte Anspruch dem Grunde nach besteht und durchsetzbar ist.

450

Soweit Ansprüche auf Unterhalt und Zugewinn geltend gemacht werden, entspricht die Begründetheitsprüfung der beim Scheidungsantrag mit Folgesachen.[786]

Examensrelevanter Sonderfall ist die Rückabwicklung zuviel bezahlter Unterhaltsansprüche, die der Verpflichtete zurückfordern möchte.

451

> **Bsp.:** A beantragt, B zur Rückzahlung von Trennungsunterhalt zu verpflichten. Dieser war ihr im Wege einer einstweiligen Anordnung nach §§ 246 I, 49 FamFG zugesprochen worden, obwohl B im maßgeblichen Zeitraum tatsächlich keinen Anspruch gehabt hätte.

Anspruchsgrundlage könnten §§ 717 II, 945 ZPO analog wegen unrechtmäßiger Vollstreckung sein.[787]

Dagegen spricht aber mit dem BGH,[788] dass die §§ 49 ff. FamFG eine geschlossene Sonderregelung sind, bei der eine verschuldensunabhängige Haftung nicht vorgesehen ist. Insoweit fehlt also die für eine Analogie notwendige Regelungslücke. V.a. verweist § 119 II FamFG allein auf den Arrest nach § 916 ZPO und nicht auf die einstweilige Verfügung nach § 935 ZPO. Soweit § 119 II FamFG auch § 945 ZPO für entsprechend anwendbar erklärt, betrifft dies nur den Fall des zu Unrecht ergangenen Arrestbefehls.

---

784 Vgl. Thomas/Putzo, § 341 ZPO, Rn. 1 ff.

785 Eine Aufstellung der Zulässigkeitsvoraussetzungen finden Sie bei Thomas/Putzo, vor § 253 ZPO, Rn. 15 ff.

786 Dazu oben schon Rn. 433, 435.

787 So jedenfalls Kohler, FamRZ 1988, 1005.

788 FamRZ 1986, 450; so auch Thomas/Putzo, § 119 FamFG, Rn. 3, § 945 ZPO, Rn. 6.

Ansprüche können deshalb allenfalls aus Delikt oder ungerechtfertigter Bereicherung bestehen. Da für eine Haftung aus Delikt keine Anhaltspunkte gegeben sind (z.B. § 826 BGB, dann müsste ein entsprechender Vorsatz geschildert sein), bleibt allein die Möglichkeit des Anspruchs aus § 812 I S. 1 Alt. 1 BGB (sog. Leistungskondiktion) oder § 812 I S. 1 Alt. 2 BGB (sog. Eingriffskondiktion).

Letzteres vor allem im Hinblick auf den Umstand, dass A grds. nicht bezahlen wollte, sondern dazu verpflichtet wurde. Ggf. würde ein Gerichtsvollzieher diesen Titel vollstrecken, sodass die Eingriffskondiktion richtige Anspruchsgrundlage wäre.

Da dieser Titel nicht rechtskraftfähig ist, darf er aber nur dann vollstreckt werden, wenn materiell-rechtlich ein Anspruch auf den Unterhalt bestanden hat.[789] Ansonsten fehlt es auch hier an einem Rechtsgrund. Da ein solcher Unterhaltsanspruch der B dem Grunde nach nicht bestanden hat, ist die Klage des A auch begründet.

Ein (Folge)Problem ist meist die Entreicherung nach § 818 III BGB.[790]

> **hemmer-Methode:** Normalerweise besteht das Problem in diesem Fall genau darin, zu prüfen, ob B nicht doch einen Anspruch gehabt hat. Die einstweilige Anordnung stellt gerade keine endgültige, rechtskräftige Regelung dar, die dem Empfänger den Unterhalt auch materiell zuweist.

III. Stellen eines Stufenantrags, § 254 ZPO

3. Fallgruppe: Stufenantrag, § 254 ZPO

Generell gilt, dass der Kläger einen bestimmten Antrag stellen muss (§ 113 I FamFG i.V.m. § 253 ZPO). Wird im Antrag zuviel verlangt, dann hat dies zur Konsequenz, dass der Antragsteller im Hinblick auf den Rest teilweise kostenpflichtig unterliegt (§ 113 I FamFG i.V.m. § 92 ZPO bzw. § 243 Nr. 1 FamFG). **452**

Auskunft als Voraussetzung f. bestimmten Leistungsantrag

Besonders bei Unterhalts- und Zugewinnansprüchen ist es für den Antragsteller aber kaum möglich, einen korrekten Antrag zu stellen, wenn er nicht über die Vermögensverhältnisse seines Gegners informiert ist. Verweigert sich der Antragsgegner im Hinblick auf die Auskunft über sein Vermögen, würde der Kläger ein unzumutbares Verfahrenskostenrisiko eingehen. Außerdem würden insbesondere die Zugewinnausgleichsansprüche zu verjähren drohen, wenn sie der Anspruchsinhaber nicht rechtzeitig geltend macht.

insbes. gesetzliche Auskunftspflichten

Da das BGB bei Unterhaltsansprüchen Auskunftspflichten der Ehegatten bestimmt, spielt im Familienverfahrensrecht der Stufenantrag (§ 113 I FamFG i.V.m. § 254 ZPO) eine besonders bedeutende Rolle. **453**

Solche Auskunftsansprüche sind z.B.: § 1605 BGB bei Kindesunterhalt, bei Trennungsunterhalt § 1605 BGB i.V.m. § 1361 IV BGB, bei Scheidungsunterhalt § 1580 BGB i.V.m. § 1605 BGB, beim Zugewinnausgleich § 1379 BGB.

---

789 Zu den Folgen einer Zwangsvollstreckung bei der im Hinblick auf den Titel kein Anspruch bestanden hat, vgl. Palandt, § 812 BGB, Rn. 37, wonach

§ 816 BGB deshalb nicht eingreift, da keine „Verfügung" des Gerichtsvollziehers vorliegt, sondern eine Wegnahme kraft staatlichen Hoheitsaktes.

790 Hierzu unten Rn. 495.

Der Stufenantrag besteht i.d.R. aus drei Stufen:[791]

Prüfungsschema Stufenantrag, § 113 I FamFG i.V.m. § 254 ZPO:

1. Stufe: Antrag auf Auskunft

2. Stufe: ggf. Antrag auf Abgabe einer eidesstattlichen Versicherung des Beklagten

3. Stufe: Antrag auf Zahlung oder Herausgabe

---

1. Zulässigkeit des Stufenantrags

Stufenantrag als Ausnahme v. Bestimmtheitsgrds. d. § 253 ZPO

Zu prüfen sind dort die allgemeinen Zulässigkeitsvoraussetzungen, die auch ansonsten für einen Leistungsantrag im Bereich des Familienrechts erfüllt sein müssen. Zu erwähnen ist zum einen, dass § 113 I FamFG i.V.m. § 254 ZPO eine Ausnahme zum Bestimmtheitsgrundsatz des § 113 I FamFG i.V.m. § 253 II Nr. 2 ZPO ist, sodass der Antrag nicht wegen vermeintlicher Unbestimmtheit unzulässig ist.

454

Besonderheiten ergeben sich noch bei der Zuständigkeit: Für die Hauptsache – also den Leistungsantrag – gelten die §§ 23a, 23b GVG direkt.

Zuständigkeit kraft Sachzusammenhangs

Im Hinblick auf den Auskunftsanspruch sollte darauf hingewiesen werden, dass das Familiengericht nur kraft Sachzusammenhangs für den Auskunftsantrag zuständig ist.[792] Der Auskunftsanspruch fällt nicht wortwörtlich unter §§ 23a, 23b GVG, er steht aber mit dem Leistungsanspruch der Hauptsache in so engem Zusammenhang, dass eine andere Handhabung nicht sachgerecht wäre.

hemmer-Methode: Ob diese begrifflichen „Umwege" nach Inkrafttreten des FamFG noch nötig sind oder ob künftig die Auskunftsansprüche direkt als Familiensache, genauer als Unterhaltssache, behandelt werden, bleibt abzuwarten. Letzteres scheint durchaus vertretbar, zumal § 235 FamFG dem Gericht auch ohne entsprechenden Antrag die Möglichkeit gibt, von den Beteiligten Auskunft über ihr Einkommen und ihr Vermögen zu fordern.

2. Begründetheit des Stufenantrags

in Begründetheit erst Auskunftsanspruch prüfen

a) In der Begründetheit prüfen Sie zunächst das Bestehen einer Anspruchsgrundlage für den Auskunftsanspruch (die wichtigsten Ansprüche siehe oben). Sodann legen Sie den genauen Inhalt des Anspruchs fest (z.B. systematische Aufstellung des Vermögens).

455

i.d.R. Teilbeschluss über Auskunft

b) Nun legen Sie eine Anspruchsgrundlage für den materiellrechtlichen Anspruch auf Geld fest und prüfen schließlich, in welchem Umfang ein Leistungsanspruch des Antragstellers besteht. I.d.R. ergeht aber zuvor ein Teilbeschluss über die Auskunft, da die Bezifferung erst nach Auskunftserteilung erfolgen kann.

oft Problem: Verjährung

Schließlich ist noch in der Begründetheit zu prüfen, ob der geltend gemachte Anspruch ggf. verjährt ist. Dies wird häufig eine Rolle spielen, da ein konkreter Zahlungsantrag meist erst nach Eintritt der Verjährung gestellt wird, während der Auskunftsanspruch noch vor Eintritt der Verjährung rechtshängig gemacht worden ist.

456

---

791 Zu den einzelnen Stufen vgl. Thomas/Putzo, § 254 ZPO, Rn. 1 ff.

792 Thomas/Putzo, § 111 FamFG, Rn. 2.

Bsp.: A reicht vier Tage vor der Verjährung des Zugewinnausgleichsanspruchs durch ihren Rechtsanwalt R Stufenklage gegen B ein. Der Antrag wird dem B drei Tage nach Eintritt der Verjährung zugestellt. In der ersten Stufe wird der B verpflichtet, der A Auskunft zu erteilen, in der zweiten Stufe wird eine eidesstattliche Versicherung beantragt und in der dritten Stufe ein noch zu bestimmender Betrag eingefordert.

Erst ein halbes Jahr nach Zustellung des Antrags kann A durch R einen genauen Betrag einklagen. B meint, der Anspruch sei schon lange verjährt.

Fraglich ist, ob der Zugewinnausgleichsanspruch hier verjährt ist, §§ 214 I, 195, 199 BGB. Dies ist jedenfalls dann nicht der Fall, wenn die Antragstellung die Verjährung hemmen konnte, § 204 I Nr. 1 BGB. Zugestellt wurde der Antrag aber erst nach der Verjährung, sodass die Wirkung des § 204 BGB eigentlich nicht eintreten könnte. Allerdings ist hier von der Anwendbarkeit des § 167 ZPO i.V.m. § 113 I FamFG auszugehen, sodass die Verjährung des Anspruchs bereits mit Einreichen des Stufenantrags bei Gericht unterbrochen worden sein könnte.

§ 167 ZPO beachten

Problematisch ist aber, dass § 167 ZPO nur im Hinblick auf den Auskunftsanspruch gelten kann. Ein konkreter Zahlungsantrag wurde dagegen erst viel später erhoben. Doch ist anerkannt, dass bei Erheben des Stufenantrags der Zahlungsantrag bereits mit dem Auskunftsanspruch rechtshängig wird,[793] dies entspricht allein dem Zweck des Stufenantrags, sodass die Unterbrechung auf diesen Zeitpunkt zurückwirkt. Der Anspruch der A ist damit nicht verjährt.

IV. Antrag auf Erlass einer einstweiligen Anordnung bzw. Verfügung

4. Fallgruppe: Einstweiliger Rechtsschutz

Der vorläufige Rechtsschutz spielt sowohl in der Familienrechtsklausur wegen der Sondervorschriften der §§ 49 ff. FamFG als auch in der Praxis wegen der häufigen Verweigerung von Unterhaltsansprüchen eine besonders wichtige Rolle. Entscheidend ist hierbei vor allem die Abgrenzung der verschiedenen Möglichkeiten auf vorläufigen Rechtsschutz untereinander.

457

Überblick über den einstweiligen Rechtsschutz

I. Einstweilige Verfügung, §§ 935, 940 ZPO, beachte aber § 119 II FamFG

II. Arrest, § 119 II FamFG i.V.m. §§ 916 ff. ZPO

III. Einstweilige Anordnung §§ 49 ff. FamFG (ggf. i.V.m. § 246 FamFG)

Ausgangsfall: Z erscheint in der Kanzlei von Rechtsanwalt R. Sie erklärt ihm, dass sie nun schon seit zwei Jahren von ihrem Mann M getrennt lebe. Dieser habe bisher auch immer ordentlich Unterhalt gezahlt. Seit fünf Wochen weigere er sich aber, dies zu tun. R solle deshalb auf schnellstem Wege den Unterhalt der letzten fünf Wochen eintreiben und auch sicherstellen, dass der M in Zukunft die Unterhaltszahlungen leiste. Z erwähnt, dass sie von der Möglichkeit eines „Arrestes" gehört habe, mit der man „solche Ansprüche" geltend machen könne. Auf Anfrage antwortet Z, dass ein Scheidungsverfahren noch nicht anhängig sei.

R hat nunmehr die Aufgabe, die verschiedenen Rechtsschutzmöglichkeiten zu prüfen. Dabei ist auch hier zwischen Zulässigkeit und Begründetheit des einstweiligen Rechtsschutzes zu unterscheiden.

---

793 Thomas/Putzo, § 254 ZPO, Rn. 4.

> **Prüfungsschema bei einstweiligem Rechtsschutz:**
>
> **I.** Zulässigkeit
>
>   **1.** Abgrenzung der verschiedenen Möglichkeiten,
>   §§ 49 ff. FamFG, 916 ff., 935 ff. ZPO
>
>   **2.** sachliche und örtliche Zuständigkeit, je nachdem, welcher
>   Rechtsschutz einschlägig ist
>
>   **3.** Behauptung v. Anordnungs- bzw. Verfügungsanspruch und
>   -grund
>
>   **4.** sonstige Zulässigkeitsvoraussetzungen, insbes. ordnungsge-
>   mäße Antragstellung
>
> **II.** Begründetheit
>
>   **1.** Glaubhaftmachung von Anordnungsanspruch und
>
>   **2.** Anordnungsgrund

1. Zulässigkeit des Antrags auf einstweiligen Rechtsschutz

grds. zwei Möglichkeiten:

Im Bereich des Familienrechts ist zwischen Arrest (§ 119 II FamFG i.V.m. §§ 916 ff. ZPO) und einstweiliger Anordnung (§§ 49 ff. FamFG) genau zu unterscheiden.   **458**

a) Einstweilige Anordnung, §§ 49 ff. FamFG

einstw. Anordnung, §§ 49 ff. FamFG

Die einstweilige Anordnung nach (§§ 119 I, 246 I FamFG i.V.m.) §§ 49 ff. FamFG ist gegenüber den sonstigen Möglichkeiten des einstweiligen Rechtsschutzes nach §§ 935 ff. ZPO eine abschlie-ßende Sonderregelung.[794] Dies gilt auch für Familienstreitsachen, § 119 II FamFG verweist alleine auf §§ 916 ff. ZPO, nicht aber auch auf §§ 935 ff. ZPO.   **459**

Für die Statthaftigkeit eines Antrags nach § 49 FamFG ist – anders als früher für Anträge nach §§ 620, 644 ZPO a.F. – nicht Vorausset-zung, dass ein Hauptsacheantrag bei Gericht anhängig ist. Der Gegner hat aber die Möglichkeit, über § 56 FamFG ein Hauptsache-verfahren zu erzwingen.   **459a**

> **hemmer-Methode:** Zum besseren Verständnis sei die etwas unüber-sichtliche Verweisungstechnik des FamFG nochmals kurz erörtert: Grundsätzlich gelten die §§ 49 ff. FamFG für alle Verfahren nach dem FamFG, also auch für Familiensachen. Auch für Familienstreitsachen i.S.d. § 112 FamFG ordnet § 113 I FamFG nichts anderes an, die §§ 49 ff. FamFG werden gerade nicht durch die ZPO-Vorschriften ver-drängt. § 119 I S. 1 FamFG bestimmt insoweit rein wiederholend, dass die §§ 49 ff. FamFG (und nicht §§ 935 ff. ZPO) anwendbar sind, wobei nach § 119 II FamFG die Vorschriften über den Arrest nach §§ 916 ff. ZPO zusätzlich gelten. Die ohnehin schon etwas unübersichtliche Re-gelung wird durch § 246 FamFG weiter „verwirrt", der die §§ 49 ff. Fa-mFG für einstweilige Anordnungen in Unterhaltssachen modifiziert. In einem solchen Fall sind künftig wohl §§ 119 I, 49 ff. FamFG i.V.m. § 246 FamFG zu zitieren.

b) Arrest und einstweilige Verfügung

Arrest

einstw. Verfügung

Die ZPO unterscheidet grds. Arrest (§§ 916 ff. ZPO) von einstweili-ger Verfügung (§§ 935 ff. ZPO). Beide Rechtsschutzmittel schließen sich untereinander aus.[795] Ein Arrest dient dabei grds. der Sicherung künftiger Ansprüche, während die einstweilige Verfügung im Hinblick auf gegenwärtige Ansprüche einschlägig ist.   **460**

---

794 BGH, FamRZ 1979, 472 ff. = **juris**byhemmer.

795 Thomas/Putzo, Vor § 916 ZPO, Rn. 8.

hemmer-Methode: Beachten Sie, dass der Arrest nur die Pfändung (= Sicherung) einer Forderung bewirkt, nicht zugleich deren Überweisung (= Vollstreckung)!

Arrest insbes. bei künftigen Ansprüchen

Dies bedeutet, dass der Arrest im Bereich des Familienrechts regelmäßig nur in den Fällen möglich ist, in denen ein Ehegatte zukünftige Ansprüche zu vereiteln droht, z.B. den Unterhaltsanspruch oder den Zugewinnausgleich durch übermäßiges Geldausgeben bzw. durch Verfügung über das Vermögen als Ganzes (vgl. auch § 1365 BGB). **461**

Arrest über § 119 II FamFG anwendbar

Anders als die Regelungen der §§ 935 ff. ZPO, die durch §§ 49 ff. FamFG (i.V.m. § 119 I FamFG) ausgeschlossen werden, kann in Familienstreitsachen hierzu auf die §§ 916 ff. ZPO zurückgegriffen werden, vgl. § 119 II FamFG. **462**

c) Zuständigkeit

Das Gericht muss im Rahmen des einstweiligen Rechtsschutzes sachlich und örtlich zuständig sein.

aa) Zuständigkeit bei einstweiliger Anordnung

Zuständigkeit nach § 50 FamFG

Hinsichtlich der Zuständigkeit für eine einstweilige Anordnung ist danach zu differenzieren, ob bereits ein Hauptsacheantrag anhängig ist oder nicht. In erstgenannten Fall ist das Gericht der Hauptsache ohne weiteres auch für den Erlass der einstweiligen Anordnung zuständig, § 50 I S. 2 FamFG. Liegt noch kein Hauptsacheantrag vor, ist das Gericht zuständig, dass für diesen „zuständig wäre", § 50 I S. 1 FamFG, sodass an dieser Stelle inzident die Zuständigkeit für eine fiktive Hauptsache zu prüfen wäre. **463**

bb) Zuständigkeit bei Arrest

bzgl. Zuständigkeit §§ 919, 802 ZPO beachten

Bei einem Arrestantrag ergibt sich die Zuständigkeit aus § 919 ZPO. Zuständig ist damit sowohl das Gericht der Hauptsache als auch das Gericht, in dem sich der mit Arrest zu belegende Gegenstand befindet. Sachliche als auch örtliche Zuständigkeit sind dabei ausschließlich, vgl. § 802 ZPO. **464**

Welches Gericht in der Hauptsache zuständig ist, bestimmt sich wiederum nach dem GVG und dem FamFG.

hemmer-Methode: Beim Arrestantrag sollte der Umstand, dass sich die Zuständigkeit erst „kraft Verfahrenszusammenhangs" ergibt, besonders betont werden. Häufig achtet der Korrektor gerade auf diesen kleinen Unterschied.

d) Sonstige Zulässigkeitsvoraussetzungen

Anwaltszwang?

aa) Achten Sie darauf, ob im jeweiligen Hauptsacherechtsstreit Anwaltszwang besteht, § 114 I FamFG: **465**

Bei einstweiligen Anordnungen auf Unterhalt nach §§ 119 I, 49 ff., 246 FamFG besteht in der Hauptsache, da es sich um eine Familienstreitsache nach § 112 FamFG handelt, Anwaltszwang, § 114 I FamFG. Allerdings nimmt § 114 IV Nr. 1 FamFG gerade das Verfahren der einstweiligen Anordnung von diesem Anwaltszwang aus.

Anwaltszwang herrscht eigentlich auch, wenn durch Arrestantrag ein Zugewinnausgleichsanspruch gesichert werden soll, §§ 114 I, 112 FamFG. Hier ist allerdings eine Erklärung zu Protokoll möglich, § 920 III ZPO, sodass nach § 114 IV Nr. 6 FamFG i.V.m. § 78 III ZPO Anträge auch ohne einen Anwalt gestellt werden können.

bb) Bei der einstweiligen Anordnung müssen für die Zulässigkeit sowohl ein Anordnungsanspruch als auch ein Anordnungsgrund wenigstens behauptet werden. Ob diese tatsächlich gegeben sind, ist dagegen eine Frage der Begründetheit.

Anordnungsgrund = Eilbedürftigkeit

Der Anordnungsgrund entspricht dabei dem Rechtsschutzbedürfnis in der Hauptsache und ist nur dann gegeben, wenn ein Bedürfnis nach einer vorläufigen, einstweiligen Regelung besteht. Dies kann nur für künftigen, nicht aber auch für rückständigen Unterhalt der Fall sein.[796] Hier wird der Gläubiger auf die Erhebung der Hauptsacheklage verwiesen. Gleiches gilt für den Vorsorgeunterhalt nach § 1361 I S. 2 BGB.

bei laufendem Unterhalt keine besondere Dringlichkeit erforderlich

Hinsichtlich des künftigen laufenden Unterhalts ist hingegen eine besondere Dringlichkeit nicht erforderlich. § 246 I FamFG bestimmt insoweit gerade, dass eine einstweilige Anordnung abweichend von § 49 I FamFG zulässig ist.[797] Die Dringlichkeit wird hier vom Gesetzgeber unterstellt. Anders bei rückständigem Unterhalt. Hierfür besteht gerade keine besondere Dringlichkeit, so dass ein Antrag auf eine einstweilige Anordnung bereits unzulässig ist.

hemmer-Methode: Eine einstweilige Anordnung auf Zahlung von Unterhalt ist letztlich auf eine Vorwegnahme der Hauptsache gerichtet. Diese muss der Ausnahmefall bleiben und auf die Fälle beschränkt bleiben, in denen die Unterhaltszahlung zum „Überleben" erforderlich ist. Bei rückständigem Unterhalt geht es aber allein um das Begleichen von Schulden und nicht mehr um das tägliche Überleben, so dass diese Frage im normalen Hauptsacheverfahren zu klären ist.

2. Begründetheit des Antrags auf Erlass einer einstweiligen Anordnung

bzgl. Begründetheit summarische Prüfung

Der Antrag auf Erlass einer einstweiligen Anordnung ist dann begründet, wenn Anordnungsanspruch und Anordnungsgrund ausreichend glaubhaft gemacht wurden (§ 51 I S. 2 FamFG i.V.m. § 31 FamFG bzw. § 113 I FamFG, § 294 ZPO). Dabei wird die Glaubhaftmachung von Anordnungsanspruch und Anordnungsgrund aber nur summarisch geprüft.

466

a) Anordnungsanspruch

besteht materiell-rechtlicher Anspruch?

Zu fragen ist hier nach dem materiell-rechtlichen Anspruch des Antragstellers.

467

An dieser Stelle ist der jeweilige Unterhaltsanspruch zu prüfen: § 1361 BGB für Ehegatten während der Trennung, §§ 1570 ff. BGB für nachehelichen Unterhalt, §§ 1601 ff. BGB für Verwandte.

Die Höhe des Unterhalts ist bei einer einstweiligen Anordnung nach §§ 49 ff. FamFG nicht beschränkt, es wird der volle Unterhalt zugesprochen, da § 246 FamFG abweichend von § 49 FamFG gerade nicht nur vorläufige Maßnahmen zulässt.[798]

---

796 Thomas/Putzo, vor § 246 FamFG, Rn. 3, § 246 FamFG, Rn. 1.

797 Schulte-Bunert, Das neue FamFG, Rn. 832; Thomas/Putzo, vor § 246 FamFG, Rn. 3.

798 Schulte-Bunert, Das neue FamFG, Rn. 832.

Der Unterhaltsanspruch kann, muss aber nicht zeitlich befristet werden. Die einstweilige Anordnung gilt vielmehr bis eine andere Entscheidung in der Unterhaltsfrage wirksam wird, § 56 FamFG.

b) Anordnungsgrund

besteht dringliches Bedürfnis?

468 Dieser Prüfungsschritt regelt die Frage, ob der Antragsteller ein besonders dringliches Bedürfnis nach einer einstweiligen Regelung hat, er also das Ende eines normalen Verfahrens nicht abwarten kann.

rückständiger Unterhalt

Wichtig ist dies im Hinblick auf rückständigen Unterhalt: Da hier der Antragsteller auf den Hauptsacheantrag verwiesen werden kann, darf rückständiger Unterhalt nicht durch eine einstweilige Anordnung zugesprochen werden (s.o. Rn. 465).

469 Lösung Ausgangsfall (Rn. 457):

Das Ziel der Z ist es, bestehende Unterhaltsansprüche durchzusetzen und nicht nur abzusichern. Ein Arrestantrag scheidet damit jedenfalls aus.

Zu denken wäre an eine einstweilige Anordnung nach §§ 119 I, 246, 49 ff. FamFG. Hierfür ist nicht Voraussetzung, dass wenigstens zeitgleich ein Hauptsacheantrag anhängig gemacht wird. Z kann also nur eine einstweilige Anordnung begehren. Eine besondere Dringlichkeit muss bei einer einstweiligen Anordnung auf künftigen Unterhalt nach § 246 FamFG nicht weiter belegt werden.[799] In der Sache muss Z die Voraussetzungen des Trennungsunterhalts nach § 1361 BGB glaubhaft machen, § 51 I S. 2 FamFG.

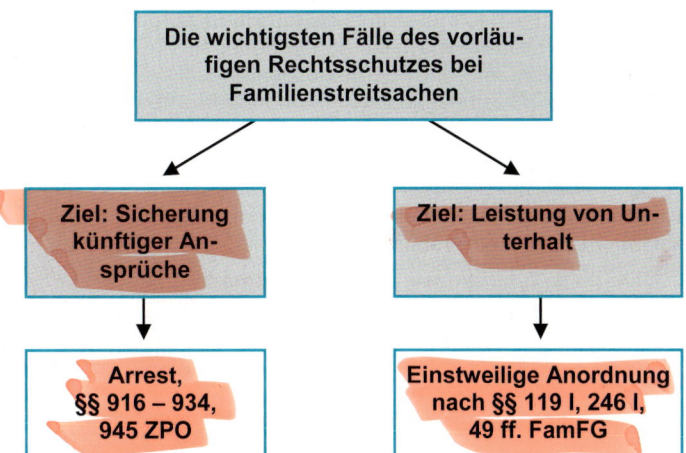

3. Rechtsbehelfe bei einstweiligem Rechtsschutz

Rechtsbehelfe

470 In der Klausur von Bedeutung kann bei einstweiligem Rechtsschutz auch die Frage der richtigen Rechtsbehelfe gegen die Gerichtsentscheidung sein. Die Antwort hängt dann von dem konkreten Einzelfall ab:

---

799 Schulte-Bunert, Das neue FamFG, Rn. 832.

a) Arrest ohne mündliche Verhandlung, §§ 922 I Alt. 2, 936 ZPO

Arrest ohne mündl. Verhandlung:
⇨ Beschwerde

Ergeht ein Arrestbefehl ohne mündliche Verhandlung (vgl. § 922 ZPO), also durch Beschluss, so ist aus Sicht des erfolglos Beantragenden richtiger Rechtsbehelf nicht der Widerspruch (§ 924 ZPO), sondern die Beschwerde (§ 58 FamFG).

471

Der Widerspruch gilt nur für den Fall, dass dem Antrag stattgegeben wurde. Er wäre also allenfalls ein denkbarer Rechtsbehelf des Verpflichteten.[800]

b) Arrest nach mündlicher Verhandlung, § 922 I Alt. 1 ZPO

wenn mündl. Verhandlung (+), dann Beschwerde

Ergeht der Arrestbefehl nach mündlicher Verhandlung durch Beschluss (vgl. § 922 ZPO, § 116 I FamFG), so steht für beide Parteien nur die Beschwerde offen (§§ 58 ff. FamFG).

472

c) Einstweilige Anordnung, § 49 FamFG

bei einstw. Anordnung
⇨ Sonderregelung d. § 49 FamFG

Schließlich gilt für den Fall der einstweiligen Anordnung nach §§ 49 ff. FamFG für beide Parteien die Sonderregelung des § 57 FamFG. Danach sind alle Anordnungen, die nicht elterliche Sorge, Kindesherausgabe und Kindeswohnung betreffen, unanfechtbar.[801] Allerdings besteht die Möglichkeit, nach § 54 FamFG die Änderung oder Aufhebung zu beantragen. Ein Vorgehen ist also noch möglich, allerdings bleibt die Sache auch in diesem Fall beim Amtsgericht.

473

V. Vollstreckungsabwehrantrag, Abänderungsantrag und negativer Feststellungsantrag

1. Die drei verschiedenen Rechtsschutzmöglichkeiten und ihre Abgrenzung im Allgemeinen

Abgrenzung v. §§ 238 ff. FamFG u. § 120 FamFG, § 767 ZPO u. negativer FK

Speziell in der familienrechtlichen Klausur spielt die Abgrenzung von Vollstreckungsabwehrantrag (§ 120 FamFG i.V.m. § 767 ZPO), Abänderungsantrag (§§ 238 ff. FamFG) und negativer Feststellungsklage (§ 113 I FamFG i.V.m. § 256 ZPO) eine wichtige Rolle. Dabei wirft die einstweilige Anordnung nach §§ 49 ff. FamFG Sonderprobleme auf, die außerhalb des Familienrechts nicht bestehen.

474

a) Abänderungsantrag, §§ 238 ff. FamFG

Abänderungsantrag bei wiederkehrenden Leistungen; Erweiterung über §§ 238 ff. FamFG

Der Abänderungsantrag führt bei wiederkehrenden Leistungen zur teilweisen oder mitunter auch ganzen Aufhebung der Rechtskraft. Es handelt sich insoweit um ein prozessuales Gestaltungsverfahren, nicht aber um eine eigene Anspruchsgrundlage.[802] §§ 238 ff. FamFG wollen dem Umstand gerecht werden, dass sich nach einem Beschluss die rechtsbegründenden Tatsachen geändert haben, z.B. dass der Unterhaltsverpflichtete nach Verpflichtung verarmt ist und den Unterhalt nicht mehr in bisheriger Höhe erbringen kann.

475

Bei wiederkehrenden Leistungen muss deshalb eine Anpassungsmöglichkeit eröffnet sein. Allerdings gilt § 238 FamFG nur für Hauptsacheentscheidungen.

---

800 Im Einzelnen nicht unstrittig, vgl. Thomas/Putzo, § 922 ZPO, Rn. 6 m.w.N.

801 Zu den sich daraus ergebenden examensrelevanten Problemen unten Rn. 491.

802 Thomas/Putzo, § 238 FamFG, Rn. 1.

Eine Erweiterung erfolgt über § 239 FamFG im Hinblick auf Verfahrensvergleiche und vollstreckbare Urkunden. Einstweilige Anordnungen können im Verfahren nach § 54 FamFG abgeändert werden.

hemmer-Methode: Das Abänderungsverfahren nach § 238 FamFG durchbricht die Rechtskraft der Hauptsacheentscheidung. Aus diesem Grund enthält § 238 FamFG vier Beschränkungen: Zum einen muss es sich um eine wesentliche Änderung handeln, § 238 I S. 2 FamFG, zum zweiten enthält § 238 II FamFG eine strenge Präklusionsregel, zum dritten kann nur ab Rechtshängigkeit des Abänderungsantrages geändert werden, § 238 III FamFG und zuletzt kommt immer nur eine entsprechende Anpassung und keine vollständige Unterhaltsneuberechnung in Betracht, § 238 IV FamFG.

b) Vollstreckungsabwehrantrag, § 120 I FamFG i.V.m. § 767 ZPO

Vollstreckungsabwehrantrag beseitigt nicht Rechtskraft, sondern hindert Vollstreckung

Nach dieser Vorschrift können bei Beschlüssen in der Hauptsache solche Umstände Berücksichtigung finden, die nach Schluss der mündlichen Verhandlung eingetreten sind, § 767 II ZPO. Folge ist, dass zwar nicht der Titel beseitigt wird, wohl aber die Vollstreckung daraus nicht mehr erfolgen kann, vgl. §§ 775 Nr. 1, 776 ZPO. | 476

wegen § 795 ZPO auch für Vergleich u. not. Urkunde

Der Vollstreckungsabwehrantrag nach § 120 I FamFG i.V.m. § 767 ZPO ist zwar grds. nur für Urteile i.S.d. § 704 ZPO (vgl. Wortlaut) statthaft, d.h. in Familienverfahren für Beschlüsse in der Hauptsache. Eine Erweiterung der Anwendbarkeit ergibt sich jedoch über § 120 I FamFG i.V.m. § 795 ZPO insbesondere im Hinblick auf Verfahrensvergleiche, einstweilige Anordnungen[803] und notarielle Urkunden. Zu beachten ist dabei aber die durch § 797 IV ZPO eingeschränkte Präklusion des § 767 II ZPO. Bei Verfahrensvergleichen findet § 767 II ZPO ebenfalls keine Anwendung.[804]

hemmer-Methode: Beachten Sie, dass der Vollstreckungsabwehrantrag immer nur ein Abwehrmittel des Vollstreckungsschuldners, also im Familienrecht des Unterhaltsschuldners sein kann. Anders dagegen bei dem Abänderungsantrag: Dieser kann sowohl vom Unterhaltsberechtigten als auch vom Unterhaltsverpflichteten erhoben werden.

c) Abgrenzung von Abänderungs- und Vollstreckungsabwehrantrag

Abgrenzung

Da zwischen den beiden Varianten bis auf Ausnahmen grds. kein Wahlrecht besteht,[805] fragt sich, welche Möglichkeit im konkreten Fall einschlägig ist bzw. wie beide Möglichkeiten voneinander abzugrenzen sind. | 477

„punktuelles" Ereignis
⇨ § 120 I FamFG i.V.m. § 767 ZPO
„wandelbare wirtschaftliche Verhältnisse"
⇨ § 238 FamFG

Nach nunmehr herrschender Meinung besteht der Unterschied darin, ob der geltend gemachte Umstand eher ein punktuelles Ereignis ist (dann Vollstreckungsabwehrantrag) oder ob der Umstand in den stets wandelbaren wirtschaftlichen Verhältnissen begründet liegt, auf denen der Titel beruht (dann Abänderungsantrag, vgl. dazu auch nachfolgende Beispiele ab Rn. 480).[806]

hemmer-Methode: In einer Klausur sollten Sie die allgemeinen Abgrenzungskriterien zunächst ausführen, bevor Sie auf den konkreten Einzelfall eingehen, um anschließend besser subsumieren zu können. Halten Sie sich dabei eines vor Augen: Ein nach §§ 238 ff. FamFG abgeänderter Titel kann bei der nächsten Veränderung auch wieder in die gegensätzliche Richtung abgeändert werden.

---

803 Strittig, nach a.A. nur Abänderungsantrag nach § 54 FamFG.

804 Thomas/Putzo, § 767 ZPO, Rn. 24 f.

805 BGH, FamRZ 2005, 1479 = **juris**byhemmer.

806 Zur Abgrenzung Thomas/Putzo, § 238 FamFG, Rn. 4.

Ein Titel, bei dem einmal die Vollstreckung nach § 767 ZPO für unzulässig erklärt wurde, kann dagegen nicht mehr für vollstreckbar erklärt werden. § 767 ZPO darf demnach nur bei irreversiblen Einwendungen zur Anwendung kommen!

Im Einzelfall kann die Abgrenzung trotz dieser allgemeinen Grundsätze gleichwohl schwierig sein, z.B. bei § 1579 BGB. Die Verwirkung ist einerseits punktuell, andererseits kann sie auch wandelbar sein, wie bei dem Zusammenleben in einer neuen Partnerschaft, § 1579 Nr. 7 u. 8 BGB. Zudem spielt für die Verwirkung das Kindeswohl eine große Rolle, das aber wiederum vom Alter der Kinder und den wirtschaftlichen Verhältnissen, also wandelbaren Umständen, abhängt. Die h.M. gibt dem Kläger aufgrund dieser Abgrenzungsschwierigkeiten ein Wahlrecht zwischen Abänderungs- und Vollstreckungsabwehrantrag.[807]

d) Negativer Feststellungsantrag

FK ist grds. subsidiär
⇨ Vorrang von §§ 238 ff. FamFG u. § 120 I FamFG i.V.m. § 767 ZPO

Mit dem negativen Feststellungsantrag (§ 113 I FamFG i.V.m. § 256 I ZPO) kann das Nichtbestehen eines Rechtsverhältnisses festgestellt werden, also z.B. auch das Nichtbestehen einer Zahlungsverpflichtung.

Aufgrund seiner Subsidiarität kommt ein (negativer) Feststellungsantrag aber grds. nur dann in Betracht, wenn nicht bereits andere Rechtsschutzmöglichkeiten einschlägig sind. Im Familienrecht sind dies beim Vorgehen gegen Schuldtitel vor allem Abänderungs- und Vollstreckungsabwehrantrag.

hemmer-Methode: In der Klausur ist deshalb vor Annahme der negativen Feststellungsklage stets zu prüfen, ob diese beiden anderen Rechtsschutzmöglichkeiten vorrangig sind (vgl. dazu nachfolgende Beispiele ab Rn. 480).
Aber Achtung! Zu beachten ist, dass auch für einen zunächst zulässigen negativen Feststellungsantrag nachträglich das Feststellungsinteresse entfallen kann, wenn der diesbezüglich Antragsgegner seinerseits Wiederantrag auf Unterhalt erhebt: Das zwischen den Parteien bestehende Rechtsverhältnis kann dann im Hinblick auf den negativen Feststellungsantrag keine weiteren Wirkungen entfalten, als das in dem Leistungsantrag gegenständliche Rechtsverhältnis[808] (vgl. auch Rn. 494 a.E.).

478

2. Abgrenzung der Rechtsschutzmöglichkeiten bei den einzelnen Schuldtiteln: Hauptsachebeschluss, Verfahrensvergleich, notarielle Urkunde und einstweilige Anordnung

a) Bei Beschlüssen in der Hauptsache

Hauptsacheentscheidungen
⇨ keine Regelungslücke für FK

Prinzipiell kommen bei Unterhaltsentscheidungen in der Hauptsache wegen der wiederkehrenden Zahlungsverpflichtung sowohl Abänderungsantrag (§ 238 FamFG) **als auch** Vollstreckungsabwehrantrag (§ 120 I FamFG i.V.m. § 767 ZPO) in Betracht.

479

Eine Regelungslücke, die den Anwendungsbereich des negativen Feststellungsantrags eröffnen würde, besteht mithin nicht.

nur Abgrenzung v. § 238 FamFG u. § 120 I FamFG i.V.m. § 767 ZPO

Bei Hauptsacheentscheidungen erfolgt die Abgrenzung von Vollstreckungsabwehrantrag und Abänderungsantrag demnach ausschließlich nach den obigen Grundsätzen (Rn. 477), also danach, ob ein punktuelles Ereignis oder die Änderung der Lebensgrundlage für das Vorgehen ausschlaggebend ist.

480

---

807 BGH, NJW 1998, 1309; a.A. Thomas/Putzo, § 238 FamFG, Rn. 4.

808 Vgl. auch Thomas/Putzo, § 256 ZPO, Rn. 19.

Bsp.: A ist verpflichtet worden, an die B einen monatlichen Unterhalt in Höhe von 2.000,- € zu zahlen. Als sich aufgrund der schlechten Arbeitsmarktlage seine Einkommensverhältnisse entscheidend verschlechtern, sucht er bei Rechtsanwalt R Rat, ob und wie er gegen den Unterhaltsbeschluss vorgehen kann.

Abwandlung 1: Wie ist es, wenn A zu Trennungsunterhalt verpflichtet wurde, die Ehe aber mittlerweile geschieden ist?

Abwandlung 2: Wie, wenn A vorbringt, dass die B schon während der Ehe eine eheähnliche Beziehung angefangen habe und damit ein Unterhaltsanspruch nach §§ 1361 III, 1579 Nr. 2 BGB entfalle?

In Betracht kommen sowohl beim Ausgangsfall als auch bei den Abwandlungen Abänderungs- (§ 238 FamFG) und Vollstreckungsabwehrantrag (§ 120 I FamFG i.V.m. § 767 ZPO). R muss deshalb nach den oben dargelegten Abgrenzungskriterien prüfen, ob die Umstände, die der A darlegt, sich auf die stets änderbaren wirtschaftlichen Umstände beziehen oder aber punktuelle Ereignisse darstellen.

Lösung Ausgangsfall: Hier macht A die Wandlung der Lebensgrundlagen geltend, mithin geht es nicht um ein punktuelles Ereignis, welches die Statthaftigkeit des Vollstreckungsabwehrantrags (§ 120 I FamFG i.V.m. § 767 ZPO) begründen würde, sondern um eine längerfristige Umstandsänderung, also um einen klassischen Fall des Abänderungsantrags nach § 238 FamFG. R wird dem A also hier die Erhebung eines Abänderungsantrags empfehlen. Gleiches wäre dann der Fall, wenn A vorbringen würde, dass B nunmehr (vermehrte) eigene Einkünfte habe, und sich ihre Bedürftigkeit dadurch verringert hat; auch hier handelt es sich um die (dauerhafte) Veränderung von Lebensumständen – wenngleich diesmal auf Seiten des Unterhaltsgläubigers.

Der Antrag hat allerdings nur dann Aussicht auf Erfolg, wenn die vorgetragene Änderung auch wesentlich ist, § 238 I S. 2 FamFG. Hiervon geht die Rechtsprechung bei Unterhaltsbeschlüssen ab Auswirkungen in Höhe von ca. 10 % aus.[809]

Anders in der 1. Abwandlung: Hier macht A mit der Scheidung ein punktuelles Ereignis geltend, sodass R im vorliegenden Fall die Erhebung eines Vollstreckungsabwehrantrags vorschlagen würde. Dieses wirkt sich auf den Unterhaltstitel auch aus. Trennungsunterhalt und nachehelicher Unterhalt sind nicht identisch.[810] Der Trennungsunterhalt entfällt mit der Rechtskraft des Scheidungsbeschlusses endgültig.[811]

481

Wiederum anders ist es nach h.M. für den Fall der 2. Abwandlung: A macht nämlich geltend, es lägen die Voraussetzungen des § 1579 BGB vor. Zwar besteht hier eigentlich ein mehr punktuelles Fehlverhalten einer der Ehegatten, jedoch ist die Wirkung der Vorschrift nicht pauschal gleich: Neben der vollständigen Versagung kann nämlich auch eine zeitliche Begrenzung oder aber eine Herabsetzung die Folge sein, sodass der Abänderungsantrag (§ 238 FamFG) insgesamt passender ist, denn neben dem Fehlverhalten als solchem, wird hier z.B. mit dem Wohl vorhandener Kinder abgewogen, wobei es stark auf die wandelbaren wirtschaftlichen Verhältnisse ankommt. Der Kläger hat aufgrund dieser Abgrenzungsschwierigkeiten ein Wahlrecht zwischen Abänderungs- und Vollstreckungsabwehrantrag. Im Ergebnis wären beide Anträge nicht erfolgreich. Der Einwand der Verwirkung wäre, da die zugrunde liegenden Tatsachen schon während der Ehezeit auftraten, nach § 238 II FamFG i.V.m. § 120 I FamFG i.V.m. § 767 II ZPO präkludiert. Dabei kommt es nicht darauf an, ob A diese Tatsachen auch kannte oder wenigstens kennen konnte.

Soweit der Antragsteller wesentliche, nicht präkludierte Abänderungsgründe belegen kann, ist der Abänderungsantrag begründet. Es erfolgt dann eine Anpassung des Titels unter Wahrung seiner Grundlagen, § 238 IV FamFG.

---

809 Thomas/Putzo, § 238 FamFG, Rn. 23.

810 Palandt, vor § 1569 BGB, Rn. 6.

811 Palandt, § 1569 BGB, Rn. 11.

Dies bedeutet, dass keine völlige Neuberechnung des Titels erfolgt, sondern diese nur insoweit angepasst wird als auch tatsächlich eine Veränderung vorliegt. Zu beachten ist dabei noch die Rückwirkungsschranke des § 238 III FamFG. Eine Abänderung erfolgt grundsätzlich erst ab dem Zeitpunkt der Rechtshängigkeit des Abänderungsantrags.

> **hemmer-Methode:** Gerade für den Fall der 2. Abwandlung erscheint die Berücksichtigung der allgemeinen Abgrenzungskriterien besonders wichtig: Hier müssen Sie zeigen, dass Sie nicht nur pauschal gelernt haben, sondern dass Sie in der Lage sind, eine angemessene Wertung im konkreten Einzelfall zu vollziehen. Die Variante bei der Abwehr künftiger Ansprüche sollte dabei aber als Rspr. des BGH bekannt sein. Achten Sie schließlich noch darauf, dass speziell im vorliegenden Fall, also beim Vorgehen gegen eine Hauptsacheentscheidung, allenfalls am Rande auf den negativen Feststellungsantrag eingegangen werden sollte, da dieser aufgrund seiner Subsidiarität offensichtlich ausscheidet.

b) Bei Verfahrensvergleich und notarieller Urkunde

aa) Verfahrensvergleich, § 794 Nr. 1 ZPO

(1) Abgrenzung von Vollstreckungsabwehrantrag und Abänderungsantrag

Verfahrensvergleich nimmt Rechtshängigkeit

Schließen die Parteien in einem gerichtlichen Rechtsstreit einen Vergleich, so nehmen sie der Streitigkeit die Rechtshängigkeit.
      482

Doppelnatur v. Verfahrensvergleich

Dem Vergleich kommt somit einerseits prozessuale Relevanz zu. Andererseits beinhaltet der Vergleich als Geschäftsgrundlage des prozessualen Friedens auch eine materiell-rechtliche Komponente, i.d.R. die Festlegung, in welcher Höhe z.B. Unterhalt gezahlt werden soll (sog. Doppelnatur des Verfahrensvergleichs).[812]
      483

Da der Verfahrensvergleich zudem auch vollstreckbarer Titel ist (vgl. § 794 Nr. 1 ZPO), stellt sich die Frage, inwieweit der durch ihn Verpflichtete nach Abschluss noch auf den Vergleich einwirken kann.

Bei Unterhaltsvergleichen sind sowohl Vollstreckungsabwehrantrag (vgl. § 120 FamFG i.V.m. §§ 795, 767 ZPO) als auch Abänderungsantrag (vgl. § 239 FamFG) dem Grunde nach möglich.

> **Bsp. 1:** *Die B beantragt gegen A während des Scheidungsverfahrens eine einstweilige Anordnung auf Trennungsunterhalt. Nach längeren Verhandlungen einigt man sich vergleichsweise vor Gericht darauf, dass A monatlich 600,- € Trennungsunterhalt zu zahlen habe.*
>
> *Nach der Scheidung wird aus dem Vergleich weiterhin vollstreckt. A fragt seinen RA, was man dagegen tun könne.*
>
> In Betracht kommen hier der Vollstreckungsabwehrantrag (§ 120 I FamFG i.V.m. §§ 767, 795 ZPO) und der Abänderungsantrag (§ 239 FamFG). Gegen die grds. Zulässigkeit eines Abänderungsantrags spricht auch nicht, dass ohne Vergleichsabschluss eine einstweilige Anordnung ergangen wäre, für den § 239 FamFG gerade nicht einschlägig ist.[813]
>
> Nach den bereits ausgeführten Abgrenzungskriterien ist deshalb auch hier zwischen Abänderungsantrag und Vollstreckungsabwehrantrag zu differenzieren.

---

812 Zur Doppelnatur des Verfahrensvergleichs vgl. auch **Life&Law 11/2000, 25 ff.**

813 Dazu unten Rn. 489.

Im Fall macht A geltend, dass der Titel mit Rechtskraft der Scheidung nicht mehr vollstreckbar sei. Dies ist auch, dem Grundsatz der Nichtidentität zwischen Trennungs- und Scheidungsunterhalt folgend (so wie ihn der BGH anwendet), anzunehmen. Von diesem Grundsatz ist auch bei einem Verfahrensvergleich auszugehen, soweit nicht aufgrund besonderer Umstände des Einzelfalls angenommen werden kann, dass die Parteien den Unterhalt endgültig, d.h. auch über den Zeitpunkt der Scheidung hinaus regeln wollten.[814] Die Rechtskraft der Scheidung ist insoweit auch ein punktuelles Ereignis, sodass richtige Antragsart der Vollstreckungsabwehrantrag ist (§ 120 I FamFG i.V.m. §§ 767, 795 ZPO).

Bsp. 2: Nach Abschluss des Vergleichs ändern sich die Einkommensverhältnisse des A zu seinem Nachteil.

Da in dieser Variante kein punktuelles Ereignis vorliegt, sondern die sich ständig wandelbaren Lebensgrundlagen ursächlich sind, ist dieser Fall ebenso zu behandeln wie bei einer Hauptsacheentscheidung als Schuldtitel (dazu oben Rn. 479). Einschlägig ist folglich der Abänderungsantrag (§ 239 FamFG).

hemmer-Methode: Auf genaue Wortwahl achten! Gleichwohl der Verfahrensvergleich dem Antrag die Rechtshängigkeit nimmt, kann er nicht in Rechtskraft erwachsen. Dies hat dann vor allem bei dem Abänderungsantrag Bedeutung. Einschlägig ist § 239 FamFG und nicht § 238 FamFG. Im Unterschied zur Anpassung einer Hauptsachentscheidung fallen die drei Einschränkungen des § 238 FamFG beim Verfahren nach § 239 FamFG weg: Weder gibt es die Grenze der Wesentlichkeit, noch die Präklusion, noch ein Rückwirkungsverbot. Die Anpassung beim Vergleich richtet sich allein nach den Grundsätzen über den Wegfall der Geschäftsgrundlage,[815] weshalb auch Abweichungen von deutlich unter 10 % in Betracht kommen können.

(2) Feststellungsantrag

bei Verfahrensvergleich grds. kein Raum für negativen Feststellungsantrag

Da sowohl Abänderungs- als auch Vollstreckungsabwehrantrag dem Grunde nach statthaft sind, bleibt auch hier für den (negativen) Feststellungsantrag soweit kein Spielraum, wie Umstände betroffen sind, die den materiell-rechtlichen Inhalt des Titels, also den Unterhaltsanspruch betreffen.

484

Ausnahme, wenn Titel als solcher unwirksam

Ein Sonderfall besteht jedoch dann, wenn der Vergleichsschuldner geltend macht, dass der Titel als solcher, also der Vergleich selbst, unwirksam ist (z.B. wegen Geschäftsunfähigkeit). Gleichwohl es sich hier eher um ein „punktuelles" Ereignis handelt, ist in diesem Fall nicht das Verfahren nach § 120 I FamFG i.V.m. § 767 ZPO, sondern nur der Feststellungsantrag statthaft,[816] da hier nicht der geltend gemachte Anspruch, sondern allein der Titel betroffen ist.

485

(3) Vorgehen des Titelinhabers bei Unwirksamkeit des materiell-rechtlichen Vergleichs

Daneben kann fraglich sein, was zu tun ist, wenn der materiell-rechtliche Teil des Vergleichs unwirksam ist.

486

Bsp.: Im Verfahren wird der A durch die B arglistig getäuscht. Daraufhin ficht A den materiell-rechtlichen Teil des Vergleichs wirksam an, §§ 123, 142 BGB. B geht deshalb zu ihrem Rechtsanwalt, um zu erfahren, was sie tun soll, wenn sie auch weiterhin Unterhalt bekommen will.

---

814 Palandt, § 1569 BGB, Rn. 10 ff.

815 BGH, NJW 1992, 1621; MüKo, § 323 BGB, Rn. 57.

816 Thomas/Putzo, § 795 ZPO, Rn. 13.

Mit der Anfechtung ist der materiell-rechtliche Teil des Verfahrensvergleichs mit Wirkung für die Vergangenheit weggefallen, §§ 142, 123 BGB. Damit entfällt für den prozessrechtlichen Teil des Vergleichs die Grundlage des prozessualen Friedens; entsprechend der Grundsätze über den Wegfall der Geschäftsgrundlage ist damit auch der prozessrechtliche Teil des Vergleichs unwirksam. Eine Vollstreckung kann also in Zukunft nicht mehr erfolgen, weil damit zu rechnen ist, dass B gegen die Vollstreckung Vollstreckungsabwehrantrag erheben wird (§ 120 I FamFG i.V.m. § 767 ZPO).[817]

B wird deshalb den alten Rechtsstreit, der durch den Verfahrensvergleich zwischenzeitlich beendet wurde, fortsetzen müssen,[818] da mit Wegfall des Vergleiches der alte Rechtsstreit noch rechtshängig ist (§ 261 ZPO).

Wird die Wirksamkeit des Vergleichs dann durch das Gericht bejaht, so wird dieses feststellen, dass sich der Rechtsstreit erledigt hat. Kommt es allerdings zu der Auffassung, dass der Vergleich nichtig ist, so wird es in der Sache eine Entscheidung treffen.

hemmer-Methode: Problembewusstsein schärfen! Da der Verfahrensvergleich eine Doppelnatur hat, sollten Sie immer darauf achten, welcher Teil des Vergleichs fehlerhaft sein könnte, schließlich können die Parteien nicht nur den materiell-rechtlichen Teil des Vergleichs anfechten, sondern mitunter auch die prozessuale Komponente.[819] Möglicherweise muss die Anfechtungserklärung auch erst diesbezüglich ausgelegt werden! Wird nur der materiell-rechtliche Teil angefochten, so müssen Sie jedenfalls die diesbezüglichen Auswirkungen auf den prozessualen Teil erläutern.

bb) Notarielle Urkunde

bei not. Urkunde ähnlich wie bei Verfahrensvergleich

487

Im Hinblick auf das Vorgehen gegen eine notarielle Urkunde (§ 794 I Nr. 5 ZPO) ergeben sich kaum Unterschiede zum Vorgehen gegen einen Verfahrensvergleich (vgl. Rn. 482). Auch hier sind Abänderungs- und Vollstreckungsabwehrantrag vollumfänglich anwendbar, vgl. § 239 I FamFG, sodass ein Zurückgreifen auf die negativer Feststellungsantrag bis auf die oben genannten Ausnahmen (Rn. 486) wegen deren Subsidiarität entfällt.

c) Bei einstweiliger Anordnung

Problemfall: einstw. Anordnung

488

Besonders schwierig stellt sich die Abgrenzung der verschiedenen Möglichkeiten beim Vorgehen gegen eine einstweilige Anordnung dar.

> *Bsp.: A wird auf dem Wege der einstweiligen Anordnung nach §§ 119 I, 246, 49 ff. FamFG Trennungsunterhalt zugesprochen. Zwei Monate nach Rechtskraft der Scheidung ändern sich die Einkommensverhältnisse des A zu seinem Nachteil. A möchte von Rechtsanwalt R wissen, welche Möglichkeiten er hat, gegen die einstweilige Anordnung vorzugehen.*

aa) Vollstreckungsabwehr- und Abänderungsantrag

Abänderungsantrag (-), da §§ 238, 239 FamFG nicht einschlägig sind, aber § 54 FamFG

489

Da es sich beim Unterhalt um wiederkehrende Leistungen handelt, könnte zum einen an die Möglichkeit des Abänderungsantrags gedacht werden. § 238 FamFG gilt nur für Hauptsacheentscheidungen. Eine solche liegt bei einer einstweiligen Anordnung aber gerade nicht vor. Auch eine Anwendung des § 239 FamFG scheidet aus, da die einstweilige Anordnung hier gerade nicht genannt ist.

---

817   Ist der materiell-rechtliche Teil des Titels unwirksam, so steht dies einer Anwendung des Vollstreckungsabwehrantrags nicht entgegen, BGH, NJW 1992, 2161; allerdings nicht unstr.

818   Zu anderweitigen (theoretischen) Möglichkeiten wie das Erheben einer Feststellungsklage vgl. Thomas/Putzo, § 794 ZPO, Rn. 37.

819   Thomas/Putzo, § 794 ZPO, Rn. 35.

Dafür kommt allerdings ein Abänderungsantrag nach § 54 FamFG in Betracht. Für diesen ist genauso wenig wie für den Erlass der einstweiligen Anordnung Voraussetzung, dass ein Hauptsacheantrag anhängig ist.

> **hemmer-Methode: Das Abänderungsverfahren nach § 54 FamFG ist gerade dann wichtig, wenn die einstweilige Anordnung erlassen wurde, ohne dass ein entsprechendes Hauptsacheverfahren anhängig war. Gibt es auch ein Hauptsacheverfahren, so wird die einstweilige Anordnung regelmäßig automatisch mit Rechtskraft der Hauptsache Entscheidung bzw. mit Rücknahme oder Erledigung des Hauptsacheantrags außer Kraft treten, § 56 FamFG, eine Abänderung oder Aufhebung nach § 54 FamFG ist dann nicht nötig.**

für Vollstreckungsabwehrantrag ist punktuelles Ereignis notw.

Daneben ist der Vollstreckungsabwehrantrag gegen einstweilige Anordnungen grundsätzlich möglich (vgl. § 120 FamFG). Das Verfahren nach § 120 I FamFG i.V.m. § 767 ZPO wird auch nicht von der Abänderungsmöglichkeit nach § 54 FamFG verdrängt.[820] Stattdessen ist hier wohl die gleiche Abgrenzung durchzuführen wie zwischen § 238 FamFG und § 767 ZPO: Handelt es sich um einmalige, punktuelle Einwendungen oder um die stets wandelbaren wirtschaftlichen Verhältnisse? **490**

> Im Ausgangsfall kann A die geänderten Einkommensverhältnisse nicht nach § 120 I FamFG i.V.m. § 767 ZPO geltend machen, da es sich nicht um einen punktuellen Einwand handelt. Anders ist dies beim Einwand der Nichtidentität in Folge der Rechtskraft der Scheidung. Dies ist ein punktueller irreversibler Einwand, sodass insoweit ein Vollstreckungsabwehrantrag nach § 120 I FamFG i.V.m. § 767 ZPO statthaft ist. Der Einwand der Nichtidentität von Trennungsunterhalt und nachehelichem Unterhalt gilt nicht nur für die Hauptsacheentscheidung, sondern (erst recht) auch für eine einstweilige Anordnung, da diese nicht weiter gehen kann als die Hauptsacheentscheidung.[821]

> ## bb) Negativer Feststellungsantrag gegen einstweilige Anordnung

Im Anwendungsbereich der § 120 I FamFG, § 767 ZPO ist der negative Feststellungsantrag auch gegen einstweilige Anordnungen ausgeschlossen. Fraglich ist allerdings wie das Verhältnis zwischen negativem Feststellungsantrag und der Möglichkeit des § 54 FamFG ist.

> **hemmer-Methode: Auch bei der einstweiligen Anordnung ist bei punktuellen, irreversiblen Einwendungen allein der Vollstreckungsabwehrantrag statthaft. Fraglich ist allein, welcher Rechtsbehelf anstelle des § 238 FamFG tritt: Ist dies nur der Abänderungsantrag nach § 54 FamFG oder auch der negative Feststellungsantrag nach § 113 I FamFG i.V.m. § 256 ZPO?**

negativer Feststellungsantrag als anderweitige Regelung i.S.d. § 56 FamFG

Die Wirkung der einstweiligen Anordnung endet dann, wenn eine „anderweitige Regelung" i.S.d. § 56 I S. 1 FamFG getroffen wurde bzw. wenn der Hauptsacheantrag zurückgenommen, rechtskräftig abgewiesen wird oder als erledigt anzusehen ist, vgl. § 56 I S. 2 FamFG. **491**

Abgrenzung zum Abänderungsverfahren nach § 54 FamFG

Nach bislang ganz h.M. kann ein Beendigungstatbestand i.S.v. § 56 I S. 1 FamFG ein erfolgreicher negativer Feststellungsantrag sein.[822] Zu prüfen ist deshalb, ob diese im vorliegenden Fall einschlägig wäre.

---

820 A.A. vertretbar, da § 54 FamFG anders als § 238 FamFG nicht nur die Änderung, sondern auch die Aufhebung der e.A. zulässt.

821 Thomas/Putzo, § 246 FamFG, Rn. 3; a.A. unter Berufung auf die Rechtslage vor dem Inkrafttreten des FamFG Palandt, § 1569 BGB, Rn. 11.

822 Thomas/Putzo, § 620f ZPO a.F., Rn. 6, da es sich hier um eine „andere gerichtliche Entscheidung" handelt.

Allerdings war bislang das Abänderungsverfahren nach § 54 FamFG = § 620b ZPO a.F. nur solange möglich, wie die Hauptsache anhängig war. Da diese Einschränkung weggefallen ist, ist immer parallel zum Feststellungsantrag auch der Abänderungsantrag nach § 54 FamFG statthaft, sodass fraglich sein könnte, ob für den Feststellungsantrag überhaupt ein Rechtsschutzbedürfnis besteht. Allerdings ist auch das Abänderungsverfahren nach § 54 FamFG nur ein vorläufiges, nicht rechtskraftfähiges Verfahren. Will der Unterhaltsschuldner endgültige Sicherheit, dass der gegen ihn erhobene Unterhaltsanspruch nicht besteht, kann er nicht auf das Abänderungsverfahren nach § 54 FamFG verwiesen werden, sondern muss einen negativen Feststellungsantrag stellen dürfen.

Abgrenzung zur Möglichkeit des § 52 II FamFG

Der Unterhaltsschuldner kann aber nach § 52 II S. 1 FamFG einen Antrag stellen, dass das Gericht dem Gläubiger eine Frist für einen Hauptsacheantrag stellt. Kommt der Gläubiger dem nach, wird die einstweilige Anordnung entweder irgendwann gemäß § 56 I FamFG infolge einer solchen Hauptsacheentscheidung außer Kraft treten. Unterbleibt der Hauptsacheantrag ist die einstweilige Anordnung gemäß § 52 II S. 3 FamFG aufzuheben.

Diese Möglichkeit könnte einem negativen Feststellungsantrag das Feststellungsinteresse nehmen.[823]

> **hemmer-Methode: In diesem Punkt ist noch in keiner Weise abzusehen, wie sich die Rechtsprechung entwickeln wird. Bislang gab es kein vergleichbares Verfahren, da die einstweilige Anordnung immer ein anhängiges Hauptsacheverfahren voraussetzte.**

(1) Zulässigkeit des negativen Feststellungsantrags im Übrigen

(a) Die Sachliche Zuständigkeit ergibt sich aus §§ 23a I Nr. 1, 23b I GVG i.V.m. §§ 111 Nr. 8, 231 I Nr. 1 FamFG. Die örtliche Zuständigkeit richtet sich nach § 232 FamFG.   *492*

Subsidiarität (-), wenn kein punktuelles Ereignis

(b) Im Hinblick auf die richtige Antragsart kann auch nicht auf den Abänderungsantrag (§ 54 FamFG) und Vollstreckungsabwehrantrag (§ 120 I FamFG i.V.m. § 767 ZPO) verwiesen werden, da diese nicht einschlägig bzw. nicht vorrangig sind (s.o.). Der negative Feststellungsantrag scheitert folglich nicht an der Subsidiarität.

(d) Das Feststellungsinteresse ergibt sich hier schon aus dem Vorhandensein eines Titels, der nach § 56 I FamFG mit Rechtskraft der Feststellungsentscheidung außer Kraft tritt, und der Möglichkeit, dass der Schuldner zu Unrecht in Anspruch genommen werden könnte. Fraglich ist allein, ob die Möglichkeit des § 52 II FamFG dem Feststellungsinteresse entgegensteht, s.o.

Das Feststellungsinteresse entfällt nachträglich, wenn der Unterhaltsgläubiger einen positiven Leistungsantrag erhebt. Der negative Feststellungsantrag ist in diesem Moment vom Antragsteller für erledigt zu erklären.

sinnvoll: obj. Antragshäufung mit Leistungsantrag wegen § 818 IV BGB

(e) Der Feststellungsantrag ist auch nicht gegenüber einem Leistungsantrag auf Rückforderung der bereits gezahlten Gelder subsidiär, da nur die Feststellungsklage eine Regelung i.S.d. § 56 I FamFG darstellt.

Allerdings könnte ein Leistungsantrag in objektiver Antragshäufung ebenfalls erhoben werden, § 113 I FamFG i.V.m. § 260 ZPO (was insoweit sinnvoll ist, als nur durch Erheben des Leistungsantrags eine Rechtshängigkeit i.S.d. § 818 IV BGB begründet wird[824]).

---

823   Für die Zulässigkeit des negativen Feststellungsantrags Thomas/Putz, § 246 FamFG, Rn. 9.

824   Palandt, § 818 BGB, Rn. 51 a.E. sowie im Skript Rn. 495.

(2) Begründetheit des negativen Feststellungsantrags

Umfassende rückwirkende Prüfung

In der Begründetheit des negativen Feststellungsantrags ist ohne Beschränkung wie Präklusion, Wesentlichkeit oder Rückwirkungsverbot zu prüfen, ob der geltend gemachte Unterhaltsanspruch bestand oder nicht.

493

> **hemmer-Methode:** Der negative Feststellungsantrag tritt bei einer einstweiligen Anordnung an die Stelle des Verfahrens nach § 238 FamFG. Da eine einstweilige Anordnung aber immer nur eine vorläufige, vgl. § 49 I FamFG, d.h. nicht rechtskräftige Regelung darstellt, sind die Einschränkungen des § 238 FamFG, die der Sicherung der Rechtskraft dienen, hier nicht anwendbar!
> Natürlich müssen Sie in einer Klausur an dieser Stelle erst noch richtig loslegen und genau prüfen, ob ein Ausschlusstatbestand wirklich vorliegt.
> Ist das Bestehen des Ausschlussgrundes in der einstweiligen Anordnung abgelehnt worden, tritt gleichwohl keine Rechtskraft und damit auch keine Bindungswirkung ein. Sie haben also das Vorliegen aller positiven und negativen Anspruchsvoraussetzungen selbstständig zu prüfen bzw. auch noch die Anspruchshöhe selbstständig zu berechnen.

Prüfungsschema Feststellungsantrag:

494

I. Zulässigkeit der FK

   1. Zuständigkeit

   2. Statthaftigkeit: Abgrenzung von Abänderungsantrag nach §§ 238, 54 FamFG, Vollstreckungsabwehrantrag und negativer Feststellungsklage

   3. Feststellungsinteresse, Problem § 52 II FamFG

   4. Rechtsschutzbedürfnis

   5. sonstige Voraussetzungen

II. Begründetheit der FK

   1. Ggf. Bestand über Rechtskraft hinaus möglich

   2. Bestehen von materiell-rechtlichem Anspruch

Zusammenfassende Übersicht

Zusammenfassung

Rechtsbehelf	Gegen	Wirkung
§ 238 FamFG	Hauptsacheentscheidung	Gestaltung
§ 239 FamFG	Vergleich und vollstreckbare Urkunde	Gestaltung
§ 767 ZPO	Alles	Gestaltung
§ 54 FamFG	Einstweilige Anordnung	Gestaltung
§ 256 ZPO	Alles	Feststellung ⇨ nur subsidiär, P.: § 52 FamFG

cc) Exkurs: Leistungsantrag auf Rückzahlung des Unterhalts

Rückforderungsanspruch

Ist ein Abänderungsantrag nach §§ 54, 238 ff. FamFG bzw. ein negativer Feststellungsantrag erfolgreich, wird der Unterhaltstitel rückwirkend (ggf. in den Grenzen des § 238 III FamFG) geändert bzw. es wird rückwirkend festgestellt, dass der Schuldner keinen oder nur weniger Unterhalt schuldete als begehrt wurde. Hat er für die Vergangenheit den titulierten Unterhalt gezahlt, steht ihm nunmehr ein Rückforderungsanspruch nach § 812 I S. 1 Alt. 1 BGB zu. Problematisch hieran wird meist sein, dass sich der Gegner auf den Verbrauch des gezahlten Unterhalts und damit auf Entreicherung beruft, § 818 III BGB.

§ 241 FamFG

Bei der Abänderung einer Hauptsacheentscheidung nach § 238 FamFG bzw. bei Abänderung eines Titels nach § 239 FamFG ist dieses Problem mit Einführung des FamFG „aus der Welt". Der Abänderungsantrag führt nach § 241 FamFG automatisch zur verschärften Haftung nach § 818 IV BGB, sodass sich der Unterhaltsgläubiger = Rückforderungsschuldner nicht auf Entreicherung berufen kann.

Problem der Entreicherung

Anders ist dies, wenn Titel eine einstweilige Anordnung nach §§ 119 I, 246, 49 FamFG ist. Für das Abänderungsverfahren nach § 54 FamFG gibt es keine dem § 241 FamFG vergleichbare Vorschrift. Diese Vorschrift darf wohl auch nicht analog angewendet werden.[825] Auch der negative Feststellungsantrag führt nicht zur Rechtshängigkeit des Rückforderungsanspruchs. Aus diesem Grund muss bei einem Vorgehen gegen eine einstweilige Anordnung parallel zu den Verfahren nach § 54 FamFG bzw. zum negativen Feststellungsantrag ein Leistungsantrag auf Rückforderung erhoben werden,[826] sodass nach § 818 IV BGB verschärfte Haftung eintritt.

495

> **hemmer-Methode:** Für das erfolgreiche Bestehen einer Familienrechtsklausur im Zweiten Examen ist aber nicht allein die Kenntnis von Problemen, sondern vor allem eine gewisse Übung nötig. Besuchen Sie deshalb den Assessorkurs des Juristischen Repetitoriums Hemmer! Hier werden Sie regelmäßig gefordert, die erworbenen Kenntnisse in der Klausurbearbeitung umzusetzen. Außerdem halten wir Sie dort - und natürlich in der Life&Law - stets auf dem Laufenden, denn in den Bundesländern (z.B. Bayern und Baden-Württemberg), in denen umfassend Familienrecht geprüft wird, ist die Wahrscheinlichkeit, dass neueste Rechtsprechung eine Rolle spielt, besonders groß.

> **Geschafft!**
>
> Wir hoffen, dass Ihnen die Durcharbeitung Spaß gemacht hat. Das Familienrecht ist erfahrungsgemäß eine Materie, mit der sich Studenten in der Regel nur oberflächlich beschäftigen. Andererseits sind familienrechtliche Fragestellungen aber immer häufiger Gegenstand der Prüfung zum Ersten Juristischen Staatsexamen. Zum Zweiten Juristischen Staatsexamen ist die intensive Beschäftigung mit dem Familienrecht in den meisten Bundesländern ohnehin Pflicht! Dies hängt unter anderem auch mit den Bestrebungen der Justizprüfungsämter zusammen, die Staatsexamen noch stärker praxisorientiert zu gestalten. 80 % der Examenskandidaten werden später Rechtsanwälte/-innen. Aus diesem Grund müssen Sie auch damit rechnen, dass eine sog. „Anwaltsklausur" Prüfungsgegenstand ist, in der von Ihnen die Beratung eines Mandanten und/oder die Vorbereitung einer Klageschrift gefordert wird.

---

825 Zum Meinungsstand vgl. Schlünder, „Analoge Anwendung von § 241 FamFG auf die einstweilige Anordnung?", FamRZ 2010, 2083.

826 Palandt, § 818 BGB, Rn. 51 a.E.

Darüber hinaus sind familienrechtliche Fragestellungen nicht selten der Aufhänger einer normalen zivilrechtlichen Klausur. Auch im Bekannten- und Freundeskreis werden Sie sicher mit familienrechtlichen Fragen konfrontiert.

Oftmals sind im Zusammenhang mit familienrechtlichen Problemkreisen auch erbrechtliche Fragestellungen mit zu berücksichtigen. Schnittstelle ist z.B. § 1371 BGB. Teilweise wird gesagt, Erbrecht sei Familienrecht (Chromosomenseite) und Eigentumsrecht (Testierfreiheit). Setzen Sie sich deshalb auch mit unserem Skript „Erbrecht" intensiv auseinander.

Wir empfehlen Ihnen, nach Beantwortung der Wiederholungsfragen, die Punkte, bei denen Sie noch unsicher sind, nochmals durchzuarbeiten. Vieles wird erst bei mehrmaligem Lesen verständlich, und die Zusammenhänge lassen sich dann leichter erschließen. Jura ist auch Erfahrungssache. Da Sie noch kein Praktiker sind, versuchen wir Ihnen mit unseren Skripten diese Erfahrungen zu vermitteln. Spaß an der Sache kommt dann mit der Kenntnis.

Wir wünschen Ihnen weiterhin viel Erfolg!

Die Zahlen verweisen auf die Randnummern des Skripts

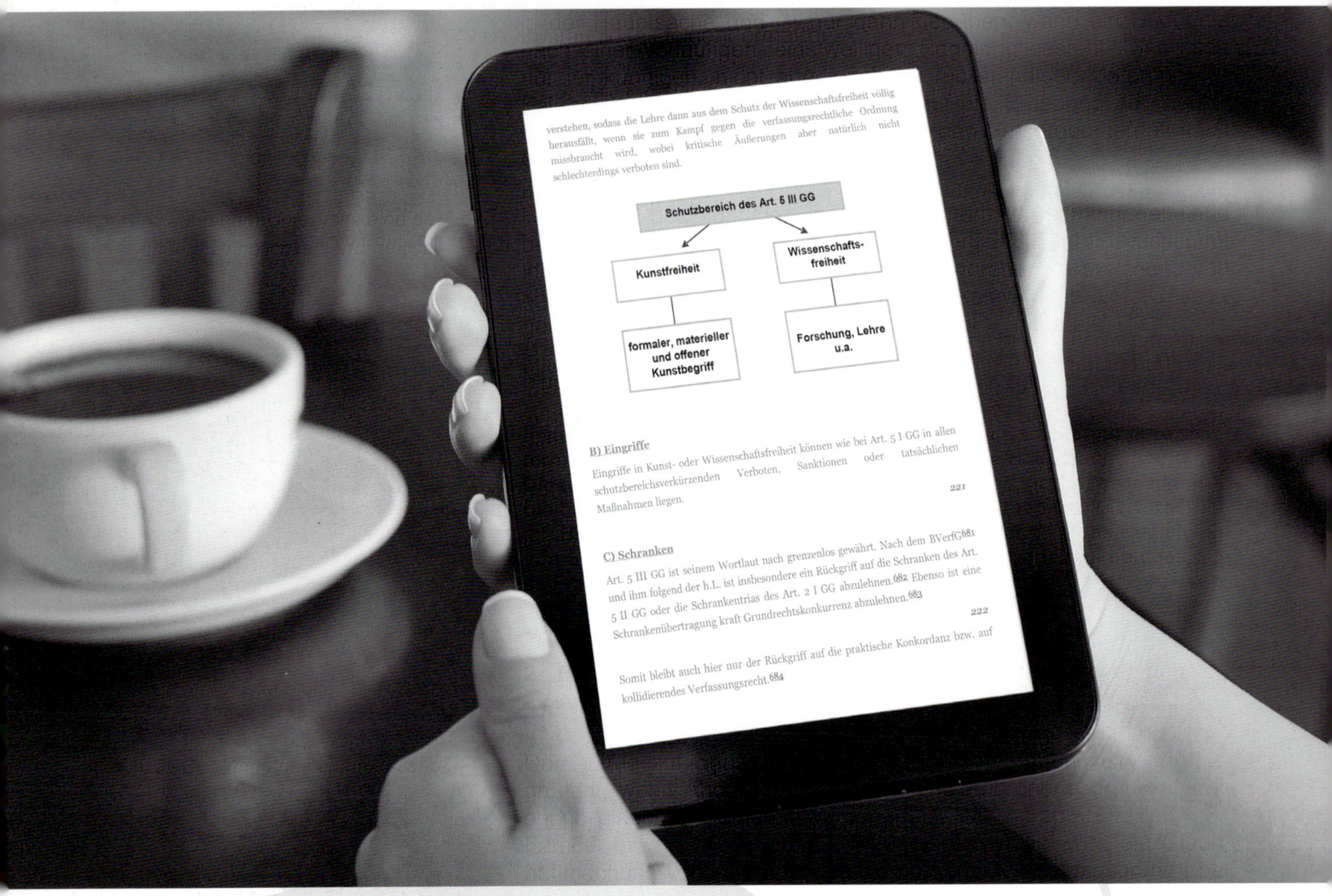